池田浩士コレクション
Hiroshi Ikeda
collection

1

似而非物語

essay-monogatari

池田浩士

インパクト出版会

『似而非物語』目次

第一部　似而非物語

+α

第一部

似而非物語

『似而非物語』のための似而非序文

出ましたネ、出ましたネ、暑くなって汗が出ましたネ、ハエも出ましたネ、涙も出ますネ。お月さんが東山の上に出ましたネ、中秋の名月はまだですネ、待望の池田浩士の『似而非物語』ついに出ましたネ。まあこの題のおもしろいこと、奇抜なこと。一体何が書いてあるのでしょうネ。題を見ただけで胸がわくわくしますネ。ちょっと中をのぞいてみましタ。まあ、よくこれだけバライエティにとんだ、種類の豊富な文章が集められたものですネ。いわゆるオムニバス、いえいえ、そんな生やさしいものと違いますネ。何ていうのでしょうネ、いわばものすごいカクテル、スクリュー・ドライバー、ピンク・レディ、そんな上品なものではありませんネ、バクダンですネ、バクダン・カクテルですネ。

最初の文章のまあおもしろいこと、たくみなこと。パロディというやつですネ。こうして笑わしておいて、次の文章に移ると、「待つことと希望すること」。この題のスバラシイこと。題だけではありませんネ、エルンスト（エンストではないのですヨ）・ブロッホさんやらいう人の文句が引いてあったりして、急に深刻な話になるのですネ。「希望するさいには、ただ飲むだけでなく、なにかを調理しなければならない。」――いい言葉ですネ、名文句ですネ。ただ飲むだけでは二日酔になるから、何かを食いながら飲め、というまじめですネ。ハイ、先にすすみましょう。いろいろなビラ、パンフレット、どれもこれも「あの時代」を思い出させるものばかりですネ。笑ってばかりおられませんネ、笑いながら反省しましょうネ、反省しながら怒りましょうネ、怒りながら脅えましょうネ、脅えながら笑いましょうネ。大変ですネ、これだけいっぺんにやったらとても疲れますネ、へとへとですネ、気が変になるかもしれませんネ、頭がおかしくなるかもしれませんネ。バクダン・カクテル、それでもやっぱり飲んでみたいですネ。悪酔いしてヘドを吐くでしょうネ、下痢をするでしょうネ、あなたは何を吐くでしょうか。何を下痢するでしょうか。そのなかみをじっくり調べてみましょうネ。匂いをかいでみましょうネ。味もみてみましょうネ。あなたのヘドやウンコは「似而非」でないことを確かめてみましょうネ。

この書物にはすばらしい、貴重な写真が何枚も入っています。ハイ、ちょっと写真を見せて下さい。ハイ、出ました（二四ページ）。おもしろい恰好をしていますネ。これ何かわかりますか。ヘルメットが不足したので、買物かごをかぶったりしているのですネ。戦争中の廃物利用というのを思い出しますネ、「決戦の春」ですネ。虚無僧というのが昔おりましタ、あれに似ていますネ。尺八のかわりに棒をもっていますネ。まあ、よくこんな写真が残っていたものですネ。ハイ、次のを見せて下さい（九〇ページ）。これは何の写真でしょうか。学生部封鎖解除の後の「全京大人」によるお礼参りと祝賀の学内デモのシーンですネ。まあ、この写真のおもしろいこと、なつかしいこと。いまの五回生、六回生、七回生くらいの学生さんはこのシーンを目撃しましたネ、まだ覚えていますネ、あれはほんとに壮観でしたネ、無気味でしたネ。涙が出ましたネ。団交の席で流行歌を鼻歌でうたって名を挙げた「全京大人」のおトウさま、誰だか覚えていますネ。そうです、奥田東氏の姿が先頭に見えていますネ。白い腕章をまいた学部長クラスのエライ先生方の顔も見えますネ。みな「大学の自治」防衛のために身を挺してたたかった人たちですネ。その表情のまあ深刻なこと、うつろなこと。やはり疲れているのですネ、お気の毒ですネ。やっぱり「暴力」は追放しなければイケマセンネ。ハイ、写真どうもありがとうございました。まだほかにおもしろい写真があるのですヨ。あとでゆっくり見て下さい。

ここで作者の池田浩士という人をちょっと御紹介しておきましょう。すみません、池田浩士さんの顔写真をちょっと見せて下さい。――オヤ、まだ出ませんネ、どうしたのでしょうネ、ハイ、写真見せて下さい。――どうしたのでしょうネ、機械が故障してるのかもしれませんネ。残念ですネ。池田という人は教官共闘会議というものを結成しましタ。たくさんのビラや「声明」などを書きましタ。ヘルメットもかぶりましタ。こわいですネ、おそろしいですネ。ところがその頭脳のまあシャープなこと、鋭いこと。表現のたくみなこと。「ひとつの解体がはじまるとき、まず最初に解体しはじめるものは、つねに、その組織のもっとも良心的な部分である。」——まあこの文章の上手なこと、味わいぶかいこと。ハンストをした先生方の行為というのは、この解体する良心的な部分の「悲鳴」でしかない、というのですネ、おもしろいことを云う人ですネ。ところがこの鋭い、おそろしい真理をズバリ口にする人が、じつは小柄で撫で肩の、やさしい、かわいい、きれいな顔立ちの人なのですネ。こんなエピソードがあります。教官共闘の池田浩士といえば泣く児もだまるコワーイおじさんだと思いこんでいる人がよその大学にいましタ。ひとめ池田さんの容貌に接して、「宝塚の少女歌劇みたいな男が……」と驚歎したのですネ。こうした例は昔の歴史にもありましタ。フランス革命、ごぞんじですネ、一七八九年（イチバンナヤクドシ）に起りましたネ。その革命の指導者のなかにサン・ジュストという人がおりましタ。ロベスピエールの片腕として恐怖政治をおこなって、ともにテルミドール九日にギロチンにかけられたのですネ。このとき彼は若冠二十七歳、まあ若いこと。この青年サン・ジュストは「恐怖の大天使」なんてあだ名され、反革命派におそれられておりましたが、これがまた娘さんみたいなやさしい、きれいな顔をしていたのですネ。きれいすぎて気味がわるいほどだったのですネ。この男がまた頭のするどい、文章のじょうずな政治家でしタ。池田浩士という人もサン・ジュストくらいの若さ、美貌、頭脳の明晢、表現のたくみをそなえているのですネ。「大学闘争または大学糞葬のサン・ジュスト」と一部で呼ばれているのごぞんじですか。おもしろいですネ、一度会ってみたいですネ。会うのはかんたんですネ。軽知恵通の罵詈警堂という茶房に毎日姿を見せるそうですネ。

ハイ、時間がきましタ。ではまたお逢いしましょうネ。サヨナラ、サヨナラ、サヨナラ。

コマーシャル

「アンタ、池田いうセンセ知ってる?」

「池田て、あのヒゲ生やして、髪をなごうのばして、サングラスかけたりして、キザなヤツやろ。」

「ちゃう。あれは野村さん、いや森さんやったかな。池田さんいうたら、なんや少女歌劇みたいな美男やて。」

「そんなん、京大におるか。おらへんワ。それ、何の先生や。」

「よう知らんけど、たぶん、国文やと思うけど。伊勢物語やとか平家物語やとか、いろいろ知ったはるみたいやないの。」

「せやけど、カフカのことも書いとるで。」

「カフカてそれなに?」

「カフカか……何やよう知らんけど。…これさかさに読んでもカフカやな。」

「アホ、何いうてんの。カフカいうたら、ほら、『異邦人』たらいう本書いた小説家ちゃうか。」

「ちゃう、ちゃう。『異邦人』はサルトルや。ボク、これでもサルトルはわりかし詳しいんやで。」

「ふうん。それにしても、この池田いう人、教養あるな。」

「そらそや、教養部の先生やし。」

「この人、左翼か?」

「そらそやろ。マルクスやらレーニンやら引用したァるで。」

「せやけど、これなに? 平家物語の浣腸の巻やとか、下痢腹酷《おりはらひどし》やとか。相当ふざけてるわ。こんなんでエエんやろか。どこまで本気なんかわからへんわ。」

「せやけど、なかなかエエことも書いとるで。ちょっと、ここ読んでみ。四九ページ、『主観主義的大学案内』のおわりのとこや。――〃もしもきみが、相手の愛をよびさますことなく愛したとすれば、すなわちもしもきみの愛が愛として相手の愛をよびさまさなかったとすれば、もしもきみが、愛する人間としての生活表明を介して、愛されている人間になることがなかったとすれば、きみの愛は無力であり、一つの不幸である。〃――この美しい言葉もまた、マルクスのものやて。」

「えらい、ムツカシなァ。」

「な、ボクの愛は愛としてアンタの愛をよびさましてるやろか。……」

「なに寝言いうてんの。ウチが大学の先生きらいなのは、こないなヤヤコシイことを書いたりするからや。アンタも大学院行って、将来は大学の先生になろと思うてんのちがうの。やめとき。ほんまにアホになるエ。このエセ物語たらいう本よんでウチにわかったことはそのことやねん。」

「ふうん、そうか。——〝もしもきみが、相手の愛をよびさますことなく愛したとすれば、……」

「まだそんな寝言いうてんの。あれは要するに、片思いはアカンちゅうただそれだけのことやないの！」

「……」

全京大人のバイブル、「似而非物語」!!

ウチ読んでルゥ、ボク買ってみルゥ。ワタシ立読みさせてもろてマス。

（ただし京大志望者は読むべからず。想像力が萎縮しますから）。

一九七二年七月吉日

ウ・ウ・クサイスキー

似而非物語（抄）

校註　池田浩士

解説

すでに古典となっているこの物語は、万延三年（途中で昭和元禄と改元）から始まってまだ完結していない大学糞葬（当時の下層階級は〈大学闘争〉と呼んでいたとの説もある）を歌ったもので、作者は丸楠礼人（まろくすのゐやひと）とも野次馬徒呂（のじめのとろ）とも伝えられるが、いずれも確証はない。全部で百二十五段章からなっている。ここではそのうち京をとりあつかったもののなかから特に有名な五つを選んだ。新入生諸君は受験勉強のなかでしばしば読み親しんできているはずであるから、難なく読み下せると思うが、念のため註を付した。註を付す語は、文中では**太字**で表記されている。なお、この物語をまねたパロディが平安時代に『伊勢物語』という題名で流布したことがあるが、この原作ほど出来は良くない。ただしその『伊勢物語』は、各段章のナンバーから文章、歌にいたるまで、原作であるこの『似而非物語』を忠実にまねているので、参照するだけの価値はあろう（下段に併載しておく）。とくに最後の第百二十五段章は、そっくりそのまま使われている。本文のかなづかいは、いわゆる「定家かなづかい」によった。

似而非《えせ》物語（抄）

三

むかし、**大學**ありけり。血相かへける受験生のもとに學歴といふ物をやるとて、

思ひあらば象牙の塔にこもりなん進歩的なる顔をしつゝも

一條の大臣《おとゞ》のまだ㋖《マルキ》にも仕《つか》うまつり給はで、**たゞ人**にておはしましける時のこと也。

伊勢物語（抄）

三

むかし、おとこありけり。懸想《けさう》じける女のもとに、ひじきもといふ物《もの》をやるとて、

思ひあらば葎《むぐら》の宿《やど》に寝《ね》もしなんひじきものには袖《そで》をしつゝも

二條の后《きさき》のまだ帝《みかど》にも仕《つか》うまつり給《たま》はで、たゞ人にておはしましける時のこと也。

大學　当時の大学も実質的には現在とかわりなかったが、たてまえとしては〈自治〉があり、〈反戦自由の砦〉とか〈反権力の砦〉とかの別名をもっていた。したがって当時の支配者は、抑圧・管理の手段として今日のように〈学長・学部長選挙への学生参加〉とか〈自主ゼミ〉とかいうような複雑な方法を用いる必要などなかったわけである。

一條の大臣　諸説があるが、東一條にあった学問所（大學と呼ばれた）の表田東総長だという藤原定家の説と、六者（後出）議長だという折口信夫の説とが有力である。

たゞ人　「ただの人」つまり大臣《おとど》になるまえの平教授という意味にもとれるが、当時は、「個人としては君たちの気持はわかる」とか、「わたし個人としては自警団まがいの検問など拒否したいのだが、教授会メンバーとしての立場上どうも……」とかいう言葉が師弟間の日常の挨拶用語として使われていた。「たゞ人」は、おそ

らくこの「個人」と同義であったと思われる。

五

むかし、**一部暴力集團**有けり。東《ひんがし》の一條わたりに旗おしたて、いきけり。神聖なる所なれば、**門**《かど》**よりもえ入らで**、童《わらは》べの踏みあけたる築地《ついひぢ》のくづれより突入しけり。人多くもあらねど、鐵帽かぶりければ、**あるじき**、つけて、その通ひ路に、日ごと夜ごとに**六者**をすへてまもらせければ、**いけどもえ逢はで**歸《かへ》りけり。さてよめる。

人も知るわが通ひ路の關守は**よひ〳〵ごとに**うちも寝《ね》ななん

とよめりければ、いといたうぶんなぐられけり。あるじ**ゆるしてけり**。

封鎖の學生部に忍びてまいりけるを、世の聞えありければ、**全京大人**のまもらせ給ひけるとぞ。

五

むかし、おとこ有けり。東《ひんがし》の五條わたりにいと忍《しの》びていきけり。密《みそか》なる所なれば、門《かど》よりもえ入《い》らで、童《わらは》べの踏みあけたる築地《ついひぢ》のくづれより通《かよ》ひけり。人《ひと》しげくもあらねど、たびかさなりければ、あるじき、つけて、その通《かよ》ひ路《ぢ》に、夜ごとに人をすへてまもらせければ、いけどもえ逢《あ》はで歸《かへ》りけり。さてよめる。

人知《ひとし》れぬわが通《かよ》ひ路《ぢ》の關守《せきもり》はよひ〳〵ごとにうちも寝《ね》ななん

とよめりければ、いといたう心やみけり。あるじゆるしてけり。

二條の后《きさき》に忍《しの》びてまいりけるを、世の聞《きこ》えありければ、兄人《せうと》たちのまもらせ給《たま》ひけるとぞ。

一部暴力集團　当時の流行語のひとつ。時代が少し下がると〈過激派〉となった。主として、『不自由新報』や、『白旗』（含む「日曜版」）によって流布され、実際には〈一部〉でない場合にも用いられた。

門よりもえ入らで　聖地をまもろうとする敬虔な人びとによってロックアウト・検問体制がしかれたことをさす。

あるじ　前出の「一條の大臣」と同じだとの説もあるが、この場合は明らかに総長表田 東氏のことであろう。

六者　全学自治会、生協組織部、同労組、大学院生協議会、職組、一般学生、の六者からなる連絡会議。これが大学当局と結託して構内から〈逆バリケード〉を築き、暴力集団の入構を阻止した。

いけどもえ逢はで　前出の「暴力集團」は、構内の学生部（封鎖中）にたてこもっていた同志たちのもとへ夜這いに行こうとしたのだが、「六者」に阻止されて果たせなかったのである。

人も知る　「桓武天皇以来の大規模な砦」というので、〈逆バリ〉が全国的に有名になったことをさす。

よひ〳〵ごとに云々　〈逆バリ〉内にたてこもった六者の守備隊は、パニック状態で、一睡もできなかったのである。他人の逢びきの邪魔をすると、今も昔も往々にしてこういう結果になる。

ゆるしてけり　大学当局は、六者との団交で、学生部封鎖解除のために資材を提供する約束をし（これについては正式文書が現在まで残っている）、さらにヘルメットを配布し（これは有名な「掲示第三号」となって保存されている）、あらゆる暴力行使を六者にゆるした。「ゆるす」ことを「京大方式」または「自主防衛」ともいう。「ゆるしてけれ」はその命令形。

全京大人　都の周囲にはりめぐらされた逆バリの外に住むものを「外人部隊」ないしは「暴力集団」、内にいる特権階級を「全京大人」と呼んだ。これは、「部落民」「朝鮮人」「被爆者」「非国民」など、当時も今も存在している差別意識（意識だけではない）のひとつのあらわれであった。「おまえら、京大に入りたかったら、試験うけてはいれ」というプラカードが、逆バリから外にむけてほこらしげに掲げられた。

九

むかし、總長ありけり。その總長、**身をえうなき物**に思なして、**話合**《はなしあ》**ひ**を放棄し、**川端**《かはばた》の方に頼むべき力求めにと

九

むかし、おとこありけり。そのおとこ、身をえうなき物に思なして、京にはあらじ、あづま

て行きけり。もとより友とする人ひとりふたりしていきけり。道知らぬ人もなくて、まどはずいきけり。熊野の先《さき》、警察といふ所にいたりぬ。そこを警察といひけるは、自由と民主のまもり手なれば、不作法を警め地震を察知するによりてなむ警察といひける。その署のほとりの大樹の蔭に寄りゐて、乾飯食ひけり。その署にきどうたいいとおどろおどろしく竝びたり。それを見て、ある人のいはく、「きどうたいといふ五文字《いつもじ》を句の上《かみ》にすへて、管理者の心をよめ」といひければ、よめる。

きんたまをどんと蹴りなれしうでしあればたいほする
にもいと便利とぞ思ふ

とよめりければ、皆人《みな》、乾飯《かれいひ》のうへに涙おとしてほとびにけり。

行き〳〵て、育英會にいたりぬ。タイム・リミットにいたりて、わが提出せむとする成績は、いと苦労《くらう》多きに、自主管理はすゝみ、物心ぼそく、すゞろなるめを見ることと思ふに、凍結者あらはれたり。「かゝる屈服はいかでかしまする」といふを見れば、見し人なりけり。急に、教官協議會の御もとにとて、ビラ書きてまく。

自宅なる一般學生のうつゝにも夢にも單位ほしいなり
けり

の方に住《す》むべき國求《くにもと》めにとて行《ゆ》きけり。もとより友とする人ひとりふたりしていきけり。道知《みちし》れる人もなくて、まどひいきけり。三河《みかわ》の國《くに》、八橋《やつはし》といふ所にいたりぬ。そこを八橋《やつはし》といひけるは、水ゆく河の蜘蛛手《くもで》なれば、橋《はし》を八《や》つわたせるによりてなむ八橋《やつはし》といひける。その澤《さは》のほとりの木の蔭《かげ》に下《お》りゐて、乾飯食《かれいひく》ひけり。その澤《さは》にかきつばたいとおもしろく咲きたり。それを見て、ある人のいはく、「かきつばたといふ五文字《いつもじ》を句《く》の上《かみ》にすへて、旅《たび》の心をよめ」といひければ、よめる。

から衣きつゝなれにしつましあればはる
〲きぬる旅《たび》をしぞ思ふ

とよめりければ、皆人《みな》、乾飯《かれいひ》のうへに涙《なみだ》おとしてほとびにけり。

行《ゆ》き〳〵て、駿河《するが》の國にいたりぬ。宇津《うつ》の山にいたりて、わが入《い》らむとする道《みち》は、いと暗《くら》う細《ほそ》きに、つたかえでは茂《しげ》り、物心ぼそく、すゞろなるめを見ることと思ふに、修行者あひたり。「かゝる道はいかでかいまする」といふを見れば、見し人《ひと》なりけり。京に、その人の御もとにとて、吉田の山から見れば、六月の梅雨空《つゆぞら》に、旗いと紅《あか》う翻《ひるがへ》れり。

恥知らぬバリはＣ闘いつとてか帝大教官にテロふるふらん

そのバリは、こゝにたとへば、比叡《ひえ》の山を二十《はたち》ばかり重ねあげたらんほどして、通りは自由のやうになんありける。

猶行《ゆ》き〳〵て、武藏の國の霞ヶ關のあたりに、いと大《おほ》きなる權力あり。それを國家權力といふ。その權力のほとりにひれふして思ひやれば、限りなくとをくも來にけるかなとわびあへるに、大學法、「はやバリを解け、廢校となりぬべし」といふに、解きて渡さんとするに、皆人《みなひと》物さわがしく、塔に籠《こも》る人なきにしもあらず。さるおりしも、白《しろ》き髪《かみ》の手と脚と弱き、人の大きさなる、道のうへに竝びつゝ、バリ撤去を待つ。このところ見えぬ顔なれば、皆人見知らず。野次馬に問ひければ、「これなん怯《けう》じゅくゎい」といふをきゝて、

惡名にし負はばいざ事とはむ怯じゅ會《くわい》なが良心はありやなしやと

とよめりければ、皆こぞりて泣きにけり。

文《ふみ》書《か》きてつく。

駿河《するが》なる宇津《うつ》の山べのうつゝにも夢《ゆめ》にも人にあはぬなりけり

富士《ふじ》の山を見れば、五《さ》月のつごもりに、雪いと白《しろ》う降《ふ》れり。

時知《し》らぬ山は富士《ふじ》の嶺《ね》いつとてか鹿《か》の子《こ》まだらに雪のふるらん

その山は、こゝにたとへば、比叡《ひえ》の山を二十《はたち》ばかり重《かさ》ねあげたらんほどして、なりは鹽尻《しほじり》のやうになんありける。

猶行《ゆ》き〳〵て、武藏の國《くに》と下《しも》つ總《ふさ》の國《くに》との中に、いと大《おほ》きなる河あり。それをすみだ河といふ。その河のほとりにむれゐて思《おも》ひやれば、限《かぎ》りなくとをくも來《き》にけるかなとわびあへるに、渡守《わたしもり》、「はや舟《ふね》に乘《の》れ、日も暮《く》れぬ」といふに、乘《の》りて渡《わた》らんとするに、皆《みな》人物わびしくて、京に思ふ人なきにしもあらず。さるおりしも、白《しろ》き鳥《とり》の嘴《はし》と脚《あし》と赤《あか》き、鴫《しぎ》の大《おほ》きさなる、水《みづ》のうへに遊《あそ》びつゝ魚《いほ》をくふ。京には見えぬ鳥《とり》なれば、皆《みな》人見知《し》らず。渡守《わたしもり》に問《と》ひければ、「これなん宮こどり《（都鳥）》」といふをきゝて、

名にし負《お》はばいざ事とはむ宮こ鳥わが思《おも》ふ
人はありやなしやと
とよめりければ、舟こぞりて泣《な》きにけり。

身をえうなき物に云々　逆バリで〈自主防衛〉を敢行した総長も、文部省＝警察からの圧力が強まるにつれ、「大学は非力なものである」として、もっぱら警察力を頼んだ。「要なき」で、役に立たぬものの意とする説もあるが、大学にはまだこの自覚はなかったと見る方がよいであろう。

話合ひ　総長のトレードマークであった。

川端　東大路の熊野神社と二條通との間に位置する役所を川端署と呼んだ。川端通とは別。

道知らぬ人もなくて　この一節から、かねてより通いなれた道であったことがわかる。

不作法を警め　「いましめ」と読む。公序良俗に反する行為（エロ・グロ・ナンセンスおよび革命）をいましめること。暴力集団の出廷拒否を欠席裁判でいましめたり、司法修習生（中国の科挙にあたる）の修了式で一人の修習生の不作法をいましめて罷免してからは、もっぱら裁判所がこの治安の任務をひきうけるようになって、今日に至る。

地震を察知する　警察の親分（検非違使の別当）が都知事選挙に立候補して大地震を売り物にした故事にちなむ。古来、地震察知は警察の重要な任務で、大正天皇の御代、東国を襲った地震にさいして、自警団を使って高麗人、赤匪の暴動を未然に防ぎ、これを大量に虐殺する立役者となったことは歴史的に有名。

乾飯　「かれいひ」と読む。一説には、川端警察署地下の食堂で八〇円の「カレー飯」（かれーいひ）を食った、とも言われるが、力を貸すかわりに言う事をきけ、と一喝を「食って」帰った、という解釈が有力である。

きどうたい　前出のㇶに同じ。「きだうたい」とも表記する。この物語が書かれてから数年後に、「じえいたい」に任務をゆずりわたした。

〔歌の解釈〕　一読して明らかだが、総長以下が「きどうたい」の雄姿をみて、頼もしさとうらやましさをこう歌ったのである。若干字余りではあるが、各句のうえに五文字をおりこんだみごとな出来で、古来、小権力者が自分より「強い」ものを見ていだく感慨をこの歌ほど巧みに歌った例はない、とされている。

皆人　字義通りにとればそこに居あわせた人すべてのことだが、署長以下警察官はふくまれていない、と解釈するのが妥当。「涙」はもちろん感涙である。

育英會　権力は育英会を通じて、タイムリミットまでに「正常化」しないと奨学金をストップする、と申し渡した。大学はこれに抗議したが、圧力が強まると当然のことながら屈服した。

自主管理　C闘（教養部闘争委員会）は、学校側が提出を要求した「レポート」（学年末試験にかわるもの）を自主管理する方針でのぞんだ。

屈服　育英会＝国家権力への屈服をさす。ただし、屈服した当人たちは、「屈服」だとは夢にも思わず、「学生のため」とか何とかいう理屈をつけたことは、今も昔もかわらない。

見し人　以前にも見たことのある人。札つき。騒ぎがおこると必ずその現場で姿を見うけられる。この教師たちが成績評価凍結宣言をした。

教官協議會　現在の民主化された教養部教授会の前身。C自（日本共産党・民青系の教養部自治会）はこの議場にビラをまいて、「教官はC闘のおどかしに屈せず、成績を育英会に送れ」とうったえ、凍結教官にたいしては、「野林・池口は山多・小釘をひきこんで」云々の中傷をビラで流した。協議会の議場には、その前回、すでにC闘も入ったことがあった。

自宅なる一般學生云々　C闘のバリケード・ストライキのため正規の授業ができなくなり、一般学生は自宅待機（ワリーケド・ネトライキ）していた。しかし、育英会の要求通りに学校側が前年度の成績を提出してくれないと奨学金を打ち切られるというので、C自系の学生をもふくむこれら一般学生のなかに不安と恐慌がまきおこった。

六月　「みなづき」と読む。「あんぽづき」とも読まれた。

恥知らぬバリ云々　日協・眠青系の一教官（教務職員）が全共闘にリンチされた、とかいうので検非違使の庁に告訴・告発した、との記録がのこっているが、詳細は不明。また、バリのなかでは、ゴーゴー・パーティーや盗難があいついだため、「気持はわかる」といっていた教師たちも、「闘争学生自身のためにも、このさい、㋖にバリを解いてもらわねばならぬ」と教育的配慮を示すに至ったといわれている。

通りは自由　物理的にはラフなバリだったが、精神的、セクト的には抵抗があったらしいので、一概にこうは言えない、とする説を武田祐吉博士はたてている。

大學法　「大学運営に関する臨時措置法」のこと。

塔　時計塔のこと。

このところ見えぬ顔　教授会《けうじゆくわい》（とくに文学部、農学部）は、一貫して逃亡をつづけていた。

悪名にし負はば云々　これも有名な歌である。この時代になってなお「良心」という語を用いているところから、ノンセクト・ラジカルズ（学名「ノンセンス・ドジカルズ」、和名「野次馬《ニヤロメ》軍団」又は「赤瀬川桜」）のうちでも、大学幻想にかなり毒されていた部分が詠んだと推定される。

皆こぞりて泣きにけり　機動隊のガス銃の毒液が目をおかしたのである。

十二

むかし、大學、正常にかへりけるに、友だちどもに、**遠方**《をち》よりいひをこせける。

忘るなよバリは雲ゐになりぬとも空《そら》ゆくトロにめぐり
逢ふまで

十一

むかし、おとこ、あづまへ行《ゆ》きけるに、友だちどもに、みちよりいひをこせける。

忘るなよほどは雲ゐになりぬとも空《そら》ゆく月
のめぐり逢《あ》ふまで

遠方　刑務所という説と、外国という説と国家権力という説とがあり、それによって次の歌の解釈もかわってくる。

忘るなよ云々　諸説があるが、闘争が終わっていないことを確認した歌ととるのがもっともよい。「空ゆくトロ」とは、言うまでもなく、日航機「乗っとろ」のことである。

百二十五

むかし、**おとこ**、わづらひて、心地死《し》ぬべくおぼえければ、

つゐにゆく道《みち》とはかねてき丶しかどきのふ今日《けふ》とは思《おも》はざりしを

百二十五

むかし、おとこ、わづらひて、心地死《し》ぬべくおぼえければ、

つゐにゆく道《みち》とはかねてき丶しかどきのふ今日《けふ》とは思《おも》はざりしを

おとこ　この解釈をめぐっては学説がわかれている。権威を失墜した大学教師をさす、という説、嫌気がさして退職した者をさすという説、等々あるが、「おとこ」とは財界＝国家権力のおとこめかけたる「大学」そのものだとの説も有力。また、いわゆる「造反」教師とかいう無責任の徒輩が、中途半端なことしかやらなかったあげくにクビを切られるときに歌った辞世の句だという説もうなづける。なお、最後の説を裏付けるものとしては、『京大教養部報』第35号にのった元・六者議長河口　非氏の『〈造反〉後日譚』とか何とかいう文章がある。要するに造反のヤカラは〈昇任〉などもってのほかで、大学からタタキ出すがよい、という論旨のこの文章をみれば、国家権力の弾圧が「自警団」（つまり「地域の自治」）の形態をとってすすめられていた当時の状況がよくわかる。

（一九七一年三月）

史料1

真説・似而非物語

〔京大闘争記録刊行会編『京大闘争の記録――スクラムの海から』一九六九年四月一日発行〕

その日は雨が降っていた。一月二一日。

京都大学の正門は東側に吉田山、西へは東一条通を控えていつものように古めかしく、そして静かに冷雨にうたれていた。

正午前、この雨の中を三々伍々《ママ》「京都大学」と書き記した腕章をつけた一群の人々が正門附近に集合しはじめた。年輩の、もう定年も間近いと思われる温厚そうな老紳士、作業服や実験着をひっかけたまだ二〇代半ばと思われる青年たち、いかにも神経質らしく眼鏡ごしに鋭い目をときどき思い出したように方々にむける中年の男たち。あきらかに教官たちであった。彼らは慣れない手つきで若手を中心に正門前でスクラムを組み、何人かの教授がこれもその前で正門を入る学生たちに学生証の提示を求めた。

大部分の学生たちはちょっと不思議そうな顔をしたがほとんどが素直に指示通りポケットから学生証を提示して門をくぐった。

まだ若々しいがどっしりと貫録《ママ》のある一人の教官が門の西側からマイクでよびかける。

「本日は、京都大学の方針として学内での混乱を避けるため、京都大学関係者以外の構内立ち入りを禁止しています。学生のみなさんは学生証を提示しておはいり下さい」

〔九―一〇ページ〕

暴力学生とはどんなものか、この眼ではっきりと確かめる人々が増えたことは、あきらかに正当防衛権の普及をたすけた。さらに、総長は、路上の暴力学生を排除するために警官出動を要請したが機動隊は、「暴力学生の前に座り込みの学生や教官がいるし、教養部構内まで追跡できないのなら排除は困難だ」という理由で帰ってしまったらしい。

もはや警察も頼りにならないとすれば、この兇悪な暴力行為に対抗するには全大学人の手による「自主防衛」しかありえない、という判断がおこなわれても、これは何ら不思議なことではない。

京都大学の方針として、本部構内の各門にバリケードを築き、ヘルメットを支給、着用させ、消火用ホースによる放水をおこない、「暴徒」が近附けば一斉に放水と消火液をあびせる「自主防禦」方針はこのようにして三千人ががまり込む中で確立されたのである。この場合、最大の弱点となったのは、教養部構内であった。ここは正門とちがって教官の検門《ママ》は圧倒的なデモ隊の力によって、突破されてしまい、教養部の自治会、サークル・ボックスが荒らされた上に、A号館にとまり込み、ガスストーブを要求される結果を招き、一度は教養部にある電話交換台まで侵入しかけるという事態を惹きおこした。学生集団は教養部グラウンドでたき火をしてぬれた衣類をかわかしては、また攻撃をかける、というやり方をくり返し、各門は学生、院生、職員が交替で夜中警備をつづけた。また、ヘルメット部隊とは別に、素手の同調者たちが、正門のバリケード撤去を叫んで正門前でとりはずしにかかるため、止むをえず彼らにも放水が浴びせられた。

〔三六―三七ページ〕

いずれにせよ、この自主防禦の体制は、大学人が団結して行動にたち上りさえすれば、二―三百人の暴力集団はおそろしくないこと、全構成員の団結で暴力集団に対抗すればするほど、構成員相互の差別はなくしてゆかざるをえない、すなわち、民主化の条件ができてゆくことを教えた点で民主主義者たちに大きな自信を植えつけたのであった。

〔三九ページ〕

全門バリケード体制は二日目の夜を迎えてさすがにつかれが目立ってくる。東一条電停の附近から、吉田神社側の塀から、暴力学生が侵入を企ててくる。はしりよってとにかく追払うが、やはりつかれはかくせない。このような中で学生部封鎖解除は最初のうち難行（ママ）した。その理由の一つは、大学当局が、封鎖解除は実力以外に不可能だと知りながら、責任を（ママ）ある態度を一貫してとらず、「説得によって」という線を固執したこと、二つは、学生部封鎖に同調する学生が数十名座り込んで妨害すること、三つは、投石を防ぐため、窓にむかってする放水のホースが、短かすぎたり、封鎖派の連中によって穴をあけられたりで、投石を防ぐことができず、容易に建物によりつけないことであった。

八時、西側から〔学生部の〕バリケード撤去がはじまった。マイクが学生部からがなりたてる。「攻撃をやめよ。さもないと諸君らを容赦なく攻撃するぞ。これが最後通告だ。攻撃をやめよ」　一階の完全な解除は二三日の午前四時頃までかかったが、封鎖学生たちは、鉄パイプで廊下に穴をあけ、そこから突いてくる。〔こちらは〕消火液を浴びせ、投石する。相当な負傷者がでる。しかし、学生、教職員たちはひるまなかった。五時半頃には、二階への階段の中途まで解除、あかるくなるまで一旦行動を休止してから、午前一〇時前、遂に学生部と隣接する石油化学の二階からバリケードを破って二階へ突入、ほとんど同時に、中央階段、西側の窓の三ヶ所から突入、午前一〇時遂に窓から白旗がふられて封鎖学生は降服した。封鎖拡大、自主管理という名の「解放区」の拠点はひとまず一掃され当面の危機は去ったかにみえた。

窓から縄ばしごがするするとおろされ、一人一人おりてくる。四六人、割合に元気で法経一へ。封鎖解除実行委と学生部主催の封鎖学生と話し合い、反省を求める会がひらかれた。しかし、彼らは反省をするような人々ではないことがただちにあきらかになった。封鎖賛成の同調者たちがたちまち三百人以上あつまり、議事を妨害して話し合いはすすまず、実行委員会は、しびれを切らして、時計台前の集会に参加するため法経一をでてしまい、封鎖賛成の学生たちは、学生部長をつかまえて、自己批判を求める団交を事実上はじめてしまった。そして夜九時まで学生部長をつるしあげたあげく総長に一月二五日に団交を約束させ、「民青粉砕、闘争勝利」と叫びながらデモによって引きあげた。

午後二時から時計台前で全学集会がひらかれ、総長はデモの先頭にたって各門をまわり礼をいい、最後には正門のバリケードの上にあがって感謝の言葉を述べた。学生部封鎖解除と同時に、外部のデモ隊も攻撃を中止し、徐々に解散していった。

北門のバリケードが撤去され、明日はすべての門のバリケードが撤去されるであろう。

黒々と夜空にうかび上る正門のバリケードは大学の自治を守ろうとする頑強な京大の人々の意志を象徴するかのようにそびえたっていた。

〔四〇—四二ページ〕

史料2

天声人語

〔朝日新聞　一九六九年一月二十四日　朝刊〕

京都大学の職員と学生はついに〝武装自衛〟をして、学生部を封鎖中の反代々木系を実力で排除した。東大の教訓を生かして一致した団結ぶりだった▼もともと反代々木系の学生部封鎖は無茶である。少数派に過ぎないのに全学的要求を大学側につきつけ、話合いが行われている最中に突如、学生部を封鎖している。さらにこの封鎖を支援、拡大するために、同志社大、大阪市立大などの反代々木系学生が京大に突入しようとした。これらの〝外人部隊〟が突入すれば、東大の二の舞になることは明らかだった▼この危機に、京大の教職員、学生はすばやく立ちあがった。二十一日午後から夜にかけて、京大正門から突入しようとする約三百人の反代々木系に対して、五千人の京大教職員と学生はピケを張って防いだ。素手で、ただスクラムを組む彼らの上に、押しかけた反代々木系の角材が打ちおろされる場面もあった▼負傷者二百人、見るに忍びない無残な情景である。反代々木系の学生はいかなる権利があってこのような暴力をふるうのかと、人間としての憤りを感じさせる流血ザタであった。しかも、京大の教職員、学生は退かず、外人部隊を押しかえし、再度の来襲に備えて三千人が学内に泊りこんだ▼そして二十二日、京大教職員と学生は実力で自衛するために黄色いヘルメットをかぶった。角材や手製のタテを持つ学生もふえた。何回も外人部隊を押しかえす一方、学生部を封鎖している反代々木系を実力で排除したのである。白旗をかかげさせたのはきのう午前、七日ぶりの封鎖解除だった▼京大の教職員、学生の結束はりっぱなものである。最後に〃武装〃したのも正当防衛の措置といえよう。警官隊の導入をせず、学内で解決するにはこの方法によるほかはあるまい。バラバラだった東大にくらべて京大の学生の結束は堅かった▼〃京大方式〃は、「暴に対する暴」ではなく、「暴をおさえるための半暴」とでもいうべきところだろう。これは暴力を常用手段とする過激な学生への〃痛棒〃でもある。

史料3

主観主義的大学案内

待つことと希望すること

希望するさいには、ただ飲むだけでなく、なにかを調理しなければならない。
——エルンスト・ブロッホ

掟のまえにはひとりの門番が立っている。田舎から男がやってきて、掟のなかへ入らせてほしいと門番にたのむ。しかし門番は、いまは入るのを許すわけにはいかない、と言う。それではあとになったら入らせてもらえるのか、とたずねると、そういうこともありうる、が、とにかく今はだめだ、という答しか得られない。開いたままになっている門のなかをなんとかしてさぐろうと、からだをかがめたりしてのぞきこむ男の様子をみた門番は、からからと笑って言う、「そんなに入りたいのなら、わしが禁止するのを無視して入ってみればよいではないか。しかし忘れないでもらいたいが、わしには権力があるのだ。しかもわしは、いちばん身分の低い門番にすぎない。広間から広間へ入るたびに門番がいて、あとへいくほど、その権力は大きくなる。三番目の門番となると、もうわしでさえとても目をあげて見る勇気もないほどだ。」男は、掟というものはだれにでも、またいつでも解放されているべきものではないか、と思うが、しかしとにかく、入ってよいという許可がおりるまで待つことにきめる。こうして、掟のまえで待ちつづけたまま、長い年月が流れる。そのあいだに、男はなんとか入れてもらおうと、手をかえ品をかえ門番にたのんでみるが、甲斐はない。たえまなく門番と向かいあい、門番を観察しつづけるうちに、男は、ほかにもまだ門番がいることなど忘れて、この最初の門番こそ掟へ入るのをこばむ唯一の存在であるかのように思いこんでしまう。よぼよぼになり、視力が弱って、もう死ぬ寸前というところまで、男は待ちつづける——。

言うまでもなくこれは、フランツ・カフカの有名な小品『掟の前』のあらすじである。ここで言われている〈掟〉がなにを意味するのか、門番とはなにの象徴なのか、掟のなかに入ろうとする男の空しい期待は人生のどんな空しさを物語っているのか——こうしたことがらについては、これまでにもすでに種々さまざまな考察や推論がなされてきて、いまさらここで、資本主義社会における〈疎外〉だの、官僚機構の象徴だの、宗教の問題だのを指摘してみせること自体、きわめて月次《つきなみ》な印象を与えずにはいないほどである。だがすぐれた芸術作品が、そしてまたすぐれた思想や理論が、そのときどきの状況のなかで、そこに生きる人間をなんらかの角度から激しくつき動かすように、カフカの作品もまた、われわれの意識にさまざまな挑発をかけてくる。「そんなに入りたいのなら、わしが禁止するのを無視して入ってみればよいではないか」という門番の言葉を、男はなぜ聞き流してしまったのか？　なぜ彼は、許しがおりるまで「待つ」という道しか選ばなかったのか？　門番には「権力」がある。だから男は、その権力から許しをもらうまでは、ただ待つしか仕方がない、と考えたのだろうか？

カフカの作品は、ごく最近まで、社会主義社会では禁書とされていた。〈頽廃〉と〈絶望〉しか描かない〈アヴァンギャルド〉の筆頭に、このチェコスロヴァキア（当時はオーストリー・ハンガリー帝国の一部）の作家はあげられていた。この評価がいかに一面的なものであるか、カフカの作品のなかに社会の現実への鋭い告発がどれほど多くぬりこめられているか、それは彼の作品にじかにふれてみれば、われわれには容易にわかるだろう。こんにちではもはや、社会主義の国々でも、これは常識となり、もっぱら資本主義諸国でもてはやされてきたこの作家を、「永い亡命生活」からつれもどしてやろうとする努力が、真剣になされているのである。

だがしかし、カフカの文学が余儀なくされた〈亡命〉には、まったく理由がなかったわけではもちろんない。『掟の前』は一九一〇年代半ばに生まれたものだった。同時代の作家たちの多くが、現代史のなかのこの激動期に、なんらかの意味で政治的・思想的な決断をせまられ、とりわけやがて具体的に現実化の道を歩みはじめる社会主義にたいする態度決定をおこなわざるをえなかった時代にありながら、カフカは、ただひたすらに〈比喩〉でのみ現実を描きつづけた。社会主義に反対していたわけではない。現状が固定化され維持されていくのを望んでいたわけではない。学生時代の彼は革命の問題に少なからず関心をいだいていたし、日記には、強烈な現状批判がちりばめられている。それにもかかわらず、彼は、大きな歴史の動きに直接かかわろうとはせず、それを作品のテーマとしてとりあげようともしなかった。彼はただ現実の細部に目をこらし、日常のなかのかくれた歪みを、きわめて誠実に、ひたすらに、独特な観点から描きつづけたのだった。われわれがふと予感するにすぎないような恐怖が、彼の作品のなかでは現実そのものにまで拡大され、われわれの目からは見えないところでわれわれを締めつけているかくれた力が、彼のイメージを通過することによって、そのグロテスクな姿をわれわれのまえに明らかにする。だが、それらの恐怖や圧力は、われわれをとりまく現実そのものとなってわれわれをとらえるがゆえに、カフカの作品は、そこからの出口をわれわれにさし示すことはできない。カフカの人物たちとともに、われわれもまた、恐怖と圧力をひとつの〈宿命〉としてうけいれる道しか見出さないのである。現代の歴史の趨勢がどちらへ向かっているのか、この恐怖や圧力からぬけ出る道はどこに向かってのびているのか、そしてなによりも、こうした現実をみずからうちやぶろうと試みる人間たちはどこにいるのかを、カフカの作品は探究しようとはしないのだ。

〈掟の前〉で、死に至るまで待ちつづける男は、こうしたカフカの文学の特色を、もっとも端的にあらわしている。男のまえには道はない。たとえあっても、どうしたらそれを歩みつづけることができるかという確たる保証はない。それゆえ、彼は立ちどまってしまう。そして、ひたすら待ちつづけるのである。カフカの作品は、すべて、このような〈待つ〉人間をしか描かない。だが、カフカは、ただ描くだけではない。自分の描く人物を糾弾し、そういう人物を描く自分自身を切りきざみ、その人物に共感する読者の胸にするどい批判の矢を射こむようなやりかたで、それを描くのである。

死の寸前まで待ちつづけた男は、そのときはじめて、門番をまねきよせて、こうたずねる、「だれもが掟をもとめて努力しています。それだのに、この長い年月のあいだ、わたしよりほかに入れてくれとたのみに来たものがひとりもいなかったのは、いったいどうしたわけなのでしょうか？」 すると門番は、死んでいくその男のもうろうとかすんだ耳に向かって大声でわめくのである。「なぜって、この入口は、おまえひとりのためのものだったからさ。さあ、そろそろ行って扉をしめてくるか。」

〈待つ〉ということは、決してなにも生みださない。待つことのあとには、無があるのみである。それにもかかわらず、そして、掟はまさに自分がそこに向かっていくためのものとしてのみ存在していたにもかかわらず、そのまえで立ちどまり、待ちつづけるしかなかったというのは、なにを意味するのか？　いったい男は、ほんとうに掟に入っていきたいと望んでいたのだろうか？　すくなくとも、巨大な対象をまえにして、ひたすらいまの時点でいまの場所にとどまることしか、なすべき道はなかったのだろうか？　もしそうだとすれば、掟というものは、そもそものはじめから、彼にとって入っていくだけの意味をもってはいなかったことになるのではなかろうか？

彼の努力の対象が〈掟〉と名づけられていることは興味ぶかい。掟とは、一方的に人間を規制するものにほかならない。もし彼の向かっていくべき目標がそのような不動の存在であるとすれば、彼の疑問は決してその目標に対して向けられてはならない。疑問は、彼自身にたいしてのみ、向けられなければならない。自分自身がまだしっかりしていないのに、外に向かってなんらかの主張をおこなうなどということは、してはいけないのではないか？まず自分自身を向上させ、自分自身を完成させてから、掟に向かっていくべきではあるまいか？——だがしかし、努力の対象が〈掟〉であるということをひとたび否定すれば、すべては変わる。対象は、それに向かっていく人間を規制するものであると同時に、その人間の歩みの長さと歩調によって規制されるものともなる。それに向かおうとする情熱と、道をとりまく状況によって、目標は刻々と姿を変えていく。あるいは、目標に到達したかに思われたとき、じつは目標はなおはるか彼方まで移っているかもしれないし、ひとつの目標に到達しても、なお新たな目標が生まれてくるかもしれない。しかし、いずれにせよ、そのばあいには、人間をとらえるものは永遠に〈待つ〉という行為ではなく、永遠の歩みという作業である。この歩みからは、より新しい目標への〈希望〉が生まれる。希望から、目標に接近するための具体的な方策と展望が生まれる。希望によってこそ対象は、不変の重圧としてではなく、変革すべき目標と変わる。待ちつづけるカフカの人物は、〈希望〉をいだきえない人間なのだ。

だが、希望とは、心がまえひとつで生まれてくるものではないだろう。待ちつづけることを拒否する決意と、自分の向かっていくべき目標を〈掟〉としては、他動的なものとしては、決してとらえないだけの勇気と、目標そのものをたえず否定しつづける行動力とを希望は要求するのである。

（一九六八年十二月）

闘争の底辺から底辺の闘争へ

――ノン・セクト、フリー・セクトないしはノン・ポリの諸君に

全京大人の団結によって一部暴力学生集団を実力で撃退し、平和と民主主義と大学自治をまもる京都大学の伝統に輝かしい一ページを書き加えられた、戦斗的な学生ならびに教職員ならびに生協労働者のみなさん！　一朝事あらば前回とおなじように本部構内に駆けつけるにせよ、教養部にたてこもるにせよ、あるいは一条通りへうって出るにせよ、まずちょっと足をとめて、ともかく一教官の世迷言に耳（目）をかしていただきたい。

教養部では現実にいま無期限ストが続けられ、文学部、医学部などでもスト体勢がかためられつつあります。そのうえ、2月5日の教養部自治会委員長アピール（ビラ）によれば、2月8日には目下スト中の教養部で、さらに新たなストがおこなわれる予定なのだそうです。研究室をふくむ建物が封鎖されるのではあるまいかという臆測にもとづいて貴重な研究資料を研究室から他の場所へ疎開させ、あるいは逆に（より深い意図をもって）急ぎの仕事を他の場所から研究室へ疎開させるなどあわただしい動きをみせている御同役連を横目でみながらニヤニヤしていたこのわたくしも、二重のスト、二重の封鎖で攻めたてられたのでは、教授会自治の民主化のためのささやかな奮斗を一時中断してでも、コトのよって来たるところと行くすえとをじっくり考えてみなければいけないような気がしてきたという次第です。臆測といえば、そもそもかの高名なる「京大方式」、つまりバリケードと放水と投石と消火液による本部封鎖（俗にいう「逆封鎖」）とそのなかでの学生部封鎖実力解除など、一千三百万円の国費を投じたといわれるあの一連の自衛そのものが、「外人部隊が本部時計台その他を占拠するかもしれない」という臆測にもとづいてのみなされたものなのですから、マイクロフィルムほどの稀少価値はないにせよ、ともかく商売道具

として欠くべからざる古茶けた本をかかえてウロウロしている御同役連の小心さを、あながち笑ってばかりはいられません。いやそれどころか、こうした対応様式は、じつは、建物の破壊や資料の散乱を学生の負傷よりさきに憂えたあの東大の同業者たちを手本にするものであり、また、たんなるひとつの臆測・たんなるひとつの「かもしれない」のみを唯一の基盤にして、学校当局の号令一下、逆封鎖をかためるために本部構内に馳せ参じ、ウワサやデマだけにたよって自己閉鎖とマス・ヒステリアを生みだし、それによって首尾よく「京都大学」をまもりおおせた先人たちの道をふむものでもあって、大学民主化と制度改革に大なる貢献をなすひとつの闘争であるのかもしれないのです。そもそも、学生であるかぎり、教職員にして職組の組合員であるかぎり、生協従業員であるかぎり、必然的に「五者連絡会議」のメンバーということになるのですから、その「五者」が重要な一翼をになっている京大城防衛戦に、素手であれ武器をとってであれ、ヘルメットをかぶってであれ洗面器や買物カゴをかぶってであれ、とにかく実力で加わらないというのは民主的でなかったのかもしれないし、だいいち、学校当局の号令ウンヌンなどというのが大まちがいで、本当に各自の自発的な行為だったのかもしれないな、という気がしないでもありません。その有力な証拠は、「これは大学側の方針ではなく、大学院の学生を中心に自発的にやったもので」云々（2月4日付朝日新聞その他）というおりにふれての奥田総長の発言でしょう。しかし一方ではまた、1月22日の「掲示第三号　本学一般」という、いまではすでに歴史的文書となっている正規の告示および同日朝から配布された同文の「京都大学のみなさんへ」と題するビラには、すでにご承知のとおり、ちゃんと次のように記されているのです。

「昨二十一日、他大学の学生が本学内に立ち入ろうとした事態に関連して、本学のみなさんは、左記のとおり御了知ください。

記

一、学生諸君は、常時登校して、事態の解決に努力してください。

一、正門その他各門を補強し、バリケードで強化したのは、大学の方針であります。

一、ヘルメットは、できるだけ調達しましたが、緊急のことで種類が雑多であり、また数も少なく、大変御迷惑をかけましたことは遺憾であります。

昭和四十四年一月二十二日

京都大学」

さてこうなると、どうもこれは怪しいぞ、トンでもないソーチョートバクにのせられたのかもしれんぞ、というさもしい疑念が、小心であるわたくし、逆封鎖の期間中一度も本部に足をふみいれず、京大を守る気概に欠けていたわたくしには、わいてきてしまうのです。「わたくしは、つねづね学問の府としての大学の自治を守り、暴力を否定し、理性による話し合いにより、問題を解決するという姿勢をとり続けてまいりました。／したがって、何よりもまず、わたくしは、この前提に立って毅然とした態度でこの解決に当る決意であります。第一に暴力否定の立場より、今回の一部学生による学生部建物の占拠は、学問の府たる大学としてはつよく否定されなければなりません。〔中略〕次に、理性による話し合いによる立場より、大学としては、説得による方法を堅持したいと思います。」と、総長が「所信」を表明されたのは、前述の「掲示第三号」よりわずか四日前のことだったなあ、などと考えていると、教養部のストと出入り自由なバリケードと、重複だらけで無理難題ともみえる「八項目要求」が、とても重要な問題をつきつけてくるものに思われてならないのだから不思議です。

　つまり、もっと根本的に考えなおさなければいけないのではないか、ということです。だいたい、「学問の府」たる大学の門前に、大小各種の看板が立ちならび、競馬の予想表よろしくクラス討議会場一覧表が貼りだされているなどということは、わたくしなどが戦後民主主義のおかげで朝鮮戦争前後から、いや2・1スト中止以後、一貫して自己のうちにはぐくんできた体制順応的秩序意識からすれば、なんとも嘆かわしいかぎりであって、これだけですでにもう、言論の自由・表現の自由を最大の敵とする警察機動隊の学内導入の口実になるのではあるまいか、という不安にかられずにはいられません。いわんや、文部教官たるわたくしどもが文部省ひいては総理大臣閣下ひいてはそれを選んだ全国民の御用命をうけて執り行なおうとしている講義や試験やレポートをボイコットしておきながら、「自主講座」ウンヌンなどとゴタクをならべるにいたっては、国民の血税ひいては文部省の予算で国立大学に入れてもらっている学生のブンザイで生意気いうな、と言うほかはありません。

だがしかしちょっと待てよ、とわたくしは舞いしきる雪のなかで栄養失調みたいな顔をしてアジっている学生をみて考えました。終戦直後に、学徒動員から生きのびて帰ってきたわれわれの先輩が、まず最初に大学ではじめたことは何だったのか。ルックザックや背ノウをしょって買出しや物・物交換をすることでした。だがそのつぎには、あるいはそれと並行して、彼らもまた、戦後派であるわたくしが百書万籍から得た知識で知るかぎり、頭こそ今とちがって丸ボウズだったにせよ、こんな蒼白い（インテリ的に青白いのではなくプロレタリア的に蒼白い）顔をしてアジっていたのでした。そして、「自由大学」とか「人民大学」とかいう名の自主講座を組織することによって、言葉の真の意味での「学問の伝統」をまもり、いやそれどころか、新しい伝統のまったく新しい礎石をおく「毅然」たる第一歩をふみだしさえしたのでした。もっとも、彼らはいまの諸君ほど豊富に紙やベニヤを浪費できませんでしたし、それに第一、「毅然とした態度」などというものはそれが「態度」だけに終るかぎり、とかく支配者の態度と同一化してしまうものですから、先輩たちはやがて学園を去ると、その大部分は「大学の自治」などということは二度と口にせず、せいぜいのところ「地方自治体」のボスになるべくセッセと大学卒の履歴を利用しただけでした。つまり、いま不法な（どんな法律にも定められていないという点でのみ不法な）教養部無期限ストなるものをおこなっている「一部暴力学生集団」という名の各種セクトおよびノン・セクトおよびフリー・セクトの学生どもは、じつは、こうした先輩の歩んだ道を歩むことを拒否し、そういう先輩をしか生みださなかった大学を「解体」して、新らしい別の大学を（どんなものか、わたくしもまだお目にかからせてもらったことはありませんが）つくりだそうとしているのではあるまいか、そしてわれわれがこの「破壊」作業をおそれるのは、われわれが、少なくとも意識のうえだけは支配者の一員となりえたと自負してマイホームで退職金を夢みている先輩たちに、より近いところに立っているからではあるまいか――わたくしはそう思うのです。

バカ言うな、昭和21〜22年と昭和元禄の今日と何の関係があるか、と異議をとなえる学生あるいは教職員、あるいは生協労働者がおられるかもしれない。なるほど、いまのわれわれは、日本国民が資本主義国のうちでもっとも頑強な反共路線をとる西ドイツにまさるともおとらぬ驚異的な高度成長をなしとげてくれたおかげで、イモハダシとはいっさい無縁です。けれども、先輩たちの自主講座をあるいはたたきつぶし、あるいは「民主化」して戦後民主主義体制のなかに組みこんでしまった支配権力は、じつは、イモとハダシを、戦前戦中の弾圧のなかでひそかに読みつがれ学びつがれてきた先進的な危険思想もろとも大学から一掃しようとする努力を「毅然とした態度」でつづけるかたわら、一方では戦前からの古い研究・教育制度をまもりそだて、もう一方では核付き早期返還ならぬ産学共同・軍学共同という後期資本主義時代に即応した新方針を着々と地固めしてきたのでした。

そうかといって、「外人部隊」だの「暴力学生」だの「トロツキスト」だの「破壊」だのがおしよせてくる、というのですから、そんな「非常事態」に呑気な歴史哲学的考察にウツツをぬかしているのは、「反動的教官」の見本みたいなものかもしれません。しかし、身に危険を感じたとき平時であっても「非常事態」を宣言し、秩序が危うくなってくれば、「どこそこの秩序は維持されている」と発表するのは、失うべきものをもたない人民の側ではなく常に権力の側であることを考えてみれば、あるいはわたくしは、人民の側に立ってしまっていることになるのではないか、とも考えられます。もちろんこれは、黄色その他「緊急のことで種類が雑多」だったヘルメットをかぶって、さきに述べたような先輩たちを輩出した「京都大学」の「反戦自由の伝統」をまもりぬいた「一般学生・教職員」の側をさすのではないことは言うまでもないでしょう。わたくしは京都大学に雇用されるさいに国家公務員法にもとづき、特定の政党に偏した言動をしない、というような趣旨の宣誓をした記憶があるので、「赤旗」「前衛」「学生新聞」「文化評論」その他で東大の荒廃を怒り京大防衛戦の勝利と「暴力学生集団」の放逐を訴えている日本共産党のシリ馬にのって、東大の二のまいにさせるな、とか暴力学生はかえれ（どこへ!?）とか叫ぶわけにはいかないのが、かえすがえすも残念です。そしてまた、特定の「政党」というのが各種の「セクト」をもふくむとしたら、社学同であれ中核であれフロントであれ民学同であれ毛学同であれ社青同であれ革マルであれ、あるいはまた民青であれ（無学にしてここであげ得なかった各派のおゆるしを乞う）、どの派かの見解に同意ないしは共感を表明することもゆるされないわけですから、ここではとりあえず、「ノン・セクト」あるいはより実質的に「フリー・セクト」と名のっておられる学生・教職員・および一部生協労働者、または実質的にのみ「ノン・ポリ」であられる諸君に訴えるというかたちをとらざるをえなかった次第です。しかし、これら一部の「京大人」であっても、21日から24日にかけて本部にたてこもった三千名なり六千名なりの「京大人」を「全京大人」と称してはばからなかったという前例にてらせば、あながち「全京大人」といえないこともなさそうです。（ちなみに、真理探究の場にふさわしく「全京大人」の数を厳密に言うならば、昨年十月一日現在で一九、四四二名であります。）

ノン・セクト、フリー・セクトないしはノン・ポリのみなさん！　教養部のストを根底からとらえなおしてみませんか？　京大ナショナリズムやいわんや教養部ナショナリズムによって解決できるような段階を、現在の大学問題はとっくにこえてしまったのではないでしょうか？　本部逆封鎖によって問題はなにひとつ解決されはしなかった。しかし、明らかにされた問題はあったはずです。それを考えてみようではないか。そして、それらとの関連において、教養部ストを、あらゆる大学問題を、徹底的《ラジカル》に考えぬこうではないか。ただひとつ、どんな形態をとっているにせよ、徹底的《ラジカル》な改革の芽をつみとる行為に手をかしてはならない。権力者の論理と対策に手をかしてはならない。主体的に考え、主体的に批判し、主体的に行動しよう。いくつもの臆測が存在する状況のなかでこそ、自由でとらわれない判断をくだそう。大学が破壊されなければならないものならば、研究室から本を疎開させる気もなければさきもないわたくしは、研究室にとどまろうと思う。そして古い大学の崩壊と、新しい大学の建設をこの目でたしかめ、なにぶんかの努力を、その過渡期のなかでおこないたいものだと思う。徹底的に考えよう。そして徹底的に批判し、できるかぎりの行動をしよう。

わたくしはただ、建物の破壊や資料の破損よりもまず、諸君が催涙ガス弾でにせよ放水でにせよゲバ棒でにせよナチス棒でにせよ、肉体的な破壊をこうむることを絶対にゆるしてはならないと思います。

一九六九年二月七日

史料4

〃京大人〃にきく

ひとことインタビュー
京都教職員組合『京都教育』号外
一九六九・一・二四No.43

▽〃ガンバッテ！〃と叫びたい
京大は、私の職場です。どこまでも京大を守りぬきたい。封鎖は絶体《ママ》ゆるせません。「みんながんばって！」と叫びたい。婦人としてできることは何でもやりたい。今、たき出しをやっています。互いに助けあって、自分達が本当に守ったんだ、と悔のないようにしたい。（女子事務職員）

▽皆の圧倒的団結に自信
夕方、暴力集団が乱入してきたときは、どないなるかと思った。しかし学園の民主主義をふみつぶす者への、みんなの圧倒的な力に自信がついた。機動隊が、公道上でニヤニヤして暴徒を見ている態度には腹がたつ。ヘルメットかぶると勇気がわくね。（男子職員）

▽暴力学生の背後に政府・自民
大学人というのは、本来なかなか団結しにくいんです。だが、今の〃全京大人〃はちがう。教師も学生も、院生も職員も…、みんなが学園の平和と自治を犯す者にたいしてガッチリスクラムくんでるんです。どんな挑発も私たちは許しません。あの〃外人部隊〃のトロッキスト《ママ》や機動隊の背後に、政府・自民党のあたらしい大学支配の意図があるんです。〃第二の東大〃にはさせませんよ、ぜったいに！（大学院生）

▽〃セクト集団の争い〃ぢゃない、デタラメな『朝日新聞』
トロッキスト《ママ》の暴力も憎い。それから事実をゆがめて、野次馬みたいにウソを報道するマスコミもにくい。22日の『朝日新聞』はデタラメだ。全学部やクラス、教官や総長も抗議しているんです。〃反日共系対日共系のケンカ〃なんてものぢゃない。まして〃日共系が全学を逆封鎖〃とは何ごとですか！大学紛争は、セクト集団間の争いなどでなく、自民党・文部省が、70年安保体制にもとづいて大学を支配するためにしくまれた紛争です。東大がそれをよく物語っています。背後に米日独占の要請がある。全京大人は、だからこそ大同団結してわれらの大学を守りぬきます。（助教授）

▽ハラが立つ新聞社と機動隊
新聞社と機動隊があんなひどいもんやとはしらなんだ。もう腹がたって腹がたって…。東大では、生協も賃金遅

配・営業不能やそうです。トロッ（ママ）キストは、生協の資材や商品も盗んでいったそうや。京大では、まだそんな被害はないけど、わたしらも〝京大人〟や。大学の危機には、わたしらもがんばってますにゃ。（炊き出し中の生協食堂のおばさん）

▽投げつけてやりたい

暴力集団に、私も、何かものもって投げつけてやりたかった、ほんまのこと。（女子職員）

（21日午後、京大にて取材）

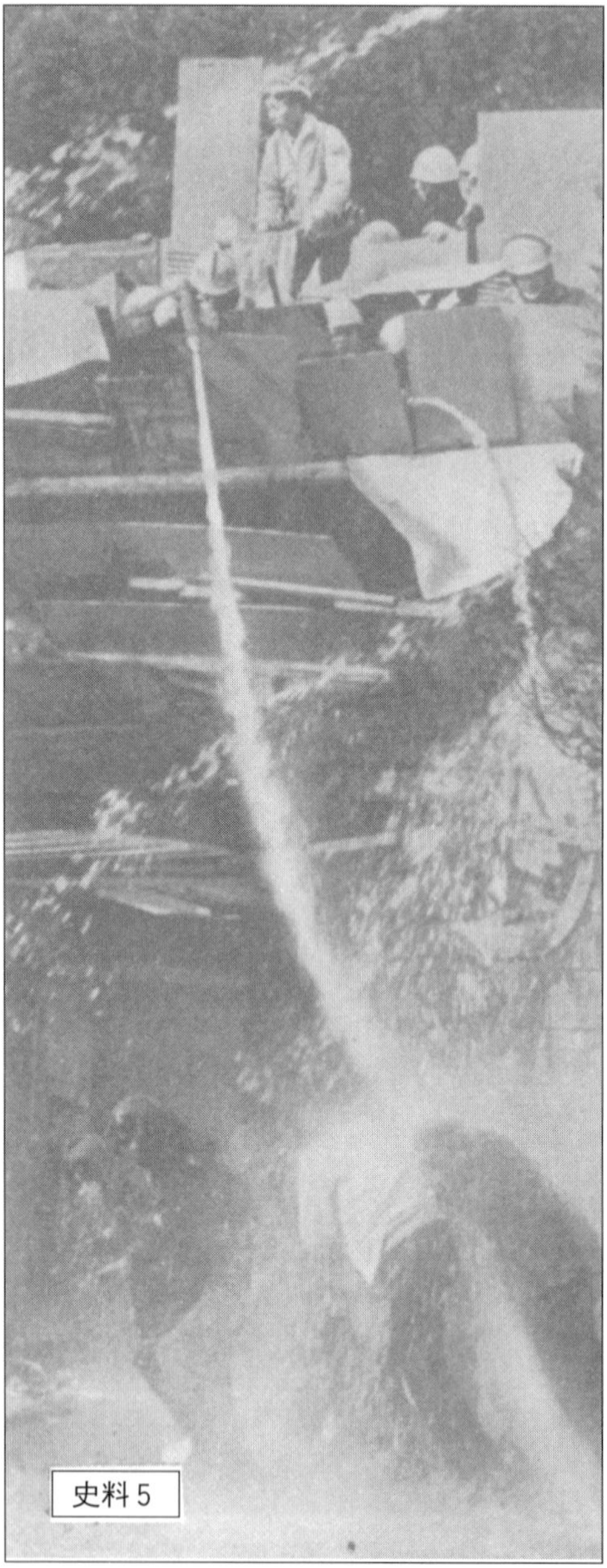

史料5

「声明」にかえて

ひとつの解体がはじまるとき、まず最初に解体しはじめるものは、つねに、その組織のもっとも良心的な部分である。

この事実を、われわれは、作田啓一、山田稔両先生のハンスト、教養部教官有志の『声明』など、この数日来の一連の動きのなかに、心のうずきをかみしめながら確認しなければならなかった。残念ながら、これらの誠実な行為は、けっして新しい大学への力強い出発を告げるものではなく、歴史の動きに対応しきれなくなった崩壊の告白でしかない。大学闘争の渦中にあって自己の位置を見失い、それでもなお誠実に学生諸君の理念をうけとめようとしながら、みずからの立場と、せいぜいのところ同伴者的な共感との板ばさみになって発せられた悲鳴でしかない。「大学のとってきた方針」について事実にもとづく確認と根底的な批判を経ることもないまま非常

事態を云々し、Cバリケード・ストにたいする対策のみに目をむけ、「暴力」一般に「反対」することによってみずからの正当性をすくおうとする態度は、「多数の負傷者を出す事態」に「至った」ことをただ単に「深く反省する」という無責任さの基盤ではあっても、その無責任さを拒否するための自己批判の表明ではない。『声明』の署名者のなかに評議員が名をつらねていることは、この無責任さの象徴でなくて何であろうか。

　自分自身をせめさいなむ行為は、それが公けにおこなわれるとき、ただ自分自身にたいする免罪符でしかありえない一方、いかに中立的な立場を（主観的には）堅持しようとも、全体的な動きに重大な影響をおよぼさざるをえない。重要なことは、「意志の表明が遅きに失したこと」ではなく、無責任に意志を表明することに急で、自己のおかれた場における闘争をサボっていたことである。私自身、小範囲に配布・発表した一月二十四日付の『京都大学における事態についてとりあえず訴える』というアピール、および二月七日付の、「闘争の底辺から底辺の闘争へ――ノン・セクト、フリー・セクト、およびノン・ポリの諸君に――』というビラのなかで、自己の立場の確認とそこでの闘争方針を、充分に明らかにしえなかったことを自己批判しなければならない。私は、学生諸君とのたんなる心情的な連帯を拒否する。それと同時に、ケンカ両成敗的倫理主義によって結果的には大学変革の運動を支配者の論理で収拾することに加担するやりかたをも拒否する。私は、私自身のいだく大学闘争の理念を、今後、「教官」独自の立場から実践的に提示していかなければならないし、その実践が自己の足場を掘りくずす作業にほかならないとしても、できるかぎり提示していくであろう。

　二月十三日から十四日にかけての「事態」は、たんにそれだけを個別的にとらえるべき性質のものではなく、寮闘争＝学生部封鎖――本部バリケード逆封鎖――学生部封鎖実力解除など一連の過程のなかでとらえられねばならない。それは、とりもなおさず、ひとつの大きな過渡期としての今日における変革運動のなかで、この「事態」を評価するということである。こうした意味において、私は、C闘委に結集し、あるいはこれを支持する学生諸君が、十三日から十四日にかけての「多数の負傷者を出す事態」を運動全体のなかでどう位置づけるのか、明らかにすべきであると考える。それは、たんなる「反省」ではありえない。変革運動の一翼をになっている諸君の責任である。

われわれは、闘争の相手方の水準に逆規定されることをつねに拒否しなければならない。実践のなかでみずから新しい価値基準をつくりだしていくもののみが、真に、旧いものの解体を促進し、新しい未来の地平を切りひらいていくものであるだろう。階級的憎悪はたえずきびしい内部批判によっておぎなわれねばならない。この検討がとだえるとき、運動は頽廃し潰滅するだろう。

一九六九年二月十八日

京都大学教養部教官有志

〔参考資料〕

声　明

一月二十一日以後の事態にあたって、大学のとって来た方針について、われわれは再検討を提案する。一方、先日来の学生諸君の暴力に対し、反対の意志を表明する。これらの問題について、教養部教官としての意志の表明が遅きに失したこと及び、多数の負傷者を出す事態に至ったことを深く反省する。

昭和四十四年二月十六日

呼びかけ人〔七名署名〕

賛同者署名（順不同）〔二月十六日現在四十七名署名〕

主観主義的大学案内

脳波のうちのアルファ波をいろいろな動物について測定してみると、おもしろい事実が明らかになる。この波は、すべての動物の脳から放射されていて、その瞬間のつぎつぎとうつろいゆく外界の模様を反射する機能をはたしているのだが、人間とそれ以外の動物とでは、放射のパターンに奇妙なちがいが見られるのだ。

人間以外の動物のばあい、アルファ波はたえず放射されていて止まることがない。危険がおそってきた場合でも、なにか獲物にとびかかっていくときでも、外界を反射しそれに反応するためのアルファ波は、一瞬たりともとまることなく放射されつづける。ところが、これにたいして人間の脳は、決断を要する重要な転回点に立たされたとき、アルファ波の放射を停止する。脳髄は外界の模様を手さぐりすることをやめ、自分自身のなかにひきこもってしまうのである。動物の行動は、外界が与えた条件にたいするたえざる反射であり、種々の可能性のまえに立ってみずから選択する余地を残さぬたんなる反応でしかない。しかし、人間の行為には、もうひとつのモメントが加わる。アルファ波が停止したとき、人間は、外界にたいする直接的な反応をやめ、自己の内部から命令を発して行為をおこなわなければならないのだ。主体的な決断、あらゆる可能性のまえに立っての二者択一は、生物学的な基礎にもとづく人間の特性なのである。

外界と自己の内面との緊張関係は、したがって、人間と他の動物とでは本質的に異なる。ある転回点で右へ行くか左へ行くかということは、動物のばあい、習性と本能にのみかかわる問題であり、それゆえにこそまた、ちょくせつ生死にかかわる問題でもある。だが人間のばあいには、過去と現在の制約がたんなる絶対的な必然性としてのみ作用することをやめるがゆえに、つまり直接的な反応の素材を提供するアルファ波が機能を停止するがゆえに、その時点での行動は習性や本能のわくにのみしばられるものではなくなり、過去や現在からこえでた未来を主体的に構成していく作業となることができる。未来を先取りし、その先取りされた未来によってさらに現在の行為が規定されてくるということこそは、他の動物から人間を区別する類的な特殊性なのである。だがしかし、本能をこえたところで転回点に対処できるということは、また一方、そのさいにおこなう決断が、かならずしも動物のようにすぐそのまま生死にかかわる問題とはならない、ということをも意味する。人間にのみ与えられた主体的な決断の可能性は、また、不決断の可能性としても機能しうるものなのだ。

　すべての支配体制はこの可能性をもっとも有効に操作することによって成りたってきた。人間の決断そのものを否定してしまうような支配方式は、支配者と被支配者の力関係が圧倒的に支配者に有利なときでなければ不可能である。なんらかの危機におびやかされている、あるいはおびやかされたくないと思っている体制は、被支配者に決断の可能性を与えないわけにはいかない。が、全的な真の決断を、真に主体的な決断をゆるすわけにもいかない。二者択一のための素材をできるだけ制限し、不都合な素材を極力かくし去ったうえで、決断をゆるし、それを制度化する。すなわち、支配機構のなかで合法化された決断は、つねに部分的な決断である。それは主体的な決断ではなく、与えられた決断、強いられた決断である。人間の類的な特性は、そこでは歪められ、制限され、矮小化される。決断の素材を制限し全体的な関連をおおいかくすことによって、目前の事実だけが判断の材料とされ、外界の個々の刺激にのみ反応しつづける動物の行動様式ときわめて近い形態が、人為的につくりだされるからである。部分的にゆるされた決断は、こうして本質的には不決断となんら変わりはない。だが、この不決断によって、人間はただちにその場で自己の生命を賭すことにはならない。これが、他の動物とのちがいである。同時に、人間だけにしかけられたワナである。なぜなら、むしろ人間は、支配者によって与えられた素材以外に目を向け、全体的な決断を、主体的な二者択一をおこなおうと試みるとき、みずからを危険にさらさざるをえなくなるのかもしれないからだ。かれのその試みは、非合法な試みとして、犯罪として、暴力として、容赦なく断罪されるのだ。

○

大学もまた、このディレンマのまえに立たされている。

〈真理〉とか〈探究〉とかいう言葉に実質的な意味づけをあたえねばならないということを前提とするなら、大学が〈真理探究〉の場である、ないしはあらねばならぬ、という月次《つきなみ》な定義は、依然として有効性を失ってはいない。ただし、それはつねに二面性をともなった有効性であり、われわれはたえず、この定義に具体的な意味づけを与えることによってその有効性をわれわれの側に奪回する作業をつづける必要がある。「個々の事実《タートザッヘ》は、まだ、なんら現実《ヴィルクリヒカイト》ではない」とはヘーゲルの言葉だが、ましてや、事実の追求がそのまま〈真理の探究〉ではないことは、いうまでもないだろう。事実とは、目前におかれたもの、あるいは過去に存在したものであって、これから存在するだろうものは、事実ではない。事実とは、言いかえれば、脳髄の発するアルファ波によってキャッチされる対象でしかない。大学が、このような個別的な事実を探究する場であるかぎり、けっして大学は、〈真理探究〉の場とはなりえない。

個々の事実の集積ではない現実、あるいは真理とは、現在この場や過去の亡霊を固定化させたものとは無縁である。それは、外界をその全体性においてとらえ、主体的に決断し、その決断によって未来の次元をきりひらいていく作業と切りはなせない。与えられた素材のなかからだけ選ぶことによってますますそれらの素材を強固に固定させていくのとは逆に、全体性の把握は、外界をも自己自身をもひとつの過渡的な存在としてとらえ、いまの状況を変わりうるもの、変えうる対象としてとらえることを可能にする。だがこれは、現在の体制を維持しようと望むものにとっては危険である。大学で探究されるべき〈真理〉とは、個別的な事実でなければならない。それらの事実のあいだの関連は、本質的な点では断ちきられていなければならない。探究者もまた、相互に連絡をとりにくくなっていなければならない――

全体性喪失の装置としての大学が、こうして生みだされる。〈綜合大学〉とは、そらおそろしいまでに個別化され細分化された反射機能のたんなる集積である。どこに何という名前の研究室があってそこに何という名前の教授と助教授と講師と助手と副手（ばあいによっては「教務職員」）が存在しているかということは、しかるべきところへ行けば、あるいはしかるべき文書をみれば、ほぼ完全に知ることができる。ところが、A研究室のA′教授の研究とB研究室のB′助手の研究がどういう関連をもっているのかは、当のA′教授やB′助手もとんとご存知ないばあいが多く、A研究室が理科系でB研究室が人文系だというようなばあいには、そもそも関連ウンヌンなどと問うほうの精神状態が怪しまれかねない。ひたすら自分の〈研究分野〉にいそしむ〈専門バカ〉が、この大学という装置のなかで増殖しつづける。専門バカは、つぎつぎと投げかけられる新しい事実に必死になって反応し、それで新しい世界をとらえたと思いこんでいる。だが、じつは、またひとつ、古い世界の解体に歯どめを与えただけなのだ。

もちろん、大学は、真に未来とかかわるような研究や創造の場としての可能性を、すべて失ってしまったわけではない。だからこそ支配階級は、いつまでも、大学を自家薬籠中のものにしておこうと、巨大な努力をはらいつづける。より厳密にいえば、大学の内部構造の細分化そのものが、個々の研究成果をそっくり体制の側に汲みあげるためのものであり、研究相互の関連を不明にさせておくことによって研究者そのものを片輪にしていく努力なのだ、といえるかもしれない。

教養課程の手なおし、すなわちあるときは教養大学と専門ないしは研究大学（大学院大学）の分離といわれ、またあるときは教養課程と専門課程の分離をなくしてタテ割り制度にするというかたちで出されてくる〈改革案〉は、いずれも、いわゆる専門科目を優先する考えかたにもとづいている。大学院大学制が〈専門バカ〉を支配者の思うままに総動員しようとする意図をもっていることは多数の人びとが指摘しているが、いわゆるタテ割り制が問題の解決にならないことは、タテ割り色を現在でもある程度おびている学部にかぎって、教養課程のカリキュラムのなかに〈基礎科目〉という名の専門科目がつめこまれて学生の自由な選択の範囲をせばめているのを見てもわかる。問題は、〈専門科目〉と〈教養科目〉をどう配置するかという方向でではなく、いかにして大学を全体的な認識作業の場として形成していくか、という方向で立てられなければならない。こうした問題設定は、支配階級からのきわめて精緻な大学近代化・合理化案と、正面から対決することをわれわれに余儀なくさせるだろう。だが、この対決をさけて、不決断を合理化する場に大学をしてしまってはならない。〈真理探究〉の場とは、与えられた制度ではなく、対決の場である。研究対象と研究主体の対決ばかりではなく、研究者相互間の真摯な対決の場が、ここには存在していなければならない。

○

きわめてあたりまえのこの前提が、じつはきわめてあたりまえでなくなっているのが現在の大学である。一方では、前近代的な研究制度がこれをはばんでいることも事実だろう。しかし、それはたんに古いものの残滓というとらえかたではかたづけられないモメントをも含んでいる。

被支配者たちを分割し、それぞれ孤立させ、たがいにいがみあわせて統治する、というやりかたは、支配の古典的な形態である。士・農・工・商・穢多非人という身分制度は、教授・助教授・講師・助手・副手というかたちで、大学に温存されている。しかし、この差別は、ある時点がくればかえって体制そのものを爆破してしまう危険性をおびてくるようになる。そのとき、支配者は〈団結〉を説教するのである。いわく「アジアの一員としての日本」、いわく「沖縄の同胞が」云々、いわく「祖国をまもる気概」、いわく「全京大人」、いわく「全教職員」、等々。冷静に考えてみれば、こうしてひとつの名称で表現されたものが、じつはたがいに差別された種々の層から成りたっている集合体であることは、誰にでもわかるにちがいない。ところが、これがなんらかの危機感をあおるキャンペーンと並行してばらまかれると、あたかも均質的な集団であるかのように現象し、自分もその一員でなければならないかのような倫理的圧迫感を各人にあたえるようになる。歴史にのこる「京大方式」が成功したのは、こうした形式的一体化がまんまと成功したからであり、そうした一体化にまんまと乗せられるような〈真理の探究〉を「全京大人」が平素たゆみなくつづけてきたからだった。支配の高度な形態としてのこのような同族意識のデッチ上げは、〈事実〉（と称せられるもの）にたいする直接的・動物的な反射に依拠してのみ成立する。人間の類的本質である決断は、外界への本能的な反応と自己防衛の習性によって、そもそものはじめから排除されてしまったのである。「全京大人」あるいは「研究の場をまもれ！」「職場をまもれ！」という合言葉は、京大の構成員がどのような階層分化のもとにおかれているかを不問に付し、研究とはなにか、職場の実情はなにか、というラディカルな問いを圧殺する役割をはたす。安直な〈連帯〉は、差別をかくすのにうってつけの道具であり、支配者にとっては体制のほころびを繕うためのボロ布として役立つ。そしてその集団のなかにいる個々人にとっては、不決断を正当化する口実をあたえる。こうした〈連帯〉が表現しているものは、権力への意志である。その〈連帯〉をささえているものは、当面の利益の一致である。管理者のための団結であり、管理者たらんとする結集である。「所有欲を再現して、これに別のやりかたで満足をあたえる内密の形式は、ほかでもなく、権力になりあがっていく一般的な嫉妬である。どんな私有財産の思想であれ、ともかくそれが私有財産の思想であるかぎりは、すくなくとも自分よりゆたかな私有財産にたいしては、嫉妬として、また平均的なものにしたいという野心として、はむかっていくものである。したがって、これが競争の本質をすらかたちづくっているのだ。野蛮な共産主義者とは、空想された最低水準を出発点にして、この嫉妬と平均化とを完成したものにほかならない。」（三浦和男訳）

マルクスのこの一文のたすけをかりて言うとすれば、いま巷を徘徊している〈民主化要求〉とは国有化されたり法人化されたりした私有財産たる大学を、自己の私有に帰したいという野心の具体化にすぎない。「〔……〕私有財産を積極的に揚棄すること、いいかえれば、人間的本質存在や生活を、対象的人間を、人間的労作を、人間のために、人間の手で、感性的に自己のものにしていくことは、たんに直接的・一面的な享受の意味でのみかんがえられてはいけない。それは、たんに〈占有〉とか、〈所有〉とかの意味でのみかんがえられてはいけないのである。人間は自己の全面的な本質存在を、全面的な方法で、したがって、全体的人間として、自己のものにする。見る、聞く、嗅ぐ、味わう、感じる、考える、眺める、感じとる、欲する、活動する、愛するなど、世界にたいするかれの人間的関係のいずれもが、要するに、かれの個体の器官のすべても、またその形成において直接に共同体的であるような器官も、その対象的関係態度において、すなわち対象にたいする態度において、対象を自己のものにする活動なのである。人間

的現実を自己のものにする活動、対象に関係するそれの態度は、人間的現実の確証行為である。」（同）

　大学もまた——社会のすべての場所でと同じように——このような行為のための場とならなければならない。「人間的現実の確証行為」とは、「自己の全面的な本質存在を全面的な方法で」自己のものにする活動でなければならない。大学の可能性をわれわれの側に奪回していく行動は、人間の能力や本質を細分化することによって個別的な成果を吸いあげ再構成して支配の貫徹に役立てようとする勢力との、たえざる対決とならざるをえない。それと同時にまた、われわれのその行動をたんなる〈所有〉権獲得の要求に矮小化してしまう安易な〈連帯〉の主張をも、われわれはたえず否定していかなければならない。

　真の連帯は、こうした両面作戦を具体的に展開していくなかでのみ、生まれ、発展していくだろう。そしてそのとき形成される連帯は、けっして、〈全京大人〉の連帯、〈全〇〇大学人〉の連帯ではありえないだろう。そのような枠をとりはらう運動が生みだされたときにのみ、あらゆる差別的な構造が大学のなかで解体され、特定の大学という形式そのものも無意味になったときのみ、すくなくともそのような到達点を当初から理念として立てたときにのみ、連帯の萌芽がうまれ、その萌芽が行動そのものを質的に高めていく可能性が生じるだろう。これがどれだけ可能であるにせよ、現実に学生は労働者ではなく、教官すらも労働者とのあいだに差別をおかれていることを、いまはまず直視しなければならない。教官も一個の労働者であるという位置づけは、もちろんそれ自体究極的には正しいとしても、たとえば、「職員組合」という単一的な名称が大学教官と事務職員との差別をかくしたまま機能しているように、研究者とよばれる人間が社会の他の労働者層とくらべれば種々の面で有利な地位をしめていることをあいまいにしてしまう。

　教官（与えられたこの名称を敢えて使うなら）であるわたしは、それゆえ学生諸君とも安易な連帯をすまいと思う。最終的な理念が同じであるということは、少なくも異なる階層においては、そこに接近する方法も同じだということを意味しない。ましてや、その理念そのものさえアプリオリに存在するものではなくこれからの闘争のなかで徐々に具体化されていくものだとすれば、いま必要なものは、むしろ相互の徹底的な批判であるだろう。教官としてわたしが今後とる立場は、このひとことにつきる。

ただ、どのような批判をおこなうにせよ、どのような闘争形態をとるにせよ、それが人間のおこなう活動であるいじょう、人類の歴史の歯車を逆にまわすことは不可能であると同時に、人間そのものについて行動者がいだく基本的理念が、たえず問われつづけねばならないだろう。

「前提が人間としての人間であり、また世界にたいする人間的な関係としてのかれの関係であるようなばあいには、きみは愛情をもっぱら愛情とのみ、信頼をもっぱら信頼とのみ交換できる。もしもきみが芸術を享受したいとのぞむのであれば、きみは芸術的な素養のある人間でなければならない。もしもきみが他人に影響をおよぼしたいとのぞむのであれば、きみは他人にたいして現実に魅力的でかれにひしひしとせまるものをもつ影響力ゆたかな人間でなければならない。人間——や自然——にたいするきみの関係のどれひとつもが、きみの意欲の対象に照応した、きみの現実的・個人的生活の特定の表明でなければならない。もしもきみが、相手の愛をよびさますことなく愛したとすれば、すなわちもしもきみの愛が愛として相手の愛をよびさまさなかったとすれば、もしもきみが、愛する人間としての生活表明を介して、愛されている人間になることがなかったとすれば、きみの愛は無力であり、一つの不幸である。」

この美しい言葉もまた、マルクスのものである。

一九六九年三月

史料6

結成のアピール

京都大学教官共闘会議準備会

全国でまきおこりつつある学園闘争をまえにして、政府＝独占資本は、一方では新たな〈大学管理法〉の制定をもってのぞむ態度をちらつかせながら、他方では大学制度の徹底的な合理化・近代化によって〈病根〉を一掃する意をかためている。現体制の維持・強化のためにはどんな犠牲をもいとわぬかれらの牙にたいしては、治外法権的な〈大学の自治〉など、一片の反古でしかない。〈聖域〉幻想のうえにたった制度改革や民主化の要求は、それが現行の秩序の枠内にとどまるかぎり、かえって現体制のなかで大学の果している客観的な役割をおおいかくし、支配と被支配の関係をいっそう近代的・合理的につらぬいていくたすけにしかならない。

わずか一〇年たらずまえまで、〈学生運動〉は主として後進国に顕著な現象であった。朝鮮で、東南アジアで、中南米で、学生たちのエネルギーは前近代的な支配体制をゆるがした。だが、ヴェトナム解放戦争、アメリカ黒人のたたかいなど、六〇年代の歴史の動きは、高度に発達した資本主義国の矛盾をあばきだし、闘争の火は、いまや全ヨーロッパを、アメリカを、そしてすべての先進国をおおっている。こんにちのこの闘争は、もはや前近代的な秩序にたいする暴動ではない。総体としての近代の否定、支配を貫徹するために操作された近代主義・合理主義への叛逆なのだ。その意味において、近代文化の再生産の牙城であり、エリートの集荷・加工・配給の機構たる大学は、もっとも急進的な闘争の場とならざるをえない。大学をささえ大学によってささえられるいっさいの支配秩序への闘いが、教育と学問研究の意味を根柢的《ラディカル》に問いなおす作業をつうじて、組織されねばならない。

この理念は、学生寮や学生会館をめぐる個々の闘争、医学部や教員養成学部での闘いなどによって徐々に深められてきてはいたが、それが一つの全体的な運動と結びついたのは、日大・東大闘争のなかから生まれた全学共闘会議の問題提起によってであった。体制をぬりかためるあらゆる既成性にたいしてかれらが対置する徹底した〈学問の政治化〉あるいは〈反政治化〉は、既存の秩序の枠をこえるものであるがゆえに権力による残虐な弾圧をまねかずにはいない。しかし、それと同時に、その弾圧は、全学共闘会議の問題提起をまえにして、権力がもはやその正体をあらわにせざるをえず、みずからのもつ暴力装置を恒常的に使用しなければ支配体制を維持できないところまできていることをも示している。ヒステリックに投げつけられる〈暴力学生〉キャンペーンは、みずからの危機を必死におおいかくすためのあがきにほかならない。

〈大学人〉は、いまのところ、この問題提起になにひとつ答えていない。官僚機構特有の徹底した無責任体系にかくれてもっぱら学生管理者的な対処にのみ汲々としながら、管理者としての論理と実行をまっとうする能力さえも欠いているのが実情である。特権的な地位が音をたててくずれるのを目のあたりにして、ひたすら物質的な破壊のみを憂え、あまつさえ〈暴力学生〉キャンペーンに自己の救済者を見出そうとさえする。反体制運動の担い手を自称する一部の勢力もこれと大差はない。組織の肥大だけを自己目的とする集団のつねとして、かれらは、根柢的な問題提起をすべて〈挑発〉として排斥し、体制の側から流されるキャンペーンの拡声器の役割をすすんでひきうけ、問題提起そのものを圧殺すべく狂奔している。

　こうした困難な状況のなかにあって、全学共闘会議のたたかいが、しばしば一時的にもせよ真の目標を問いつづけ

史料7

る志向を中断し、体制の暴力に逆規定されたかたちでしか自己の主張を表現しえなくなっているのは事実である。これにたいしては、たえずきびしい内部批判がなされなければならない。だが、われわれはこれがあくまでも内部批判であるべきことを強調する。なぜなら、かれらがたたかっている闘いは、われわれ自身がたたかおうとする闘いと、けっして無縁なものではないからだ。

われわれはいま、〈研究者〉あるいは〈教育者〉として自己を位置づけている。だが、実際は、切り売りするための知識を身につけ、身につけた知識を（学生にであれ企業にであれ）切り売りするために選別し粉飾し流通させているにすぎない。学生が真に欲するものを学びえない大学は、また、教師が真に学びたい学生とともに研究しえない大学でもある。卒業証書のみを目的とせざるをえぬ学生と、こうした学生のみをむかえなければならない教師とは、ともに前近代的な大学制度の犠牲者であると同時に、ますます強化されていくであろう合理的・近代的な教育再編成の被支配者でもある。

われわれは、まずなによりも、こうした自己の存在基盤を徹底的に明らかにしなければならない。支配の網の目にからめとられていく単なる制度の手なおしではなく、体制を根本的に掘りくずす運動を、その自己認識作業のなかから形成しなければならない。われわれはさしあたり、持続的な討論の場を、開かれたティーチ・インの場を、つくりだしていくだろう。そして、たとえ学園が権力によってふみにじられようとも、大学に機動隊が常駐しようとも、そのなかで、恒常的な自主講座を組織し、われわれの考える大学のイメージを具体化し深化させていく活動の場を確保する努力をつづけるだろう。

学園闘争がたんなる〈機械うちこわし〉に終るか、それとも現実的な変革運動の一翼をになうものとして形成されていくかは、今後それが生みだす理論と実践にかかっている。そして、真の変革運動にまでそれが成長していくためには、先進的な労働者階級との連帯が前提であることは、もとよりいうまでもない。そこにいたるまでには、幾多のこえがたい困難がよこたわっている。だが、われわれは、われわれがおかれているこの場で、われわれなりの闘争をつづけなければならない。

たとえそれが、自己の足場を掘りくずすための闘いにほかならないとしても。

一九六九年三月七日

入学式で「帰れ帰れ」と叫んだ新入生諸君へ！

―京都大学教官共闘会議―

口では「話し合い」を云々しながら、学生の要求と問題提起にたいしていまだかつて一度も真摯な解答を与える姿勢を示さず、学内諸勢力の動向をうかがってヌラリクラリとみごとな〈無対応の対応〉ぶりをみせてきた奥田「総長」は、文部省派遣の京大官僚どもとかたらって、四月十一日、ついに、千五百の新入生を相手にもっとも破廉恥な猿芝居をやってのけた。

どんな闘争がまきおころうが、どれだけ学生が負傷しようが、どれほど大学そのものの存在基盤が問われようが、三月がめぐってくれば入試をやり、桜が咲けば入学式をやらねばならぬという年中行事ボケのみを生活原理とする奥田が、五者と右翼を手先に使っての本部逆バリケードと学生部封鎖暴力的解除をなんら自己批判せず、「ひとりでも多くの学生が逮捕される」ことを願って機動隊を教養部構内（および本部構内）にひきいれ、官憲にまもられて入試が「無事」終ればお礼まいりし、あげくのはてにヌケヌケとまったく形だけの「入学式」をデッチあげたこと自体は、〈管理者〉＝〈体制の番人〉としての彼の心情と論理にてらせば、なんら不思議なことではない。問題は、こうしたやりかた＝「京大方式」を承認するものとしないものとが、いるということなのだ。

入試を「実力で防衛」し、入学式をも「断固貫徹」するかまえをおおっぴらに示した一部の秩序派は、もちろんこの〈京大型入学式〉を「ご同慶のいたり」と感じていることだろう。だが、われわれはそうではない。新入生に授業をおこなうメドもないまま何がなんでも「式」だけはやる、「奥田総長の告辞さえ無事にすめば、あとは少々荒れてもしかたがない」とハラをきめ」た（十一日付「朝日新聞」）などという気狂いじみた当局の態度とわれわれとの間には、絶対に埋めることのできない決定的な断絶があることを明らかにしておかなければならぬ。奥田の頭が学生の論理とはおよそまともにとりくめぬカラッポのものであるということは、すでに「全京大人」のあいだでは周知の事実であるが、加えてここに、東大の大河内のような醜態だけはさらしたくない、任期切れまでなんとかヌラリクラリと逃げこみたい、という保身本能と、グロテスクなまでの権力意志（東大なきあとの帝大「総長」としての実《じつ》を示す）とが結合して、かくも空虚なセレモニーを演出せしめたのだ。

モグモグと、ほとんどの新入生には声もきこえなければ姿もみえぬかっこうで何かをつぶやいただけで、昭和四十四年度京都帝国大学「入学式」は、わずか「一分間」で「無事」終了したのであった。「式は終りました。学生諸君はすみやかに退出してください。」という貼紙が、キョトンとする満場の新入生のまえに掲出され、「入学式」がたしかにおこなわれたことの唯一無二の証拠として大講堂の壁にのこされたのみであった。

新入生諸君、このハレンチな秩序意識にささえられた「入学式」が、はたして粉砕すべき対象であってはならないだろうか？

新入生諸君、諸君は本当に四月十五日から「平年通り」の授業が受けられるなどと信じているのだろうか？　それとも、「はいってしまえばもうシメタもの。大学さえ無事ならモンクはない」という気持なのだろうか？

新入生諸君、諸君は、現体制の歯車が潤滑に動いていくための（つまり、体制にとって危機的な状況が国民の前に明らかにならないようにするための）たんなる道具として、いやそれどころか道化として、利用されているだけではないだろうか？

「京大の秩序は維持されている！」——奥田「総長」の〈一分間入学式〉によって、体制はホコラカにこう叫んでいるのではないか？

「妨害は当然予想していた。しかし、はじめからやめるというのではいけない。授業についても同じ姿勢だ」と奥田「総長」は、記者会見で「強気」に言明している。

なるほどもっともな言い草だ。われわれ京都大学教官は、この〈奥田方式〉、より伝統的な言い方をすれば「京大方式」に、忠実にしたがう義務があると認める。そして、「授業についても同じ姿勢」をとらねばならぬことを確認する。

われわれ教官も、「妨害は当然予想」している。（ただし、「妨害」とは、学生のいわゆる「暴力のこと」ではない。われわれにとって、より大きな「妨害」は、国家権力をその頂点とする支配階級と、それに追随し、それの拡声器の役割を演ずる勢力によって、有形無形に、きわめて隠微に、大学をおおっている。）「しかし、はじめからやめるというのではいけない。」であるがゆえに、われわれは、毎時間ごとに「一分間」だけモグモグと何かをつぶやき、黒板に（黒板があればの話だが）、こう書いて、「毅然として」退室する権利と義務を留保するだろう——

「講義は終りました。学生諸君はすみやかに退出してください。」

一九六九・四・一二

教官共闘ニュース

No. 1
1969.4.28

京都大学教官共闘会議・発行

教養部「教官協議会」の〝総長〟あて「要求書」この数々の欺瞞にみちた策動を見よ！

教養部「教官協議会」は、二十四日、かねて継続審議になっていた「すみやかに正式の機関をもうけ、大学構成員の意見を充分に汲みとり、大学改革に着手されることを要求します」なる「要求書」を、「総長」あて提出することを決めた。

いったいこれは何を意味するのか？

具体的な内容にふれぬ単なる「改革」なら、当の「総長」自身がこれまでに何度も「全京大人の総意を基盤としておし進める」決意を述べている。〈三項目要求〉をかかげた学生部封鎖は、この「決意」を単なる空文句に終らせることを許さぬための直接行動であったし、〈八項目要求〉をかかげる教養部無期限バリケード・ストも、文学部・医学部の封鎖をはじめ、工学部・農学部などに燎原の火のように燃えひろがりつつある学生のストライキも、言多くして行為少ない奥田「話しあい」路線にたいしては単なる言葉のうえでの「要望」だの「要求」だのがまったく無効であることを身にしみて感じたすえの行動にほかならない。いまさら一片の「要求書」（「要望書」ではないことが長時間の論議のすえ確認された）を出してみたところで、「国大協会長」としての奥田にとっては痛くもかゆくもないだろうし、かといって、「人間」奥田東を動かすにしては、あまりにもこの「要求書」の文面はセンスのない散文でありすぎる。

無期限ストライキによって学生からつきつけられた問題とまともにとりくむ能力もなければ気力もない教養部教官たちは、その場しのぎの無責任な「変則カリキュラム」を組んで正規の授業を続行しようとしたものの、スト破りにまわってくれるものと期待していた「新入生」からは逆に、「当局無責任」「スト収拾策動弾劾」の声があいついであがり、あげくのはてには「F闘委」まで結成される始末であるのにおどろき、あわてふためいて、ともかくも「改革」(の「要求」!?)だけは口にしておかざるをえないハメに追いこまれたというわけだ。

破廉恥「教授会」の大恐慌

ところが、この「要求書」が可決されそうな雲行きになると、教養部教官メンバーのなかに、大恐慌と大歓喜のふたつの渦がまきおこった。誰の名でこの「要求書」を提出するかという難問にぶつかった「教授」たちは、まさにイダテンのごとき逃げ足で「教授会」(健在!!)を開催し、「教養部教授会」の名を出さないことを決めてしまったのだ。オカミにタテをつくとあとがコワイというわけである。ところで恐慌状態でまたもや責任を「教官協議会」(なんら制度的根拠なし)におしつけようとするこの「教授会」の破廉恥なやりかたにたいして大歓喜をもってこれに呼応し、火事場ドロボー的に「成果」をかっさらおうとする動きが、例によってまたまたおどり出てきたのだった。すなわち、この要求書を「公表することを求めます」という、一見愚にもつかぬ緊急動議である。

「公表する」ということをわざわざ議決しなければならないような「要求書」とは何なのか、ということ自体問題であるが、それよりも、この事実は、「教官協議会」の審議・決定は「非民主的」教授会と同じく非公開のものであるという暗黙の了解が、「教授会」を「民主化」して「協議会」をつくったと自称している「民主的」メンバーのなかにさえ厳として存在していることを、裏面から照らしだしたのだ。(ちなみに、わが教官共闘会議は、いっさいの閉鎖的審議を拒否する。われわれは、「教授会」であろうが「協議会」であろうが、そうすることが大学闘争にとって重要であると考えるばあいには、えんりょなく、その審議内容・決定事項を公表するであろう。)

「総長あての教養部教官協議会の要求書及び教授会がこの要求書を追認したことを明らかにした文書をなんらかの方法で公表することを求めます」というこの「緊急動議」にたいしては、「それを部長名で公表する」のかどうかで、山下「部長」の必死の抵抗がおこなわれ、「教授会」はひたすら責任を負わぬ道を求めつづけた。驚くなかれ、みずからの「非力」を自己批判して、「今回の事態」にたいする一切の審議・決定を「教官協議会」にゆだねたはずの「教授会」は、こっそりと会議を開いて、「要求書は協議会名で出すことにし、教授会の名は連ねない」という決定を勝手にくだし、あらかじめ「協議会」で確認されていた「協議会・教授会連名方式」を拒否するという越権行為をやってのけたのだった。

「民主的」火事場ドロボー、またまた登場

われわれは、必ずしも〈連名〉に賛成しているわけではない。(「要求書」そのものに賛成しているわけですらない。)現体制内で教養部教官を代表しうる唯一の正式機関は「教授会」であり、教養部にかんするすべての責任は、「教授会」とその議長たる「部長」が負うべきものである。それにもかかわらずあくまでも「教官協議会」に責任をおしつけ、それでいながら「責任をおしつける」ことにかんしてのみ自らの決定権を強弁するギマン性は、教養部「教授会」「協議会」二重権力構造の欺瞞性を、如実に示すものにほかならない。

この欺瞞性を最大限に利用し、そこから自己の党派的利益をくすねようとするものは何か？　主観的には誠実な意図から提案されたかもしれぬこの「要求書」を、あたかも自分たちの「闘い」の「成果」であるかのように宣伝しようとたくらむ勢力は何か？　「教授会」の卑劣なやりかたと、この勢力の狡猾な戦術は、期せずして二人三脚を演じ、闘争収拾にむかってヨタヨタと歩みはじめている。「教官協議会」で「民主的」に「討議」し、「全教官」の意志を「結集」して、「総長」に「要求書」を「つきつけました」ということを「公表」してシタリ顔する勢力は何か？　教養部教官は、自己の「誠実」な努力が、真に大学闘争の意味を正面から受けとめようとする動きに寄与しているのか、それとも卑劣な闘争収拾に加担しているのかを、よく心すべきであろう。

「良心的」教官はバリケードのなかで何をしているか?

「京都大学」といえども良心的で誠実な教官が皆無ではないことを、われわれも知っている。しかし、その「良心」や「誠実さ」が、実際にどのような機能を果してきたか、また果しているか、よく考えてみる必要がある。たとえば二月十六日に、「……教養部教官としての意志表明のおそきに失し、多数の負傷者を出すにいたったことを深く反省する」声明を出した教養部教官有志五十五名は、その後どのような態度をとり、それをどのように表明してきたというのか? あの「声明」は、ただ自己の無為無策・無責任さにたいする言いわけ、免罪符でしかなかったのか? なにはともあれ「態度表明」だけはしておこう、という姿勢は、まったくストレートに(あるいは無自覚のまま)ともかく「要求」だけはしておこう、という姿勢につながっていく。このふたつの「表明」の底に共通して流れるものは、みずから実質的に問題にかかわっていくのではなく、問題から一定の距離をたもちつつ、なんらかの見解だけ「表明」して、それで問題とかかわっていると考える思考パターンである。

そしてこのパターンは、なにはともあれ要望があれば講義をしよう、という無思考へと拡大する。「変則カリキュラム」なるものの枠内でトクトクとして「教える喜び」を味わっている語学教師たち、日ごろ抑圧されているウップンをこの機会に晴らしながら、さわやかな顔つきで自己の「専門」を「講演」する教養科目担当教師たち――おそらく諸君は、誠実に、真摯に、「新入生」たちの要求にこたえているつもりかもしれない。教養部の「改革」に、授業内容の「改善」に貢献していると、大まじめに信じこんでいるのかもしれない。だが、いまだかつて一度も、学生にたいして「毅然」たる態度をとったことのなかった諸君が、ほかならぬいま、あくまでも「変則的な「正常」の授業をやってのけているさまが、諸君の教室に顔をならべている一部の無思考型学生以外の学生たちに、どのような軽蔑すべき姿としてうつっているかを、一度でも考えてみたことがあるか?

あらゆる収拾策動は粉砕されねばならない

「いまの学校側のやりかたは、大学の先生方に事務的能力が欠如している、などという問題ではない。人間性の問題だ。」「はじめのころは、授業を実際に受けてみなければ本当に大学というところがくだらないところかどうかわからないではないか、と考えて、授業はともかく受けさせてほしいと思っていたが、このかんの当局の欺瞞的なやりかたをみて、なるほど大学というところはこんなものかということが、わざわざ〈正規の授業〉をうけるまでもなく、よくわかった。」

――これは、バリケードのなかで何よりも自分の頭で考えることを学んだ少なからぬ「新入生」の意見である。学生にたいしてなんら論理的に対応するすべを知らぬ執行部だけが、この痛烈な非難の的になっているのではない。口に出すことは今のところはばかっているが心の底では「機動隊」のことを考えている「タカ派」教官、「教職員が先頭に立って」バリケード撤去をおこなうことを主張するかたわら「総長」にたいする「要求書」を公表して点数をかせぎ、大学当局・文部省とは別のオカミに忠義だてをしようともくろむ教官、そしてさらには、自他ともに「ノン・セクト」「ハト派」をもって認める大多数の良心的教官――これらすべての諸君に、この糾弾はつきつけられているのだ。

われわれ教官共闘会議は、意識的なものであれ無意識的なものであれ、およそ問題の本質をぼかしてしまうような策動にたいしては、あらゆる部局において断固これを粉砕するであろう。われわれの力は、まだ、さして強大ではない。だがわれわれは、すべての学部で、すべての研究所で、つねにもっとも根本的な問題提起をおこない、狡猾な収拾策と安易な妥協と「良心的」体制順応主義とにたいする徹底的な闘いをくりひろげていくであろう。

すべての闘う教官は、教官共闘に結集せよ！
すべての闘う助手は、助手共闘を結成せよ！
各階層の真に闘う共闘組織を内実化せよ！

（一九六九年四月二十八日）

教官共闘ニュース
No. 3
1969.5.28
京都大学教官共闘会議

ウソノカタマリ＝京大当局を弾劾せよ!!
機動隊・育英会を後楯とした
収拾策動を許すな!

五月二十三日午前六時五十二分、京都府警機動隊は、ふたたび京大構内に乱入した。去る十五日以来維持されてきた学生部封鎖は、八時二十五分、数十発のガス弾攻撃によって解除され、前日からの本部構内完全封鎖も、暴力的に解かれた。これに先立ち、北部構内の入口にバリケードを築いてたてこもっていた五者＝民青は、警官の姿を見るや〈自主的〉に封鎖を解き、機動隊はシズシズと北部構内に入った。一月三十日夜以来の教養部各門のバリケードは、百発のガス弾をあびせながらすすむ機動隊のあとについて侵入した〈一般学生〉と職員の手で撤去された。バリケードのなくなった教養部構内では、全学共闘会議の学生の占拠している部屋部屋に〈一般学生〉と職員とによって鍵がかけられ、《Struggle》その他の印刷物が廊下や室内で焼きすてられた。

この一連の経過は、あまりにも多くのことをわれわれのまえに明らかにしてみせた。教養部のバリケードが以前よりも強固にきずきなおされているいま、京大闘争の現段階と今後の方向を確認する作業にとりかからねばならない。

〈退去命令〉の実体は!?

この日、学生部に最後までふみとどまった九人をはじめ、四十四人の学生が、〈総長〉の〈退去命令〉にもとづく〈不退去罪〉などで逮捕された。だが、この〈退去命令〉なるものは、きわめて欺瞞にみちたものだったのだ。その全文は、「私は京都大学総長です。本学を封鎖占拠している諸君、すみやかに学外に退去しなさい。」というもので、大学当局はこれをテープに吹きこみ、大学の周囲を走らせた自動車から放送した。これを根拠にして機動隊が出動すると、〈総長〉は電話で、「事前連絡の慣例を破った」ことに抗議し、「管理責任者の学長としては割り切れない。」（二十三日付「読売」夕刊）と不満をもらしている。これにたいする府警側の回答は、「あらかじめ連絡したが電話が通じなかった」云々というふざけきったものだが、要するにこの〈総長〉の〈抗議〉は、茶番以外のなにものでもなかったのだ。期限も場所も限定することなしに出されたこのような曖昧な作文が〈退去命令〉と言えるものかどうかは、〈総長〉の片腕で〈法学者〉たる学生部長が誰よりもよく知っていたはずである。あえてそれを出したのには、深い魂胆があったとみるのが当然であろう。〈退去命令〉を出せば機動隊が出動するということは、各地の大学の例が示すとおりであって、「割り切れない」などという問題ではない。これをよくよく承知のうえで、なお〈総長〉は、〈退去命令〉という強圧的な印象を避け、〈命令などではない〉と言いのがれる道をのこしたのだ。

この意図とやりかたの欺瞞性は、二十二日夜の〈部局長会議〉の経過がなによりもよく示している。そこでは、「退去命令を出す」ことが決定されたあと、「法的根拠はどうなのか?」について論議され、「それでも退去しなかったら機動隊を入れるかどうか」が公然と問題にされると同時に、「退去命令を出せば機動隊が入るということが考えられるが、しかしその場合、それは要請したのではない」という確認がなされたのである。二十三日午前二時まで続いたその会議で「出す時期については一任」された〈総長〉は、同日午前五時半、各部局長に電話をかけ、「六時に総長が態度表明をおこなうので、六時十分に部局長は集まってほしい」という、なんとも奇怪な招集をかけている。

このようないきさつは、かねての一枚看板、〈話しあい〉路線が、一月二十一日から二十三日にかけての「狂気の三日間」にとった〈京大方式＝自主防衛〉によってはしなくもその実態を露呈して以来、〈総長〉がとらざるをえなくなった新方針、すなわち〈大学無力論〉を実質化したものにほかならない。一月の学生部封鎖のさいに〈全京大人〉をうしろに従えて学生部前で読みあげられた一方的な〈話しあい呼びかけ〉、〈退去要請〉は、今回は前日午後に貼りだされた一片のタイトルなしの掲示のあと、たたみかけるように、機動隊をうしろにひかえさせての〈退去命令〉となっている。だが、一月段階と今回とのちがいは、〈話しあい〉のポーズがあったかないかのちがいでしかない。かつて、「どんな学生とも話しあう」ことが自慢のタネだった京大当局は、いまでは、「全共斗は学生の正式代表ではない」という理由で団交を拒否するにいたっている。〈退去命令〉は、化けの皮をはがされた「管理責任者」奥田が辛うじてとりえたもっとも巧妙な対応策だったのだ。

形だけの〈抗議声明〉の欺瞞性

半田博〈府警警備部長〉は、「奥田学長の退去要求に学生が応じないので機動隊を入れた。文部次官通達などとは関係なく法に基いて行動しただけだ。」と言明している。この言葉は、少なくともふたつの意味をもっている。ひとつは、奥田の〈退去要求〉が、当然のことながら機動隊乱入の理由とされていること。もうひとつは、それによって、〈総長〉をはじめとする一連の「文部次官通達・中教審答申・抗議」声明が、いかに空虚なものだったかが明らかにされたこと。電話が通じなかったのであれ何であれ、事前に連絡なしに、しかも捜査令状や逮捕状というブルジョワ社会の形式的手続さえなしに機動隊が大学に踏みこんだことは、三秒前に電話で事前通告がなされていた去る二十日の立命館大のばあいにすでに「次官通達の実現」が問題にされていることを考えれば、この〈通達〉と無関係などと言えるものではない。それにもかかわらず、ついこのあいだ悲愴な顔つきで「次官通達＝中教審答申」に遺憾の意を表明したばかりの〈総長〉はじめ各部局の〈民主化〉された〈協議会〉は、今回の機動隊乱入にたいしては、かたちだけの〈抗議声明〉すら出すことができずにいる。これは何を意味するのか？　弾圧法が制定されるまでは、口だけの〈反対〉をとなえても、いざ実質化されるとだらしなく沈黙し追随してしまう、かがやかしい京大の〈反戦・自由の伝統〉が、ここにまたもやよみがえったにすぎない。身の危険がせまってくるまえの形式的な抗議なら、だれにでもできるのだ。

「なびくまえに、イヤよと言ってみせる」程度の〈反対〉しかしない〈大学人〉が、〈反権力の砦〉とか、〈学問・研究の自由〉とかを、軽々しく口にすることはやめるがよい。

機動隊を導き入れたのは誰か？

形式だけ一応〈抗議〉の意を表明しておくといった欺瞞にみちた発想方法は、機動隊乱入を利用して収拾をはかろうとした一連の動きのなかにも、脈々と生きつづけている。当局は、かねてから「学生や教職員によるバリケード撤去はおこなわない」態度を、くりかえし確認してきた。五者路線による〈自主解決〉は、学内勢力分布にたいする顧慮から、当局としてはふたたび容認できるものではなかったのである。しかるに、機動隊のあとについてバリケード破壊をおこなったのは、〈一般学生〉と称する民青諸君だけではなかった。〈一般学生〉と一致協力して大学職員がバリケードをはずし、撤去したバリケード資材を、「京都大学」と書かれたトラックで、いずこへともなく運び去ったのである。

機動隊を導入したものは誰か？　誰が機動隊の出動をもっとも喜んで迎えたか？――とかく見当ちがいのデマがとばされがちなこの問題について、今回ほどはっきりとそれに解答をあたえた出来事はない。機動隊にまもられ、催涙弾によるものとばかりは言えぬズイキの涙を流しながら、バリケードを撤去し、部屋部屋に鍵をかけてロックアウトし、書類を燃やし、自派の宣伝ポスターを貼って歩いたのは、業務命令によって駆りだされた（？）職員と、〈自発的〉に出動した〈一般学生〉たちだったのだ。そして、この成果をチャッカリ頂戴しようと、吉田神社前にテントを張って〈戦闘〉の終了を待ちかまえていたのは、教養部執行部の面々であった。そしてさらに、こうした動きにのってみずからの権力意志を満足させようとねらっている一部の学内勢力の動向もまた、〈正常化〉策動と切りはなして見ることはできない。五者の中核＝京大職組発行の『こんばんわ職組新聞』（五月二十二日付）で「〈全共斗〉の封鎖拡大を阻止するため、教職員の半数泊り込みを――きょうの学部長会議で決定」という事実無根のデマを流し、学校当局の威をかりて〈全京大人〉の危機感をファッショ的に盛り上げようとしたその勢力は、これがあまりにもみじめに失敗するや、「にげるトロツキストを追って機動隊は本部構内から教養部に入り、不退去罪を適用しながら、逮捕したのは公務執行妨害もふくめてわずか四十四人」云々（二十四日付『赤旗』）とくやしがり、あげくのはてには、「〈『全共斗』はなんということをするんだ。警察は早く排除せよ〉と労働者、市民の怒りの声が上がっていました。」（傍点はいずれも引用者）と、警備公安警察を人民の護民官ででもあるかのように頼る始末なのだ。

〈一般学生〉がふたたび教養部から逃げさり、バリケードが再構築されたいま、これら数々の破廉恥にまもられた大学当局は、ふたたび機動隊の来る日が近からんことを願いつつ、つぎは奨学金問題を新たな弾圧の武器として、〈期末試験〉実施に全力をあげはじめている。

〈試験強行〉を断固粉砕せよ！

国家権力に「ノン」をつきつける気などはじめからない京大当局は、「六月末日までに前年度の成績が提出されないばあい奨学金を停止する」という〈日本育英会〉のみえすいた恫喝に、いとも簡単に屈してしまった。この問題にかんしては、たとえば神戸大学評議会がおこなった「紛争への介入である」という〈抗議〉声明すらもはや出すことをせず、もっぱら「どんな形式で試験をするか」という問題だけを検討しはじめているありさまなのだ。

〈総長〉はすでに「六月三十日までに成績が育英会に送れるように取りはからわれたい」むねの通達を各学部に送付することを決めており、各学部も〈協力〉を約束した。〈教養部長〉山下としても、これに協力する考えでいることが、すでに五月十四日の教養部〈運営委員会〉で明らかにされている。〈部局長会議〉は、〈総長〉の意向にそって、試験の方法についてつぎのような構想を立てつつある――

〈新三回生〉については各学部が責任をもってこれをおこなう。〈通信試験〉にせよ、レポートにせよ、予備校を借りておこなうにせよ、その費用はいっさい各学部において負担する。

〈新二回生〉は、教養部においておこなうが、通常の方法では種々の困難が予想されるので、レポートその他、適宜方法を考える――

このような基本線にのって、教養部ではすでに、各教科・教室にたいし、試験実施方法について検討して二十六日までに回答するよう〈部長〉から指示が出されており、ほとんどの教科・教室でなんらかの方針を決定している段階である。つぎの〈教官協議会〉では、ふたたび二月段階と同様の白熱した論議がはてもなくくりひろげられることであろう。

奨学金ストップという卑劣な恐喝によって戦列を乱そうとするこのようなやりかたと、二十三日の機動隊導入とは、決して切りはなして考えることはできない。バリケードが撤去された本部構内を、これまでの長期にわたる雲がくれと密告（入試阻止斗争に参加した学生たちを警察に売りわたすという行為）の生活からもどって喜々として歩きまわっていた文学部教授も、C斗委にたいして〈理解がある〉と称する〈教養部執行委員会〉も、所詮は強権の合法化された暴力のかげで〈正常化〉をひたすら待ちわびる奥田〈無力〉路線の推進者でしかない。そのかれらが、奨学金問題という〈頭のいたい〉難問を、転禍為福、一挙にスト解除へもっていく方針をかためたとしても、なんら不思議ではない。だが、かれらは解きがたい自己矛盾におちいっている。〈民主的〉な〈教養部教官協議会〉の存在をもしもかれらが認めるとすれば、かれらは二月十日付の教養部決定、およびそれにもとづく掲示（「事態平静化ののち約一週間の期間をおいて試験を行なう」）を無視して試験をはじめることはできない。〈試験〉のなかに〈レポート〉をもふくめて問題にされていた当時の経過にてらせば、レポート形式によって鉾先をかわすことも不可能である。この自己矛盾に気づいたとき、当局と、それに追随し〈正常化〉の成果をくすねとろうとする勢力は、これまでよりもいっそう欺瞞的な方策を考え出してくることだろう。だがわれわれは、そうした策動をひとつひとつうちやぶっていくことをここに明らかにしておく。

すべての教養部教官は〈試験〉実施を拒否せよ！
機動隊・育英会を後楯とする収拾策動を粉砕するぞ！

大学治安立法を粉砕するぞ！
抑圧構造を蔽う「民主化」路線を粉砕するぞ！
特権的「学問の自由・大学の自治」を粉砕するぞ！
たたかう教官は教官共闘に結集せよ！

（一九六九年五月二十八日）

史料8

C斗・全共斗と教養部一部教官との結託を許すな

C自常任委員会

C斗・全共斗は、昨二二日、学外で開かれた教養部教官協議会になだれこみ、夕刻以降は会場を法経Ⅱにうつし、深夜まで彼らのいう「団交」をおこないました。教養部執行部は、再び彼等の強要に屈し、レポート試験の「凍結」を本日の教官協議会に提案しようとしています。

教養部の教官の方達に、私達は強くよびかけます。C斗・全共斗の不当な圧力に毅然たる態度をとって下さい。彼等はときには猫なで声で「話しあいたい」などと言いますが、彼等の本性は、いままでの度重なる暴力行為、そしてまた一七日から一八日にかけての「執行部団交」の席上、一人の教官に暴行をはたらいていることからも明らかではないでしょうか。

そして彼等の暴力行為に加担する一部の教養部教官は、教養部執行部や教官協議会を「団交」の場にひき出し、全共斗の野望に機会を与えようと策謀しています。昨日の協議会の席上、二〇名の教官の連名で「成績評定の凍結」についての議題が提案されていますが、その後の「団交」で C斗・全共斗が「白紙撤回」の戦術を一時ダウンさせ、「凍結」の線で執行部に約束をさせたことは何を意味しているでしょうか。C斗・全共斗と、教養部の一部教官（その中心である野村と池田は、山田と小針をひきいれてすでに「凍結」宣言を出しています）は、教官協議会を攪乱し、あわせて自分達の「凍結」宣言を免罪させようとしています。

教養部教官の皆さん。教養部構内に巣くう一握りの暴力学生でなく、大学立法粉砕・大学民主化・バリケード封鎖解除のため、日夜奮斗している広範な学生と連帯してともに斗いましょう。レポート試験の採点後、私達と話しあう機会をもち、育英会の不当な圧力に対しても、ねばり強く斗いぬくための行動をともに展開しましょう。暴力に屈せぬ毅然たる態度を心から訴えます。

〔一九六九年六月二十三日配布・ビラ〕

史料9

暴力学生に防衛された一部教官の『居直り』

「教官共闘ニュース」決議を批判する

6.21「教官共闘」を批判する会

〈自主解決〉???? こそ治安立法の実質化!!!

マス・ヒステリアの再結集〈全大学人の団結〉による収拾策動粉砕!

佐藤治安内閣と自民党は、そのファッショ的本質をむきだしにして、七〇年への重要な布石とかれら自身が位置づける大学治安立法を、シャニムニ〈成立〉させた。これはかねてわれわれが予想したことであり、かれらの階級的本質からしてこのようなやりかたは少しもおどろくにたりない。われわれは、この〈大学の運営に関する臨時措置法〉そのものにたいする反対を〈成立のしかた〉にたいする抗議にすりかえてしまうたぐいの頽廃・欺瞞を断固排しつつ、大学治安立法をいかなる点からも認めないという確固たる立場と、あくまでもこれにたいして闘いぬくという不動の決意を、いまの時点であらためて確認しておかなければならない。

この法案そのものとその〈成立〉は、少なくとも次の三つのことを、われわれに明らかにしてみせた。まず第一に、すでに何度もわれわれが指摘したように、この立法はまさに、闘う人民のあらたな登場にたいする政府ブルジョワジーの恐怖の表現であるということ。全学共闘会議と反戦青年委員会さらにはベ平連の戦闘的部分を中心とする反体制勢力の出現は、思想の行動化、実力による権力との対決をとおして、体制の暴力的本質をあばきだし、暴力装置の常時動員によってしか秩序を維持できぬところへ支配階級を追いこんだ。大学治安立法こそは、一方で自衛隊の治安出動までも真剣に考えざるをえなくなったブルジョワ権力が、燎原の火のようにいつはてるともなく全国にもえひろがる反権力の烽火を、そのもっとも強力な火床たる学園において暴力ずくで消しとめようとする、無益な、だがしかし狂暴なあがきにほかならない。

闘争目標のスリカエを許すな!

ところがそれにもかかわらず、第二に、この治安立法にたいしていわゆる〈左翼陣営〉がとってきた、またいまもとりつづけている対応の仕方は、イデオロギー的にも実践的にも、およそブルジョワジーの土俵にのめりこんだ犯罪的なものでしかなかった。革命勢力にとって、ブルジョワ議会主義となんらかのかかわりをもつことを許されるのはいつか? それは、あらゆる時点で、あらゆる問題をとらえてブルジョワジーの本質を暴露させ、ブルジョワジーをますます露骨で非合理な暴力性の行使へと追いこむことによって、被支配階級の階級意識の形成深化をはかるときである。ただそのときにのみ、反体制勢力は、ブルジョワ支配のもっとも代表的な道具たる議会とかかわり、これを階級闘争の手段として利用することが許されるのだ。しかるに、大学治安立法をめぐってなされた既成〈左翼陣営〉の対応はどうだったか? かれらは反ブルジョワ権力の闘争をなんとブルジョワ議会主義擁護の闘争におきかえ、「議会制民主主義をまもれ」という合言葉のもとに、ブルジョワ支配機構を至上のものとして定着させようと努めている。かれらは、一方では「国会解散」をとなえることによって、〈議会制民主主義〉をとおして自動的に共産主義社会が出現するかのような幻想をふりまきつつ、ますます社民主義的議会主義の泥沼にのめりこんでいく姿勢を示しながら、他方では、こともあろうに〈暴力学生〉キャンペーンをくりひろげることによって、政府ブルジョワジーがなによりも望んでいる秩序意識を人民のなかにまきちらし、ひたすら真の階級意識の鈍化をおしすすめている。かれらが学園内で主張している〈全大学人の団結による自主解決〉なるもの(じつは闘う部分のセクト的排除)も、各階層間に厳然として存在する階級的・身分的差別を〈民主化〉のオブラートによって隠蔽する、階級意識の鈍化工作にほかならない。

〈自主解決〉＝立法の実質化粉砕！

第三に、われわれがかねて主張してきたこの法案の本質（治安立法という本質）は、このような自称〈左翼〉の対応のしかたとあいまって、ますますその性格を濃くしつつあるということ。われわれは当初から、この法案を単なる〈大学管理法案〉や〈大学弾圧立法〉としてではなく（いわんや〈大学管理解体法案〉なる実体空虚なものとしてではなく）明確に治安立法として、闘う部分にむけられた一連の治安対策の一環として位置づけてきた。そして、この法案が成立しようがすまいが、かならずやわれわれの周囲からこれを実質化する動きが出てくるであろうということを、くりかえし指摘してきた。法律そのものがただちに適用されなくとも、その法律が存在するということだけで、あるいはそういう法律がつくられるかもしれないということだけで、無意識的な部分をふるえおののかせ、みずから闘争放棄と闘争破壊とをおこなわせることによって、治安が維持できるということこそが、治安立法の最大の目的であり本質なのだ。〈国大協会長〉である奥田京大〈総長〉は、この法律のお世話になるまでもなく「あくまで自主的に解決していく」と語っている。だが、〈自主解決〉こそは治安立法の真の狙いである。政府ブルジョワジーがひたすら願っているのは、ほかならぬこの〈自主解決〉なのだ。もしもこの〈法律〉が現実に適用されねばならぬところまでいくとすれば、それは誰にとっての危機を意味するか？　大学の解体は、どの勢力の解体を告知するするか？

われわれは、表面はこの〈法律〉に反対する態度をとりながら、その実これの精神を実現していくあらゆる〈自主解決〉、あらゆる〈収拾〉を絶対に許さない。それが〈総長〉の発議による〈全学集会〉というかたちでの〈収拾〉のためのセレモニーであれ、〈五者〉と右翼と当局が野合してでっちあげる〈全京大人〉なるものの〈自主解決〉であれ、あるいはまた〈大学問題検討委員会〉でのおしゃべりと作文をもとにした欺瞞的〈民主化〉とひきかえの〈正常化〉であれ、それが京大闘争と全国学園闘争が鋭く提起した大学の本質そのものに関する問いを避けてとおり、大学をますます合理的に、ますます近代的に支配権力に売りわたしていくものであるかぎり、京大全学教官共闘会議は、あくまでもこれと対決していくであろう。われわれは口先だけの〈抗議〉や〈反対〉には関心がない。〈休廃校〉をかけてでも、大学解体を賭してでもあくまでも国家権力＝奥田体制とたたかいぬくことによってのみ、この〈法律〉を認めないというわれわれの意志は、真に反権力的な実体となるのだ。

大学治安立法の実質化＝〈自主解決〉を許さないぞ!!
〈大学問題検討委員会〉による欺瞞的収拾策動粉砕!!
特権的〈学問の自由〉、欺瞞的〈大学の自治〉、ファッショ的〈民主化〉に裏うちされた
　大学の〈合理化・近代化〉粉砕!!

（一九六九年八月八日）

大学治安立法〈成立〉にたいする各界の反響

（全学教官共闘会議情宣部調べ）

○国大協自主規制路線を変更する必要がないのはご同慶のいたりです。
（奥田東氏）

○あせりすぎてあまり無原則的に右翼や五者と手をにぎらないよう、京大総長に指導と助言をしてやる必要があるのではないかと考えている。
（坂田文部大臣）

○これで我々もしばらく楽になる。この余暇を十一月決戦にむけての隊員の訓練にあてたい。いや、もちろん「道路上」ならずともいつでもこちらの判断でお手伝いさせてもらいますがね。まあさしあたりは学内の機動隊で充分でしょう。
（半田府警警備本部長）

○これまではコトあるごとに登校経路変更でなんとかやってきたが、こうなってはもう廃校にふみきらざるをえません。ひと足お先に失礼。
（京大前を学童の通学経路とする錦林第三小学校長何野某氏）

○法案の成立と学内・学外機動隊の導入をみこして、もうすっかり図書の疎開を終えてあります。あとは学生がどうなろうと知ったこっちゃありません。ウシシシシ…
（教養部某教室＝複数）

○黄色いヘルメットを大量に用意しま。今年は上半期も下半期も景気は上々ですわ。もっとも近ごろはヘルメットやなしに黄色のハチマキをしめたはるセンセが出てきやはったようで、ちょっと心配でんねんけど。
（一月の逆バリの際京都大学に三千個のヘルメットを納入した大阪の某業者）

○♪治安立法のばあいは……八月六日の日曜日……
（バリ祭―目下継続中！―フォークゲリラ）

○「牛歩ドンブリ」（別名「国会民主化ドンブリ」、中身は一月の特別献立「五者ドンブリ」と同じ）を新たにメニューに加えます。ただしトロツキスト＝「全共斗」一派による大学解体までの「時限献立」とします。組合員のみなさん、資本主義を民主化するまでがんばりましょう。
（生協食堂）

○大学の自由はふみにじられた！　トロツキズムや毛沢東思想はやっぱり間違っている！　国民のみなさん、勝共運動に参加しましょう。
（国際勝共連合、四条河原町にて）

○暴力学生を泳がす政府自民党の大学自治破壊＝大学解体を許すな！――政府自民党を泳がす暴力学生の議会制民主主義破壊＝国会解体を許すな！
（延期された党大会で決定予定の日本共産党の来たるべき衆院選挙のための新しいスローガン）

○われわれは、紛争収拾のための仕事にはいっさい協力しない。
（職員共斗）

○われわれは、紛争収拾を紛争化するための仕事なら、なんでも協力する。
（職組造反派）

○奥田当局と〈全京大人〉による治安立法の実質化を許さないぞ！
（教官共斗）

（一九六九年八月八日）

反大学とバリケード

京大教養部の簡素なバリケードのなかで反大学講座が開かれてから、かれこれ三ヵ月以上もたった。一月三十一日未明に構築されたバリケードそのものは、一度は五月二十三日に警察機動隊を露はらいにして教養部にはいった〈一般学生〉と〈一般職員〉の手ではずされ、またもう一度は六月三十日にまたまた乱入した機動隊によって撤去されたものの、そのたびごとにいっそうさっぱりした姿で生まれかわり、依然として胎内に「反大学」という鬼っ子をはぐくみつづけている。

ところで、その「反大学」とはそもそも何なのか?——という問題になると、いまなお私は答えに窮してしまうのだ。理念や目的がないわけではもちろんない。大学闘争や全般的な変革運動のなかでの位置づけも、たえず明確にする努力がなされている。ひとつには、理念と現段階との関連はすっきりと整理された論理となって出てくるようなものではなく、たえず問いつづけていかなければならない性質のものだということが、「反大学とは何か」という問いにたいする答えを困難なものにしているのだろうし、もうひとつには、私自身が、ドイツ語の講座を担当するというかたちでしか反大学にかかわっていないことが、明確な定義づけを不可能にしているのかもしれない。ともかく話を簡単にするために、「反大学」とは読んで字のごとく「大学」をそっくり裏がえしにしたものだ、とでも考えてもらえばよいだろう。

早い話が、一般に大学の存在理由そのもののようにたてまつられてきた〈大学の自治〉とか〈学問の自由〉とかいう言葉は、ここでは通用しない。こうした口当りのよい文句にくるまれているものの実体が、じつは〈自治〉でも〈自由〉でもなく、そもそも〈学問〉などとはこれっぽちも関係のないものだったということが暴露されたところから、京大闘争がはじまり、反大学が生まれたのだからだ。「大学運営に関する臨時措置法」なる治安立法が成立しようが成立すまいが、大学自治とは、権力者にとって都合の悪いことがおこればいつでも文部官僚経由の圧力と警察力という暴力によって踏みにじることのできるものであり、それどころか、学生と事務職員と下級教員を管理抑圧する機構が〈自治〉という名で粉飾され、独占企業に必要な研究成果と人的資源＝労働力にレッテルを貼って送りだすブローカー的業務を円滑におこなう〈自由〉が与えられているにすぎなかったのだ。反大学には、こうした〈自治〉や〈自由〉はない。概して、大学にあるものは反大学にはなく、反大学にあるものが大学には存在しない。

バリケードはふつうの大学にはそなわっておらず、たまたまなにかのはずみで出来てしまっても、大学当局は政府文部省の機嫌をそこねては困るのでなんとかして早急にこれをとりはらおうと努めるが、反大学のほうは、バリケードのなかでうまれ、なるべく政府文部省の機嫌をそこねるよう努めながら、バリケードにまもられて生きている。逆に、一般の大学にはそなわっているのがふつうである机や椅子や黒板が、反大学を擁する京大教養部の大部分の教室には存在しない。どこへ消えたかをつきとめるためにわざわざ苦労して京大に入学するにはおよばない。反大学のバリケードは、京大生と非京大生を差別するようなことはせず、だれにでも真実を教えてくれるだろう。おなじ教養部（および文学部、農学部）にかんして言えば、ふつうなら学校をサボる権利を独占的に保持しているはずの学生の側ではなく、週四四時間の教育・研究を義務づけられている公務員たる教師のほうが、国家公務員のストライキを厳禁する現行法に叛逆して、構内に立入らない作戦を果敢につづけている。とくに本来なら管理責任をより多くもっているはずの役付きのエライ教授先生ほど、学校から遠いところまで逃げのびねばならぬ羽目に追いこまれ、久々の家族旅行を楽しんだり、安月給ではめったに足をふみいれることもできぬ一流ホテルに滞在したり、思いがけぬレジャーをあじわっている一方、登校してもいっこうに学校当局の役に立たぬどころか邪魔にさえなりかねない下ッ端教師どもが、反大学講師とかいう名目で、夏休み中まで研究室にいりびたって大企業の利益になりそうもない〈学問〉〈研究〉と〈教育活動〉をつづけているというありさまなのだ。

かといって、かならずしも、反大学にあるものが大学にはまったくなく、大学にあるものは反大学には決して存在しない、と図式的に決められるわけではない。そう考えてしまうと、事態の本質を見あやまり、既存の大学を過大評価することになりかねないだろう。机や黒板が全然なければ反大学にとっても都合が悪いので、日本の国とは反対に防衛力増強のほうを多少おろそかにしてでも、一般大学用の設備一式をそなえた室を最低ひとつだけは残しておかなければならない。バリケードにしても、たしかにふつうの大学には、机やロッカーやドアできずきあげた構築物はないし、これが一定の障害となりうることは否めない（やれ「研究の自由が阻害されている」だの、やれ「事務職員の職場が奪われて気の毒だ」だのときいたふうな口をきいて自らの責任にほおかぶりする〈進歩的〉教官の不平泣き言にたいしては一笑に付すことにしていたのだが、六月三十日にバリケードが消えた直後にかけつけてきたバキューム・カーがタラフク吸いこんであたふたと帰っていくのを見たときには、なるほどバリケードは障壁たりえたのかと、まさに抱腹絶倒せざるをえなかったものだ）が、しかし、そのかわりに一般の大学のばあいには、大谷石なり花崗岩なりの門柱と鉄なり木なりの門と、高い塀や石垣や生垣が、〈大学人〉以外の生物の立入りを拒んでいる。その点では、〈全京大人〉以外の〈他大学生〉どころか人間以外の犬や猫や、あげくのはてには「ハンパク」（反万博）のフーテンにいたるまでを自由にうけいれるバリケードのほうが、ずっとバリケード性が小さいと言えるわけだ。いまではあまりに有名となってしまった例の〈京大方式〉、つまり一月二十一日にはじまる〈狂気の三日間〉は、大学のこの本質——高度のバリケード性——を、みずから完膚なきまでに暴露したものとして、反大学の歴史を語るさいにもつねに深い感慨をこめて想起しておかなければならない。

このかんの事情は、それを知らずして京大を受験しようなどというのは身のほど知らずも甚しい、と言わねばならぬほど重要な歴史的事件でもあり、『京大闘争——京大神話の崩壊』とか『叛逆への招待』とかいう権威ある参考書も出ていることだから、いまさらここでくだくだしい解説をならべたてることもあるまい。要するにこの事件によって、〈理性の府〉だと自称していた大学が、じつは理性の府どころか〈狂乱の巷〉にすぎなかったことが、すっかり明るみに出てしまったのだ。〈民主的〉だと宣伝されてきた職員組合幹部や学生自治会執行部や生活協同組合理事会や同労組や大学院生協議会（みんなあわせて「五者連絡会議」）が、警察暴力や大学当局や右翼ボス教授たちと団結して、意図的なデマ（もっとも有名なのは「日大全共闘七〇〇人が新幹線を借りきってやってくる」「さきほど七〇〇人とお伝えしたのはバス七台の誤りでしたので訂正します」というやつ）を流し、関西労学総決起集会に参加しようとして京大へやってきた他大学の学生たちを京大生もろともシャットアウトする一方、すべての門と周囲二キロの石垣をことごとく内側から堅固なバリケードで封鎖したその中で、数十名の学生が大学の誠意のなさに怒って五日前から封鎖していた学生部建物を、学校当局から供給させたあらゆる資材を駆使して暴力的に解除したのだった。デマにおどらされた教授や学生は、〈外人部隊〉（京大生をふくむバリケード外の学生がこう蔑称された）から〈わが京大〉を守れ、とばかり、砦のなかにたてこもるツワモノよろしく、黄色いヘルメットをかぶり、炊き出しのニギリメシをほおばって、目を血走らせてゲバ棒やホースや消火器や石をにぎりしめた。このいわゆる〈自主防衛〉は、のちに警察側から「コチトラの縄張りを荒らして勝手なまねをするとは怪しからん。暴力は機動隊の専売特許だ。暴力が必要なときは警察を呼んでもらおうじゃねえか。二分間で腕っぷしの強い若え衆を派遣してやらあな。」とイチャモンがついたため、京都帝国大学学則として正式にみとめられるところまではいかなかった。

とはいえ、〈全京大人〉と称する一部の進歩的・愛国的京大人がみずからを逆バリケードのなかにとじこめて危機感をあおりたて、正味三日あまりもマス・ヒステリア状態で右往左往しただけの甲斐はあって、批判性と科学性をその本質とするはずの〈大学人〉が、じつはやすやすとデマにのせられて踊らされ、あげくのはてには自分たちの学生にむかって石を投げ水を（寒中に）あびせるとんだ〈教育者〉だったことが明らかになったり、〈反戦自由の伝統〉とかを持つと称する京大が、じつは、第一次滝川事件で権力に屈服したとき以来一貫して反戦思想を排除し自由を放棄しつづけてきた事実が明るみに出てしまったりするだけの、一定の効果はあったのだ。しかも、全国でまきおこっている大学闘争は、このことが京大だけにあてはまる特殊現象ではなく、およそ大学という大学がこうした体質を本質的にそなえていることを証拠だてているのである。

反大学とは、つまりこういう大学にたいするアンチ・テーゼなのだと言ってよいかもしれない。大学は、入試に合格してそのうえ学費をおさめることのできない人間にはそもそものはじめから閉ざされているものなのに対して、反大学には試験もなければ授業料だの入学金だのも必要ない。要求されるものがあるとすれば、自分の意志で、自分の頭と行動をとおしてこの世界を把握し、それを変えていこうとする意志と、バリケードをくぐる決断、はっきりと権力にたいして否という決断だけなのだ。だから、ここに集まってくるのは、いわゆる学生（かたわら既成の大学にも籍をおいている人間）だけではない。労働者（ひとあしさきに直接的な搾取をうける生活のなかへつっこまれてしまっている人間）や市民（いわくいいがたい種類の人間）も、それぞれ関心をもつ講座に参加している。「朝鮮問題」や「部落問題」の講座は、反大学の理念をもっとも具体的に追求している部分だろう。大村収容所や出入国管理法にたいする実力闘争と密接に結びついた講義と討論は、現代の世界をおおう抑圧支配と弾圧機構そのものの本質を明らかにし、それと闘っていく道を実践をつうじて見出していこうとする試みである。「自然科学批判」、「政治学批判」などの批判講座は、せまい専門分野のわくにはめられて個別細分化した〈科学〉を、全体的に、批判的に再検討する作業をはじめている。中国語、朝鮮語、ドイツ語などの語学講座は、それぞれ中国問題、朝鮮問題の講座や、ドイツ革命史と連続するしくみになっている。

このように抽象的な説明をいくらならべたてたところで、受験勉強のために退化しきった想像力はそこから反大学の全体像をつくりあげるだけの力をもっていないだろうから、私が担当している初級ドイツ語のばあいを例にとって、すこしばかり具体的に述べてみよう。開講当初は、旧大学の〈正規の授業〉がストップしていた関係もあって、四〇名近い聴講者がおしかけ、せめて反大学くらいはマス・プロにはならぬだろうと期待していた私は、大いに落胆したものだ。ところが世の中はよくしたもので、そのうち「なにがなんでも大学生になったからには勉強しなくっちゃ」という感心な学生諸君の強い要望であちこちに〈特別カリキュラム〉という名の〈正規ならざる〉〈自主授業〉が雨後の筍のごとく生まれはじめると、「なにがなんでも」派の感心な学生さんは、しちめんどうくさい意味づけを必要とするかもしれぬ反大学などサッサとみすてて、将来ヘッセだのシュトルムだのという世界的大作家を読んだり、折原先生とは別の観点からヴェーバーをひねくりまわしたりさせてくれそうな〈一般先生〉の〈自主授業（教師が自主的にやるのか学生が自主的に出席するのか、ついに明らかにならぬまま、「夏休み宣言」とともにチョンとなった）のほうにうつっていった。三回もかけて初級文法のアウトライン（旧大学では、通常これを一年間かけてやることになっている）を手ほどきしてやった私のほうは、なんとなく食い逃げされたような気もせぬではなかったが、あとにのこった一〇人たらずの精鋭とともに、ひきつづきマルクスの『ユダヤ人問題によせて』（Karl Marx: *Zur Judenfrage*）を読みはじめてみて、おどろいた。

よく読めるのである。ちゃんと内容が理解できるのである。三週間まえにはドイツ語のアルファベートさえ知らなかった〈新入生〉（かれら自身は、この甘ったれた呼び名をみずから返上した）が、週一回二時間たらずの文法説明を三回おえただけで、発音こそ教師をみならってお粗末だとはいえ、比較的すらすらとマルクスの思想のすじみちを追っていくことができるのだ。あながち訳本をみながら予習してきたのではないことは、誤訳の少ないことがなによりもよく示している。

もっとも、これにあまり有頂天になってはいけないのかもしれない。反大学でこんなものを読んでばかりいると、いつの日か旧大学が〈正常化〉されて〈正規の授業〉が開始されたとき、かれらが、「カールはひとりのお父さんをもっています」とか「黒板は黒いが白墨は白い」とかいう教科書の端正な文章をうまく訳せずに落第しないとは限らないからだ。それと、もうひとつの問題がないわけではない。〈多忙〉というやつだ。ついこのあいだ、教養部当局が教養部闘争委員会の学生たちに団交（当局は「話しあい」と言う）を申し入れたところが、「いま忙しいから」とすげなくことわられた（この逆ではない）という笑い話にもならぬ出来ごとがあったが、じっさい、かれらはなかなか多忙なのだ。当局追及の団交のほか、学内および街頭デモ、カンパ集め、逮捕された学友への差し入れ、機動隊との投石合戦（合戦というからには双方が投石するのであることは言うまでもない）。これらのほかにまだ、部屋の掃除その他の管理部門に属する仕事がある。〈自主管理〉をつづけている以上、かれらには管理者としてての責任が生じてくるから、研究室備付のソファーや扇風機がなくなったといっては、別の室からとりかえしてこなければならない。そういうわけで、自然と任務分担がおこなわれるようになっていく。簡潔に言えば、反大学講座に出席することと、大学闘争の他の部分とが、どうしても有機的に結びつかない傾向が生じてしまう。反大学が否定するはずの〈専門バカ〉が生まれかねないのだ。

こうした問題をふくみながらも、反大学は動いている。これから、どのように動いていくのか、それは私にはわからない。ただひとつはっきりしていることは、来年の三月になって諸君が〈京大〉に〈入学〉することができたとしたら、そのときすでに反大学はいまのようなかたちでは存在していないだろうが、しかし、来年の三月に依然としていまのままの反大学が生きつづけているとすれば、諸君は、反大学の学生としてしか京大構内にはいることができないだろう、ということである。つまり、諸君と反大学との出会いは、諸君が「京都帝国主義大学」（いわゆる京都大学）の〈学生〉となることを断念しなければならないときにしか、実現しないのだ。

（一九六九年九月）

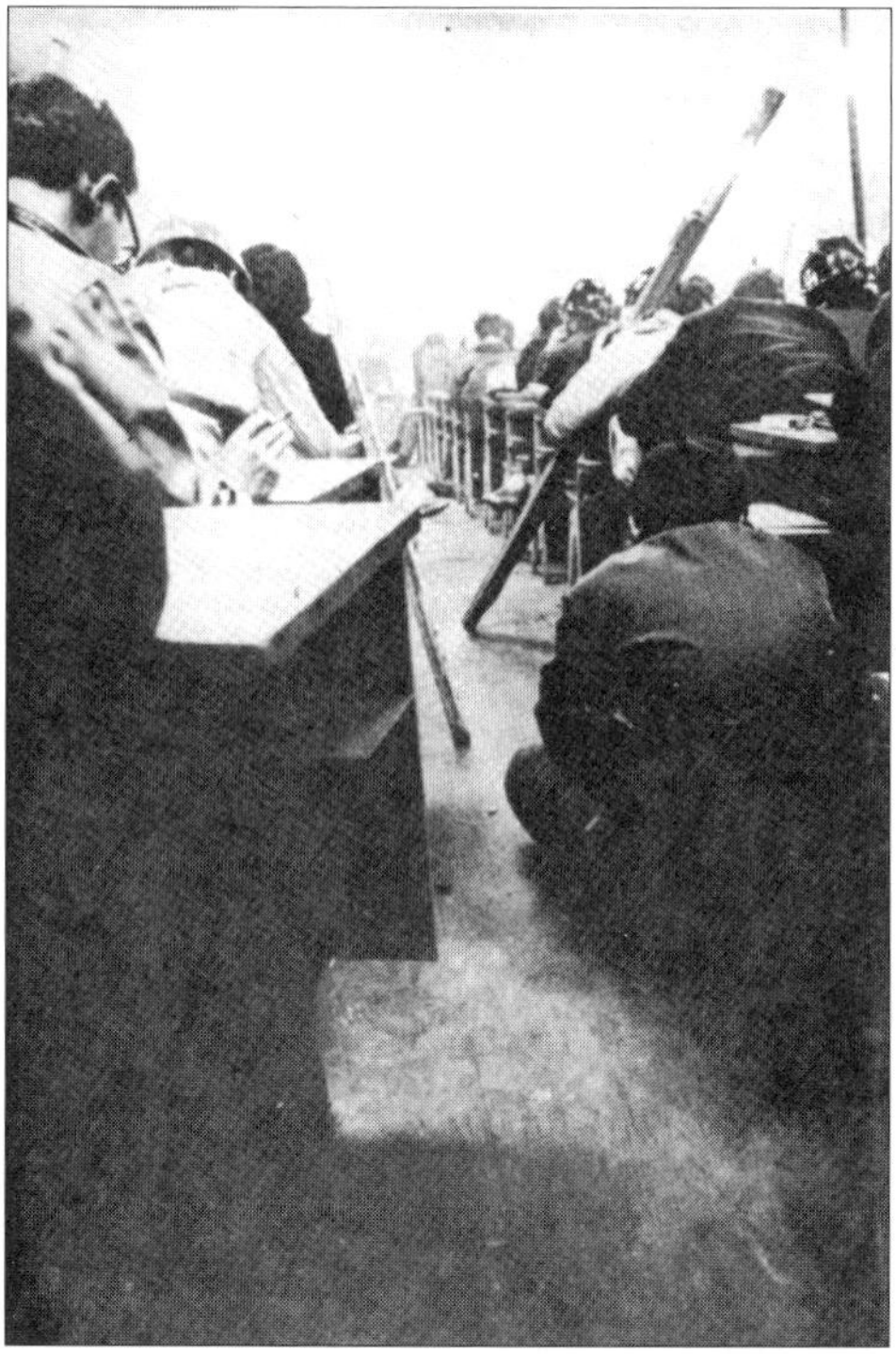

史料10

反大学ドイツ語合宿への招待

第Ⅰ期　7月20日（月）－23日（水）

第Ⅱ期　9月初旬

於：Cバリケード内

第Ⅰ期　プログラム

9時－12時　初級　Marx：Zur Judenfrage 講読

2時－5時　中級　ローザ・ルクセンブルク「社会改良か革命か」
「社会民主主義と議会主義」
を中心にした討論

（夜は予習と自由討論。）

参考文献：『インターナツィオナーレ』（出版会「四季」）300円
『スパルタクス書簡集』（同上）150円
以上2点　反大学事務局にあり

レリオ・バッソ『社会主義革命の弁証法』（社会評論社）
ルカーチ『ローザとマルクス主義』（ミネルヴァ書房）
又は『歴史と階級意識』（白水社「著作集」）
フレーリヒ『ローザ・ルクセンブルク』（思想社）
クリフ『ローザ・ルクセンブルク』（現代思潮社）
Nettl：Rosa Luxemburg（英語版あり）

○第Ⅰ期用テキスト（初・中級とも）は、反大学事務局までとりに来ること。

○第Ⅱ期については、第Ⅰ期の最終日に具体的に相談する。

参加希望者は　Tel（内線）4813　又は、反大学事務局まで。

史料11

教官共闘ニュース

No. 11

1969.9.27

京都大学全学教官共闘会議

戦闘的な研究者運動を展開せよ！

「暴露された「自主解決」の本質。。。。。

奥田当局は、いっさいのヴェールをかなぐり捨てて、二十一日早朝機動隊を導入し、「自主解決」への一歩をふみだした。「大学運営に関する臨時措置法」は、我々がかねて予期し警告しつづけてきたとおり「大学自身の手による解決をたすける」機能を十全にはたし、七〇年にむけての治安立法としての性格をあらわにむきだしつつある。「改革の第一歩」という妄言によって警察力導入を正当化しようとする奥田は、時計台封鎖解除三十分後には早くもいそいそと「お礼まいり」をし（京都新聞、二十二日夕刊）、みずからと京都大学とが暴力的国家権力の従順な下僕であることを衆目のまえにあきらかにした。

強まる思想弾圧・反対派圧殺

とくに今回の正常化策動は、単なる物理的な封鎖解除にとどまらぬ重大な意味をもっている。農学部で「逮捕」された十名の教官にたいし、警察・公安当局は、執拗にその思想的「背後関係」を追及する構えをみせている。法廷維持の困難性、逮捕そのものの合法性の疑わしさをも承知の上で敢えて「教官逮捕」にふみきった治安当局は、教官・職員層内部からの反体制の火の手におそれをなし、これを小火のうちに消しとめようとヤッキになっている。

奥田当局もまた、もっとも多くの教官層が反奥田体制に結集している農学部において、警察力をかりた恫喝をかけることによって反乱を圧殺せんと意図したのである。今回の教官逮捕は、それゆえ、特権的身分としての大学教官の「不当」逮捕として位置づけられるべきではなく、もっとも先鋭的に国家権力・大学権力にたいして闘う部分の教官への弾圧＝教官闘争圧殺としてとらえられるべきである。そして、この逮捕にたいする抗議・弾劾は、たんなる特権的身分保全要求としてではなく、帝国主義的大学再編成をふくむ全般的抑圧支配にたいする明確な闘争の一環として、そしてその闘いをつうじて模索展開されるべき戦闘的な反体制的研究者運動への重要な一歩として、おこなわれねばならない。機動隊導入を契機として、学内の思想・意識状況はいやがうえにも明瞭な分化をとげつつある。一方では警察力導入を当然のこととして居直る右翼反動層と、機動隊常駐には表面上反対しつつもこれを「民主化」「改革」の出発点にすると称して、事実上国家権力＝奥田当局を容認する姿勢を明確にうちだした五者勢力との「統一と団結」が進行し、他方では、あくまでも権力への追随を拒否して宿日直、検問の業務をボイコットする部分が拡大しつつある。教官にとっての京大闘争は、ここに苛烈な第二期をむかえた。奥田体制に追撃を！国家権力に反逆を！　学内に思想的流動状況を現出せしめよ！　現状にたいする疑念と感性的嫌悪を明確な反体制意識へと転化せしめよ！

教官がいまなすべきことは何か？

二十一日早朝の機動隊導入は、教官層の意識状況ないしは無意識状況を、完膚なきまでに露呈せしめた。多くの「ハト派」「良心派」教官は、電話や電報で召集されるままに馳せ参じ、機動隊のジュラルミン楯にまもられて腕章をつけ、恥ずかしげもなく張番に立った。三日間のロックアウト後もいまなお機動隊が駐留している教養部では、構内で開かれる教授会に出席する教官たちが、サインとひきかえに胸にリボンをつけ、あるいは機動隊員に職員証を提示して道をあけてもらうことさえいとわず、シズシズと門内に消えていく。まさに京大全域を制圧するための駐屯地・陣地と化したC構内には、紺色の乱闘服と楯とヘルメットがゴロゴロとねそべり、あるいはうつろに空をみつめている姿が充満し、誇り高き京大人たちは、遠慮がちに警官の間をぬい、あるいはつつましく迂回して構内を歩いていく。教養部以外にも、学内の掲示板のあちこちには、総長＝機動隊導入を正当化し擁護するデマゴギーにみちたステッカーや大字報が貼りめぐらされ、まさにテルミドールの様相を呈している。こうしたなかで、国家権力の統合策動を真にはねかえし、あくまでも権力に確執をかもす醒めた意識をいだきつづけることは、きわめて大きな勇気と強固な意志を必要とするだろう。経済学部教授会では、機動隊による「正常化」に反対したもの一人、態度保留二人、他はすべて了承というおどろくべきファッショ的状況が生まれている。法学部もこれと大同小異である。しかし他方では、大学当局＝国家権力と「可能な限りあらゆる手段をもって抵抗する決意」を表明した批判的教官の声明への参加者は、すでに全学各部局で三百名を突破している。人文科学研究所でも、教養部でも、正常化策動が露骨となればなるほど、強固な反対派が形成されつつある。この意識的な部分が医学部、農学部をはじめとする教官闘争の中心部隊と結合することによって、奥田自主規制路線をゆるがせ、反動勢力、国家権力と正面から対決する広汎な教官・研究者の戦線が、まず京大において実現するであろう。そして、全国各地の国公私立諸大学で困難な孤立した闘いをつづけている多くの教官たちとの連帯が、個別闘争の深化を基盤としつつ追求されうる条件が、徐々につくられていくであろう。

現在なお孤独のなかで疑念と逡巡のうちにたたずむ教官諸君、教養部正門前に立って警察立大学の姿を目のあたりに見よ、そして、その防壁のかげで当直業務にはげむ同僚の苦渋にみちた姿を見よ。そして諸君はその苦渋を一歩進めて、権力への追従に拒否を告げよ！　奥田体制＝自主規制に反対を表明せよ！

（一九六九年九月二十七日）

史料12

閉口物語（抄）

閉口物語より府警行幸

かゝりし程に、総長は昭和元禄の春の頃、京大全共闘の吉田の占拠中の御住居、封鎖解除しまほしう思し召されけれども、きさらぎ彌生の程は、風當りはげしう、逆バリの餘寒も未だ盡きず、ストの決議たえやらで、學舎の封鎖もうちとけず。かくて夏過ぎて秋立つて、バリ祭も過ぎしかば、総長夜をこめて、府警の奥へぞ御幸なる。しのびの御幸なりけれども、供奉の人々には、學生部長、事務局長、教養部長以下《いげ》、右翼六人、スタ幹八人、黄ヘル少々候ひけり。（……）頃は長月二十日ちやうどのことなれば、大學法の威嚇が下を危き橋を渡らせ給ふに、通ひなれたる御幸なれば、御覧じなれたる方多く、訴えたるほども、思し召しかなひて上首尾なり。（……）東の山の麓に一宇の時計塔

平家物語より小原行幸

かゝりし程に、法皇は文治二年の春の頃、建禮門院の小原の閑居の御住居、御覧ぜまほしう思し召されけれども、きさらぎ彌生の程は、嵐はげしう、餘寒も未だ盡きず、峯の白雪たえやらで、谷のつらゝもうちとけず。かくて春過ぎ夏立つて、北祭も過ぎしかば、法皇夜をこめて、小原の奥へぞ御幸なる。しのびの御幸なりけれども、供奉の人々には、徳大寺、花山《くわざん》の院、土御門以下《いげ》、公卿六人、殿上人八人、北面少々候ひけり。（……）頃は卯月二十日あまりのことなれば、夏草のしげみが末を分け入らせ給ふに、はじめたる御幸なれば、御覧じなれたる方もなく、人跡たえたるほども、思し召し知られてあはれなり。（……）西の山の麓に一宇の御堂あり。すなはち寂光院これなり。ふるう造り

あり。すなはち京大砦これなり。ふるう造りなせる赤レンガ建ち、よくある権威の象徴なり。窓破れてはアジ不断の聲をたて、扉落ちては學生常住の旗をかゝぐとも、かやうの所をや申すべき。庭の集會さけびあひ、青白緑ヘルみだりつゝ、係の教官おろ〱たゞよひ、恥をさらすかと見ればあやまたず。正門の脇にたゝずむ人波の、話合ひ路線変更に驚ける色、ヤケクソまじりのゲバ亀教授、心配よりも珍しく、土手の生垣よじのぼり、八重立つバリケードのすきまより、退去命令の一聲も、㋖の到着を待ちがほなり。総長これを叡覧あつて、かうぞあそばされける。「措置法に欺瞞の策はつきはてゝ自主解決こそさかりなりけれ」降りにける岩のたえまより、落ち来る火炎瓶の音さへ、故びよしある所なり。ロッカーの垣、机椅子の山、㋖にかゝれば、毫も及び難し。さてC斗の御庵室を叡覧あるに、軒には貼紙、犬猫はひまはり、落書まじりのやぶれ壁、本棚しば〱空し。(かくて封鎖は解かれたり。長月二十一日、卯の刻ばかりなり。)

　やゝあつて東一條の方より、腕に腕章著たりける教官数十人、㋖の楯にまもられつゝ、校門にむかひたる様なりけり。群衆、「あれはいかなる者ぞ」と尋ねけれ

なせる泉水木立、よしある様《さま》の所なり。甍破れては霧不断の香をたき、扉落ちては月常住の燈をかゝぐとも、かやうの所をや申すべき。庭の若草しげりあひ、青柳絲をみだりつゝ、池の浮草波にただよひ、錦を晒すかとあやまたる。中島の松にかゝれる藤波の、うらむらさきに咲ける色、青葉まじりの遅櫻、はつ花よりも珍しく、岸の山吹咲きみだれ、八重立つ雲のたえまより、山時鳥の一聲も、君の御幸を待ちがほなり。法皇これを叡覧あつて、かうぞあそばされける。「池水にみぎはの櫻ちりしきて波の花こそさかりなりけれ」ふりにける岩のたえまより、落ち来る水の音さへ、故《ゆへ》びよしある所なり。緑蘿の垣、翠黛の山、繪にかくとも、筆も及び難し。さて女院の御庵室を叡覧あるに、軒には蔦、蕣《あさがほ》はひかゝり、しのぶまじりのわすれ草、瓢箪しば〱空し。(……)

　やゝあつて上の山より、濃き墨染の衣著たりける尼二人、岩のかけぢを傳ひつゝ、下りわづらひたる様なりけり。法皇、「あれはいかなる者ぞ」と仰せければ、老尼涙をおさへて、「花筐《がたみ》臂《ひぢ》にかけ、岩つゝじ取り具して、持たせ給ひて候ふは、女院にてわたらせ給ひ候ふ。つま木に蕨《わらび》折り添へて持ちたるは、鳥飼の中納言維實《これざね》

ば、學生涙をおさへて、「ハゲ頭に眼鏡かけ、携帯マイク取り具して、持たせ給ひて候ふは、教養部長にてわたらせ給ひ候ふ。逃亡をやめて帰り来たるは、文學部の破廉恥教授連、農學部の大ウソツキ教授連、総長の下働き、大學官僚の人間の屑」と申しもあへず泣きけり。(……)教官は學生をあざむく世のならひといひながら、今かゝるありさまを見え参せむずらむ恥かしさよ、消えも失せばやと思し召せどもかひぞなき。宵々ごとの立入禁止の札、むすぶリボンもしをるゝに、會議つづきのその上に、張番立番しげくして、ことわりかねさせ給ひけむ、家へもかへらせ給はず、また教室へも入らせおはしまさず、恥じいりて立たせましましたる所に、秩序派の學生参りつゝ、授業再開をば願ひけり。

(浣腸巻)

が女、五條の大納言國綱の養子、先帝の御乳母《めのと》、大納言の佐《すけ》の局《つぼね》」と申しもあへず泣きけり。(……)女院は世をいとふ御ならひといひながら、今かゝるありさまを見え参せむずらむ恥かしさよ、消えも失せばやと思し召せどもかひぞなき。宵々ごとの閼伽《あか》の水、むすぶ袂《たもと》もしをるゝに、あかつき起きの袖の上、山路の露もしげくして、しぼりやかねさせ給ひけむ、山へもかへらせ給はず、また御庵室へも入らせおはしまさず、あきれて立たせましましたる所に、内侍の尼参りつゝ、花筐をば賜はりけり。

(灌頂巻)

(一九六九年九月二十七日)

史料13

天皇陛下
皇后陛下
天覧台覧の光栄を賜はる

秩父宮家　梨本宮家
高松宮家　朝香宮家
澄宮殿下　東久邇宮家
北白川宮家
伏見宮家　竹田宮家
山階宮家　閑院宮家
賀陽宮家　東伏見宮家
久邇宮家　李王家
台覧の光栄を賜はる

女衒考

女衒考

――〈造反〉の止揚のために

知識人は、ただ個人としてのみ革命的となることができる。
――ジェルジ・ルカーチ『知識人の組織問題』（一九二〇）

〈大学〉について考えることは、想像力の萎縮する作業である。大学そのものと同じく、これについての考察もまた、なにひとつ新しいものを生みだしはしない。

〈大学〉について語ることがまだあるとすれば、それは、大学の破壊と崩壊について語ること、その死を確認し、その死に最後のとどめを加え、かつて大学であったものの屍を検視するということでしかありえない。みずからの想像力が枯渇しているがゆえに、大学にまだなんらかの創造力が存在するなどと信じるものだけが、大学の防衛計画（大学をまもれ！）や補修再生策（大学改革!?）について語る。想像を超えるもの――真の未来――とかかわってこそ実践的な意味を獲得する想像力を、すでに歴史によって臨終の鐘をうち鳴らされた対象にむけようとする試みからは、たんなる無が生じるばかりでなく、現状を一刻もながく生きのびさせようとする志向のための装飾物の役割が生まれる。真の未来をむいた想像力は、大学の枠から外にむかってのみひろがっていく。

それゆえ、ここではまず、〈大学〉以外のことからはじめよう。

♨

マルクス主義の文学・芸術論が悪名高い〈社会主義リアリズム〉論の呪縛を脱するうえで貴重な（というのはつ

まり、少なからず反面教師的な）貢献をなした労作のひとつに、アンリ・ルフェーヴルの『美学入門』（一九五三）がある。このなかでルフェーヴルは、嗅覚や味覚のうえにたつ芸術というものが存在しないことを指摘している。

芸術とは、人間の感覚の対象化である。感覚それ自体ではなく、対象化された感覚、「粗野な実践的欲望」を止揚した人間的な感覚だけが、芸術の基盤となる。「感覚器官が、一定の時期に達成された文化の、いわば自然の支えとなり、文化のあらわれ、文化の器官となることでゆたかになったとき、それが〈開化した器官〉となったとき（社会生活、実践によって。たんに知的なせまい意味での教養によってのみではなく）、そのとき芸術がうまれる。」（多田道太郎訳）ところが、味覚や嗅覚の器官は、〈開化した器官〉というよりは、依然としてなお、生きるために最低限必要な感覚器官という性格がつよい。それらは、労働によって自然をつくりかえるという人間の本質的な活動が、たんなる生存のための活動ではなくなっていき、それ自体よろこびを生みだすひとつの目的そのものにかかわっていく過程につれて、つくりかえられ、進化（開化）してきたような、そういう器官とはちがう。したがって、「香料づくりや料理法は、美的という言葉の本来の意味では芸術ではない。」――ルフェーヴルはこのように考えるのである。

だがしかし、こういう根拠だけから料理法や香料づくりを芸術ではないと断定してしまうことには、疑問がある。そもそも味覚や嗅覚をもっぱら〈文化の器官〉ではない、と定義づけること自体が、きわめて一面的なやりかただと言わなければならないだろう。たしかに、「粗野な実践的欲望にとらわれている感覚は、ひとつの局限された感覚しかもっていない」。なるほど、味覚や嗅覚は、人間の感覚のうちでも、もっとも直接的な、いわばもっともわずかしか対象化されていない、それゆえもっとも人間化がすすんでいない感覚に属する。飲み食いがちょくせつ生死にかかわるような状況におかれた人間にとっては、これらの感覚は、おそらく他の動物が動物的な生を維持していくために必要とするほどの働きしか、なしえないにちがいない。しかし、だからといって、これらがもっぱら粗野な、自然的な性格をもっている、と考えるのは誤りだろう。料理とか香料の調合とかいうこと自体が、人間の味覚や嗅覚が他の動物のばあいとはちがって自然の加工（人間化）を前提としていることを示している。これらの感覚をささえる器官は、他の諸器官と同様に、自然をつくりかえることによってみずからをもつくりかえてきたにちがいないのだ。現代音楽をつくりだした人間のもつ音感は、もはや数本の弦や、それどころか人間の肉声だけがかなでる音とリズムしかもたなかった人間のそれとは、まったく別のものである。これは、いまさら言うまでもない。おなじように、現代の人間の味覚や嗅覚は、ナマのままの動物や植物をむさぼり食い、せいぜいのところ火を加え、塩味をつけることしか知らなかった時代の人間のばあいとは、決定的にことなっている。労働と生産の発展は、必然的に、これらの感覚の豊饒化、開化をうながさずにはいなかったはずだ。別の言いかたをすれば、眼や耳が〈粗野な実践的欲望〉と密接にかかわりながらも芸術をささえる感覚器官として自立しつつあった時代、すなわち、生命を直接的に維持していくための狩猟や農耕とのつながりのなかで洞穴の絵画や狩りの歌、収穫を祝う踊りとして芸術が生まれた時代の視覚や聴覚と、いまの時代の味覚や嗅覚とでは、はたしてどちらがより開化した感覚であるのか、という問題がのこるのだ。

ルフェーヴルがこの問題に答えないばかりか、そもそもこれを問題にさえしなかったということは、かれがほとんど無意識に自明の理として前提しているひとつの基本的な考えかたと、わかちがたく関連している。その考えかたとは、人間の生活は歴史の進展につれて豊かになってきたこと、それにつれて人間の感覚もまた豊かになったこと、そしてこの感覚の豊饒化は芸術の発展を生みだすこと。一言でいえば、生活自体も、感覚や芸術も、歴史的発展につれて上昇的な道すじをたどるものだということを、基本にすえる思想、すなわち、歴史的な進歩の思想である。こうした考えかたは、感覚は豊かになればなるほど良いのであり、歴史的発展と〈人間化〉とはそのまま同一のことなのだ、とする価値判断とわかちがたく結びついている。そして、ルフェーヴルの『美学入門』をつらぬく基本思想もまた、すべての〈社会主義リアリズム〉論のばあいと同じく、この考えかたに色こく染められている。

だが、はたして現実はそうなのか？

♨

周知のように、こんにちでは、ほとんどすべての食品の味や香りは、人工的に合成することが可能になっている。

これがたんに、自然のままの味や香りに似せた味や香りをつくりだすことができる、という意味にとどまるのであれば、さして重要性をもつ事実とはいえないかもしれない。〈天然ジュース〉をいつわる合成飲料にせよ、戦後の一時期に登場してまたたく間に消えた〈人造米〉にせよ、いわば理想型として存在する自然の味や香りを前提とした模造品であり代用物であって、そのかぎりでは、既成の人間の味覚・嗅覚の枠をそのまま前提としたうえでの〈新しさ〉にすぎなかった。それにたいして、天然のままのものを材料とした食品にもない味や香りをつくりだす試みは、人間の感覚をのりこえおしひろげるものであるように思われる。

第一のエピソード　新しい味はいかにしてつくられるか

聞くところによれば、〈新しい味〉をつくりだす研究所というものがある。そこで試験的につくられた味や香りは、〈パネル・メンバー〉（略して〈パネラー〉あるいは〈パネル〉）によって〈良い味〉か〈悪い味〉かを判定される。いままでに存在しなかった〈新しい味〉だけに、パネラーたちの責任は大きい。化合なり混合なりによって試験管やフラスコやビーカーのなかでつくりだされた〈味〉が〈合格〉の判定をかちえるかどうか、〈新しい味〉としての生存権を獲得するかどうかは、一にパネラーたちの舌や鼻にかかっている。わずか数人のパネラーたちの感覚は、研究所の命運を左右し、さらには、新しくつくりだされた味や香りの販売をとおして、圧倒的多数の人間の味覚や嗅覚にはたらきかけ、これを支配する。かれらは、新しい価値の認定者であり、新しい感覚の創造者である。かれらは、いくつもの味や香りを選別し、商品化へのパスポートをあたえ、多数の人間の感覚を開発し、つくりかえる。

ところが、こうした新しい価値の認定者・創造者を、認定し創造する機構が存在しなければならないのは、理の当然というべきだろう。パネラーの選抜試験がおこなわれる。試験の方法はいたって単純である。まだ存在していない〈新しい味〉を弁別するための感覚は、すでに存在している味や香りを用いてそれをはかるしかないじょう、どんなに複雑な試験をおこなったところで所詮は測定できるものではないからだ。ふつうの人間なら識別できないほど稀薄な五種類の味（甘・辛・苦・酸・渋）の水溶液を首尾よく味わいわけたものだけが、パネラーの資格を与えられるのである。

既存のきわめて単純な五種類の味（五味）が識別できるというだけで、まったく新しいあらゆる味の良し悪しを敏感に感じとる能力をもっているかのような虚構のうえに、パネラーの責任と権限はなりたっている。かれらの味覚や嗅覚の鋭さは、じつは、既成の、それもきわめてプリミティヴな味の枠のなかで測定され、この枠にはまるかぎりで選びだされたものにすぎない。パネラーたちは、新しい味覚をつくりだす人間であるどころか、匿名の選者の意を体して選択され、新たな規格品を選別する作業をさせられている人間にすぎない。かれらの舌によって〈良い味〉であると判定された〈新しい味〉は、じつは既成の味覚の範囲内での〈良い味〉（つまりポピュラーな味）でしかありえず、したがって言葉の真の意味での〈新しい味〉などではない。そしてこれらの味は、人間の味覚をおしひろげ、そうした新しい、より豊かな、より人間化された味覚に支えられてさらに新しい味覚を切りひらいていく、というよりは、むしろ逆に、既成の感覚の枠内で、既成の感覚に媚を売ることによって、市場を獲得し、その結果ますます人間の味覚を劃一化する役割をはたす。そして、劃一化（非人間化）された味覚のうえにたって、いよいよ広汎な市場を見出すことに貢献する。**（第一のエピソード・終り）**

こうしてみると、味覚や嗅覚のうえにたった芸術は存在しない、というルフェーヴルのテーゼは、われわれなりに再検討してみる必要がありそうだ。

生産力のいちじるしい増大によって直接的な〈粗野な実践的欲望〉から相対的に自立しつつある味覚や嗅覚が、なにゆえに固有の芸術を支える感覚となりえないのか？――ルフェーヴルは、直線的な進歩の概念に疑いをさしはさまないがゆえに、せいぜい〈革命＝窮乏化〉論の次元でしか資本主義の発展＝矛盾の深化をとらえていないがゆえに、〈近代化・合理化〉あるいは〈経済成長〉という名の後期資本主義の徹底化のなかで人間の諸感覚と芸術が果たしている（果たさせられている）役割をとらえることができない。いわゆる〈新しい味〉が圧倒的にインスタント食品あるいはセミ・インスタント食品に多い（というよりはほとんどすべてそうである）ということが示しているように、現代における味覚や嗅覚は、〈新しい味〉を媒介にして、もっぱら収奪されるべき余暇を生みだす機能をはたし、こうした働きをすることによってみずからをますます非人間的に劃一化していくという側面をもっている。しかもこの構造は、ただ単に味覚や嗅覚にかんしてのみ成立しているのではない。〈開化した〉〈人間的な〉感覚によって支えられるはずのすべての芸術が、現代においては、余暇を収奪するための一要素として使われ、後期資本主義社会のイデオロギー操作と相対的剰余価値の搾取に役立てられながら、〈新しさ〉の仮面をかぶって感覚の劃一化に貢献しているのである。

こうした機構の一環としてのパネラーたちは、新しい価値の告知者であるどころか、この非人間化に加担することによってみずからも非人間的な存在とならざるをえない。若きマルクスが、「売淫とは、売るもののみならず、買うもの――かれの卑劣はさらにいっそうひどい――をふくむ関係である」として、淫売婦のなかにだけではなくそれを買う人間のなかにもいっそうみじめな自己疎外をみてとったとすれば、この両者をとりもつ女衒の卑劣さと悲惨さは、その両者にもまして さらに大きいといわねばならないだろう。

「売淫とは、労働者の一般的売淫の特殊的な表現にすぎない」とマルクスは述べた。もちろん、性(セックス)にかかわることがらだけから現代のあらゆる問題に解決をあたえることができる、などと考えるなら、それはみずから世界を狭隘なものにしてしまうことになるだろう。クララ・ツェトキンと婦人問題について対談したとき、レーニンは、フロイトの思想の重要性についてふれたツェトキンに、つぎのような意味のことを答えた。――たしかに性の問題は重要である。けれども、わたし(つまりレーニン)は、四六時中自分のヘソばかりながめているインドの聖者みたいに性のことにしか目をむけないような人間は信用しないことにしているのだ、と。インドの聖者が自分のヘソばかりながめているかどうかは別としても、このレーニンの言葉は無視できないものをふくんでいる。性をテコにした抑圧支配から人間が解放されていくその過程が、同時にまた新たな形態による性の一面化、商品化の過程でもあること、人間の全体性をではなくその一面だけをとりだすことによっては支配―被支配の関係をうちやぶることはできず、そこからはただ、人間を機能主義的にとらえることによる現体制の補強作業が生まれてくるだけであること、レーニンはこうした問題性に目をむけているのだ。

したがって、ここで淫売婦とそれを買う人間と女衒とをひきあいに出すのも、問題を当節流行の性理論に還元してしまうためではない。現代における女衒の役割を、〈大学〉との関連で考えてみたかったのだ。

第二の、想像力を萎縮させるエピソード〈反権力の砦〉はいかにして〈権力の砦〉でなければならないか

全般的な弾圧がしばしば大学にたいする攻撃をもってはじまる、という事実は、この〈女衒性〉の問題と関連しているのかもしれない。

戦前において、たとえば〈滝川事件〉のような大学への権力の介入は、全面的なファシズムの露払いとしてあらわれた。支配階級が弾圧の端緒として、あるいは仕上げの段階で狙いさだめるのは、つねに大学である。大学には、権力が利用できるものがおびただしく存在している。大学支配は、全人民支配のための貴重な、それどころか不可欠のワン・ステップである。これはかくれもない事実だろう。ただ、ここでもうひとつの契機を、しかもまえの、ふたつの事実の基盤ともなるひとつの重要な契機を、見てみぬふりする自己欺瞞が、いわゆる〈大学人〉をとりこにしがちだということを忘れてはならない。すなわちそれは、大学が、権力に利用され権力に屈服する可能性ないしは特性を、社会の他の部分よりも本質的に多く有している、という契機である。

大学が社会のなかで果たしている機能は、〈新しいもの〉を創造することではない。文科系にかんしていえば、新しい学問体系や文化遺産は、周知のとおり、大部分が大学とは関係なしに生みだされている。近代合理主義の旗手であるかにみえる理工科系統にしても、これと大同小異である。もっとも〈先進的〉な研究成果は、じつは大学であげられているのではない。悪名高い〈産学協同〉の本質は、産業資本が大学に委託研究費を出してヒモツキの研究をおこなわせる、というような牧歌的段階を、とうのむかしにすぎてしまっているらしいのだ。いまでは、もっとも〈すすんだ〉研究は、実質的にはすべて企業の附設研究所でおこなわれている。大学の研究室は、権威の幻

想の残骸に依拠して、この成果を認定し、レッテル（商標）を貼り、せいぜいのところ研究全体のうちごく小さな一部分をうけもつにすぎない。そのかわり、教授たちは、みずからの〈専門分野〉に応じて、大資本（世界的規模での）の巨大な研究テーマのなかのごくごく微小な分け前にあずかり、その研究成果（大部分は助手・大学院生たちが将来のためにせっせと仕上げたもの）を〈学会誌〉という名の市場用カタログに矢継ぎ早やに発表することによって斯界での〈権威〉を維持し、あわよくば拡大再生産（量的にみて）しながら、その〈権威〉にぶらさがって、企業の研究の権威付与をおこなったり、自分の講座の学生たちを買手市場の企業に分配したりする権限を、がっちりとおさえこむ。〈委託研究費〉とは、後継者の縮小再生産（質的にみて）を副業としつつおこなわれる周旋業とレッテル貼りの作業にたいする大企業からの手当である場合が多い。

こうした関係のなかで〈大学人〉の果たしている役割は、〈新しい味〉をつくる研究所でのパネラーたちのそれを思いおこさせる。かれらは、決定の主体であるかにみえてじつは限定された範囲での追認行為をおこないうるにすぎず、新しい価値の創造者であるかのようなよそおいをこらしながら、じつは資本の意志に従属しその枠内から一歩も出られぬ種々の意味での仲介者でしかない。資本主義の一般的な売淫関係における仲介者、女衒の特殊性が、かれらにはことごとくそなわってこざるをえない。しかもかれらの悲惨さは、かれらのすべての行為に〈学問的〉、〈科学的〉、〈知的〉等々の粉飾がほどこされ、それにともなって〈理性〉、〈良識〉、〈自由〉、〈自治〉、〈民主的〉等々のイデオロギー（虚偽の意識）がまといついているという点において、さらにいっそう大きいのだ。〈大学〉ないしは〈大学人〉にまつわるこうしたイデオロギーは、これらゆえに大学への介入が全体的な抑圧支配のための比類なく有効なテコとなりうるものであると同時に、他方では、〈大学人〉自身の感覚をにぶらせ、全般的な支配抑圧機構のなかで自己のしめている位置をかれら自身にたいしておおいかくす働きをせずにはいない。

この感覚の鈍麻とそれにともなう無意識状態は、いうまでもなく、〈大学人〉だけに特有の抽象的・個別的な現象ではない。それは、私有財産制のなかにおかれ〈所有〉の感覚にひたされた資本主義社会の人間に共通する特性である。「私有財産はわれわれをすばらしく愚鈍にそして偏頗《へんぱ》にしてしまったので、われわれが対象を所有してはじめて、それがわれわれのものとなるほどである。したがってそれは、資本としてわれわれにたいして現存するか、あるいはわれわれに直接に食われるか、飲まれるか、身につけられるか、住まれるかして、要するに使用されてはじめて、われわれのものとなるほどなのである。私有財産は占有そのもののこうしたあらゆる実現を、ふたたびもっぱら生活手段として、またこの実現を手段にする生活として把握するけれども、私有財産の生活とは、労働と資本形成とである。そんなわけだから、もろもろの肉体的・精神的感覚のかわりに、これらあらゆる感覚の単純な疎外態たる〈所有〉の感覚が登場してくる。」（マルクス、三浦和男訳）

パネラーたちの〈鋭敏な〉感覚は、「私有財産の生活」すなわち労働と「資本形成」のなかでは、鋭敏な〈所有の感覚〉として機能させられる。かれらの味覚や嗅覚は、人間的な感覚であることをやめ、かれらの全存在の疎外態として外化し物象化せざるをえない。おなじように、あるいはもっと端的に、〈大学人〉は、かれらの「肉体的・精神的感覚」を「労働と資本形成」の抑圧・支配機構のなかへ外化している。資本の意を体した感覚の鈍化は、〈大学〉にまつわるさまざまなイデオロギーとあいまって、私有財産制の最終形態たる独占資本主義体制を維持する基盤のひとつとなる。卑劣な女衒的本質に神聖さの衣がかけられ、無意識・無感覚の悲惨な実体がもっともらしく不惑不動の権威の光でつつまれるとき、権力にとってかっこうの抑圧支配のための道具ができあがる。支配の道具が有効にはたらくためには、それはある程度〈反権力的〉なよそおいをこらしていなければならない。そして、真に反権力的な要素をみずからチェックし解毒してしまうだけの力をもっていなければならない。既成の価値基準を根本的にふみこえるものであってはならず、むしろそれを固定化し永続化していく機能を果たさなければならない。大学は、これらの条件をことごとく兼備している。権力が一か二を要求すれば、大学は先まわりして十のことを実行する。警察と密接な連絡をとってオカミのご意向にしたがうばかりか、腕章やリボンをつけて警察の下働きまで買って出る。権力が大学の手直しをしようという意志を口に出すか出さぬかのうちに、大学はみずから委員会をつくってその手直しを先取りする。しかも、大部分はきわめて糞マジメに、誠実に、実直に、知識人らしい苦悩も時には忘れずに、こうしたことを実行する。そしてそうすることによって、権力にとっても〈大学人〉にとっても一番好ましくない要素を大学から放逐することに協力する。
権力が弾圧の手をまず大学にのばすのは、そこに不可侵の〈自治〉や〈反戦自由の伝統〉があるからではない。そこが強固な〈反権力の砦〉だからではない。空洞化し虚偽のイデオロギーと化したこれらの概念が弾圧の露骨さをおおいかくし、これらの概念によりどころを見つけたがる大学人＝女衒たちが弾圧を自発的にとりもち実質化する素質をたっぷりそなえているからなのだ。**（第二の、想像力を萎縮させるエピソード・終り）**

こんなことは、いまさらあらためて述べる価値もないくらい当りまえのことにすぎない。大学が〈反権力の砦〉で、大学人が総体として〈反権力的〉だなどというイデオロギーは、ブルジョワ社会は階級社会ではなく、プロレタリアートはいまやブルジョワジーの仲間入りをした、というたぐいの主張にも等しい。なるほど、〈大学人〉なり〈知識人〉なりが相対的にみて反権力的だった時代があったかもしれない。しかし、反封建的・戦闘的啓蒙主義の一時期が終わるとともに、かれらの機能変化がはじまる。知的生産手段は、近代主義・合理主義とおぎないあって、体制の補強、すなわち近代的・合理的な支配構造の構築に役立てられる。この構造のなかで不可欠の部分は、管理者である。人間関係の機能主義化（近代化・合理化）を、かれらは機能主義的に貫徹する任務を負わされる。女衒の本質は、ほかでもない、管理者たることである。解放されるべき存在、人間化されるべき関係を、かれらはもっぱら資本の論理にくみこみ、円滑な商取引の進行に、いっそうの非人間化・いっそうの抑圧支配に、貢献する。「それを持たぬもののために自己の教養（知的生産手段）を有効に役立てねばならぬ」という〈大学人〉好みの発想は、後期資本主義のなかでみずからが果たしている合理化・近代化のための女衒＝管理者の役割を少しでも意識するなら、そうそう大威張りで公言できる種類のものではないはずなのだ。

♨

大きな誤りは、大学の女衒性を大学の〈前近代性〉ととらえて、〈近代化〉をもって大学の〈改革〉としてしまうことだろう。管理者、官僚こそは、近代化・合理化のための不可欠の基盤である。かれらは、みずからの局限された感覚、すなわち〈所有の感覚〉を全能とみなす幻想のうえに立って、〈人的資源〉の選別や分配にたずさわり、資本主義機構が合理的・近代的に動くのをたすける。大学の近代化・合理化とは、大学の資本主義化の完成でしかないこと——これには異論はあるまい。ところが、現実の大学は、客観的には着々と資本主義化を完成しつつある。しかもその最大の推進力は、ほかでもない、右翼的近代合理主義の精神を右翼的近代合理主義者自身よりもいっそう忠実に体現した〈左翼〉進歩主義〈大学人〉なのだ。

かれらは、量が質に転化するというテーゼを、量と質とのあいだに「暴力的転覆」(マルクス)などという犯罪的な契機を媒介せずとも実現できるのだ、というごとき素朴な信仰をいだいているがゆえに、全構成員を管理者に変えてしまうことが〈民主化〉であり、したがって官僚制の完成がすなわち社会主義の到来である、というごとき信念をいだいているがゆえに、権力の側からの合理化・近代化に対抗できず、そればかりかその合理化・近代化の走狗となって駆けまわる。かれらは、マルクス主義が一九二〇年代中葉に〈極左主義者〉の切りすてとともに投げすててしまった〈闘争主体〉の問題や人間の〈全体性〉の問題をあらためて問題にした人間たちを、敏感にも自分たちに敵対するものであると見ぬき、これらの〈挑発者〉たちを〈暴力集団〉とか〈××××スト〉とか名づけて放逐することだけが〈大学闘争〉であるかのように考えてしまったがゆえに、現体制の権力者の意にそって学園(および資本主義社会)の〈正常化〉の旗手となり、唯々諾々として〈進歩〉(と調和)の担い手となる。

だがしかし、〈××××スト〉が〈マルクシスト〉か〈レーニニスト〉か〈トロツキスト〉か〈バリケードスト〉かは問わぬとしても、こうした〈××××スト〉を生みだす時代が〈進歩〉主義者の考えるほど〈正常〉なものでないことだけは確実だろう。量から質への(無媒介的な)転換という素朴な客観主義の特徴は、それが言葉とは裏腹に反体制勢力の絶対的な弱さ、現体制の絶対的優位を前提としていることである。合理化・近代化にたいする拝跪、〈進歩〉への憧憬と平伏、時代はすすめば進むほど良くなるという機械論的信仰、これらは、かれらにブルジョワジーの未来構想力を過大評価させる一方、みずからの想像力をブルジョワ法秩序の枠内から一歩でも外へひろげていくことをかれらに不可能にする。ブルジョワ近代合理主義にもとづく〈新しいもの〉のイニシアティブをめぐっておこなわれる闘いを唯一の闘争であるとしてしまうことによって、かれらの夢は、かれら自身をブルジョワ世界につなぎとめておくための幻覚としてしか働かない。その幻覚のなかでは、ブルジョワジーは万能である。ブルジョワジーを現在の所有の座から追いおとし、みずからがその所有の座につき万能となることが、かれらの貧しい希望となる。かれらの感覚はまさしく〈所有の感覚〉である。〈追いつき追いこせ〉のスローガンが、かれらの〈革命〉のスローガンなのだ。

第三のエピソード　「ブルジョワの技倆、知識、精神的洞察力および知的資源は、自分の鼻さき以上にはとどかない。」（マルクス）

現代の状況を不動の、安定したものととらえ、これに実践的、行動的に反対することは弾圧をひき出す〈妄動〉でしかないと考えるものは、人類の未来は予定調和的に定まっている、とでも思っているのかもしれない。さもなければ、ブルジョワ社会で生まれ育ったあらゆる価値基準、あらゆる〈客観的真理〉は永遠普遍の価値であり真理である、と信じこんでいるのかもしれない。いま、自分たちがなにもしなくても、いずれブルジョワジーは平和的に降伏するだろうという見通しと、ブルジョワ社会の枠をうちやぶろうとする試みを〈犯罪〉とか〈暴徒〉とか名づけ、あまつさえ〈告訴・告発〉する精神とは、じつは同じ基盤に根をおろしている。その一面は、すでにくりかえしふれた無媒介的な〈進歩〉の思想、言いかえれば〈自然成長性〉信仰であり、他の面は、〈所有の感覚〉にもとづく〈秩序〉意識である。こうして、一方では、真理は唯一であるから問題はそれを誰のために役立てるのかということだけなのだ、という科学主義、すなわち近代合理主義の絶対化が生まれ、他方では、レーニンの「暴力革命」という言葉は本当は「力による革命」と訳すべきものである（某党書記長）とか、「日和見」ということは漁師にとっては大切なことであり、オポチュニズムを「日和見主義」という日本語に訳したのはけしからん（某教授）とか、階級闘争を〈翻訳〉の問題にしてしまうたぐいの卓見があらわれる。

〈大学をまもれ！〉というスローガンを支える思想的根拠は、大学が〈反権力の砦〉であるという自己欺瞞と、大学は〈国民〉のものであるという没階級的国家思想《ナショナリズム》とでしかない。〈学園の民主化〉というスローガンを支える感性的根拠は、管理者＝官僚＝女衒の制度化＝合法化＝体制内化をもって〈進歩〉とする俗流××主義であり、総長・事務局長から教授・助教授・助手・学生・職員、等々までが一致団結して〈暴力学生〉にたいする〈闘い〉をおしすすめればおしすすめるほど、学園や講座の〈民主化〉がすすむ、という驚嘆すべき信念である（『スクラムの海から——京大闘争の記録』参照。なぜかといえば、〈暴力学生〉との〈闘い〉のときには、ふだん威張っている教授も、若い者がテキパキ行動するのにはかなわないので、お茶をいれたりしてサービスせざるをえないから、だそうだ。——ウソではない。一読をおすすめする。ただし、買う必要はない。立ち読みせよ。）そして、こうした思想的および感性的根拠をゆるぎなく支えているものは、みずからの内なる後進性と反比例した〈近代〉へのあこがれ、少数者のもつ意味を歴史的にとらえる能力を欠いた〈ポピュラリティ〉へのあこがれ、みずからの階級の貧困を豊かさと錯覚し、みずからの階級の豊かさを貧困と見誤るところから表裏一体となって生まれてくる労働者崇拝と知的エリート主義——これらにほかならない。

〈歴史〉をただの〈事件〉とみなしたがり、量的な増大を質的向上と言いくるめたがるのは、現体制を維持することにやっきとなっている支配階級である。破綻をおおいかくすためにかれらが弄する小細工は、それが手のこんだものであればあるほど、支配構造の裂けめを露出させる。小細工の一時的な成功や量と質との同一性の仮象を、ブルジョワ階級の〈未来〉構想力のあらわれ、絶対的優位の証拠として、〈進歩〉主義者は賞揚する。（第三のエピソード・終り）

批判的総括のための参考資料

その一　「単なるプロパガンダだけにとどまり、行動を回避することなど、革命党にとっては不可能だった。［……］経済的に依然として比較的よい状態におかれイデオロギー的には遅れている労働者階層の闘争嫌悪と受動性を単なる革命的プロパガンダだけによって突破してしまうまで待つことなど、できないのだ。これらの階層の目からすれば、そもそものはじめから、あらゆる革命的攻勢は時期尚早であると見え、一揆であり政治的冒険であると見えることだろう。」（〈三月行動〉にかんする統一ドイツ共産党の総括。一九二一年）

その二　「たんに受動的に機会を待ちうけるような姿勢をとる党は、必然的に、本当に可能性が提供されたときそれを正しくつかみ利用しつくすことも出来ずにおわってしまう〔……〕。それゆえ、数のうえでも組織のうえでも最も弱い党ですら、この弱さを、行動しないことの理由にしては決してならないのだ。あるいはこの行動は、〈敗北〉に終るかもしれない。それでもなお、そのような〈敗北〉は、プロレタリアートのイデオロギー的危機の解消を促進するだけだろう。」（ルカーチ『コミンテルン第三回大会を前にして』、一九二一年）「行動の前提として全プロレタリアートを純然たるプロパガンダによって準備させておくなどということは、日和見主義的なユートピアにほかならない。階級全体がみずからのおかれた状況とそこから出てくる必然的な行動様式を見ぬくところまでいくのは、一連の――部分的にはたしかに失敗をふくんだ――行動をとおしてでしかない。」（同、『革命的イニシアティヴの組織上の諸問題』、一九二一年）

その三　「革命の現実性――これこそはレーニンの根本思想であり、同時にまた、かれを決定的にマルクスと結びつける一点でもある。〔……〕プロレタリア革命の現実性《アクチュアリティ》を見ぬくことができるためには、天才の大胆不敵な目が必要だった。なぜなら、凡人たちにとって、プロレタリア革命がようやく目に見えるようになるのは、すでに労働者大衆がバリケードに立って闘っているときだからだ。そして、たとえこれらの凡人たちが俗流マルクス主義的教養を身につけているばあいにせよ――そのばあいにすらも、目に見えないのだ。なぜなら、俗流マルクス主義者の目には、ブルジョワ社会の基盤はきわめてゆるぎなく強固なものとうつり、そのためかれは、このうえなく明白にその社会が動揺している瞬間においてさえも、ただそれが〈正常な〉状態に復帰することをねがうのみで、その危機を一時的なエピソードとしか見ず、このような時期においてすらも、なんらかの闘争を、所詮はうちかちがたい資本主義にたいする軽率者のバカげた反抗とみなしてしまうのだ。バリケードの戦士たちは、かれらにとってはそれゆえ、迷えるものたちと見え、敗北した革命は〈誤謬〉に、そして、勝利した革命――日和見主義者の目には、そんなものは一時的にしか可能でないとうつるのだが——のなかで社会主義を建設するものたちは、犯罪者とさえ見えるのだ。」（ルカーチ『レーニン』、一九二四年）

〈大学解体〉を叫んだものが〈正常化〉ののちも大学にとどまっているのはスジが通らない、という非難が大学のあちこちでささやかれているそうだ。バリケード内での〈破壊〉や〈盗難〉の被害者の恨みつらみも、おそらく大学が〈正常〉でありつづけるかぎり、消えることはないだろう。「わたしは、物件が人間にたいして人間的に関係してくれるときにかぎって、物件に実践的に人間的に関係できる。」——大学闘争における破壊の意味は、このマルクスの指摘を手がかりに、もう一度とらえなおされねばなるまい。そしてまた、「人間的な関係」が存在しないところでその関係を模索する闘いは、非人間的関係の外に出ることによってはなされえないし、そもそも非人間的関係の外に出ること自体が不可能なのが、資本主義の〈一般的売淫〉状況だろう。

操作されつつ操作する人間の女衒性は、商取引の近代化・合理化によっては止揚できない。真に新しいものは、現在の枠組の〈改革〉によってではなく、枠組のなかにいながらそれを破壊する作業によってしか、人間化されることはない。この当然のことがらを実践にうつすとき、われわれのまえに立ちはだかり、同時にまたわれわれにひとつの可能性を示唆するものは、人間の機能化・細分化にたいする人間の〈全体性〉への視点、世界の個別化・ナショナリズムにたいする世界の全体性・同時性への視点である。そしてこの視点は、けっして〈正常〉ではない世界のなかでおこる破壊的な出来事を、〈事件〉としてではなく〈歴史〉としてとらえることを、われわれに強いる。その〈歴史〉とは、もはや平坦な〈進歩〉ではなく、不断の〈飛躍〉であり、〈中絶〉であり、巨大なひとつの〈過渡〉的状況だろう。こうした歴史状況のなかでの少数者のいわゆる〈造反〉を、世界を〈変革〉するために役立てることができなかったどころか、世界を〈解釈〉するための糧にさえすることができなかったのが、俗流社会主義的〈進歩〉主義の悲劇だった。こうした悲劇がつづくかぎり、いわゆる〈造反〉は、孤立したまま全体性をめざすという止揚しがたい矛盾をひきずって、なおも生きつづけざるをえない。

（一九六九年十月）

史料14

『ニュース速報』第10号〔ビラ〕

封鎖解除・大学民主化実行委員会
1月22日午後1時15分発行

一、一時前、日大の「全共闘」から同学会に、「状況はどうか」という電話があった。これは日大部隊の到着をさぐろうとしたものと思われる。断固として暴力学生集団を阻止しよう！（訂正・日大部隊七〇〇人はバス七台での誤り）

一、一二時のニュースで、警察は、「大学の要請がなくとも機動隊が大学構内に入ることがありうる」と言明。暴力学生のあばれるのを利用して、警察権力の導入がはかられようとしている。五者は強い抗議態度を表明。

封鎖解除！　大学民主化！

引用者註＝「同学会」は、京都大学全学学生自治会の名称。この当時は日共・民青系が執行部を握っていた。

『福岡日々』

大正一二年九月二三日付

巡査の一人があごひもをかけて、自転車に乗つて駈けて行く、それを掴へて「どんな形勢ですか」と訊ねると、彼は

「今〇〇の数三百人程が団体を作つて六郷川で青年団や在郷軍人団と闘つて居る其中の五六十人が毱子の渡し附近から馬込に入り込んだといふ情報がありましたさうです。皆さん警戒して下さい」

と叫び乍らどこかへ飛んで行く。

自分はこれは誠に容易ならざる事と思つた。警官が言ふ処であるから嘘ではないと思つた。

〔集団アイステア『告発』第三号より〕

史料15

大学粉《ママ》争の本質みぬこう

京大職組中央執行委員長　川口　是

すでに御承知のように、東京大学は、最悪の事態をむかえました。

私たちは、このような事態をまねいた重要原因のひとつとして、大学の内部機構の非民主性および旧態依然たる運営のあり方を指摘しないわけにはいきません。

その点では、私たちの職場京都大学もまた例外ではありません。

私たちは、このような大学の状況をかえてゆくためには、全学の民主的な力を結集してたたかうことが必要だと考えています。

一部学生の暴走は、全学の力の結集を妨げ、大学の自治を内部からおびやかします。京都大学でも、そのような危険が発生しているようですが、私たちは、みずからの力で、不当な学園封鎖を排除し、その力をもって、また大学の民主化をかちとっていきたいと思っています。

私たちの闘いに、支持と協力をよせてくださるよう期待しています。

（京大助教授・五者連絡会議長）

〔『京都教育』一九六九年一月二四日、№43号外〕

大学問題を検討するにあたって

坂田道太

〔……〕戦後、大学の自治は大幅に大学人の手にゆだねられた。国はその自治を尊重し、大学がその自治のもとで創造的な学問の研究と教育を行い、国の発展、社会の進歩に貢献するという姿を望ましいものとして、その実現に努めてきた。しかし今大学の自治が一部の力によって脅かされ、教育と研究活動に支障をきたしている。大学の自治は憲法が保障する学問の自由を守るための砦である。大学という場は、学問の自由のために開かれている。学生の主張に聞くべきものがあるにしても、学問の自由の場を閉す暴力は排除されなければならない。それは大学の自治の否定であり、自由社会、民主主義の破壊を意味する。我々が尊重する学園の自治は信頼関係による自治であり、力による支配ではない。〔……〕

〔自由民主党政務調査会文教制度調査会『国民のための大学』しなの出版　昭和四四年三月二五日発行　七―八ページ〕

東京教育大三教授にたいする〈辞職勧告〉によせて

東京教育大学評議会の文学部三教授にたいする〈辞職勧告〉の方針は、国家権力の意志を執行することによってみずから小権力に成りあがっていこうとする大学（および大学教員）の本質を、最後の一枚のヴェールまでかなぐりすてて、あますところなく明らかにしてみせた。口先で〈反対〉や〈抗議〉をとなえつつ〈大学治安法〉の精神にのっとって全共闘その他を国家暴力装置によって抹殺し、すべての矛盾を糊塗したまま〈正常化〉を強行する道を選んだことの当然の帰結として、〈大学〉はいまやこうした目をおおうばかりの到達点にゆきついたのである。今回のこの東教大評議会の決定を、われわれは、岡山大、神戸大、それに少なからぬ私立大学で現にすすめられつつある〈非協力〉教員排除の試みの一環としてとらえ、これに反対し、これと闘わなければならない。

だが同時にわれわれは、あるひとつの問題から目をそらしたまま、〈処分反対〉を一般的な麗句として口にすることはできない。東教大評議会を真に糾弾し、同大学執行部が一貫してとっている〈大学治安法〉路線が他の諸大学の〈改革〉路線と本質的には同質のものであることを明らかにするとともに、〈大学の自治〉〈研究の自由〉〈思想・行動の自由〉とはそもそも何なのかをもう一度問いなおして、これら瀕死のことばに真に破壊的な意味づけを与えるためには、このひとつの問題を無視してしまうわけにはいかないのだ。つまりそれは、〈処分〉対象三教授のひとり、日本独文学会会員であり元・同大学文学部長であるS・H氏にかかわる問題なのである。

なるほど、S・H氏は、東教大が数年前からかかえている所謂〈筑波移転〉問題では、もっとも強硬に大学執行部（ひいては文部省＝政府・独占資本）の方針に反対しつづけてきた。去る五月三日の日本独文学会総会の席でも、小川正巳・脇阪豊・野村修の三氏提出の、〈非協力〉教員処分に反対声明を出そう、という議案にたいして強い反対を述べ、「東教大ではわれわれが多数をとって、権力と癒着した執行部にたいする抵抗を民主的に行なっている。〈非協力〉なのは権力と結びついた少数派なのであって、この議案では、もっともケシカラヌ人たちを擁護することになる。学問の自由を愛し良心の自由を守る立場から、こういう権力的なことを学校運営について行なわない、という代案になら賛成だが。」（要旨。但し傍点の部分は発言のまま）と訴えた口調には、たしかに悲壮なものがないではなかった。だから、心底からのリベラリストであるのみかデモクラートでさえある某氏などは、S・H氏のうったえに、ただひとり、猛然と拍手をおくったものだった。過去においてただの一度も思想的変節などしたことがなく、これからもおそらくしないに違いないこの某氏が、よりにもよって元ファシスト（歯に衣を着せずに言おう）のS・H氏に、感激と連帯の拍手をおくったのだ。これについて当の某氏は、「むかしはむかし、いまはいまだ。いま権力と闘っているんだから、支持するのは当然ではないか」と胸を張って言明した。

はたしてそうか？　この某氏自身は、戦前も戦中も、一度としてファシズムに迎合するような言動をとらなかった。多くの〈独文学者〉がヒトラーやアルフレート・ローゼンベルクをかつぎまわり、『ドイツ民族作家全集』（実業之日本社）、『現代独逸国民文学』（白水社）、『現代独逸文学全集』（春陽堂）をはじめとするナチス文学シリーズの訳者の一員として、あるいは『ナチス新鋭文学選集』（春陽堂）、『ドイツ宣伝中隊員の手記』（晴南社）、『われら戦ふ』（旺文社）、『ナチス詩集』（グロリア・ソサエティ）などのアンソロジーや、フリードリヒ・グリーゼ、エルヴィン・グイド・コルベンハイヤー、フリードリヒ・ビショッフ、ハンス・フリードリヒ・ブルンク、ディートリヒ・エッカート、ルート・シャウマン、パウル・アルフェルデス、ルードルフ・G・ビンディング、ハンス・ヨースト、ゴットフリート・ロータッカー、ヨーゼフ・マグヌス・ヴェーナー、フランツ・シャウヴェッカー、アルフレート・カラシュ、ヨーゼフ・ポンテン、エドヴィン・エーリヒ・ドヴィンガー、バルドゥーア・フォン・シーラッハ、それにS・H氏を裏返したように社会主義からファシズムに転向したパウル・エルンスト（以上すべて邦訳あり）等々、無数のナチス三文作家の翻訳紹介に手を染めることによって〈学問の自由〉と〈良心の自由〉を行使し、〈ドイツ文学者〉としての責任をはたしていたとき、この某氏は、おもてむきはむしろドイツ古典文学を手がけつつ、みずからの〈研究者〉としての精神の灼熱は主として革命詩人フェルディナント・フライリヒラートの研究と翻訳のなかに見出していたのだった。S・H氏をはじめとする御用〈学者〉、翼賛〈文学者〉たちがワァワァとけたたましい駄言を弄し、もともと乏しい自己の精神と心情の内実をみずからますます貧弱なものにつくりかえていたとき、「かたい樫の木は燃えつくのもおそいが、しかし、いったん火がつけば、あかあかと焔をあげて燃えあがり、いつまでも輝いている」というフランツ・メーリングのフライリヒラート追悼のことばをおそらく唯一の支えとしながら、某氏は、黙々とフライリヒラートの詩句にいつ陽の目をみるとも知れぬ日本語の表現をあたえる仕事にうちこんでいた。だからこそ某氏は、昭和二十三年四月に粗末なザラ紙で刊行された「世界古典文庫」の一冊『フライリヒラート詩集』のすぐれた（いかなる意味でもファシズムの容認やそれへの迎合とは無縁な）解説の「一九四四年七月」という日付けによって、戦後に育った後輩たちの心にも、S・H氏にたいする見当はずれな共感の拍手くらいでは容易に消えぬ（残念なことに！）大きな共感と尊敬の念を焼きつけることができたのだ。

　そのころ、わがS・H氏は何をしていたか？　周知のとおり、かれは〈ナチス文学の聖典〉の翻訳者だった。ハンス・グリムの『土地なき民』全四巻は、第二次大戦開始前後の日本の〈独文学界〉どころかまさに一世を風靡した。わたしの手もとにあるその第一巻は、昭和十六年三月十日発行のものだが、なんとそれは第八十版（！）である。各巻に挿入された出版社（鱒書房）のパンフレットによれば「用紙其他製本材料等にも種々の掣肘を受けなければならぬ情勢下」であり、「用紙材料不足により遺憾ながら、発行部数に限りが有」るなかで、各版の刷部数がどれほどだったにせよ、昭和十五年十二月十日の初版からわずか三ヵ月で八十版も重ねるほど優遇されていたということが、いったい何を意味するかは、もはや説明するまでもあるまい。『土地なき民』は、帝国主義的膨脹政策を実行にうつそうとしていた日本資本主義のイデオロギー的露払い以外の何ものでもなかったのだ。S・H氏の訳で読んだ場合とまったく同じく原文で読んでもまた駄作としか言いようのないこのウドの大木のごとき大長篇が（そしてそうだからこそ）これほど権力によって保護され、これほど露骨に利用されたという事実を、われわれは看過するわけにはいかない。そして、「彼がグリーゼ、ブルンク、シュテール、コルベンハイヤーなどと共に、新しい独逸文学の進むべき一つの方向を代表してゐることは争はれない事実である」云々という、「皇紀二千六百年十一月三日」（！）の日付けをもつS・H氏の「あとがき」が、こうした状況のなかでどのような意味をもち、どのような役割をはたしていたかを、われわれは決して見のがすことはできないのである。

　S・H氏が〈いま〉国家権力の方針に〈反対〉し、それと〈闘って〉いることは、大いに結構なことだし、われわれもそれにいささかなりとも協力したいと思う。しかし、問題が〈学問の自由〉であり〈良心の自由〉であり、〈研究者〉〈教育者〉のありかたそのものに直接かかわってくることがらであるだけに、われわれは、反対主体、闘争主体の内実そのものまで掘りさげて考えないわけにはいかないのだ。たしかにS・H氏は、〈いま〉、権力と闘っている。だが、ナチスだって、政権獲得以前のヒトラーだって、既存の権力と〈闘った〉のだ。少なくとも、そう称することによって新たな権力に成りあがる道を開いたのだ。おそらく、『土地なき民』の訳者としてのS・H氏も（そして昭和十八年二月に同じくグリムの『南アフリカ物語』初版五千部を翻訳刊行したS・H氏も）、〈狭隘なる故郷《ふるさと》〉に悲憤慷慨し、権力によって流布された被害者意識だけをよりどころとして、〈ドイツの領土〉ならぬ〈神国日本の領土〉の拡大のために〈鬼畜米英〉の〈東亜支配〉に〈反対〉し、これと〈闘う〉使命感に燃えていたかもしれないのだ。ニナ川虎三現京都民主府政知事・元京大教授が「決戦下苛烈きはまる戦局の展開を前にしてわれわれの戦争生活に暮もなければ正月もないといふことは当然である。米英をして共にワシントンに城下の盟をなさしめる時、その時こそ東亜に旭日の輝く時であり、世界がその光に浴してまさに正月を祝ふ時である。その時までは暦もなければ年中行事もない、たゞ米英撃滅の突撃のみ。」（『大学新聞』昭和十九年一月一日号「決戦の春」）と教え子たちを叱咤したように、わがS・H氏も、ナチズムや〈大東亜共栄圏〉によってのみ〈ドイツ民族〉や〈日本民族〉の進路がひらけ、世界がその光に浴することができる、と信じていたかもしれないのだ。

　いままた、〈闘う〉S・H氏は、この盲目性をくりかえし、かつ拡大再生産している。国家権力は、S・H氏の望みを冷酷にも裏切り、〈権力と結びついた少数派〉を〈非協力〉とはみなさず、〈民主的〉な〈多数派〉のS・H

氏自身を〈非協力〉のかどで抹殺しようとしている。そればかりではない。一九六八年から七〇年にいたる全国学園闘争のなかで、とりわけ東教大の学生や助手たちの闘争にたいして、S・H氏は何をしたか？　かれが主観的にどう考えていたにせよ、〈権力〉にたいするみずからの〈抵抗〉とはウラハラに、恵まれぬ状態におかれた同学部助手（たち）のささやかな権利拡大闘争を、少なくとも見殺しにしなかったか？　文学部長として、真に闘う学生を弾圧し、一党派の特定の路線に（意図するかしないかは別として）のって、〈民主化の破壊者〉などの名のもとに、学生のある部分を抑圧殲滅する方針に、同氏は少しも手をかさなかったか？

　ファシストが〈反体制運動の闘士〉に変貌した例は、ドイツ文学の分野だけをとってみても、ひとりS・H氏だけにはとどまらない。ヒトラーの『吾が闘争』が「初の全訳決定版」と称して昭和十七年に興風館から刊行されたとき、髪の毛の黒い民族と有色人種は抹殺しなければならぬ、というくだりを、「大東亜戦下にあって〔……〕敵性国家をしてまた〱利用せしめる」にしのびない（訳者序）という理由で自主的に削除したこのアゲゾコの〈全訳〉版に、技術院総裁子爵井上某、日独文化協会理事男爵三井某とならんで「絶讃」を寄せた、当時「東大独文学教授」K・K氏（故人）、「同助教授」M・S氏、「東京高校教授」K・S氏（故人）などを、われわれは、われわれの〈学会〉の歴代理事長に選んでいる。これらの徒輩自身は、「一語一句を苟くせず、『吾が闘争』はMの闘争なりと嘆せしめたほど心血を傾けた訳業」（同書宣伝用キャッチフレーズ）とその〈名訳〉ぶりをうたわれた訳者R・M氏（現東海大教授）と同様、もともと常に支配体制に媚を売ることによって身過ぎ世渡りをしてきた（あるいはすでにしおわった）人物たちだから、ここでとりあげるまでもないだろう。問題は、そういう人物たちの〈学会〉での〈権威〉（というよりはむしろ〈権力〉）を戦後にいたるまで、今日にいたるまで、認め許してきたわれわれ自身の側にあるのだ。だからこそわれわれは、〈いま〉の仮象にとどまるのではなく、われわれ自身がみずから背負いこんだ共通の負の遺産としての〈むかし〉を、とりあげざるをえないのだ。

　こうした観点に立つとき、たとえばY・W氏の活動のような例も、決して黙過してしまうわけにはいかない。Y・W氏が、中井正一、真下信一（現・多摩美大学長!!）、新村猛氏らの『美・批評』が『世界文化』にうけつがれていく時点でこの運動に加わり、各国の反ファシズム闘争に「刺激され励まされて」、昭和十年前後のもっとも困難な運動をになったひとりであったという周知の事実は、〈研究者〉の圧倒的多数がファシズムになびいたドイツ文学界にとって、まさにひとつの誇りでさえある（と世間では一般に考えられている）。この運動を中心に戦前・戦中の反体制的文化運動についてY・W氏が戦後に公けにした資料集『国際反ファシズム文化運動（ドイツ篇）』（一九四九年三月、三一書房）や回想記『灰色のユーモア』（一九五八年十二月、理論社）を読んだものは、同氏やその運動に、ますます深い誠実な敬意を払わざるをえなかった。

ところが、そのY・W氏が、もう一方ではまぎれもなくナチス文学の礼讃者であり、それのみかナチス文学宣伝者でもあったということも、またいつわらざる事実なのだ。同氏は、昭和十九年六月、まごうかたなきナチス作家、ヨーゼフ・マグヌス・ヴェーナーの『ヴェルダン戦の七人』（白水社「現代独逸国民文学」第九巻）を翻訳刊行した。それだけならまだよい。われわれ〈若い連中〉には想像もつかぬ（もちろん想像はつくのだがレトリックとしてこう言っておく）戦時中の苦しい事情もあったのだろうから。ひとはカスミを食って生きるわけにはいかない。だが、想像どころか事実が証明するように、この時代にはすべての〈ドイツ文学者〉はナチス文学しか翻訳できなかったなどということは、絶対にないのである。ヴェーナーのこの駄作をふくむ同じシリーズにさえ、エルンスト・ヴィーヒェルト（かれは『単純なる生活』がこのシリーズから刊行された当時、すでにブーヘンヴァルトの強制収容所生活を終えて、ゲシュタポの監視下で執筆を禁止されていた）や、ハンス・ファラダ（『老教授ひとり旅』が同じくこのシリーズから出たころ、刑務所と実質的に変わらぬ〈アル中患者隔離施設〉にほうりこまれていた）など、ナチス権力の側からの恐喝や懐柔策にもかかわらずついにファシズムに屈服しなかった作家たちの作品が（どういうわけか!?）おさめられているくらいなのだ。さきに述べたフライリヒラートの訳者某氏の例を出すまでもなく、古典文学に関してなら（革命詩人やユダヤ人作家をのぞき）翻訳の自由はかなりのこされていた。

あるいは本当に想像もつかないような事情があったのかもしれない。妻子や自分を飢えさせることはできなかったのかもしれない。ファシズムの下でも戦後民主主義の下でも、大学教員の給料は安く本代は高い。だが、それなら、たとえ奴隷の言葉、イソップの言葉をつかってでも可能なかぎりの抵抗をつづけるのが、〈文学者〉〈研究者〉の〈良心〉であり、それこそが〈自由〉への道ではないのか。同じシリーズの他の巻を訳している訳者たちは、あるいは、フリードリヒ・シュナックやマックス・メルなどの感傷的な（それ自体としては安っぽい）世界を自己の内面いっぱいにひろげてみせることによって、「解説」や「まへがき」でナチズムのイデオロギーを骨抜きにする道を選び、あるいは、ナチス文壇大御所のひとりコルベンハイヤーの作品の訳者でさえ、徹頭徹尾作品内容の即事的な解説に終始することによって、思想的迎合の恥を後世にさらす愚を慎重に避けるだけの醒めた意識をもっていた。しかるにY・W氏はどうか。かれは「解説」のなかで書いている――「ここではフランス人に対する憎悪、敵愾心は爪の先程も現れてゐない。作者は又〈老人の精神に対する戦ひは今日にいたるも尚どつちつかずのまま続いてゐる〉と述べてゐる。一九三〇年に於て今尚どつちつかずのままの戦ひとは、優柔不断な社会民主主義と、これを倒潰せしめんとする新たな力との抗争を意味するものと考へても恐らく誤りではあるまい。」――さすがY・W氏だ、ナチス文学をみごとに逆手にとって、優柔不断な社会民主主義＝社会ファシズムにたいする批判、新たな力＝革命的プロレタリアートのインターナショナルな闘争にたいする評価を読みとり、読者にひそかに宣伝しようとしたのだ、などと早合点してはいけない。文章のつづきはこうなのである――「その当時俄かに頭を擡げ始めた国民社会主義〔〈国家社会主義〉と書かなかったのは、せめてもの良心か、それともあくまで〈国民〉をたぶらかそうとする策略か？〕の党に対して作者が如何なる態度をとつたかは不明であるが、民族的な血の繋りに生きるこの若々しい純粋な魂は、アードルフ・ヒットラアをドイツ国民の絶対的指導者として選び仰ぐことに恐らく何の躊躇も感じなかつたであらう。」（〔〕内は引用者）

これでもまだ、疑問とかすかな希望はのこる。Y・W氏は、「何の躊躇も感じなかつた」作者を、実は批判しようとしているのではあるまいか？　だが、結論部はすべての疑念と希望をうちくだく。Y・W氏は高らかに宣言するのである――「この小説の中の戦闘描写は戦争物に食傷してゐる読者をして或ひは退屈を感ぜしめるかも知れない。幸ひに終りまで読み通して頂けるならば、そして日本人である読者の敢闘精神がこれによつて一層高揚され強固にされるならば、訳者として洵に仕合せである」

かつて武井昭夫は、吉本隆明によってはじめられた文学者の戦争責任追及の試みのあとをうけて、戦争責任を〈戦後責任〉の問題と結びつけた。「吉本は、壷井〔繁治〕・岡本〔潤〕の過去の戦争責任を単に道義的・倫理的に追究したのではなく、それが今日にもちこされているかれらの思想構造の頽廃と芸術方法の貧困をあきらかにしたのであった。私はかれの二つのエッセイをまえにして、私たち民主主義文学運動内部にあった戦後世代がついにそれをなしえないでいた怠慢・無気力・無責任をみせつけられた思いであった。〔……〕しかし〔……〕冷静にここ二、三年来のいわゆる論争を調べるなら、提起された問題の論点がつねに移動され歪曲され、はては問題提起者の人身攻撃におわっているのを発見するはずである。そうした潮流に対して、私たち民主主義の戦後世代は、青年らしい健康さをもってたたかってきただろうか。すくなくとも私は、この一年半、墓穴をほるものとしてそれを放置していた。そこに私は私の怠慢・無気力・無責任があったと思う。」（傍点および〔〕内は引用者）

吉本や武井の苦闘にもかかわらず、戦争責任＝戦後責任の問題は、なお今日にもちこされたままである。それどころか、一度としてこれが問題にさえならないまま、すでに新たな戦争責任に加担しつつある分野さえ少なくない。ナチス迎合者を輩出せしめ、三文ナチス文学の翻訳紹介によって洛陽の紙価を高からしめたドイツ文学の分野では、かつてK・S、H・Y両氏の『ドイツ抵抗文学』（一九五五年十一月、東大出版会）が書かれたとはいえ、そのなかでは、日本人の、日本の〈独文学者〉たちの、ファシズム加担の責任問題には、爪のアカほどもふれられずじまいだった。外国文学〈研究者〉は外国のことだけを見ていればよいのか。ファシズムが流行すればファシズム文学の尻を追い、プロレタリア文学が解禁になればコムニストの皮をかぶり、リルケがもてはやされればリルケをいじくりまわし、ついには研究対象と研究主体とのあいだに何の緊張関係も生じぬまま、〈専門家〉〈権威〉の看板をかかげて生業をたてていけば、それでよいのか。『ドイツ抵抗文学』の著者たちが研究主体の問題を問題にしえなかったのは、なにをかくそう、少なくともそのひとりが元ファシストであり、『吾が闘争』の絶讃者・推薦者だったからであり、もうひとりが、やがて十数年後に、からだを張って闘争学生たちを大学から叩きだす役割をみずから買って出る体質を、当時からすでにかくしもっていたからだ。

戦争責任の追及は、決して道義上の問題ではない。すべての人間のばあいにそうであるように、それは、〈研究者〉の精神と感性の営みのなかにも深く根をおろしている。だからこそ、一方では〈当時の事情も知らぬ若い連中が何を言うか〉式の戦争責任者側の居直りを許してはならないと同時に、他方では、いわば戦後責任者である追及者の側も、歴史的状況とその状況のなかにおかれた生身の人間の思想的営為との生きた緊張関係を捨象した事実の単なる摘発と個人攻撃に終ってしまうことを、絶対に許されない。ひとつの共通の負の遺産としての戦争責任を、現在のなかでどこまで〈過去〉のものにしていくか。戦争責任の問題をS・H氏やY・W氏らの特殊的・個人的な問題として葬り去り、あるいは「むかしはむかし、いまはいまだ」というごとき、歴史にたいする責任の観点をいっさい欠落させたナニワ節的〈論理〉を用いて不問に付してしまうのではなく、ましてや、現に権力によって排除されようとしている仲間に誹謗中傷をなげつけ、「敵性国家」ならぬ敵権力をして「また〳〵利用せしめる」ために過去をあげつらうのでもなく、あくまでも、ひとつの具体的な歴史状況のなかですべての〈文学者〉〈研究者〉、すべての〈人間〉が例外なく決断を迫られる共通の問題として、いま、どこまで思想化し血肉化しておくか――これは、〈学問の自由〉〈良心の自由〉にとってどうでもよいことがらなどではない。それどころか、この作業は、いつか再びやってくるかもしれない状況のためにいまから準備しておくべきことがらでさえない。そうした状況は、もうすでに始まっているのである。だからこそ、われわれは、いま声を大にしてS・H氏への〈処分〉に反対するとともに、同じように声を大にして同氏（およびその他）の過去の責任を糾明し、同氏（ら）の過去と現在を結ぶ糸を、「戦争責任が今日にもちこされているかれらの思想構造の頽廃と芸術方法〔研究方法〕の貧困」を、明らかにしなければならないのだ。しかも、だからこそ、そのわれわれの声と言葉は、いかにそれが大きなものであり、いかにそれが容赦のないものであっても、いやがうえにも冷静で慎重な配慮をうしなってはならないのだ。

和光学園長梅根悟氏は、今回の東教大三教授にたいする弾圧について、「評議会が〈辞職勧告〉というような卑劣なやりかたをとったことは許せない。処分するのなら、堂々と教育公務員特例法の手続きにのっとってやるべきではないか」（要旨）と憤慨している（『赤旗』九月十二日付第一面）。はたしてそうか？　わたしには、この梅根氏の見解は、百万の発行部数をほこるメディアにのったその声の大きさと容赦のなさを考えるとき、あまりにも軽率であまりにも誤謬にみちているものに見えるのだ。なるほど、東教大文学部のような場合には、少なくとも〈教授会〉の審議・決定を経ようとするかぎり、三教授〈処分〉は不可能だろう。（ここでは便宜的に〈三教授〉という表現を用いるが、三氏のあいだの質的差異は当然のことながら前提となっている。）けれども、神戸大、岡山大の例にみられるとおり、〈正規の法的手続き〉をふむさいにも、〈教授会〉の意志を考慮外にして（というよりはむしろこの場合には、当該教授会が責任逃がれのためか一切を評議会におまかせするというかたちで）〈処分〉を〈堂々〉とすすめることが可能である。したがって、梅根氏の論拠は、実践的に無力なのだ。それのみではない。現に〈教育公務員特例法〉の〈手続きにのっとって〉すすめられている岡山大・神戸大での〈処分〉が存在している状況のなかでこのような発言をすることがどんな意味をもつか、梅根氏は一度でも考えてみたことがあるか。同氏の主張は、〈処分反対〉というかぎりでは、思想的にも破綻している。

こうした同氏の考えかたを根本においてささえる精神的基盤は何か？　それは、「多数の意志を結集した〈反対闘争〉は良いが、少数者の反対行動は処分されてしかるべきだ」という発想にほかならない。これはうたがいもなく、「松下さんのようなかたは処分されても仕方がありません」と五月三日の独文学会総会ではっきりと断言したH・N女史（大阪市大）の発言と同質のものである。そういえばたしか、H・N女史は、多数派信仰の点ではかの女と見解を同じくする元ファシストS・H氏がいまは怪しげな手つきでリルケなどをいじくりまわしているのと違って、終始一貫、ドイツ・プロレタリア文学の〈権威〉だったように思う。そして一方、『リンクスクルヴェ』の時代においても亡命の時代においても、反ファシズム勢力は、『土地なき民』が争って読まれた時代の日本でと同じく、〈多数者〉どころではなく、まさにファシズム勢力こそが（ドイツ一国、日本一国、神戸大一校、東教大一校を問題にするかぎり）まぎれもない〈多数派〉だったように思う。

問題は、〈多数〉か〈少数〉かを判断の基準にすえるまえに、この〈処分〉をゆるせばどういうことになるかを考え、〈処分〉の出てきた源にまで（つまり〈大学〉そのものがおかれている歴史的・社会的状態と、〈大学人〉の内部構造そのものにまで）目をむけねばならない、という簡単至極な原則なのだ。運動の初期の段階において、現存権力に反対する勢力がごく少数者にすぎないということ、これはいまさら述べるまでもない。この少数者と同じ水準（かならずしも質的水準ばかりではない）に立って闘えぬとしても、だからといって、この少数者が少数であるうちにこれを根絶しようとする権力の弾圧に、「仕方がない」などと拍手をおくる〈プロレタリア文学研究家〉や〈民主化闘争の担い手〉とは、そもそもいったい何者なのか。〈プロレタリア文学研究家〉H・N女史には、『リンクスクルヴェ』発刊にまつわる『ディ・フロント』一派との抗争の歴史をもう一度ひもとき、その粛清の過程でまたもや失われていったものと獲得されたものとを、ナチズムの権力奪取という歴史的状況と切りはなすことなく、プロレタリア文化運動の共通の問題として、再検討されることを望みたい。そのほうが、官許のプロレタリア文学観をしたり顔してふりまわし、あげくのはてには被抑圧者にたいする抑圧を容認し推進させるための〈武器〉としてそれを使うことなどより、よっぽど〈研究者〉らしく、よっぽど〈プロレタリア主義者〉らしいふるまいであるにちがいない。そしてわがS・H氏にたいしては、かつて同氏がみずからメガホン役を買って出た戦前・戦中の日本ファシズムと、いま同氏を大学教授の職から追い落とそうとしている現代日本帝国主義との同質性を、具体的にはっきりと認識し、それと同時に、自己の戦争責任の問題を、戦後民主主義の時代に辛うじてわれわれに与えられていた〈学問の自由〉〈良心の自由〉を利用してみずから明らかにする努力を行なわなかったことに関して、あらためて何らかの見解を表明されるよう要望したい。同氏のいまの〈闘い〉に拍手をおくるのは、それからのことにしようではないか。

もちろんS・H氏をもふくむ〈非協力〉教員への、さまざまな形態の〈処分〉は、いずれも、〈研究者〉〈教育者〉としてのわれわれ自身の存在を根底から問いなおすことをぬきにした〈反対闘争〉を、われわれに許さない。〈処分〉されようとしているものの見解や方針が自分のそれとは違うからというのでこの〈処分〉に暗黙に、ないしは言葉にさえ出して同意し、他者のイニシアティヴですすめられる〈処分〉には反対するが自派の主導権のもとで行なう〈処分〉には大いに賛成する、という精神構造（S・H氏やH・N女史の発言や『赤旗』の一貫した論理は、このことを如実に示している）こそは、〈学問の自由〉〈良心の自由〉の内実を問わぬまま、一定程度許容されてきた〈自由〉の幻想にどっぷりつかって自分より〈下〉のものを抑圧し、〈上〉にたいしては〈多数〉にならぬかぎり反対しない（ないしは〈多数派〉になっても反対しない）というやりかたの基盤であり、また、〈多数者の意志〉や〈良心の自由〉をおよそ見当ちがいの方向に曲げて、ファシズムへの協力・迎合・お先棒かつぎ・一体化をも免罪してしまおうとする、権力者的（ないしは権力者指向的）居直りの土壌である。

この土壌をこそ、われわれは徹底的に掘りくずし、徹底的にくつがえさねばならない。すでに動きはじめた日本軍国主義による大学のファッショ的・帝国主義的再編の渦中におかれたわれわれ自身が、なすべきことをなさなかったがゆえに、あるいはなすべきでないことをなしたがゆえに、この再編をゆるしてきたしいまも許している事実を、明確にしていかねばならない。なかでも、戦争責任の追及は、それこそが戦後民主主義を生みだした契機であり、戦後におけるそのあいまい化こそが戦後民主主義を空洞化させた原因のひとつであるだけに、徹底的におこなわなければならない。

〈非協力〉教員にたいする〈処分〉反対の闘争は、こうした作業を前提としてのみ、少なくともそれと並行してすすめられる場合にのみ、大学闘争の一環として、さらには全体的な反権力闘争の一翼として、実践的・具体的な意味と力とを獲得するだろう。

（一九七〇年九月）

史料16

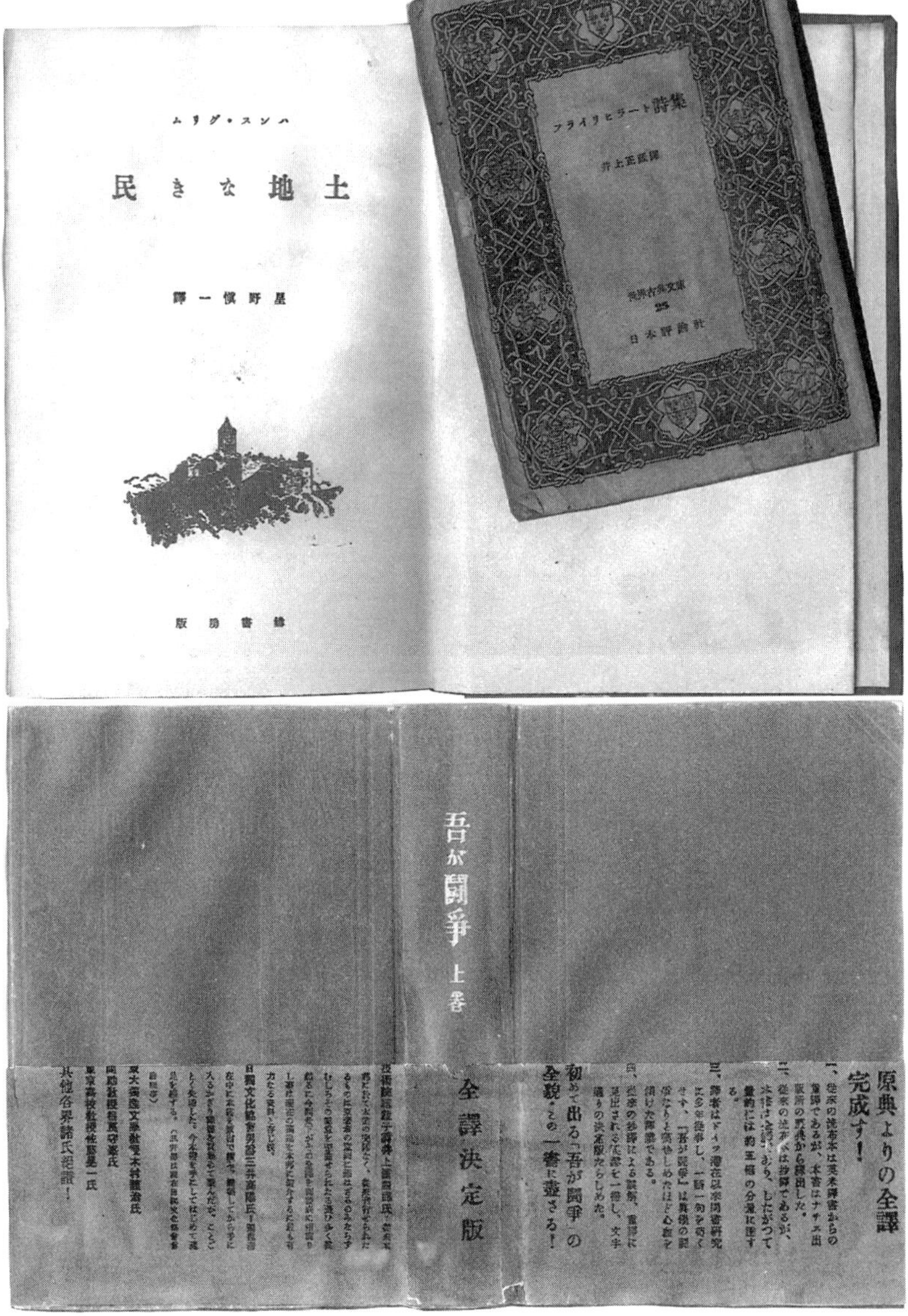
ハンス・グリム
土地なき民
星野慎一譯
フライリヒラート詩集
井上正蔵譯
世界名作文庫 25
日本評論社
吾が闘争 上巻
全譯決定版
原典よりの全譯完成す！
初めて出る「吾が闘争」の全貌・その一巻に盡さる！

史料17

世界文化
10
國際
反ファシズム
文化運動
和田洋一著
ドイツ篇
Eldonis Librejo San-iĝi,
Kioto, Japanio

英雄的闘争について

メーデー〈事件〉の裁判にせよ、家永教科書裁判にせよ、ひとたびひとつの闘争に加わったものは表面上その闘争が終熄したのちも永くそこから脱け出ることができない仕組みになっている、という事実を、いやというほどわれわれに見せつけている。何十年もつづく法廷闘争は、最終的結論が出たときには、たとえその結論が〈勝訴〉であっても、もはやその〈事件〉そのものが状況にとってなんの意味ももたなくなってしまっているのではあるまいか、という不安を、おさえることができないのだ。だからといって、国家権力の側から起訴されたり、国家権力の意を体してひたすら悪をつぼみのうちに摘みとろうとするグループから告訴・告発されて裁判闘争を余儀なくされたりするときはもちろんのこと、闘争にたいする弾圧・処分を不服としてみずから裁判闘争の場を設定する場合をもふくめて、法廷という現秩序維持のための階級的機構を不利と知りつつ使用せざるをえないときがある、という事実は、これまた否定できない。要するに、裁判闘争、という言葉を思いうかべ、裁判闘争にかかわっている人たちの顔を思いうかべるたびに明らかとなるのは、裁判についてはまさに混乱だけが自己の見解である、という一事にほかならない。

裁判が中立公平なものであるどころか階級支配のひとつの要《かなめ》であり、裁判官と検事の区別などもともと必要のないものなのだということについては、すでにくりかえし暴露されてきた。ところが他方では、この階級裁判を逆手にとって権力の実体を明らかにしてみせた英雄たちのエピソードも決して少なくはない。まっぱだかになって柱にしがみつき、出廷拒否を貫徹した英雄。ひとたび出廷したあかつきには法廷を大衆団交の場に転化させ、敵の本性をあますところなくあばきだしてみせた英雄たち。少々縁遠いが有名なエピソードのひとつに、かのゲオルギイ・ディミトロフの例がある。ナチスがでっちあげた国会議事堂放火事件の犯人に仕立てあげられたこのブルガリアのコムニストは、ヒトラーの法廷で果敢に自己の無実を立証したのみか、放火が実は弾圧の口実をつくるためナチス自身によって仕組まれた陰謀であったことまでも暴露し、全世界の反ファッショ統一戦線勢力に希望と勇気を与えた。ナチスはかれを無罪放免せざるをえず、勇躍モスクワ入りしたディミトロフは、やがてコミンテルン書記長に就任し、コミンテルンそのものがスターリンに「ディミトロフ君よ、きみのコミンテルンはどうしてるね?」とひやかされるほど影がうすくなってやがて消滅したのちも、『反ファシズム統一戦線』『獄中書簡』などによって英雄の座をまもりつづけているのは、周知のとおりである。

だが、こうした英雄時代は、暦の上ではともかく、実際上はすでに終わってしまったように思われる。京大農学部一〇教官賃金カット裁判ひとつをとってみても、被告(日本国)の代理人である検事某は無能のかたまり以外の何ものでもないし、裁判長某はそもそもこの〈事件〉が何を問題として法廷で争われているのかさえろくろく知っていないのではないかと思われるフシがある。だから、傍聴人は爆笑の機会にめぐまれ、原告(本来なら、つまり現体制のなかでは、被告になるべき人物たち)の気持もなごんで、遅刻をしたりすることにもなる。公判の日には休暇願いを出すべし、という学校当局の恫喝は、もうとっくに正常化してるのにお前らいつまでお祭り気分でいるのや、という文部官僚の苦々しげな口もとから発せられたものである。これを要するに、この裁判からはおよそ英雄的なエピソードなど生まれそうにない、ということなのだ。

もしもここになお英雄的なものがあるとすれば、それは、いつの日かこの裁判が決着をみたその時点で、〈逮捕〉されて〈留置場〉にいることは職務とはみなされない、ということが判例によって確定し、〈総長〉の〈退去命令〉は〈業務命令〉であることが明らかとなり、したがって今後はこれを無視して(ないしはこれに抗議して)自分の研究室に居残ることは国家公務員法第九八条(上司の命令に従う義務云々)違反で懲戒処分の対象となりうることが確認され、もはや国立大学教官はオカミにたいして手も足も出なくなるという状態が合法化される、その第一歩を、この裁判闘争がしるしたがゆえにである。神戸でも岡山でも、これと同質の闘争がおこなわれている。松下〈処分〉によって、全員に0点をつけたことが処分の理由とされていることから、今後、いわゆる教師の〈単位認定権〉は、有名無実の、いつでも他から干渉されうるものとなった。教授会出席は義務であることもはっきりした。黒板にペンキを塗るのが良くないことであることも天下に明らかにされた。当該教授会で意見分布を見さえすれば、正規の決議を経ずとも教官処分を評議会に申請することができるようになった。国費を二〇〇万円もかけて驚くべきパンフレットを作成し、各大学当局を経由して全国のケシカラヌ教官どもにこれを配布するという正規のルートも開拓された。そしてなによりも、同僚を警察に売り渡し、得々として供述し、起訴状に名前をのせられるという光栄が、研究業績などよりもずっと大学教授（ないしは助教授）としての地位と将来を保証するものであることが、神戸大をはじめとするあらゆる帝国主義大学の三文教官たちの脳裡に強烈な印象となって焼きついた。これらはすべて、ひとりの不可解な教師の妄動から生じた結果である。京大農学部一〇教官も、これとまったく同様の役割を果しつつあるのだ。

そんなことをするのはやめてくれ、きみたちの一挙手一投足ごとに、われわれの権利がうばわれ、外濠が埋められ、内濠も埋められ、生活と平和が乱され、民主化が遅れる——こんな声がきこえてくる。挑発・妄動・泳がされ・利敵行為、等々のききなれた文句の横あいから、裁判にしろ人事院提訴にしろ、所詮はブルジョワの制度であり、そこへ自分の利権を守ってくれ、と駆けこみ訴えをするなどナンセンスだ、という声もきこえてくる。この声は、ともすれば自分のノドからも飛び出そうとする。そしてこの声は、一面の真理をもふくんでいる。この声をどう始末したらよいか、それが当面の難問だ。

友人のQ君にこの話をしたら、とたんに一笑に付されてしまった。かれもまた目下とんでもない裁判にひっかかって多忙な毎日をおくっているのだが、そんなことが難問だなどと思っているやつは闘争とは縁のない人間だ、というのである。偉大な過渡期というものは、闘争課題そのものに関してはわれわれの選択をゆるさない。望もうが望むまいが裁判にうったえざるをえない状況、つまり法廷闘争を自己の闘争とせざるをえない状況が、むこうから押しつけられるのだ。その押しつけられた闘争をどれだけ闘いぬくか、これだけがわれわれの主体的決断の余地なのである。だから、賃金カット裁判のばあいについて言えば、もちろんこれは始まるまえから負けている。だがそれでは、この間の学園闘争で勝ったやつが（もちろんわれわれの側での話だが）ひとりでもいたか？——ざっとこういったところがQ君の意見である。もちろんかれとても、このさきは絶句するのである。

ところでそのかれの裁判というのが、ほかでもない、器物損壊と威力業務妨害のかどで告発され、一年余り留置場と拘置所にとめおかれたすえ、拘禁性ノイローゼとトリ目と脚気をせおいこんで、救対の面々が教師やら両親やら伯母さんやらの上申書・身柄引受書をかきあつめてお百度を踏んだのち、ようやく三〇万円の保釈金を積みあげて人間界に送還されたのである。言うまでもなくかれには、名誉ある前科がいくつかついているが、凶器準備集合、公務執行妨害、公安条例違反（東京都、京都市、静岡県、大阪府、佐世保市、山梨県、千葉県、神戸市その他）、建造物損壊、放火、爆発物取締罰則違反、殺人未遂、列車往来危険罪、騒乱罪の付和雷同の罪、軽犯罪法違反（ビラ貼りとその帰り道での立ち小便）など、きわめてアプ・トゥ・デイトな罪状とならんで、学期末試験での不正行為が露見して全科目の成績無効という処分にも連座している。これは絶対に濡れ衣だと憤慨したかれは、人事院ならぬ補導委員会に不服申し立てをしたものの、民主化された教授会の民主的な学生向け窓口であるべきこの委員会は、「本委員会の任務範囲外」とニベもなくはねつけ、それで処分が確定した。

さていま法廷でかれが裁かれている器物損壊、威力業務妨害の告発事件というのは、もちろん、試験などというみみっちい、体制内的な問題についてではなく、反権力闘争そのものにかかわっており、これこそはまた、六八年—七〇年全国学園闘争の質を問われる重要な裁判である、ということだ。いきさつはこうである—— **Right is right, Left is left.** という至極もっともな文章を、かれが京大教養部A号館二階の洋式便所の扉の内側に古釘とインクをつかって書きつけたところ、たちまちにして、告訴・告発の好きな学内某勢力から告発されてしまったのだ。英語だけでやめておけばよかったのに、つぎにこの便所にはいってじっくり横目でこの文字をながめているうち、だれひとりとしてこの名文句の意味を解するやつはいないのではあるまいか、という不安におそわれ、よせばよいのに

「右翼は正しく、左翼はとりのこされている」という訳文を書きつけてしまったからである。立命館大学総長武藤某氏の死にあたって〈人民追悼集会〉を盛大に催し、暴力学生の巣窟となっていた学生寮を一夜のうちに文字通り廃止して（というのはつまり物理的にたたきこわしてしまったので）からだを張って立命大の民主化に貢献しその疲労がたたって急死した同氏の霊を、「同志はたおれぬ」の大合唱で送った人びとが、涙ながらに全京都・全日本から暴力学生と暴力教師を追放する決意をかためていた矢先、この落書きを発見したのだった。日経連―中教審―竹本助手（滝田修）の三位一体の反共攻撃と、神戸―岡山―解同という暴力分子とを結ぶ一線上に、しかも国民の財産たる国立大学の建造物、こともあろうに反戦自由の砦＝日本の夜明けは京都から、の京都帝国主義大学の便所に、その砦と夜明けとにイチャモンをつけ、右翼反動を是認する重大な発言が存在していたのだ。

告発にもとづいて逮捕状が出てから三日後に、教授の立会いのもとに京都大学の学内で逮捕されたQ君にとって不幸だったことには、現場検証のさい、となりの便所から「共斗大学のトイレはもっときれいにつかへ」という消しても消えずに残っていた落書きが発見され、これもQの犯行だ、ということにされてしまったことだった。Q君は、こんな下手くそで誤字のある落書きは断じておれのものではない、と主張しているが、筆蹟鑑定で科学的に立証されたとかで、ききいれてもらえそうにない。

いずれにせよ、こうしたいきさつから、Q君は二ヵ月に一度のわりで裁判所に出向いては笑っている。まあ、世の中にはこんな裁判もあるんだから、とにかく一〇教官のほうもがんばってください、というのがQ君の言葉である。

〈Q君提案の賃カ裁判用逆シュプレヒコール案〉

○総長は大学から出ていけ！（退去命令）

○検事・判事は暴力教師にたいして毅然たる態度をつらぬき、われわれと団結せよ！（統一戦線）
○全京大人からロックアウト当日の賃金をカットせよ！（民主化要求）
○一裁判所一専属機動隊を実現しよう！（一クラス一ボックス要求）
○国民のための拘置所から暴力学生を追放しよう！
○裁判所の大学化を許すな！

（一九七〇年十月）

史料18

写実劇『第一回公判』（一幕四場）

作者＝人定できず

時　一九七〇年一二月二四日午前一〇時。
所　神戸地方裁判所、および京都―大阪間の電車のなか。
登場人物
被告A、B、C……（人定できず）。
裁判長山下鉄雄、裁判官大須賀欣一、同、林豊（いずれも神戸地裁第三刑事部）。
検察官大西慶助、同、荒川洋二。
弁護人A、B、C。
観客（被告）甲、乙、……（人定できず）。
木戸番A、B、C。
ガードマンA、B……O、P……。
機動隊員（名前なし）十数名。
男イ、男ロ。

作者註　たとえこれらの登場人物のうち、実在の人物に酷似しているもの、ないしは同姓同名のものがあっても、それはいっこうにさしつかえない。

劇がはじまる前に幕はすでに上がっている。観客は同時に出演者である。好きなときにセリフをしゃべってかまわない。

第一場　神戸地裁第二一号法廷入口

約百名の人物がむらがっている。扉開く。


木戸番A（ガードマンの制服を着ている）さあ、お立ち会い、押さずにおさずに。定員は八八名だよ。まずは、公正中立の報道をモットーとする記者諸君からご入場ねがいましょう。

木戸番B（入ろうとした若い男をおしとどめて）きみはどこの記者だ？　腕章は？

男『神戸大学新聞』ですよ。

木戸番B　そんなものは、新聞とは認められない。傍聴人の列にならべ。

木戸番C（別の若い男の腕をつかんで）きみは？

男『平凡パンチ』

木戸番C　記者ですか？

男　読者だ。

木戸番C（男をつきとばす）この……。

第二場　第二一号法廷の内部

正面の裁判官席には、眼鏡をかけた裁判長。左右に陪席判事。いずれも特有の〈チャンチャンコ〉を着ている。三人の背後には、皇太子殿下御成婚記念の写真の大きな額がかかっている。舞台上手の〈被告〉席には、男四名、女一名が、坐っている。そのうしろの〈弁護人〉席に三名の弁護士。下手には二名の〈検察官〉。舞台と観客席のあいだ、および観客席の左右、後方には、制服のガードマンが並んでいる。

裁判長山下鉄雄（思い出したように）それじゃ、そろそろ開廷しましょうか。

これを合図に、観客席から五名の男たち立ちあがり、着ていたコートをとると、散髪屋で使うような白いシーツで首から下をすっぽりつつんだ姿があらわれる。『もろびとつどいて』の斉唱、観客席から拍手、合唱。

裁判長　傍聴人は静粛にしなさい。

歌、つづく。

裁判長　法廷内で歌をうたってはいけない、というのに。静かにしなさい。……その五人、退廷！

ガードマン、駆けよって白衣の人物たちの首すじ、頭髪、腕、脚などをてんでにつかみ、観客席左後方の扉から外へひきずり出す。

裁判長　それじゃ、人定質問。最初に……

被告A（立ちあがって）それでは、ここで拡大被告団会議を開きたいと思います。

観客席から、「異議なし」の声、拍手。観客のだれが発言してもよい。

裁判長　発言やめなさい。着席しなさい。

ガードマン、被告Aを無理矢理、席につかせる。

裁判長　人定質問をおこないます。名前をよばれたら、起立して返事しなさい。マツシタノボル……

被告B（起立。返事はしない）

裁判長　きみはマツシタか。マツシタとちがう。マツシタノボル……

被告B（起立）

裁判長　冗談はやめなさい。それでは、マツシタは来てないのだな。つぎ、ナンノボウ……

被告B（起立）

裁判長　またか。それじゃ、ナニノナニガシ……

被告B（起立）

裁判長　きみは被告じゃない。退廷しなさい。

ガードマン、かけよってBをひきずり出す。

裁判長（眼鏡をはずして、両手の指を組む）しかたがない。検察官、人定してください。

観客席騒然。

裁判長　静かに。退廷だ。それ、そこの人間……そこそこ。

裁判長の指さした方角へ、ガードマン走る。数名（何人でもよい）をひきずり出す。ついでに〈被告〉席の人間もひきずり出してもさしつかえない。劇の進行を急ぐ場合は、被告はそのままにしておいてもよい。

検察官大西慶助（立って何かしゃべる。観客にきこえてはならない）……

観客甲（観客席最前列＝記者席から立ちあがり）裁判長、あんたは、いったい何のために、どんな〈事件〉で、だれを裁こうとしているのか、わかってるんですか？

裁判長　発言を禁じます。答える必要を認めない。……おや、きみは被告のナニボウだな。被告人席へ来なさい。

観客（被告）甲　ぼくの質問に答えなさいよ。

裁判長　発言をやめて、ここへ来て（と〈被告〉席を指さす）

被告甲　なぜ、ここにいちゃいけないのか。被告と傍聴人とを、どこで区別しているのか明らかにしてもらいたい。

裁判長　そんなにそこにいたいのなら、そこにいなさいよ。とにかく黙って坐れ。

被告甲　あんたが先に答えなさい。

裁判長　ほんなら、いつまででも立ってなさいよ（観客席、笑い）

被告A（起立して）われわれは、拡大被告団会議の開催を要求しました。なぜかといえば、この〈事件〉の〈被告〉は、ここの〈被告〉席に坐っているものだけではないはずだからです。大学闘争を闘い、いまも闘っているものは、多勢いる。いわば〈仮装被告〉としてわれわれは存在しているのだ。だれだれが傍聴人で、だれだれが被告でなければならぬ、とだれがどういう基準で決定したのか。われわれは、ここにいるすべての人間が、〈被告〉として存在させられていると考える。さらには……

裁判長　発言を禁じます。だまりなさい。

観客乙（発言、日本語であれば内容は何でもよい）

裁判長　だまりなさい。静かにしなさい。だまらないか。だまらないな、よし、そのものを拘束しなさい。

ガードマンA（歓声をあげる）拘束、拘束（さけびながら、観客席左後方の同類に手で合図）

ガードマンB（後方の武者隠し風の扉をあける）さあ、どうぞ、お待ちどうさま。

制服の機動隊、十数名、ただちにおどりこむ。観客乙をなぐり、かつ蹴とばしながら、羽がいじめにして、観客席右前方の花道より、ひきずり出す。観客席騒然。劇場の外から、『清しこの夜』『ヴァルシャヴァの労働歌』（「砦の上に我らが世界を……」）など、きこえてくる。

第三場　京阪電車のなか

ふたりの男、坐っている。右側の男、読みかけの新聞から、ふと目をあげ、となりの男に話しかける。

男イ　そう言えば、きょうは、ほら、神戸の、あの、例の、造反した、あのひとの裁判だそうですな。

男ロ　そうそう、そうだそうですね。

男イ　あのひとも、生活が大変でしょうな。子供がふたりもあるって言うじゃありませんか。思想・信条や行動はともかくとして、やはり同業者として、心配しないわけにはいきませんなあ。年の瀬だし。

男ロ　しかし、あのひとは、それなりに立派ですよ。いわば思想に殉じたんですからねえ。わたし、神戸のある大学に非常勤で行ってますがね。そこの学生もみんな、あのひとには敬服してますよ。そこの大学にも、造反教師がいたわけですがね、みんなだまっちゃってて。そういう連中には、学生の風当りは強いですね。これはもう。軽蔑されてますね。

男イ　そういう手合いとはちがって、われわれみたいのは、これは、首尾一貫していますからなあ。学生諸君もその一貫性を買ってくれて、先生は信用できる、なんて言ってきよりますよ。

男ロ　きょうはイブですねえ。ひとつ、やっていきますか、久しぶりに。

男イ　そう、平穏だった一九七〇年をなつかしんで、しんみりやりますか。

第四場　ふたたび二一号法廷内

弁護人A（起立）裁判長、審理にさきだって、われわれの出した要求について、うかがいたいと思います。われわれは、被告人全員に筆記用の机を用意してもらいたいと申し入れました。なぜこれがだめなのか、説明していただきたい。

裁判長　だから、一人用の机を一つなら許可する、といったでしょ。

弁護人A　全員にはどうして許可できないんです？

裁判長　慣例にないからかな。

弁護人A　それはあります。××年×月×日に○○地裁で許可された例があります。それに第一、裁判所は、慣例とおっしゃるが、どうして被告人の権利を拡大する方向での慣例をみずからつくりだしていこうとはなされないのか。慣例といえば、以前には、さきほどのように警察官が法廷内に導入されるというような慣例はどこにもなかった。警察力導入、被告人の権利抑圧という慣例なら進んでつくるが、被告人の人権をまもるための慣例はつくれない、というのはどういうわけか。

裁判長　まあ、そうあんまりむつかしいこと言わんと。要するに、被告人全員が使えるほどの大きな机は、裁判所にない、というだけの理由なんだよ。

観客席、騒然。「そこにあるじゃないか」の声しきり。被告・弁護人席の後方（すなわち舞台上手の奥のやや高いところ）に、大きな長机がひとつおかれている。

裁判長　あれは司法修習生用のものです。
弁護人Ｂ　しかし、いまはひとりも来ていない。それを使ってなんのさしさわりもないでしょう。
裁判長　司法修習生用のもので被告用のものではありません。
弁護人Ａ　それでは申しあげますが、司法修習生は、いわば一介の見物人じゃありませんか。わたし自身も、かつて司法修習生として、裁判を見学に来たことがあります。そういう、自分の将来の出世というか、職業のために、裁判を見にくる人間と、この裁判の結果、いや、裁判にかけられるというそのこと自体のためにすでに、自分の生涯を左右される人間と、いったいどちらがこの裁判にとって重要な人間なのか。いまさら言うまでもありますまい。その重要な被告に与える机はないが、見物人にかしてやる机はちゃんとある、とはどうしたわけです。もし百歩ゆずって、これは修習生のもので、被告には使わせられない、としましょう。そうだとしても、この広い立派な裁判所じゅうをさがせば、どこかにひとつくらい机はあまっているはずじゃないですか。
裁判長　いや、どの机も、みんな用途がきまってるんで。しかしこまったな。どうするかな（と、左右の陪席判事をふりかえる）机はないことはないんだ。ただ、きれいじゃないんで。一度みてみますか？　そこの外まで持ってきてあるんで。

観客席騒然。裁判長、ガードマンに合図。ガードマン、観客席右前方の花道から出て、舞台上手より、長い机をはこびいれる。「立派なもんじゃないか」「この裁判所では、これがボロいんか」の野次しきり。

検察官大西（起立）裁判長、被告人にかような便宜を与えることは、長年の法廷における訴訟慣行にもとり、法廷秩序にいちじるしく反するので、本官は強く異議を申し立てます。
裁判長　ただいまの検察官の異議申し立ては、正当な理由がないものと認め、これを却下します。

観客席、爆笑。

裁判長　それじゃ、あとの公判がつかえてますんで、今日のところここまでとし、次回に続行します。それじゃ、閉廷。次回は一月二二日午前一〇時から。
被告A（舞台前面へすすみ出て、手にしていた小さな紙片をバラまく）〈……〉
裁判長　なにをするか。拘束、拘束。

ガードマン、機動隊いりみだれて被告Aにおそいかかる。それをおしとどめようとした観客ふたり、拘束される。観客、機動隊、ガードマン、もみくちゃで押しあううちに幕。

幕がおりきらぬうちに、幕の下から巨大な立看板が観客席にむかって立てられる。
「閉廷後に拘束された被告Aにたいする制裁裁判は、同日午後一時より同地裁で、同裁判長により行なわれた。この秘密裁判では、被告Aにたいして、過料三万円の判決が下された。詳細は『五月三日の会・通信第四号』に掲載の資料を参照されたい。」

（一九七一年三月）

なにはなくとも一一〇番

《ルカーチ裁判・記録》（抄）

ジェルジ・ルカーチの死について何か書くように、と『京都大学新聞』がわたしに求めた。ルカーチはわたしにとって、現に生きている人間というよりは一貫して活字でしかなかった。〈追悼文〉めいたことは書けない。そこで、いまだ知られざる〈ルカーチ裁判〉の記録のひとこまを紹介することにしようと思う。脳軟化症にもならずに八六年一カ月二二日の生涯を終えた人物への、これがわたしのせめてものポレミックなはなむけである。

《ルカーチ裁判・記録》（抄）

時　一九三七年夏

所　モスクワ市内

（正面判事席中央には首席判事ドミトリイ・ザハロヴィチ・マヌイーリスキー、左陪席アンドレイ・アレクサンドロヴィチ・ジダーノフ、右陪席ラディスラウス＝ラースロー・ルダシュ。左手の検事席はＮＫＶＤ〔註＝エヌ・カー・ヴェー・デー＝内務人民委員部〕コミンテルン担当のモスクヴィン。右手の弁護人席は空席。その前の被告席にハンガリー共産党元中央委員ゲオルク＝ジェルジ・ルカーチ。

マヌイーリスキー　同志モスクヴィンの告発により、ハンガリー共産党員、ドイツ共産党員、ソ同盟共産党（ボ）

党員、同志ゲ・ルカーチにかんする件を審理する。被告人ゲ・ルカーチは現在まだ共産党員たる資格を剥奪されるにいたっていないから、革命と同志スターリンの名において自己の潔白を証明する試みをおこなう自由を保証されている。では、同志モスクヴィン、どうぞ。

検事モスクヴィン　ＮＫＶＤは、ファシズムの手先であるトロツキー＝ジノヴィエフ＝ブハーリン反革命陰謀団のコミンテルン各支部〔註＝各国共産党〕における策動を綿密に捜査した結果、ソ同盟科学アカデミーにもぐりこんだスパイ集団を摘発するにいたった。アカデミーの重要なメンバーのひとりであるゲ・ルカーチに関しては動かぬ証拠が存在しており、その有罪は確定的であるが、共産主義者としての最後の義務をはたし、党の規律をまもって自己の罪状を告白する機会を与えるため、当法廷に審理を提起するものである。

一九一九年のハンガリー革命における市民ゲ・ルカーチの犯罪的誤謬から始めよう。ゲ・ルカーチは同革命において社会裏切者〔註＝社会民主主義者〕ジグモンド・クンフィおよび同志ヨージェフ・ポガーニのもとで教育人民委員代理の要職にありながら、その教育行政は一貫して自己の出身階級に奉仕するブルジョワ的・頽廃的なものだった。

ルカーチ　それはどういう意味か？　わたしはたしかにブルジョワ出身だが、共産主義者の良心と責任において共産主義的な文化政策をおこなったつもりだ。

判事ルダシュ　ゲ・ルカーチとわたしはともに当時ハンガリー・ソヴィエト内で働いていたが、市民ゲ・ルカーチはあの恥ずべき反革命分子ボリス・サーヴィンコフ（ロープシン）について語ったり、ブルジョワ的・反動的な作家、エフ・エム・ドストエーフスキーを論じたりしてソヴィエトをサロンととりちがえていたほかは、なにひとつやらなかった。

ルカーチ　サーヴィンコフやドストエーフスキーについて考えたのは、革命における暴力の問題を考えていたからだ。人間の行為と内面の問題をぬきにして革命は考えられない。

判事ジダーノフ　同志スターリンは「作家は魂の技師である」と言っている。これは、作家は共産主義的人間像すなわち肯定的人物を描かねばならぬという意味であって、暴力であろうと権力であろうと、内面の葛藤に目をむけるなどというのは、革命後にも矛盾が存在するかのような、ファシズムの手先トロツキーのかの悪名高い〈永続革命論〉に通じる考えであるとともに、ブルジョワ的・反革命的な個人主義の顕著なあらわれである。ゲ・ルカーチの思想には一貫して個人主義に毒された底流がある。かれが考えるのは、つねに個人のことでしかない。あとでくわしく指摘するが、これは重要な点である。

モスクヴィン　ここだけの話だが――われわれは、ハンガリー革命の敗北は社会民主主義者の裏切りによるという総括をおこなっている。これがわれわれの公式見解である。歴史はそうあらねばならぬ。しかし実際には、共産党内にもぐりこんだブルジョワ知識人、とりわけゲ・ルカーチのおかした誤りのせいである。労働者を敵にまわして銃をとることはできないなどというブルジョワ・ヒューマニズムの御託をならべて、革命の防衛に反対したのは、とりわけゲ・ルカーチだった。

ルカーチ　それはちがう。労働組合幹部たちがハンガリーの労働者を反革命に組織したとき、この労働者たちに銃をむけることをまっさきに断念したのは、同志ベーラ・クンだった。そしてその態度は正しかった。

マヌイーリスキー　ルカーチは一貫してベーラ・クンに反対する分派を党内に形成してきたはずだ。クンの名を出すのは適当ではなかろう。それに、そのクンの態度が正しくなかった何よりの証拠を示そう。ベ・クンはもう同志ではない。ベ・クンという人物はもはや存在しない。ベ・クンという人物がかつて存在したこともない。

ルカーチ　……。

モスクヴィン　一九三三年までの問題にしぼろう。そこにおいてルカーチは無数の誤謬をおかしている。

ルカーチ　その過去についてはすでに清算ずみのはずだ。わたしは再三、自己批判をおこなった。

ルダシュ　ルカーチの自己批判は少しも当てにならない。自己批判は口先だけで、思想は何ひとつ変わっていない。そのことはルカーチ自身が誰よりもよく知っているはずだ。

マヌイーリスキー　ことわっておくが、ここではもはや自己批判は問題ではない。そうそう自己批判ばかりされてはこちらが困るのだ。

モスクヴィン ルカーチの初期、つまり一九三三年までの思想は、革命にとってきわめて有害かつ危険なものである。かれは一貫して現代をひとつの過渡期としてとらえようとする。社会主義の祖国、ソ同盟が現に存在しているにもかかわらず。これによってかれは、一方ではソ同盟の存在を暗に否定し、他方では、過渡期における主体の問題を云々することによって自然弁証法を否定する。闘争主体などというものはブルジョワ主観主義者かトロツキストの用語である。

ルダシュ かつて『歴史と階級意識』に関連してわたしが批判したとおり、ルカーチは主体＝客体の同一性なる観念論をあやつって、プロレタリアートを絶対化し、それが革命の担い手たりうるかのような幻想をふりまいた。社会主義のソ同盟にはもちろんプロレタリアートは存在しないということは別にするとしても、今日の資本主義社会にもプロレタリアートなるものはもはや存在しないではないか。したがってゲ・ルカーチの理論は意味がない。まるっきり観念論である。だがそれよりも重要なことは、プロレタリアートを絶対化することによってルカーチが同志スターリンの正しい指導を疑問視していることである。同志スターリンの指導と有能な党官僚が存在しなければ、社会主義の祖国を防衛することができるであろうか？　革命の担い手が誰であるかは、おのずから明らかではなかろうか？

ルカーチ 誓って言うが、わたしは同志スターリンの指導に疑問をいだいたことなど一度としてない。

マヌイーリスキー 主観的にはそうかもしれぬ。だが、わたしがおりにふれてコミンテルンで述べてきたように、統一戦線の時代にプロレタリアートだのプロレタリア独裁だのを口にするのは反革命なのだ。この時代にこそ、少数の有能な指導者の手にすべてがゆだねられねばならない。政治は田舎芝居とはわけがちがう。役者と観客は厳密に区別されねばならない。たとえばこの裁判にしてもそうだ。理想主義者のレーニン、いや失礼、同志レーニンなら、きっと人民裁判という形式をとったことだろう。人民、つまりプロレタリアや農民に自主的にきみの裁判をゆだねるのだ。しかし、いまはそんな時代ではない。これからも二度とそんな時代は来ない。われわれは、すべてが終わってから、この結果を人民に知らせるだろう。人民は集会に出席して、嵐のような拍手でそれを確認するだろう。大衆的に。だが、判決はあらかじめわれわれだけで出しておかねばならぬ。民衆は観客であるときが一番幸福なのだ。

ルカーチ　それはそうかもしれない。わたしも近ごろはそう思う。しかし、あなたがたが問題にしているわたしの過去は、さっきも言ったように、はっきりとわたし自身が否定しているもので……。

ルダシュ　よろしい。きみ自身は否定しているとしよう。しかしきみが自分で絶版にした『小説の理論』だの『歴史と階級意識』だの、雑誌『コムニスムス』の諸論文だのが、危険分子の間でひそかに読みつがれていることを、きみは知っているはずだ。きみ自身は絶版にしなかったがわれわれがしかるべく絶版にしたきみの『レーニン』が、危険分子のなかであれこれとさも大事そうに論じられていることを、きみは知らないのか？　おそらく今後も、資本主義が残るかぎり、いや、全世界が社会主義になったのちにも、きみのこれらの駄文を読んで反革命に走る人間が出てこないと、きみは断言できるか？

ジダーノフ　文学・芸術の分野でのルカーチの陰謀は、いっそう陰険で手がこんでいる。一九三四年にわれわれが、社会主義リアリズムの基本線を確認したのちも、ルカーチはブルジョワ・リアリズムへの拝跪をすてず、終始一貫して社会主義リアリズムに敵対している。

ルカーチ　それはちがう。僭越な言いかたをすれば、社会主義リアリズムこそはわたしの文学・芸術論の基本理念から発したものだ。たとえば三一年から三二年にかけてわたしが『ディ・リンクスクルヴェ』誌上でアヴァンギャルド芸術＝ルポルタージュ形式にたいしておこなった闘争は、社会主義リアリズムを確立するための重要な布石となっている。

ジダーノフ　あのときは、われわれが若干の計算まちがいをしてしまったのだ。ドイツ共産党内の極左日和見主義を清算したのちも、その潮流は文学・芸術集団のなかに労働者反対派というかたちで残っていた。その粛清をきみに期待したところが、きみは大まじめで文学・芸術の問題としてまっこうからとりくんでしまった。われわれにとって、革命にとって、文学・芸術の問題など実はどうでもよいのだ。問題は多数者を獲得することである。左翼反対派を始末することである。統一戦線・人民戦線の眼目もここにある。これが同志スターリンの偉大なところだ。ところがきみは「ルポルタージュ形式は文学における自然発生性拝跪の形式である」などと滅相もないことを言い出して、ブルジョワ長篇小説を絶対視する自己の理論を補強しようなどという考えをおこしたのだ。その結果、われわれが味方にひきいれたいと願っていたベルト・ブレヒトまでも、敵にまわすことになってしまったではないか。

ルカーチ　しかしあのときは、ドイツ共産党中央の方針どおりにやったまでなのだ。わたしは同志スターリンの忠実な弟子である中央委員の同志ハインツ・ノイマンと緊密な連絡をとって……。

マヌイーリスキー　ゲ・ルカーチの利益のために言っておくが、ノイマンの名は口にせぬことだ。かれはもう同志スターリンの弟子ではない。かれはもういない。

ジダーノフ　ルカーチにとって問題なのは、ただひとつ、ブルジョワ長篇小説形式を至上のものとする頑迷固陋な自己の文学理論をいかにして塗りかためるか、という一事でしかない。かれの文学論もいわゆる革命論も、すべてこの一点をめぐって書かれている。では、ブルジョワ長篇小説とは一体なにか？　それは、ブルジョワ教養小説である。ひとりの個人の歩み、その歩みの途上でのさまざまな悩みや葛藤を描く小説である。だから、わが社会主義リアリズムの基本原理である無葛藤理論とは、まっこうから対立する。ブルジョワ長篇小説では、一貫して、ブルジョワ的個人の問題にしか目が向けられない。それは、ブルジョワ個人主義の文学的表現である。ルカーチの目も、一貫して個人にしか向いていない。かれは、ブルジョワ個人主義者である。かれにとって重要なのは、いわゆる倫理であり、魂であり、主体なるものである。だが、われわれにとっては、ソ同盟のたくましい近代化・工業化を描く積極的な工業化小説、革命的ロマン主義と社会主義リアリズムとの結合こそが、重要なのだ。

マヌイーリスキー　感受性ゆたかな同志ア・ア・ジダーノフの指摘を補足する意味で、ここで証人を喚問したいと思う。証人の名前は明らかにされない。証人どうぞ。革命と同志スターリンの名において、自己の信ずるところのすべてを話してさしつかえありません。

証人　同志ジダーノフの指摘は基本的には正しいと思います。ルカーチの視野にあるのは、つねに個人という存在です。社会的個人であれ個人的個人であれ。しかし、ルカーチが個人の主体の問題に関心をもつのは、ブルジョワ出身の自己の存在を否定したいという……

ルダシュ　証人は言葉づかいに気をつけるように。自己否定というような言葉は、甘やかされたプチ・ブルの空文句にすぎない。

証人　はあ。先をつづけます。しかし、重要なのはむしろ、市民と呼ぶべきか同志と呼ぶべきかわかりませんが、とにかくゲ・ルカーチの文学、芸術論のもつ二面性です。一方ではルカーチは、一貫してブルジョワ的個人の極限を見つめつづけている。個人の意識、個人の倫理、個人の決断、個人の主体的参加。『戦術と倫理』から『歴史と階級意識』を経て、いま『リテラトゥールヌイ・クリティク』誌に連載がはじまった『歴史小説論』にいたるまで、つねに問題は個人という存在、ブルジョワ時代のなかではじめて独立の存在となった個人というものの、可能性と限界を見きわめることである。その意味でルカーチは、最後のブルジョワとして、ブルジョワの自己認識をきわめて意識的に追求していると言えるでしょう。

マヌイーリスキー　われわれは個人の問題などにそう長くかかわっているわけにはいかない。先を急いでください。

証人　ルカーチのもうひとつの面は、芸術・文学をも、個人の営為としてのみとらえてしまった、それ以外のものとしてはとらえることができなかった、という点です。かれの賞揚する文学形式の主人公が個人であることは、すでに指摘されました。創作面でいえば、ルカーチが至上の形式であるとする長篇小説は、作家の個人的営みによって生産されるものであり、極端な場合には私小説でさえあります。また、これは重要な点ですが、鑑賞というか受容というか、この面からいっても、演劇や映画や詩の朗読とはちがって、個人が自己とふたりきりで読むのが長篇小説です。長篇小説は、語ったり、歌ったり、演じたりという集団的営為と無縁な、ほとんど唯一の文学形式です。ルカーチのために弁護しておきますと、したがって長篇小説は革命にとって危険なものではありません。大衆と作者あるいは俳優とが、討論をはじめたり緊張関係を現出したりする惧れはないからです。読書はつねに読書にとどまり、しかもかれはつねに個人だからです。もちろんルカーチも、長篇小説形式がかつての叙事詩から来たるべき叙事詩への途上の形式である、ということを見ぬいてはいます。否定されのりこえられるべき形式として、長篇小説を一応とらえてはいます。しかしルカーチは、その脱出口をドストエーフスキーにしか見ることができぬまま今日にいたっている有様です。トーマス・マンやロマン・ロランは、年代的な前後とは関係なく文学としてみた場合ドストエーフスキーより古いのですからね。たしかにルカーチは〈周辺的英雄〉という危険な存在に気づいてはいます。しかし……

ジダーノフ　同志スターリン以外の英雄のことを口にするのはつつしむべきだ。きわめて危険だ、その周辺的なんとか、と言うのは。

証人　ともかく、ルカーチは、ルポルタージュも、ブレヒトの叙事的演劇も、表現主義も理解できない。理解できてはならない。

ジダーノフ　それはそうだ。表現主義については、近いうちに最終的な決着をつける。プチ・ブル急進主義は徹底的に葬り去らねばならぬ。

証人　あの途方もない作家、ジャン・パウルを評価できないことも、これと関連しています。ジャン・パウルの文学は、本質的に語りの文学であり、小説形式をとりながらも個人的営為の枠をとりはらおうとする実験です。だから、教養小説形式そのものを内側からぶちこわしてしまったのです。ゲーテと同時代人でありながら――。ルカーチには、このことが理解できないのです。

ルダシュ　証人はジャン・パウルとかいう人物にご執心のようだが、われわれの社会主義建設、ボリシェヴィキ化とは無縁であると思う。証言をこのあたりで切りあげてはどうか?

証人　もうひとことだけ。ルカーチに決定的に欠けているものは、革命的爆発力をもつ機能変化の可能性、という観点です。芸術ジャンルの歴史的変遷をコム・アカデミーで研究してきたわりには、これが見えていない。いまあるものが、別の相貌をとる可能性を秘めている。いまひとつの機能を果しているものがまったく別の機能を果しうるかもしれない。いまある現実だけが唯一のありうる現実ではない。祈りは呪いとなるかもしれず、安全は抑圧となるかもしれぬ――こうした観点が欠けているからこそ、ルカーチは、文学におけるパロディの重要性をまるで解さない。ジャン・パウルの破壊的なユーモアを解さない。すべてがパロディと化す、すべてがパロディと化さねばならぬ、という観点がなければ、文学をやったって革命をやったって、現状肯定の体制順応主義と権威主義を生みだすだけです。

ルカーチ　わたしにはすべてわかっている。だが、わかっていることのすべてを述べてはならないのだ。困難な革命のなかでは……。

マヌイーリスキー　ありがとう。証人は退廷してよろしい。ただし、別件の容疑できみをただちに勾留する。いまのきみの証言のすべては後日きみ自身にかんする件の審理のための証拠資料となるだろう。われわれは、いかなる種類の反革命、反ソ陰謀をも許すことはできない。言葉が行為と無関係であると信じるほど、われわれは馬鹿ではない。いまルカーチが言ったように、わかっていることのすべてを述べてはならないのだ。

モスクヴィン　ゲ・ルカーチにかんする件は、ただいまの証人の発言により若干の混乱をきたしたので、後日あらためて審理を提起したいと考えます。

マヌイーリスキー　ゲ・ルカーチ、きみにかんする件は決して不問に付されたのではない。今日われわれがここで同志的におこなったディスカッションの意味をよく考えてみてほしい。同志ルカーチ、きみの今後の活躍をわれわれは見まもっている。

（一九七一年六月）

《ルカーチ裁判・記録》（抄）――その出典について

（『京都大学新聞』第一五四二号）

本紙六月二十八日号〝G・ルカーチの死を悼んで〟に池田浩士氏（京大助教授）は、「脳軟化症にもならずに八六年一カ月二二日の生涯を終えた人物への、せめてものポレミックなはなむけ」として、「《ルカーチ裁判・記録》（抄）」を寄せられた。この小文は、本紙読者の間に、知識人から闘う労働者、学生に深刻な反響をもたらした。すぐれた洞察力で池田氏の〝創作〟を見抜いた読者もあったが「出典は？」と目を輝やかす読者もいた。この〝大反響〟をうけて、池田氏はここにその出典（？）を明らかにする。（編集部）

本紙六月二十八日付第一五二七号に掲載された〈G・ルカーチの死を悼んで〉の特集中、わたしの「《ルカーチ裁判・記録》（抄）」について、この興味深い資料（史料）の出典をぜひ知らせてほしい、との要望が、京都大学新聞社やわたしのところに多数よせられた。自分の書いたものに註釈をつけるのは筆者たるものの仕事ではないのだが、世の中には、何とかいう一詩人が西暦何年に生まれたか、というような〈研究〉に生涯をささげ、そのときどきの〈定説〉から外れることを生命を失うことでもあるかのように怖れている〈研究者〉も少なくないほどなので、せめてその後塵を拝してこの一文をしたため、〈学問的責任〉を明らかにしておきたい。

簡潔に言えば、わたしには、帝国主義のスパイ機関に友人はない。そしてわたし自身は、主観的には、帝国主義のスパイではない。（もっとも、「中教審の手先」と書いた紙きれを投げこまれたことはあるが。）したがって、これまでに公にされてきたもの以外のコミンテルン関係資料は、手に入れたくても手に入らない。しかも、これまでに公にされた資料のなかには、どこをさがしても〈ルカーチ裁判〉の〈記録〉はない。〈裁判〉そのものがあったという記録さえもない。それにもかかわらず何故にわたしはこの〈記録〉を「京都大学新聞」紙上に発表することができたのか？——まずひとつには、（あの前書きでも述べたとおり）ルカーチへの「ポレミックなはなむけ」がしたかったこと。つぎに、死んだとたんにさも偉大な人物であったかのように到るところで〈追悼〉が書かれるようなかれの生きかたと死にかたおよびそうした風潮への嫌悪感。それからこの風潮に追随して大まじめで〈死を悼んで〉などという企画をたてた「京大新聞」編集局に腹を立てながらも、この新聞をつぶす目的でもうひとつのインチキ新聞が学内で出されはじめていたという情勢にかんがみて原稿依頼を〈快諾〉してしまったわたし自身の気の弱さと義理がたさ（？）である。（原稿料について言えば、これはきわめて少額でもあり、入る前から出ていく先がきまってもいるので、理由にはならない。）

それから、もうひとつの主観的契機として、近ごろはもっぱら〈パロディ〉めいたものしか書けない、という気持がある。全共闘運動は固有名詞によって語る主体の形成をめざす運動だった、というような説もあるらしいが、わたしは、固有名詞を消し去るという困難だがぜひとも必要な要求の重大性のほうに加担する。〈パロディ〉は、これにアプローチするためのひとつの手さぐりであり、あの〈裁判記録〉も、本紙四月十二日付第一五一六号の「似而非物語（抄）」や、「五月三日の会・通信」第五号の裁判劇など、わたしがこのところもっぱら書いてきた一連の文章と同一線上にある。それでもなお出典を示せと求められる読者のためには、とりあえずつぎのような必読文献を紹介しておきたい。（順不同）

○菊地昌典『歴史としてのスターリン時代』（盛田書店、一九六六年）
○ハインツ・ノイマン他『ブハーリンの誤謬に就いて』（永田書店、一九三〇年）
○マヌイーリスキー「太平洋支那を中心とする日英米の帝国主義的葛藤」（『社会科学』第三巻第二号、改造社、一九二

七年）
○レナート・ミエーリ『トリアッティの証言』（弘文堂、一九五六年）
○エルンスト・フィッシャー『回想と反省』（人文書院、一九七二年）
○黒田喜夫「鳥目の男」「死者と記録のモノローグ」他（『詩と反詩』所収、勁草書房、一九六八年）
○ジャン＝リシャール・ブロック『共産主義の人間スターリン』（未来社、一九五三年）
○真崎　守「25時63分」（『はみだし野郎の子守唄』所収、虫プロ商事株式会社、一九七〇年）
○鈴木正穂『恥を知れ！』（『叛逆への招待』創刊号、京都大学出版会、一九六九年）
○ラースロー・ルダシュ『マルクスの階級意識論――ルカッチの「階級意識論」批判――』（叢文閣、一九二八年）

（一九七一年十月）

史料19

〈ルカーチの死〉にさいしてのさまざまな反響

○〔……〕この意味でかれは、正統的古典的マルクス主義と区別された、現代マルクス主義者なのであり、いわゆる「西ヨーロッパ」マルクス主義の原泉とも称せられるのである。けれども、広い全ヨーロッパ的視野でみるならば、レーニンがかれよりはるかに危機的で革命的な状況のなかで、思索しつづけたことと、ルカーチの思想は、それほど異質的なものではないようにおもわれるのだ。

〔水田洋『朝日新聞』一九七一年六月八日付夕刊〕

○〔……〕エルンスト・ブロッホと同じくルカーチも、初期ブルジョワ階級からプロレタリア革命にいたる人間解放運動の連続性、および、民主主義と社会主義の緊密な連関に、たえずくりかえし目をむけてきた。これこそがまた、かれを全世界の無数の若い革命家たちの希望の象徴たらしめたものだったのだろう。ルカーチ自身の希望はといえば、しばしばそれは、彼が愛する新しい世代のもとにあった。彼は、自分自身がかつておかした誤りを彼らが何度もくりかえすのを見たが、それでもやはりそうだった。

〔イーリング・フェッチャー『ディ・ツァイト』紙、七一年六月十一日付〕

○〔……〕六月五日、私はかれの死を知って愕然（がくぜん）とした。かれの立居はやはり八十六歳という年齢を現わしていたが、しかし語る言葉はどこまでも明晰（めいせき）で力に満ちていた。〔……〕またかれが語った言葉は、ここにその一端を紹介したように、過去をふり返るいとまもなく、現代の問題を根源から解こうとしていることを示していた。かれの年齢にもかかわらず、私には、その死が、早すぎた死として惜しまれるのである。

〔伊藤成彦『毎日新聞』七一年六月十五日付夕刊〕

○ジェルジ・ルカーチが亡くなった。

ルカーチが現代における最大の思想家の一人であることはいうまでもあるまい。マルクス主義的哲学者のなかで、彼ほど非マルクス主義的知識人たちに影響を与えた人はいない。彼は豊かな感受性と高い教養とをもって、現代文化の問題に光を与えてきた。〔……〕

〔竹内良知『週刊読書人』七一年六月二十八日付〕

○現代のもっとも創造的なマルクス主義思想家ルカーチ（一八八五―一九七一）は、八六歳の高齢で六月四日ブダペストで死去した。〔……〕だが、ルカーチの意義をどう捉えるのかは、東西いずれの側の知識人も答えねばならぬ課題であろう。
〔平井俊彦『エコノミスト』七一年六月二十九日号〕

○去る六月四日死去したハンガリーのマルクス主義哲学者ルカーチについては、その死を契機にいくつかの追悼の文章、さらにはルカーチ論が各種新聞・雑誌に発表されている。おそらく今後わが国でもその巨大な業績への本格的な検討がさらに進められてゆくにちがいない。〔……〕
〔生松敬三『朝日新聞』七一年七月十三日付夕刊〕

○〔……〕ルカーチの書斎に案内されたフェッチャーは、かれの書棚にヘーゲル、カント、フィヒテ、シェリングといったドイツ古典哲学者たちの全集がマルクス、レーニンの全集と肩をならべて納まっているのをみて、あらためてルカーチの思想の幅の広さと深さに思いをいたしている。ルカーチはたしかにマルクス主義哲学者であったが、同時にヨーロッパ哲学の正系を継ぐ哲学者でもあった。ヨーロッパが東と西に分れて、すでに四半世紀。ヨーロッパでルカーチの学灯を真に継ぐ思想家が生れる日はもう来ないかも知れない。
〔『朝日ジャーナル』七一年八月六日号〕

○〔……〕こうした経過を見ていると、いったいルカーチにとって〈自己批判〉とは何なのか、いやそれより、そもそもかれがスターリン時代を生きぬいてきたのは何によってだったのか、という疑問が、うかんでこずにはいないのだ。これはとても暗い疑問だ。だから、いまルカーチ、ルカーチと騒ぎたてている人間の顔が、ぼくにはみんな粛清官にみえてくる。〔……〕
〔池田浩士『ルカーチ初期著作集・政治篇Ⅰ』解説、七一年六月三十日　記〕

『スヴェンボルの対話——ブレヒト・コルシュ・ベンヤミン』書評

同時性とは、かならずしも場所の同一性を前提とする概念ではないし、同じ時代に同じ状況を生きざるをえなかったものたちが、状況の共通性以外に生きる場所の共通性と対話の可能性をも体験したことは、むしろ稀有の例外であるだろう。その意味で、一九三〇年代半ばのスヴェンボルの数年は、永い亡命の途上で一時ここに生活と思考をともにした三人の人間——ブレヒト、ベンヤミン、コルシュ——がまさに稀有の存在であったと同様、きわめて例外的な場合だった。

だからこそ、それらの例外がその例外性のゆえに圧倒的な日常によって圧殺されるとき、希望はくりかえし幻滅におちいらざるをえないのだ。その幻滅は、かつて希望をいだいた人間たちとともに死ぬのではない。それはつねに、かれらの〈後史〉にかかわるものたちのなかにまで居すわりつづける。かつてくりかえし幻滅におちいりつつもいだかれた希望は、年を経るにつれてしだいに憔悴し、〈後史〉にかかわるものたちにとっては幻滅のみが現実となりがちである。ロシア革命以後の歴史は、それ自体がこうした過程にほかならないようにさえみえる。しばしば訪れた希望のきざしは、いっそう大きな幻滅とともに無惨につみとられ、そのたびにほとんど名前ものこすことなく消えていく犠牲者たちをまえにしては、いまではもはや、どれほど大きな希望の予兆も、あらかじめ味わわれた幻滅の姿をとってしか現われないほどである。いったい何が変わったか？　活動の可能性は活動を試みるたびにますますせばめられ、敵の敗北はいっそう大きな味方の破綻によって相殺される。希望どころか、この日々においては幻滅すらもがわれわれから遠ざかろうとする。希望をいだこうとする試みにたいする意識的・無意識的な憎悪が、幻滅の忘却によって保障されつつ、例外的ないくつもの出逢いを、共同性への模索を、歴史のなかからぬぐい消していく作業に動員される。

ナチス・ドイツを海峡ごしにのぞむフューネン島の小さな町での出逢いと模索を、著者は時間と場所をこえてわれわれの〈いま〉と〈ここ〉のなかにたぐりよせる。スヴェンボルの生活と思考に翳をなげているのは、ヒトラー・ファシズムばかりではない。やがて〈モスクワ裁判〉となってその極にたっすることになる共産主義（コミュニズム）運動のあの暗い過去が、かれらを幻滅にさそいこもうとしてかれらのうえにかがみこむ。チェスをさし、あるいは「一種挑発的な陽動作戦のたのしみ」を味わいながら対話をかわすあいだにも、「経験の貧困を率直に認め」つつ、「現にあるものを越えていく」というもっとも「人間的」なことにそれぞれ独自のアプローチを試みる三人は、あるいは運動の主流から決定的に排除された人間であり、あるいは自己の試行を生命をもってあがなわなければならなかった人間であり、また最愛のものと自作の詩のなかでしか対話と愛撫をかわせない生活を強いられた人間だった。伝統にたいする不信、「ブルジョワジーの社会的インタレストに浸透された伝統にたいするこの不信」のゆえに、かれらは、ブルジョワジーのインタレストを打破する闘争のなかに別のひとつの〈伝統〉を定着させようとする動きにたいしても、抵抗せざるをえなかった。希望と幻滅は、ここでは「過渡期における転換と屈折」として、またそれを総体的にとらえかえそうとする試みとして、具体的な姿をとってわれわれのまえに提示されている。

デンマークの海辺の町を舞台にしたこの稀有な対話を再構成する著者の視線をささえるものもまた、この過渡期が必然的に要求する転換と屈折を、ポジティヴなものに転じようとする意識である。だがそれは、歴史を既定のものとしてとらえる「事後の思考」とは鋭く対立する「後史をになうひとびと」の自覚によって、裏打ちされている。みずからが幻滅におちいる危険性を認識しつつ、「未聞の状況の自覚と結びついた二重の意識」を手ばなさず、背負いこんでしまった負の遺産を新たな希望にむけて組織していこうとするこの姿勢は、過去にたいする著者の対しかたのみならず、なによりも、現在にたいする、そしてその現在のなかで未来を模索する例外的な少数者たちにたいする、言葉の真の意味での「人間的」な対しかたを、読むものに感じさせずにはいない。
われわれと著者との対話もまた、ここでは道をひらかれている。

《野村修著　平凡社　一九七一年十月二十五日発行》

（一九七一年十一月）

この顔にピンときたら110番！
または『おたずねもの非力宣言』
池田　浩士

はじめに

ここに紹介する資料は、都内某区栄町の〈自治組織〉、「明るい栄町を作る会」の代表が二月中旬、警視庁公安関係の比較的責任ある地位にいる国家公務員・岡引戌磨氏（仮名）を囲んでおこなった懇談会の録音の一部である。

世情騒然の度を加えるなかで、周知のとおり公安当局は、治安維持のためのきわめて重要な一方策として、〈善良な市民の協力〉、さらには〈市民の自主的な生活防衛〉の理念を積極的に打ち出している。交番の前から駅の周辺、公衆便所の入口からお寺の境内にいたるまでおよそ〈市民〉の目につきそうな到るところに立てつらねられ貼りめぐらされたあの巨大な立看板やポスター、電車の吊広告、テレビのスポット等々ですっかり顔なじみになった各種極悪人の人相書（前ページの図版参照）も、あるいは全国の貸間・アパート経営者に配布されつつある密告命令書（夜おそく人の出入りがあったり変な物音や臭いがしたりする部屋、家財道具が少ない部屋、よく引越しをする人物など、不審な借家人がいたらすぐケーサツへ！）も、こうした理念にもとづいて生まれたものであることはいうまでもない。一九六〇年代前半までの「平和と民主主義をまもる運動」の時期をのりきった支配階級は、この運動の理念を換骨奪胎して、比較的少数のいわゆる〈暴力学生〉その他を撃つ凶器として鍛えなおし、〈平和で民主的な市民生活〉の秩序と安寧を一部〈過激派〉の無法な暴力からまもる正義の使者になりすまそうとする。市民のまもり手としての国家権力・警察・自衛隊は、いたるところで、あらゆる手段をもちいて、〈市民各層との意思の疏通〉をはかりつつ、生活防衛（三里塚や水俣や新貨物線反対闘争や各地の〈公害〉闘争はこれとは無縁）の代償として全面的な奉仕・隷従を要求するのみか、生活防衛そのものをも〈自主的〉〈自発的〉におこなわせることによって、国民皆兵への、国をまもる気概への、内乱・外患にそなえる不断の愛国心堅持への、着実な精神的布石をおこない、生活総体を、存在全体を、新たな大東亜共栄圏に照準をあわせた自己の進路に統合しようとしている。だが、この統合は、〈国民〉全員が支配階級の従順な隷僕となりきらぬかぎり、なりふりかまわぬ暴力的強制を随所で行使することによってしかもはや遂行されえない。〈市民の自主的な協力〉が得られぬ部分では、国家権力は今日すでにほとんどすべて、みずからが設定した〈法＝正義〉の枠をふみこえることによってしか、その意志をつらぬくことができなくなっている。逆の言いかたをすれば、こうした非合法な強権発動は、法の枠に直接ふれない〈市民の協力〉に支えられながら、これと相互に補完しあって機能を発揮しているにすぎない。「明るい栄町を作る会」との懇談会も、こうした状況をみずから認識した公安当局が、〈市民〉との意思疏通（共犯関係のさらなる推進と支配構造のいっそうの強化）に〈前向きの姿勢〉でとりくむ決意を示した実例のひとつと見ることができる。だからこそそれはまた、れっきとした〈市民〉の一員たるわれわれにたいして語られた言葉でもあるはずだ。

なお、この懇談会の録音テープの信憑性について若干述べておきたい。日本国の放言大臣なら、さしずめ「録音テープは裁判でも証拠としては認められんのだ」と開きなおるところだろう（ただし、この点はわれわれも胆に銘じておく必要がある。任意同行なり別件逮捕なりをやられて、「これがお前らの共同謀議の録音だ」とすごまれても、少しも動ずる必要はないのである）。たしかにテープは〈証拠〉にはならない。その点では、はなはだいかがわしいものだといえる。入手経路を明らかにするわけにはいかぬし、後難をおそれてとっくの昔に消してしまったとあっては、なおのことである。しかし、発禁処分にもならずに白昼堂々と市販されている新聞雑誌（『情況』、『序章』、『現代の眼』、『京都大学新聞』その他）や、新聞・雑誌・出版関係者の名刺、既発表論文の原稿までが〈証拠物件〉として押収されている世の中である。あるいはまた、〈過激派〉のタマリ場と目されている（というのはつまりケーサツが〈善良な市民〉をしてそう目させようとしている）「白樺」だの「もっきり亭」だのという京都市内の喫茶店が〈家宅捜索〉を受けたさい、本当に〈犯行〉の関係者ならとっくの昔にインメツしてしまっているはずの〈証拠品〉が、なんと「白樺」だけで百五十四点も発見・押収されたというのだ。この数からすれば、そのなかには当然、レシートのたぐい（いちいち客の名を記したレシートがどこの喫茶店にある?-）、常連の客の名がラベルにマジックで書かれたウイスキーのボトル（たまたまここの常連だった善良な市民・サラリーマン諸君に祝福あれ！）、メニューのたぐい（〈過激派〉の資金源の有力な手がかり?!）、さらにはパン切りナイフから牛刀、スリコギのたぐい（刑法第二〇八条の二、兇器準備集合）、あげくのはてには、どこの喫茶店にもよくあるような、

「赤軍万歳！」とか、「早すぎた蜂起を！」とか、「サトーをコロセ！」とか、「ペケコとやりたいなあ」とか「」とかいう便所の落書きのたぐい（破壊活動防止法第四〇条騒擾の予備陰謀、刑法第七八条および八八条内乱・外患の予備陰謀、破防法第三九条ならびに刑法第六一条殺人教唆、刑法第一七六条強制猥褻もしくは同第一八二条淫行勧誘、刑法第一七五条猥褻文書陳列）にいたるまで、いっさいがっさい〈証拠〉として持ち去ったに相違ないのだ。だとすれば、このわれわれの素姓正しい録音テープは、その内容の真実性からしても、そのなかでウンチクをかたむけている人の社会的地位からいっても、数千倍・数万倍の信憑性をそなえていると断言しても過言ではないだろう。

（池田浩士）

司会　本日はお忙しいところをどうも。じつは、ほかでもございません、わたくしども「明るい栄町を作る会」では、かねてから平和で豊かな市民生活をまもり育てるため、一致団結してあらゆる暴力と闘ってまいりましたが、なにぶんにも地理的な事情もございまして、近ごろの組織暴力には目にあまるものがございます。ヘルメット、ゲバ棒に投石くらいの時分はまだよかったのですが、近ごろは火炎ビンだとか、あげくのはてには街頭ゲリラとかバクダンなどというものが登場いたしまして、これではどうやって生活の権利をまもったらよいのか、役員ばかりでなく、全住民の由々しき大問題となっておる次第でございます。それに、直接の被害は私どものところではまだ出ておりませんが、赤軍とか京浜安保共闘とか、バクダン教教祖とかの暗躍が新聞やテレビで伝えられていることも、私どもとしては決して対岸の火事と見すごすわけにはまいりません。ところが、ちょうど幸いと申しますか、日ごろ私どもの暮しの安全をおまもりいただいている栄署の方から、一度そのへんの取り締りの事情に明るいかたと話をしてみないか、というようなお話をいただきまして、今日ここに、警視庁の、ええと、極左暴力取締本部の岡引さんにおこしいただいたようなわけでございます。岡引さん、なにぶんよろしくおねがいいたします。それから申しおくれましたが、ええ、僭越ながらわたくし、町内会紙『さかえ』の編集を担当しております垣増でございますが、司会をとりおこなわせていただきたいと思います。どうぞよろしく。では、はじめに「明るい栄町を作る会」会長の佐藤さんからひとこと。

佐藤会長　ご紹介にあずかりました「あかるい栄まちを作る会」の佐藤でございます。本日はご多忙のところ、どうも恐縮でございます、アッ。まあ会長ということで、わたくしから口を切れということですが、まず、なんでございましょうな、その、いったい今日の過激派といったような無法な連中がどうして出てきたのか、そこいらのへんからご専門のかたにご説明いただけるとありがたいのではないかと。

岡引　直接ただいまの会長さんのご質問におこたえするまえに、みなさんの熱意ある生活態度、と申しますか、自分の生活は自分で守るんだ、自分の国は自分で守るんだ、というまじめなお考えに、率直に敬意を表させていただきたいと。これはとにかく一番だいじなことでして、たとえば夜ねているときにいきなり土足で寝室にふみこんでくる、そういうとき、まず一番はじめに自分で声をたてなければ、これは助けに来ようにも他の人間にはそういう不法がおこなわれていることさえわからない。やはり、市民のみなさんご自身が、自分の生活をまもる、自分で声を発して無法な過激派グループをたたきだすんだ、と。警察は、その声をきいてお手伝いにかけつけるわけです。このごろでは、暴力学生が封鎖して狼藉のかぎりをつくしておる大学でも、先生や職員の方々に、ご自分で大学をまもっていただく、ご自分で封鎖を解除していただく、こういう方針を警察ではとっておるわけです。結局のところ、自分のことは自分で守るんだ、という基本理念ですな、これが大切なわけです。そうでないと、戦前のように、戦前の特高警察のように、警察の力があまりに強くなりすぎるおそれなしとしない。わたしども警察でも衷心からそれを心配しておる。結局のところ自分は自分でまもる、と。だから、自衛隊でもそうです。ああいう職業軍人というか、職業的なひとたちだけにまかせておかずに、自分が国を守るんだ、自分が銃をとって外敵から祖国をまもるんだ、こういう方向になっていくことが重要だと思うわけです。

過激派がどうして出てくるか、というご質問ですが、これはもう、彼らの根本思想からして、必然的にそうならざるをえん、必然的に暴力的にならざるをえん構造になっております。きょうはいろいろ資料をお持ちしてご参考に供したいと考えておるわけですが、過激派の暴力を裏付けるこういう資料があります。公安調査庁という市民生活に密着したお役所で調査した結果をまとめた『国際共産主義運動の沿革と現状』という、昭和三十三年十一月の資料です。少し古いですが、今日でも何ら変わっていない。そのなかに、こういう調査結果が報告されている……。

【資料1】

其四　暴力革命主義

一、国際共産主義は、プロレタリア革命とプロレタリアートの独裁とをマルクス・レーニン主義の最高の原則とする限り、本来の暴力革命主義から脱却できないものである。（五六ページ）

二、コミンテルンは、マルクス・レーニン主義の教義を忠実に継承して、暴力革命主義に徹していた。これを明らかにしたものは、一九二八年第六回大会で採択されたコミンテルン綱領と、「反帝テーゼ」（帝国主義戦争の危険防止闘争の手段に関するテーゼ）とであった。（六〇ページ）

三、コミンテルンが志向したゼネスト武装蜂起の暴力革命方式のほかに、第二次大戦後、新しい暴力革命方式があらわれた。それは東欧諸国にたいする外力による革命の強制と、中国の「人民解放軍」による地域的武装革命との、二つの方式であった。（六二ページ）

四、フルシチョフは、ソ連共産党第二十回大会で、「社会主義への移行形態の多様性の問題」に関連して、「議会的手段による平和革命の可能性」の問題を提起したが、それは、本質的に暴力革命主義を放棄したものではない。（六五ページ）

五、一九五七年十一月の共産圏十二ヵ国共産党労働者党モスクワ宣言も、「国内戦」なしに、共産党のひきいる労働者階級が権力を奪取しうる可能性を認めているが、本質的に暴力革命主義を放棄したものでないことは、この宣言の内容から見て、ソ連共産党第二十回大会におけるフルシチョフの立場と全く同一である。（六八ページ）

岡引　つまり、ここで証明されているとおり、彼らの思想そのものが暴力的なわけです。同じ共産主義と申しても、いろいろカムフラージュしている部分もありまして、たとえば議会を通じて革命をやるんだ、というような部分もあります。これですと、われわれも安心なわけです。市民のみなさんの良識によって、必要以上に過激な思想信条の持主は議会に議席を与えないということができるわけで、いまでもちゃんとそうなっておる。危険思想の持主の議席がふえそうな傾向が強まれば、選挙法の改正というような平和的な手段で事態を収拾することも可能です。ところが暴力集団はそうはいかない。警察官に殉職者が出るわ、自衛官は殺害されるわ、もうめちゃくちゃです。手の下しようがない。

町民A　いま自衛官殺害について話されましたが、あれは当初、新聞やなんかでも、きわめて疑問点の多い事件だ、陰謀の可能性がある、とそういうふうに報道されていたように思いますが……。

岡引　とんでもないことです。日大生Kなにがしという「赤衛軍」の幹部をちゃんとわれわれは逮捕しました。自発的に自供したその自供にもとづいて公正に捜査をすすめておるわけです。

町民B　警察のご努力はわかるのですが、別件逮捕というのはどうもうまくない、という気持がのこるのは事実ですね。たとえばこの事件に関連して京大の助手が指名手配されていますけれど、あれも別件で逮捕状が出てるんだとか……。

岡引　別件のことについては、いろいろとご批判もございましょうが、それについては、ご意見はご意見としてうけたまわっておく、と申しあげるしか仕方がないわけで。ただ、わたしどもとしては、決して万全ではないが、やむをえない、やむをえないばかりかきわめて良い方法でさえある、と信じております。少なくとも戦前と比べてみてくださいよ。ずっと民主的なんですよ。戦前なら、いまの過激派の犯行は治安維持法や不敬罪に相当する。これは重罪ですよ。たとえば京大のT助手にしたって、本当なら重罪だ。それを、強盗予備というかたちで逮捕状をとった。これは微罪ですよ。容疑者の人格を尊重しとるわけです。この助手の著書の『ならずもの暴力宣言』など、戦前なら著作者ばかりか出版者もろとも引っぱられるところであって……。

【資料2】

公判請求書

昭和五年七月十九日　東京区裁判所検事局

不敬、新聞紙法違反　山田清三郎

小林多喜二

公訴事実

第一、被告人清三郎は麹町区三番町二十八番地に事務所を設け戦旗社なる営業名義の下に出版業を営み且つ同社を発行所として自ら発行人編輯人と為りて新聞紙法に拠る月刊雑誌「戦旗」を発行し来りたるものなる処

㈠昭和四年五月一日付五月号、同年六月一日付六月号の右「戦旗」紙上に小林多喜二著作に係る「蟹工船」と題し其内容中に

「浅川ツたら蟹工の浅か、浅の蟹工かツてな」「××××（天皇陛下）は雲の上にゐるから、俺達にヤどうでもい丶んだけど、浅つてなればどつこいさうは行かないからな」云々（同誌五月号百五十頁）

毎年の例で、漁期が終りさうになると、蟹罐詰の「×（献）上品」を作ることになつてゐた。然し「乱暴にも」何時でも別に齋戒沐浴して作るわけでもなかつた。その度に、漁夫達は監督をひどい事をするものだと思つて来た。——だが今度は異つてしまってゐた。「俺達の本当の×（血）と×（汗）を搾り上げて作るものだ。フン、さぞうめいこつたろ、食つてしまつてから腹痛でも起さねえがい丶さ」、皆そんな気持で作つた。

「石ころでも入れておけ——かもうもんか」云々（六月号百五十六頁掲載）

と　天皇に対し其の尊厳を冒瀆すべき辞句を列ねたる小説を連載して——ユニオン社印刷所に於て雑誌各数

千部を印刷せしめたる上夫々之を発行し以て　天皇に対し不敬の行為を為し
(二)　右小説を単行本として出版せんことを計画し同年九月二十五日頃「蟹工船」と題し前記伏字の部分に該当文詞を充填したる同一内容の書籍約千五百部を前示印刷所に於て印刷の上前示事務所に於て発行し……以て　天皇に対し不敬の行為を為し
第二、被告人多喜二は所謂プロレタリア文学の著作に従事し居るものなる処、昭和四年一月頃より同年三月頃迄の間北海道小樽市――の自宅に於て前示の如く　天皇の尊厳を冒瀆すべき辞句ある小説「蟹工船」を執筆著作の上其の原稿を戦旗社に宛て送付し前記の如く之を出版せしめ以て　天皇に対し不敬の行為を為し且つ前示戦旗誌上の前示記事に署名し
たるものなり

町民C　いや、思い出しますなあ、われわれの若いころ、大変な世の中だったわけですなあ、もの言えば唇さむし、というのは、ああいう冬の時代のことですねぇ。冬の夜ねぇ。

岡引　まったく。もっとも「暗くて冷たい冬の夜であればこそ心に暖かくおおらかな火を点そう」なんていう人もありますがね。まあそれはともかく、あのころに比べて今は民主主義が徹底したといいますか、なにしろ自由にものが言える世の中なんですからな。小林多喜二にまさるとも決して劣らぬほど不敬にわたる文章を書いておる小説家が、執筆禁止にもならず検閲さえも受けずに、文筆業をつづけていけるんですから。

【資料3】

「土方殺すにゃ刃物は要らぬ、雨の三日も降ればよか、ちゅうじゃろうがい」
「それで、模様はどがいなふうかの。晴れてくれるかのう、あしたは……」
「当分は、やまんじゃろう。起業祭が近づいたら、たいてい雨じゃもんの」

「起業祭いうたら、なんじゃいね」

「ありゃ、知らんのかい。製鉄所が、明治ナントカ年の十一月十八日に仕事をはじめたちゅうので、そのお祭タイ。八幡市は、役所も学校もみんな休みになるバイ」

「鎮西工業は、休みゃせんじゃろう」

「やっぱし、休みになるがね。去年だっちゃ、休みになったもんな」

「イキヨさん、ワシはあんた、日曜でも働かせてもらえるけえ、鎮西工業で辛抱しとるんじゃがね。雨降りはまあ、どがいすることも出来まいが、たった製鉄所の祭りぐらいで休むいうのは、どういうわけかい」

「そげなこと言うたっちゃ、こっちじゃ製鉄所はお天道さま以上じゃけん、いうてみりゃこの日の休みは、天長節みたいなものよ」

「いや、やっぱりおかしいがね、鎮西工業は……」

　母はだんだん身体を起こし、とうとう蒲団の上で中腰になると、イキヨさんに挑みかかる感じで、鎮西工業を罵りはじめた。二度目の射精を済ませてぐったりなったぼくは、ぼんやり母とイキヨさんのやりとりを聞いていただけだが、しかし鎮西工業には言いたいことがある。


（佐木隆三「奇蹟の市《まち》」、『大将とわたし』所収、講談社、一九六八年七月）

町民C　「天長節」と「射精」とを並べるなんて、世が世ならば不敬罪ものですなあ。
岡引　それだけじゃないので。この作家は、一貫して、戦後日本の平和的復興の担い手であった八幡製鉄その他の大企業を誹謗中傷し、沖縄の婦人はみんな娼婦にさせられてでもいるというふうなデマをふりまき、根なし草みたいな、つまり会社や工場に楯をついて仕事をなまけることしか考えない、ストライキをやることしか考えない労働者だとか、都会の底の底みたいなところでぐうたらと日を送っておる水商売の連中、そういうと聞こえがいいのですが、つまり早い話が与太者みたいな連中ですな、そういう階層の人間を描き、ろくなことを書きよらんのです。

こういう作家がまかり通ってるんですなあ、いまの日本は。一方では立派なノーベル賞作家を出し、三島さんみたいな人、もっともこれは警察官としてではなく個人としての話ですが、ああいう壮士を出しながら。民主主義の弊害といいましょうか。もっとも、このぐうたら作家、危険人物を、われわれはつい先月、沖縄県の警察官殺害事件に関連して、とうとうしょっぴきましたがね。だいたい作家なら作家らしく書斎でペンを握ってればいいのであって、過激派の尻にくっついて沖縄くんだりまで出かけていく必要がどこにあります？　殺意があったとしか思えんのです。

町民D　そういうお話をうかがっていると、自衛官殺しはデッチあげだとか陰謀だとかいう風説は、厳にいましめられるべきだという気がいたします。

岡引　ところが、むずかしい問題なんですなぁ、実は。といいますのは、ここだけの話ですが、ある意味では、過激派が「陰謀だ陰謀だ」と騒いでくれるならくれるで何らさしつかえないわけです。Kはスパイだ、とかオトリだ、とかいってくれてもかまわない。裁判になって、かりに十五年、二十年あとで警察の行き過ぎだった、ということになっても、そのときには、世間のご批判を率直におうけする。そのころには、過激派はつぶれてるんですから。いちばん困るのは、「あるいは自分たちの運動はKのような部分を生み出す弱さをもっていたのかもしれない」というふうに、みずからの運動自体の問題として反省し、みずからをきびしく点検していく、というような方向が、この事件をひとつのきっかけにして過激派やその周辺部分のなかに出てくると、これははなはだ困るわけです。そうかんたんにはつぶせなくなる。スパイだスパイだといっているうちは、運動内に不信感がまんえんするだけで、実は自分たち自身の内部まで目が向かない。自分たちは正しいが、外部から誤ったものが送りこまれてくるだけだ、と考える、いってみれば無謬性の信仰みたいなもんですな、こいつがあるかぎり、運動自体は強くならないし、つぶすのも簡単です。戦前の共産党なんかがその例ですな。党は神聖不可侵、無謬の権化だった。ところが実は、絶対者であることが周知徹底することによって生きるのは、支配勢力のほうですわな。これに反対する勢力は、これとは逆のはずなんであって。ですから、われわれとしましては、新聞やなんかに「くさい」とか「陰謀めいている」

とか書かれたって、別になんら痛痒を感じておらない。その点では、ご安心ねがってよろしかろうかと思います。

司会　いや、たいへん有意義なお考えをうかがい、わたくしどもといたしましても、心強く感じる次第でございます。ところで、例の京大の助手ですが、あれはその後どうなっておりますんでしょうか？　なにしろ、新聞や週刊誌の写真で見るかぎり、ものすごい凶悪犯というか、粗暴犯というか、バクダン教の教祖というにふさわしい悪辣なつらがまえをしておりますね。ひげなどはやして。(笑)こういうのが野放しにされていたのでは、いってみればひとつの公害ですよ、これは。

岡引　まったくそうですなあ。しかし本当は、もっと可愛らしいというか、とにかく週刊誌などの写真は公平にいって少々人相が悪く写っておるようです。もっとも、われわれが提供したわけですがね。それはともかく、研究者としてはおそらく、京大はおろか全国の同一分野の学者の中でも右に出るものはめったにないくらい優秀な秀才なんですよ。それがこういう邪道におちこみ、これからも転落の一途をおそらくたどるのでしょうから、マルクス主義といい共産主義といい、まったく恐ろしいものですなあ。天下国家を混乱におとしいれるだけでなく、個人をも破滅させるんですから、まさに麻薬ですなあ。しかもその理論というのが、なんとも非科学的な代物なんですから、何をかいわんやです。

【資料4】

マルクス主義は正に、ナチ主義の「人種」を「階級」におきかえたものといい得られる。法や道徳の根本原理は、その時々の支配階級のみのイデオロギーであり、従って被支配階級には通用しないものである。その論理的の帰結としては異る階級の間には法や道徳の共通性、最大公約数的な原理は存在しないことになり、異る階級に所属する人々の間には法的及び倫理的の関係の存在は否定せられ、それは単なる事実上の関係、勢力関係或は暴力の関係と認めなければならぬように立ちいたるのである。

一例を引用する。ここに資本家たる社長が、プロレタリアートであり、唯物史観を信奉する共産主義者である労働者に暴行を加えたとする。労働者の抗議に対し、社長が、「貴下の信奉する階級道徳論によれば、我々の道徳は、ブルジョア的のもので、貴下には通用しない筈だ、従って私の側からは貴下に謝罪する理由があるが、貴下の方からそれを要求するのは理屈に合わない」といった場合に、労働者は何と答えるであろうか。即ち他人に害を加えてはならぬという、超階級的、普遍人類的道徳が、資本家及び労働者を共に拘束することを承認してこそ、一方は他方に対し道徳的批判をなし、又は法的義務の履行を要求し得るのである。

同一の論理を以て我々は共産主義者が資本家や地主の「搾取」を糾弾することが、自己の唯物史観的階級道徳的理論と矛盾するものなることを主張することができるのである。搾取は労働者に当然属すべきものを資本家が奪取することを意味する。即ち搾取の中には道徳的悪又は不正義が含まれているものと見なければならない。そうして心理的に観察するならば、この悪又は不正義に対する憤激及び怨恨が労働者の社会革命に対する情熱を煽動するのである。ところで前に述べたように唯物史観の立場においては、封建主義の没落や資本主義の抬頭は、歴史的の必然である。この経過に対して倫理的価値判断を加うべき客観的規準というものは何等存在しないのである。又共産主義者が予言するごとく、革命によって資本主義的国家が倒潰しプロレタリアの独裁が完遂せられることも亦、歴史的の必然であり、全く倫理的価値判断の外にある。果してしからばマルクス主義の立場においては、資本主義を悪だと断ずることはできない。むしろ資本主義は封建主義からプロレタリア独裁に到達するところの必ずや通過しなければならぬ社会進化の一過程であり、資本主義の爛熟こそその自己矛盾による崩壊とプロレタリア革命の実現を容易ならしめる契機として謳歌せらるべきことであれ、決して呪詛せらるべきことではないのである。

所謂搾取も亦一種の自然的事実であり、それ自体悪とか不正とか認めらるべきものではない。それは仮りにマルクス主義者の労働価値説が正当であるとするも、狼が羊の発見した肉片をかっさらったようなものである。何となれば、搾取者といい被搾取者という以上、そこに我れに属すべきものと他人に属すべきものとの区別があり、そうして我れに属すべきものを他人が奪取した場合において初めてそこに不正が生ずるのに拘わらず、唯物史観の階級的法及び道徳観によれば、かような両階級に通用する原理の存在が認められないからである。クリストファー・ドーソンはこう批評している。「ブルジョア階級はプロレタリアを搾取せざるを得ない。それは狼が羊を喰わざるを得ないと一般である。」

この故にマルクス主義の立場においては、仮に搾取の事実があったとしても、それを道徳的に批判することが矛盾となってくるのである。

（元最高裁長官・田中耕太郎「世界観としての共産主義」、『マルクシズムに対決するもの』所収、労働文化社、一九四九年八月）

会長　そういう誤った思想をですな、野放しのままにしておくということが、すなわち平和な市民生活にたいする冒瀆ではないですか。警察当局の率直なお考えをおきかせ願えれば、と。

岡引　民主主義というのはいわば両刃のヤイバでして。わたしどもとしても、日夜苦慮に苦慮をかさね、ときには現行法規のギリギリ一杯、それどころか少々それを踏みこえても断固国の安全と市民生活を守る、という決意を日々新たにしておるわけです。今回の自衛官殺害事件に関しても、さきほどご指摘があったように、京大助手のTを別件で指名手配するという、法的にはかなりきわどい手段を敢えてとったようなわけですし、このTに関連して、すでに東京およびその周辺だけで三百名にものぼる人物を任意出頭や任意同行、さらには家宅捜索という方法で取り調べております。もちろん近々関西でもやります。証拠品としては、せいぜいのところ名刺やメモや住所録のたぐいくらいしか押収できないのですが、とにかく無理をしても、危険な人脈を絶ち、ああいうTのような人間には近づかぬほうが身のためだ、という警告を発しておく必要があるわけです。ご本人のためなんですよ。雑誌社の家宅捜索もしました。ところで、この事件に関連して逮捕した二名の雑誌記者については、そのうちの一名はすでに会社側が即刻免職という誠意ある良識ある処置を講じてくれております。わたしどもとしては、もちろん楽観はしておりませんが、かなりの程度に明るい見通しをもっておるわけです。まず過激派グループを善良な市民から切りはなし、徹底的に孤立させること。彼らはいわば気狂い、つまり精神病なのですから、隔離拘禁する必要がある。

あらゆる手段を使ってこれをやらんことには。これを言論弾圧だの思想弾圧だのといってことごとしくさわぎ立てる連中は、きっと疚《やま》しいところがあるにちがいない。ファシズムへの道だ、とか何とかいっているが、善良な市民をまきこもうというコンタンですよ。

町民A　しかしわたくしどもには戦前の苦い経験もあることですから。やはりファシズムというのは困るわけですし。

岡引　ファシズムなんていう問題じゃない。日本が一人前になって、世界の仲間入りをする。アジアの仲間入りをする、それをあの連中は快く思っとらんのです。本土だけじゃなく、沖縄も自衛隊で守る、国民自身が自力で守りぬく、アジア全体を日本国民が守りぬく、これに連中はイチャモンをつけとるのです。しかし市民はだまされはせん。みなさんがたと同じようにほうぼうでちゃんと自警団をつくって自分自身の生活を過激派から守っておる。こうした努力がなければ、日本の国の将来は闇です。連中をのさばらしたらどんなことになるか、それこそ戦前の苦い経験が物語っていますよ。

【資料5】

戦時下に於ける思想問題の重要性は今更らしく書き立てる必要のないことであり、勿論あらゆる部門に亘って夫々適切な対策が講ぜられねばならないのであるが、文化運動が戦争に対して如何なる関係を有するかは特に考慮を要する。

我が国に於けるプロレタリア文化運動は、昭和七年の三二テーゼに準拠して、帝国主義戦争絶対反対を表明し「戦争を内乱へ」のスローガンを掲げた事は前叙した所である。

又漠然たる反戦思想は間もなく国体変革に続くことは、昭和七年九月のプロット〔日本プロレタリア演劇同盟〕第二回拡中委員の報告中に、文化運動に対する弾圧を単に帝国主義戦争強行政策の現れと見て専ら反戦的運動を続けたが、之を不正確であるとなし「現在の諸条件の下に於ける主要敵」を天皇制の軍事的警察的支配に見出し之に対する闘争を強調して居る所にも看取される。

〔……〕尚支那各地到る所には日本のプロレタリア小説書等が横行して居り且支那に横溢する西欧の左翼文献も多く日本訳或は日本訳よりの重訳であることは現地視察者の斉しく報告する所である。現在東亜新秩序建設の一大障礙を為して居る支那に於ける共産主義思想は実に我が国のプロ文化運動によつて涵養されたと言つても過言ではあるまい。自ら蒔いた種が発芽し生育して進路を妨げる茨藪と化したとも譬ふべき此の現状に当面して感慨正に無量のものである。

事変に対して我が国プロ文化運動の果して居る役割りは以上の如くである。

事変下に於ける国内各産業部門間の跛行状態、農村の疲幣《ママ》、戦死傷兵の遺家族の所遇問題等々は左翼文化運動の乗ずべき材料と化し易く、且つ又之に対する抵抗力の脆弱を暴露する虞あり、最近の左翼用語中に「党の再建は軍の線に沿へ」といふのがあると聞く時、文化運動対策の緊急を感ずること、今日より痛切なるはないと思料する。

（名古屋区裁判所検事　平出禾『プロレタリア文化運動に就いての研究』、「司法研究報告書第二十八輯九」、極秘、司法省調査部、一九四〇年三月、五八二および五八六―七ページ）

会長　国家百年の悔いをのこすことがないように、というわけですな。

岡引　そのとおりです。そのためには、われわれはよっぽど腹を決めてかからにゃならん。ミスは許されんのです。さいわい、わたしどもの意図するところをご理解いただき、さきほども申したように各地に強力な自警団や隣組組織をつくっていただいておる。すでにみなさんになおなじみになったあの重要指名手配の凶悪犯のポスター、あれも決して好ましい光景だとは思っておりません。しかし、きのうもまたふたり、あのなかの赤軍派最高幹部Mと京浜安保共闘の女性Nを、みなさんのご協力により妙義山中でみごと逮捕することができました。あの看板やポスターの顔写真のうえに、「みなさまのご協力により検挙されました」という紙をつぎつぎに貼っていって、ついにはああいった見苦しい、美観をそこねるポスターや立看板そのものをなくさねばならない。こういう決意でことにあってておるわけです。本当に今は重大な時なのです。国運が左右される非常時なのです。わたしどもとしても、今までとは根本的に異なる強力な布陣をおこなう必要にひしひしと迫られておるわけで、T助手の件の捜査については重大な決意でのぞんでおるわけです。

司会　その強力な、新しい布陣について、もしさしつかえございませんでしたら、少々おきかせいただけると、わたくしどもとしても何らかのお役に立てるかもしれないと……。

岡引　いや、心強いかぎりです。まず何といっても、いま問題になっておる言論・思想の問題が重大です。民主勢力を自称する人たちは、何かというと「戦前の時代への逆行」だというような言い方をする。断じてそうではない。戦前への逆行を厳にいましめておるのは、むしろわたしども自身なのですよ。根本的に変わった世界情勢のなかで、あいもかわらず戦前と同じことをやっていて、なんで日本の進路が開けてきましょうか？　根本的に新しい方式をとらざるをえんのです。これは歴史の必然ですよ。言論問題ひとつにしたって、戦前のように不敬罪も治安維持法も新聞紙法もない現状です。それじゃそういった法律をつくればいいか、というとそうではない。そういう姑息な手段では過激派およびその同調者に太刀打ちはできない。おおっぴらに検閲制度を復活して、伏字や削除をやってごらんなさい、えらいこってすよ。第一、エネルギーの無駄ですし、それにああいう見え見えの干渉をやってはいけないのだ。民主主義の世の中ですよ。

×や○や……で削除箇所を埋めたり、活字をそぎとったり、「何字削除」とことわったり、そういう検閲はだめです。何ごとも、自発的に、自主的に、自分からすすんで実行されないかぎり、不満がうっせきしてきます。今回のT助手に関連して出頭命令を受けたジャーナリストのなかには、もうこれからは過激派に近づくまい、記事にもすまい、という決心をひそかにかためた人たちも、おそらくあるのではないか。いや、これは甘い期待かもしれません。しかし現に、T助手に関する記事は、新聞紙上から影をひそめるとまでは行かなくても、扱いがずっと慎重になってきておることは事実です。また一例をあげますれば、さる大新聞社の発行にかかる定評ある年鑑で、従来

「教育」の部にはいっておった「学生運動」の項目を、一九七二年版から「犯罪」の部に移された、というのも、まことに好もしい良識ある編集態度と申せるわけで、こうでなくちゃいかんと。火炎ビン取締法とか予防検束・保安処分、こういう法律は、もちろんあったほうが好都合だし、ぜひとも作る必要がある。しかし、これとはまた別個に、現行法の拡大解釈はいくらでもできるはずで、この線もおろそかにできません。しかしいずれにせよ市民や良識ある言論人のご理解とご協力をいただかんことには。

町民B　もうすでにこのT助手については、世間の評価もかたまった、といいますか、とにかく大変な大学教官があったものだ、という点では衆目の一致するところだろうと思います。やはり、ジャーナリズムの力の大きさを思い知らされますね。

【資料6】

關心に留まることは實に已むを得ないのである。かうした婦人の態度は、平素の勞働爭議の場合にも、直接間接少からず男子側の氣勢を殺いだり、その團結力を弱めなりする原因となるが、最も大仕掛けな、最も徹底した、幾年にも亘る、全國的な階級的ストライキと云つてもよい革命の際には、殊更全體の形勢に對して非常な關係があるのである。

二

ロシヤの婦人が過去半世紀に亘つて、いかに勇敢にツアーの專制政治と戰つて來たかは、人の普く知る所である。けれどもそれにも拘らず、さうした自覺ある婦人はホンの例外の少數に留まつて、大體に於て無産婦人の無智と屈從とは、他國に過ぎるとも劣ることはなかつた。

一般に婦人は、問題が直接自己の家族の幸不幸に關する場合には、男子も及ばぬ勇氣と執着とを以て戰ふ。生活問題は男子よりも、直接に家族の生活に關與する婦人の方により多く痛痒を感じさせる。何れの國を見ても——恰度日本の米騷動の場合のように——食糧騷動が先づ婦人によつて口火を切られる共通の傾向は、よく這般の事情を表明してゐる。飢えて泣く子の母親は、そのために餌を漁る雌獅子の勇猛と殘忍とを發揮する。我子のために一塊のパンを求めるといふこと、それより外の一切を忘じ盡した彼女の前には、いかなる權力も、○○○○○○○○○○○○○○○○○○○○。○○○○○○○○○○○、◎◎◎○○○○○○○、○○○。

かように婦人の半無識的な、衝動的な憤激は、腐敗し盡し、墮落し切つた舊政府、舊制度を覆す重大な力となるものではあるが、それが明白に意識的でなく、半ば盲目的な、然も極めて強大な力があるがために、機を逸せずこれを善導し、これに明白な意識と、一定の目的とを與へぬ限り、逆に反動派の利用する所となつて恐るべき反革命勢力となり、終るのである。

a　『前衛』1922年4月号

何處にも見出さるべき筈はない。

今日、その組織に於て頗く發達し、その勢力に於て聊く鞏固なる歐米の勞働組合運動が、只だその明白なる革命的立脚點の缺如の故に、既に崩壊途上に在る資本家制度に對し、その勞働階級の上に再び搾取掠奪の覇權を確立せんが爲の決死的總攻勢に對して、殆んど無力爲すなきの狀態に陷ゐつて居るとせば、[redacted]

獨り歐羅巴と云はず、獨り米國と云はず、また獨り日本のみと云はず、世界の勞働階級が此の最大最要なる立脚點を缺如せるの結果は、如何に勞働組合運動の陣容を不統一にし、その戰線を無秩序ならしめ、その大軍隊を無力に歸せしめて居るか。一九一六年、正式にその創立を決議された英國の職業三角同盟は、未だ曾てその構成組合の大罷業に際して蹶起しなかつたではないか。獨立の勞働團體としては世界最大と稱せらるゝ米國勞働聯合會(A・F・L)は、資本家制度の大支柱に過ぎぬではないか。獨逸の勞働組合は朽廢せる資本家制度に向つて全線的逆襲に出づる能はず白耳義の勞働階級は協同組合運動のブルジョア思想に去勢せられ、佛蘭西のサンヂカリストは猶未だジューオー輩の改良的分子を驅逐するに到らない。

[redacted]（未完）

b　『前衛』1922年6月号

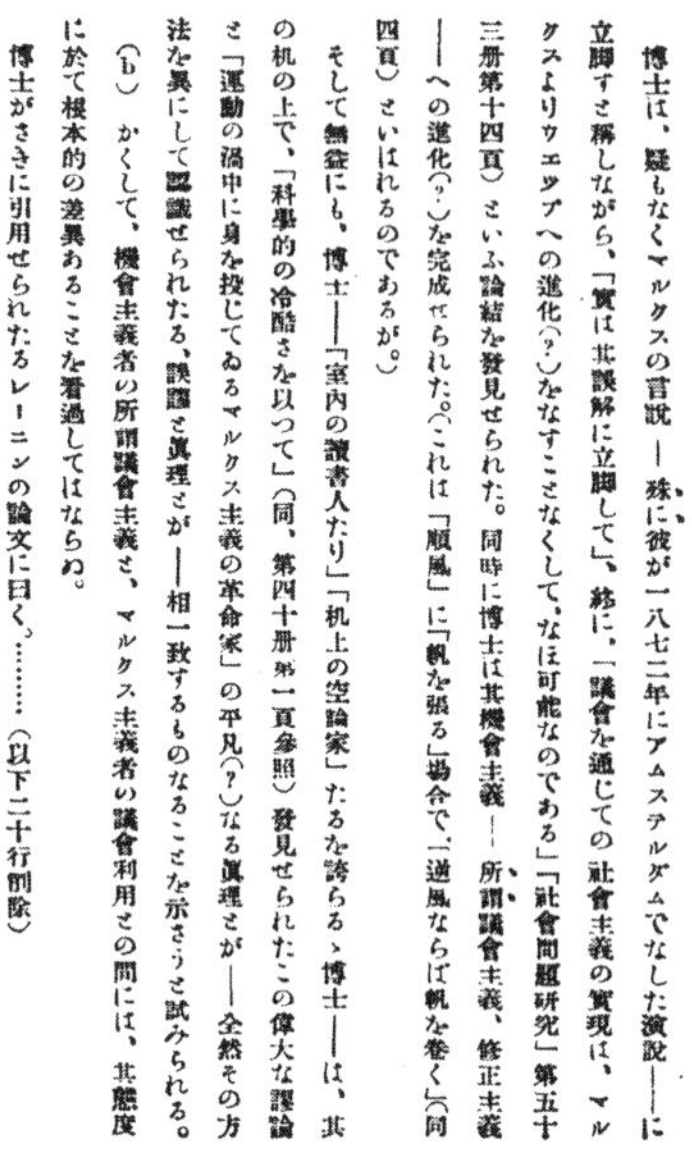
博士は、疑もなくマルクスの言説 — 殊に彼が一八七二年にアムステルダムでなした演説——に立脚すと稱しながら、「實は其誤解に立脚して」、終に、「議會を通じての社會主義の實現は、マルクスよりウエッブへの進化(?)をなすことなくして、なほ可能なのである」「社會問題研究」第五十三冊第十四頁)といふ論結を發見せられた。同時に博士は其機會主義——所謂議會主義、修正主義——への進化(?)を完成せられた。(これは「順風」に「帆を張る」場合で、「逆風ならば帆を巻く」(同四頁)といはれるのであるが。)

そして無益にも、博士——「室内の讀書人たり」「机上の空論家」たるを誇らるゝ博士——は、其の机の上で、「科學的の冷酷さを以つて」(同、第四十冊第一頁參照)發見せられたこの偉大な謬論と「運動の渦中に身を投じてゐるマルクス主義の革命家」の平凡(?)なる眞理とが——全然その方法を異にして認識せられたる、謬論と眞理とが——相一致するものなることを示さうと試みられる。

(b) かくして、機會主義者の所謂議會主義と、マルクス主義者の議會利用との間には、其態度に於て根本的の差異あることを看過してはならぬ。

博士がさきに引用せられたるレーニンの論文に曰く。……(以下二十行削除)

c 北条一雄『無産階級の方向転換』Ⅰ
(1925年4月、希望閣)

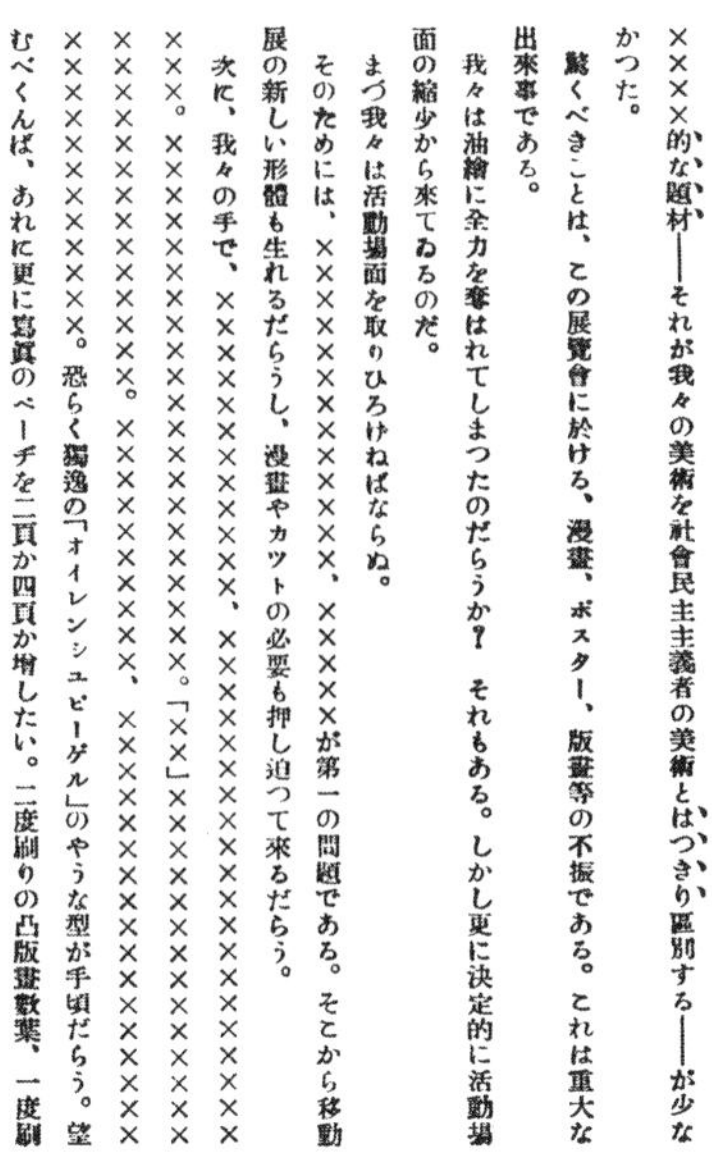
××××的な題材——それが我々の美術を社會民主主義者の美術とはつきり區別する——が少なかつた。

驚くべきことは、この展覽會に於ける、漫畫、ポスター、版畫等の不振である。これは重大な出來事である。

我々は油繪に全力を奪はれてしまつたのだらうか? それもある。しかし更に決定的に活動場面の縮少から來てゐるのだ。

まづ我々は活動場面を取りひろげねばならぬ。

そのためには、×××××××××××××、×××××が第一の問題である。そこから移動展の新しい形體も生れるだらうし、漫畫やカツトの必要も押し迫つて來るだらう。

次に、我々の手で、×××××××××××、××××××××××××××××××××。×××××××××××××××。「××」××××××××××××××××××××××××××××××。×××××××××××××、×××××××××××××××××××××。恐らく獨逸の「オイレンシユピーゲル」のやうな型が手頃だらう。望むべくんば、あれに更に寫眞のページを二頁か四頁か增したい。二度刷りの凸版畫數葉、一度刷

d 村山知義『プロレタリア美術のために』
(1930年5月、アトリエ社)

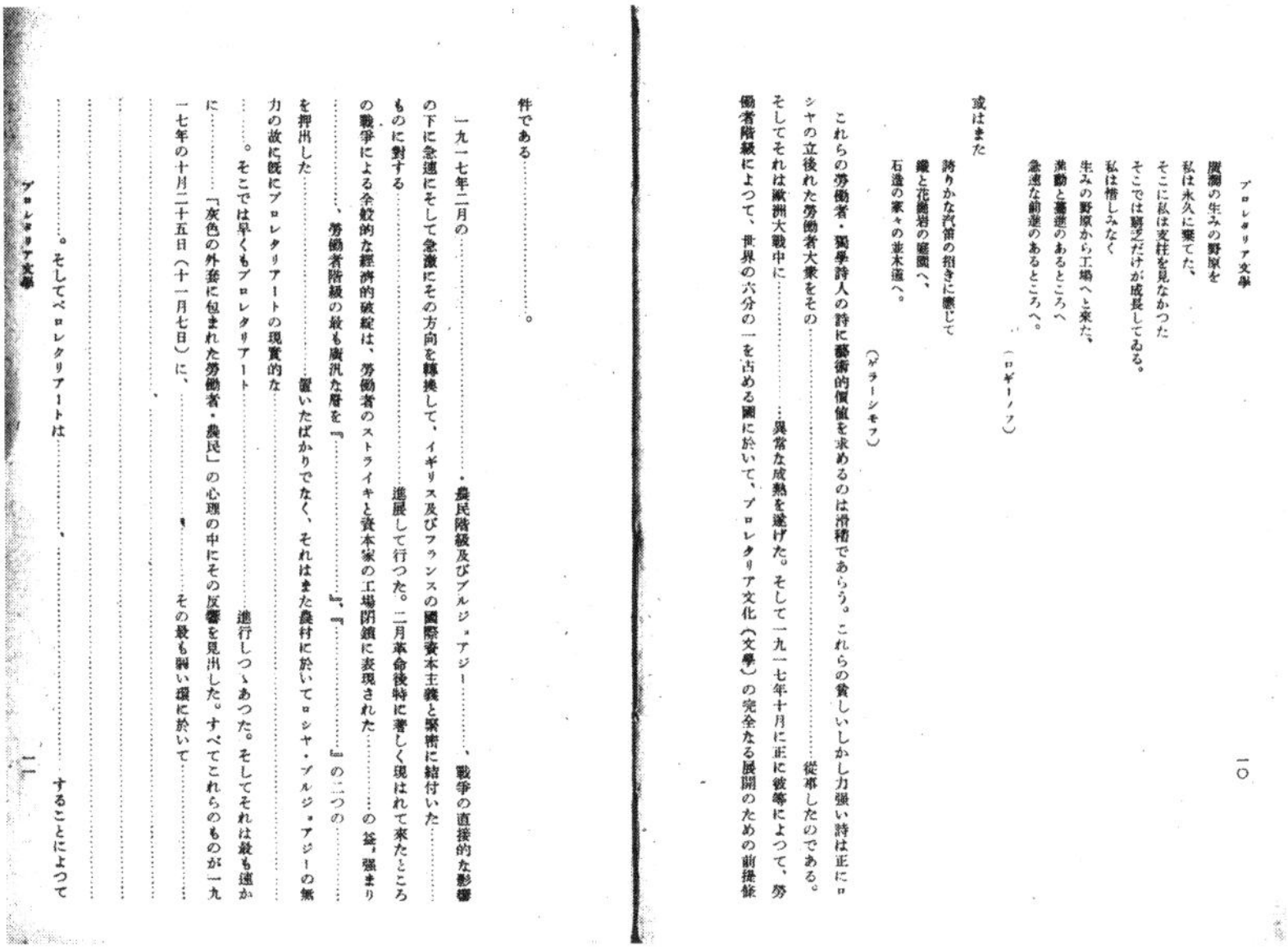
プロレタリア文學

腐爛の生みの野原を
私は永久に棄てた、
そこに私は支柱を見なかつた
そこでは窮乏だけが成長してゐる。
私は惜しみなく
生みの野原から工場へと來た、
激動と叢逆のあるところへ
急速な前進のあるところへ。
(ロギーノフ)

或はまた

誇りかな汽笛の招きに應じて
鐵と花崗岩の庭園へ、
石造の家々の並木道へ。
(ゲラーシモフ)

これらの勞働者・獨學詩人の詩に藝術的價値を求めるのは滑稽であらう。これらの貧しいしかし力强い詩は正にロシヤの立後れた勞働者大衆をその……………………從事したのである。

そしてそれは歐洲大戰中に…………異常な成熟を遂げた。そして一九一七年十月に正に彼等によつて、勞働者階級によつて、世界の六分の一を占める國に於いて、プロレタリア文化(文學)の完全なる展開のための前提條

一〇

件である……………………。

一九一七年二月の……………………・農民階級及びブルジョアジー……………、戰爭の直接的な影響の下に急速にそして急激にその方向を轉換して、イギリス及びフランスの國際資本主義と緊密に結付いた……ものに對する……………………進展して行つた。二月革命後特に著しく現はれて來たところの戰爭による全般的な經濟的破綻は、勞働者のストライキと資本家の工場閉鎖に表現された…………の益〃强まり……、勞働者階級の最も廣汎な層を『……………』、『……………』の二つの……を押出した……………………置いたばかりでなく、それはまた農村に於いてロシヤ・ブルジョアジーの無力の故に既にプロレタリアートの現實的な……………………………。そこでは早くもプロレタリアート…………………進行しつゝあつた。そしてそれは最も遠かに……「灰色の外套に包まれた勞働者・農民」の心理の中にその反響を見出した。すべてこれらのものが一九一七年の十月二十五日(十一月七日)に、……………その最も弱い環に於いて……。そしてプロレタリアートは……………………、……………することによつて

プロレタリア文學　一一

e 外村史郎『プロレタリア文学』(1933年4月、岩波書店)

岡引　T自身は、『京大新聞』だとか『序章』だとかに反撃文と称するものを寄せて空元気を出しておるが、ちゃんとした雑誌ではもうとりあげませんよ。良識の問題ですな、ジャーナリストやインテリの。大江健三郎という作家をご存知のかたもおありかもしれませんが、これが『セヴンティーン』という大変いかがわしい小説を書きまして、例の社会党の浅沼書記長が刺殺された事件に題材をとってその第二部として『政治少年死す』という作品を書いたという問題がありました。そのときには、各方面からの良識あるご忠告が、その小説を掲載した雑誌の編集部を動かして、結局この問題の多い作品を発表したことの非を編集部が率直にみとめ、不祥事にたちいたらずにすんだわけです。こういう、市民パワーと申しますか、市民の力と、ジャーナリストの良心とがピタリと呼吸をあわせてはじめて、平和と民主主義にささえられた市民生活が守れるのだと、かように信じるわけです。

【資料7】

謹　告

小誌一、二月号所載大江健三郎氏「セヴンティーン」は山口二矢氏の事件にヒントを得て、現代の十代後半の人間の政治理念の左右の流れを虚構の形をとり創作化し、氏の抱く文学理念を展開したものである。が、しかし、右作品中、虚構であるとはいえ、その根拠になった山口氏及び防共挺身隊、全アジア反共青年連盟並びに関係団体に御迷惑を与えたことは率直に認め深くお詫びする次第である。

昭和三十六年一月二十日

文学界編集長　小林　米紀

（『文学界』一九六一年三月号）

会長　いや、それで思い出したのですが、じつはわたしの弟が不肖の息子をひとり出してしまいまして、いやおはずかしい話。その息子、つまりわたしの甥になるわけですが、その甥のやつが、どうやら過激派に感染しとる気配がないとはいえんらしいんですわ、いやおはずかしい話。こいつがこのあいだ遊びにきよりまして、おじさん、おれんとこへももうじき家宅捜査が来るかもしれんので、ちょっとこれ預かってくれんか、と何やら包みを持ってきよったわけです。まさかバクダンとちがうだろうな、と念を押しますと、住所録やメモ帳だということ。よし、まかしとけ、とあずかることを承知して、そのあとすぐに焼きすててやりましたわ。

岡引 それはとんでもないことをされましたなあ、悪くすると証拠インメツで……。

会長 いや、まあここだけの内々の話ということに。で、その甥のやつ、きのうもひょっこりやってきよって、「おじさん、住所録を持ってないと不便で仕方がないや。まさかの時に一一〇番しようにも電話番号がわからなくて」てなことをいっとるんですな。その甥が、その『セブンチーン』だかの本を持ってたのを思い出したわけで。なんでもガリ版みたいな……。

岡引 そうなんですよ。さっき申したように、万事円満におさまったというのに、これを勝手にプリントして流しよるんですな。暴力学生ですよ。バリケードのなかで謄写版をつかって、せっかくふさいだ傷口をわざわざ開くように、この小説をプリントしてバラまきよったのです。バリケードは困るんですわ。物理的破壊だけじゃなくて、こういう無茶なこともやらかしよるんで。バリケード封鎖はまさに諸悪の温床ですわ。スッテンコロコロとか、スッテンコロコロカラカラカラとかいって首がころがる例の深沢七郎という今川焼き作家の小説ですな、あれなんかも大江の作品とペアーでプリントされてバラまかれてます。

【資料8】

（困るなア、俺のマサキリで首など切ってはキタナクなって）と私は思ってはいるが、とめようともしないのだ。そしてマサキリはさーっと振り下ろされて、皇太子殿下の首はスッテンコロコロと音がして、ずーっと向うまで転がっていった。（あのマサキリは、もう、俺は使わないことにしよう、首など切ってしまって、キタナクて、捨てるのも勿体ないから、誰かにやってしまおう）と思いながら私は眺めていた。私が夢だと思うのは、首というものは骨と皮と肉と毛で出来ているのに、スッテンコロコロと金属性の音がして転がるのを私は変だとも思わないで眺めているのはどうしたことだろう。それに、(困る〳〵俺のマサキリを使っては)と思っているのに、マサキリはまた振り上げられて、こんどは美智子妃殿下の首がスッテンコロコロカラカラと金属性の音がして転がっていった。首は人ゴミの中へ転がって行って見えなくなってしまって、あとには首のない金襴の御守殿模様の着物を着た胴体が行儀よく寝ころんでいるのだ。

(深沢七郎「風流夢譚」、『中央公論』一九六〇年十一月号)

司会　そういう風潮がまだまだ残っているなかで、当のT助手が所属している京都大学では、いったいどういう処置を講じているのでございましょうか?　なんでも、このT助手というのは、大学騒動のさい、いまお話に出ましたようなバリケードにこもったりヘルメットをかぶったりしていた、とかいうことでございますが……。

岡引　いや、この点につきましては、実に好ましい、満足すべき経過をたどっております。わたしどもがT助手の指名手配を新聞紙上で明らかにした一月九日から四日後には、いちはやく当該学部の教官会議をお開きになり、そこでこの問題を審議しておられます。残念ながらこのときは何ら処置を講ずるにいたらなかったようでありますが、去る二月十日、再度会議で検討の結果、T助手の給与支払いを保留する、つまり月給は支払わない、とこういうご決定をなさいました。もちろんわたしどもがいわゆる圧力をかけたわけでは毛頭ございませんで、先生がたが純然たる大学自治の問題として、自主的におとりになった処置であることを、あえてつけ加えさせていただきたい、と。まあ、こういう立派な大学ばかりであれば、大学臨時措置法などというお互い不愉快な法律は不必要なのですがねェ。とにかくこれによって、二月分の給与は保留、当然三月以後は新たないっそうきびしい処置がとられるものと確信しておるような次第です。ただ、ちょっと気になりますのは、まあこういった連中はどこにでもいるものですが、この一件に変にワルノリして、学部長のところへ押しかけて、Tの給与をストップするのはけしからん、と膝づめ談判におよんだ教官や職員がいるわけです。つねづね良からぬことをしているものだから、明日は我が身、ということが身にしみてわかっておるらしい。この連中が例によって暴力づくで学部当局に圧力をかけかねないのが、気がかりといえば気がかりでして、この暴力に屈して万一、大学当局が保留を解くというようなことにでもなりますと、少々面倒にならぬとはいえません。しかし、そのときはそのときで、今回のT助手にたいする制裁処置をひとつの前例として、そういう不穏な連中にも同様の処置を適用することができるわけですから、まあそう心配するほどのこともないわけです。いずれにせよ、今回の大学当局の迅速なご英断には、率直に敬意を表する必要があろうかと思うわけです。真理探究の府は死んではいなかった。もって市民のカガミとするに足る、と申しましょうか、いやまったく。

【資料9】

竹本助手（滝田修）にたいする
給与支払い〈保留〉処分を断じて許さない。

京大経済学部は、歴史に新しい一時期を開いた。
反ファシズムと人民の解放の歴史にではなく、ファシズムと新たな弾圧の歴史に。
二月十日、経済学部の最高決定機関である教官協議会は、竹本信弘助手（滝田修）の二月分以降の給与の支払いを、同人が勤務にはげんでいることが明らかになるまで〈保留〉にするとの決定をくだし、二月十七日、これを執行した。これによって京大経済学部は、いままでどこにもなかったまったく新しい方式の処分を発明し、今後あらゆる学園、企業、工場でいともたやすく応用されうる首切りの手本を示した。
〈保留〉という処置を同学部がとるにいたった唯一の根拠は、「竹本助手が助手としての勤務をおこなっているかいないか判定しがたい」という判定だけである。しかも、現行法規のどこを見ても、給与支払いの〈保留〉などという処置の規定はない。そもそも、この時点で、とくに竹本助手だけに関して、「勤務状態」云々を問題にし審査する義務も権限も、同教官協議会にはない。

法規の枠をこえ、みずからの権限と義務の範囲をふみこえてまで同教官協議会と学部長がこの〈処置〉を断行したのは、〈極悪人〉として全国に指名手配されている竹本助手の糧食を絶ち、妻と二人の子供を路頭に迷わせ、竹本助手が一日も一刻も早く国家権力・官憲の手におちることをねがってのことにほかならない。十七日午後、われわれ数十名の教官・職員・院生・学生が六時間半以上にわたって降旗武彦経済学部長ほか数名の教授を追及したなかで明らかになったのも、できるだけ手をよごさずに竹本助手の存在そのものを抹殺してしまおうとするこの態度だった。彼らは、この処置がもっとも温情的なものであることをくだくだしく述べたてみずからの行為の重大性を糊塗することにやっきとなるばかりで、この処置そのものの不当性・不法性、それがもつ弾圧としての意味にはひたすら目をつぶり言いのがれをしつづけた。勤務状態については判断しがたいという確認から何故に〈保留〉という結論がでてくるのか、という疑義にたいして、論理的・法的になんら説明しえないのみか、公的にとりおこなわれたはずのこの処置の具体的な手続・経過についても何ひとつ堂々と明らかにできないありさまだった。

明確な〈処分者〉としての意識をもって立ちあらわれようとすらせずに、あたかも温情にみちた庇護者であるかのような顔をし、波風を立てずみずからも泥をかぶらずにひとりの人間とその家族の息の根をとめるこの新方式の弾圧は、経済学部長・教官協議会メンバー（助手は参加せず）の主観的意図とは無関係に、ひとつの確たる前例として、今後無数の類例を生む第一歩となるだろう。勤務をおこなっているかどうか判断しがたいという認定からは、当然、判断ひいては何らかの処置そのものの保留という結論が出されてしかるべきである。にもかかわらず給与支払いの〈保留〉という明らかにひとつの処置をとることによって、京大経済学部はまた強権に屈服し、さらなる弾圧への道を〈自主的〉に開いたのだ。京大経済学部は、その名高い〈反戦自由の伝統〉をひっさげて、大学の〈自主的〉な帝国主義的再編を決行しつつある政府文部省の走狗となり、竹本助手をはじめ多くの反対派をさまざまなデッチあげと〈別件〉と〈市民の協力〉によって包囲殲滅しようとする国家権力の忠実な手先の役割りをはたしている。京大経済学部の歩んでいる道は、ファシズムの道である。

彼らは、ファシズムの尖兵であり、ファシズムの内実そのものである。

新方式の〈保留〉処置は、われわれ自身とすべての闘う労働者にたいしても確実にその銃口を向けている。われわれは、経済学部のこの処置を、座視して見すごすことはできない。ある一定の時点で〈保留〉が解除されればよいという問題ではない。この処置の全面的な白紙撤回のみが、おそらくはすでに手遅れかもしれぬ小さな歯止めを、今日のこの全体的な転落過程に加える唯一の道である。こう考えるがゆえに、われわれは今後も執拗かつ強固に、経済学部当局を追及しつづけるであろう。

史料20

弾圧日譜（抄）

一九七一年

11・7　警視総監公舎爆破未遂容疑で「十月社」K・N、雑誌記者H・F、別件（自動車窃盗容疑）逮捕。

11・16　朝霞〈自衛官殺害〉容疑で日大生菊井良治ほか一名逮捕。

11・16　公舎関係でT・S逮捕（自動車窃盗）。

11・18　沖縄11・10警官〈殺害〉特捜本部、写真家K・Y宅を家宅捜索、フィルムを押収。

11・18　朝霞関係で日大女子学生H・Aほか一名逮捕。

11・23　朝霞関係でT・Sを逮捕。公舎関係でT・Kを別件逮捕。

11・24　元自衛官M・A、日大卒業生T・Hを逮捕。

11・25　公舎関係でN・T、H・Iを別件逮捕。

12・1　元自衛官Y・S、M・Sを窃盗容疑で逮捕。

12・8　三里塚青年行動隊員十一名、〈警官殺害〉容疑で別件逮捕。

12・14　公舎関係で、I、K、Tの三名、別件の窃盗で起訴。同じくF、N、Sの三名および前記三名、〈爆発物取締罰則違反〉で再逮捕。

12・29　三里塚青行隊員八名、別件逮捕。

12・29　警視庁、都内のアパート・下宿の総点検（ローラー作戦）を指示。

一九七二年

1・5　三里塚青行隊員ら六名、別件逮捕。

1・5　公舎関係五名、〈爆発物取締罰則違反〉で起訴。

1・5　『読売新聞』、「朝霞事件に京大助手Tが関係」と報道。

1・9　公舎関係でS・I、爆弾を渡したとして逮捕（不起訴）。
1・9　朝霞関係で『朝日ジャーナル』川本三郎記者『プレイボーイ』春日原浩記者、〈証拠湮滅〉〈逃走幇助〉で逮捕。京大助手竹本信弘（滝田修）を別件（強盗予備）で指名手配。
1・12　警視庁、四月一日より学生専門の担当課を公安二課より独立、新設することを決定。
1・14　朝霞関係で七ヵ所を家宅捜索。大阪では滝田修を〈かくまった〉として女性一名逮捕。
1・16　沖縄11・10闘争の〈警官殺害〉容疑で染色研究家松永優を逮捕。
1・18　同じく作家佐木隆三ら六名を逮捕。
1・19　朝日新聞社、川本記者を〈社規違反〉で退社処分。
1・26　朝霞関係で都内四ヵ所を家宅捜索。〈任意〉出頭、〈任意〉同行つづく。
1・28　警視庁、〈ポルノ映画〉摘発。日活本社、映倫などを捜査。
1・29　三里塚関係でこの日までに極秘で学生五名逮捕。
1・31　埼玉地検、川本、春日原記者を起訴。
2・1　警視庁は二月を〈指名手配容疑者捜査強化月間〉として、「この顔にピンときたら110番！」のポスター・チラシ九十万枚を全国に配布。
2・2　三里塚関係で青行隊員・学生ら四名を逮捕、五名を指名手配。
2・12　警視庁、ローラー作戦の八割方完了を発表。
2・14　警視庁、全国二十四万カ所（主としてホテル・旅館）を翌朝まで一斉捜査。
2・17　統一赤軍の森恒夫、永田洋子、妙義山付近で逮捕。
2・19　統一赤軍の四名、〈市民〉の通報により軽井沢駅で逮捕。あさま山荘銃撃戦開始。
3・7　統一赤軍の〈リンチ〉に関連して反〈過激派〉フレームアップいっそう激烈となる。
3・7　立川基地へ自衛隊抜打ち移駐。
3・15　衆院文教委で高見文相、統一赤軍に関連して大学を非難。
4・1　兵庫県氷上郡で〈総背番号制〉はじまる。
4・4　沖縄〈返還〉交渉をめぐる〈機密文書〉暴露で、外務省女性事務官K・Hと毎日新聞社西山太吉記者を逮捕。
4・14　参院決算委で、塚田大願議員（共産）、文相に京大の〈トロツキスト〉弾圧を要求。
4・15　K・H、西山、〈国家公務員法違反〉で起訴。
5・4　沖縄派兵反対など十項目の要求書を防衛庁に提出（4・27）した反戦自衛官五名、〈懲戒免職〉処分。

5・14　〈火炎ビン法〉発効。

5・15　日本、琉球を再併合。各地で反対闘争。

5・28―30　釜ヶ崎で労働者暴動、大阪府警は「過激派学生が煽動している疑いがある」と発表。

5・30　第10期中教審委員に〈若手〉を重点的に起用（演出家・浅利慶太、作家・有吉佐和子、京大教授・梅棹忠夫、評論家・江藤淳、日本クラウン社長・有田一寿、作家・遠藤周作、日本国際教育協会理事長・小川芳男、上智大教授・大泉孝、評論家・扇谷正造、元京大教授・加藤秀俊、成蹊大教授・久保田きぬ子、元慶応義塾長・高村象平、前同盟会長・滝田実、国立教育研究所長・平塚益徳、新日鉄副社長・藤井丙午、国際文化会館専務理事・前田陽一、早大総長・村井資長、日本学術振興会理事長・吉識雅夫）。

6・2　テルアビブ空港銃撃〈事件〉（5・30）に関連して、文部次官通達「在学生、とくに休学者や長期欠席者の学生の動向を十分把握するよう努めよ」。

6・4　テルアビブ〈事件〉に関連して、〈犯人〉の知人宅の家宅捜索、事情聴取など始まる。

6・5　テルアビブの〈黒幕〉は竹本信弘（滝田修）助手である、との警察＝マスコミのキャンペーン始まる。

6・6　昨秋の成田三警官死亡事件に関連して第八次逮捕がおこなわれる。

6・7　警視庁、京都など関係府県警に「京大パルチザンの身辺調査に全力をあげるよう」指示。

6・7　大阪府立清水谷高校警備員殺し（5・30）で府警が要求した指紋採取を、同校千百十四人の全生徒が拒否。

6・9　警視庁公安部、テルアビブに関連して映画監督若松孝二から第一回事情聴取。このころ、テルアビブの〈犯人〉、〈容疑者〉、〈黒幕〉等の実家、下宿先、元下宿先、知人宅などの捜索および肉親・知人などからの事情聴取の乱発はじまる。

6・12　米大統領ニクソン、特使キッシンジャーを通じて天皇招待を首相佐藤に伝える。

6・14　ASPAC（アジア・太平洋協議会）閣僚会議、発祥の地ソウルで開幕。

6・15　奈良県警、竹本助手をかくまった容疑（犯人蔵匿およびその幇助）で竹本氏の友人夫妻ほか一名を逮捕。

6・16　テルアビブに関連して元立命大生を逮捕（旅券法違反）。

6・17　佐藤栄作、〈退陣〉表明。記者会見で新聞に不満をもらす。（「ブル新の偏向にごつう腹立てたはるちゅうことは、佐藤さんてものすごうええ人なんとちゃうやろか。」——日ごろブル新の偏向に腹を立てている『序章』編集部某氏の感想。）

6・28　大阪府警、釜ヶ崎で〈過激派の拠点〉を手入れ。

追記＝底本（序章社刊『似而非物語』）では、被弾圧者の氏名が実名で示されている。それが刊行された当時は、公安当局のフレームアップに反撃する運動が展開されており、実名には意味があった。しかし三分の一世紀というその後の時間の流れは、実名を無意味にしたばかりか、当然のことながら多くはのちに無罪となった被弾圧者にとってむしろ有害となる場合も考えられる。それゆえ、本書では、当時も今もみずからの表現によって自己を主張する力を持つ一部の作家・ジャーナリストなどの実名表記（敬称略）を残したほかは、被弾圧者をローマ字頭文字に変更した。（著者）

史料21

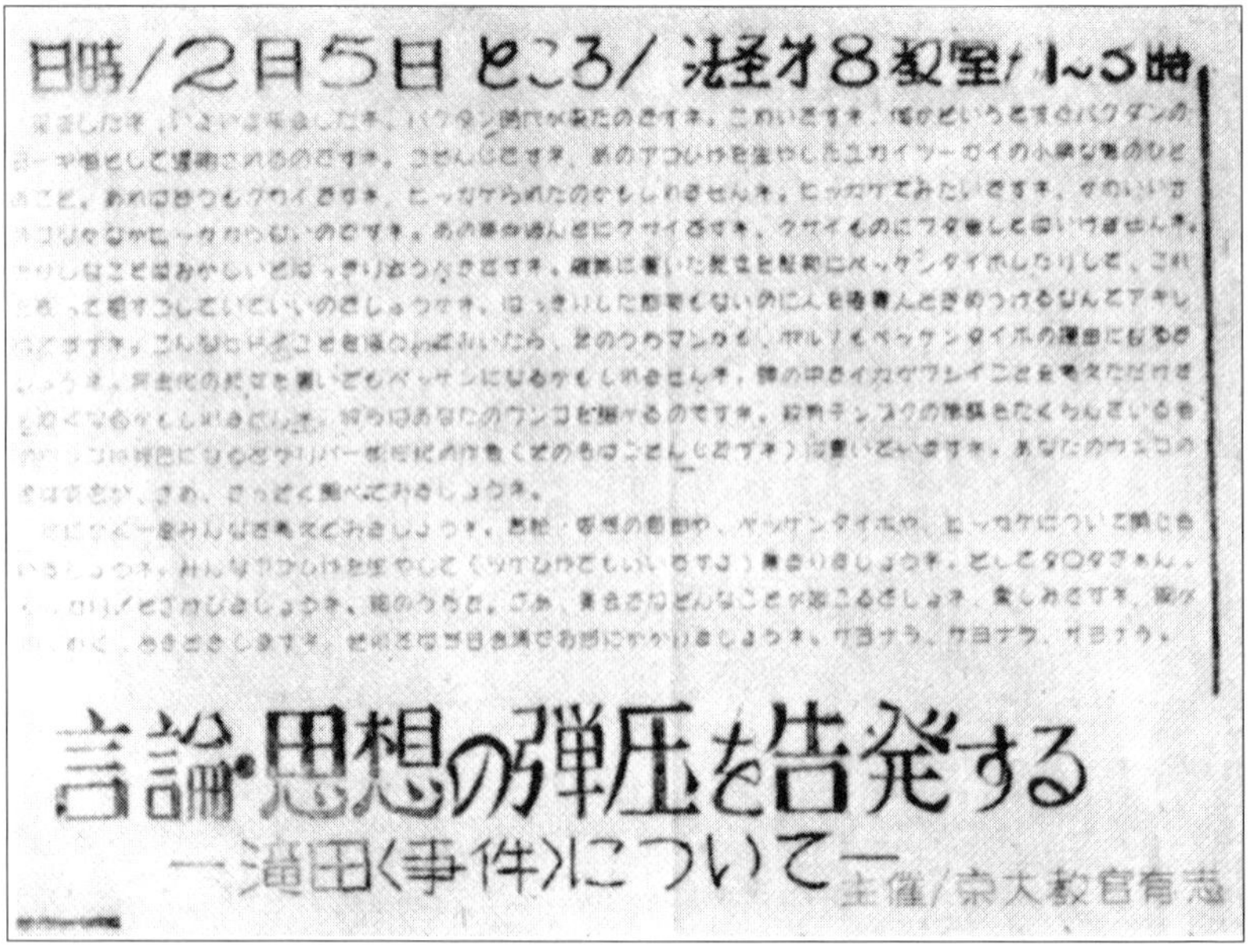
日時／2月5日　ところ／法経オ8教室／1〜3時

言論・思想の弾圧を告発する

—滝田〈事件〉について—

主催／京大教官有志

殲滅作戦ほぼ完了。

だがしかし……

決戦の春

挙行されなかった七二年度入学式にあたっての

新政府文部大臣の祝辞

速記・池田浩士

――「都大路や　みんな見た顔　知った顔」　虎造

みなさん、ご入学おめでとう。あたしゃ、京都府知事時代、選挙のたびに府下各地へ出かけて、立会演説会で、開口一番、こんな句をよんだものでした。いやもちろん、「都大路や」のかわりに、丹波へ行けば「丹波路や」、丹後へ行けば「丹後路や」とするわけですが。さてこのたび、国民待望の連合政府の文部大臣に推されまして、日本の夜明けは京都から、この京都の地に、教育の最高責任者として諸君のこのおめでたい入学の日にあたって、日本国を代表してお祝いのことばを述べることができるのは、まことに光栄であります。

そもそも、なぜあたしが文部大臣になりえたか。世間ではいろいろと下司のかんぐりをするものもおりまして、とくにグアム島だかどこだかで生きのこっておった横井なにがしという敗残兵にいたっては、「戦時中にわしらを叱咤激励に来よったあの京大教授めが、民主府政の知事に豹変したとはけしからん」と、えらい剣幕で怒っとったとかいう話を新聞で読みましたが、いちいち気にとめておったのでは天下国家のまつりごとはできませぬ。ご意見はご意見としてうけたまわっておく、と、まあかようにせんことには。ところで、みなさんもきょうから一年生、あたしも文部大臣一年生、師の恩は山よりも高く、父母の愛は海より深し。仰げば尊しわが師の恩、かりそめにも先生がたに楯をついたり、親を泣かせたりすることのないよう、おたがいにがんばろう、がんばろう、がんばろう！

さて、祝辞というものはあまり長くなると人気を落とすものでありますから、ここで、あたしの教育方針――これはいずれ次官通達として諸君の大学にも正式に伝えられることになるわけだが——新連合政府の教育基本方針の眼目だけでもお話しして、祝辞にかえさせていただきたいと思う次第であります。

その第一は、何といっても大学は大学自身が守るものであるということ。古来わが国はきわめて自主独立の気にとんでおった。いってみれば国を守る気概にあふれておった。戦後民主主義の理念から生まれた軍隊は、「自衛隊」という名を持っているほどである。いわんや大学においてをや。あたしゃ、府知事時代にくりかえしくりかえし、口をすっぱくしてこのことを強調いたしました。一部暴力学生集団の破壊から大学を守るのに、いやしくも警察力を借りるようなダラシないことで大学の自治が守れるか。警察は警察でいろいろ忙しい仕事をかかえておるのだ。少しでも負担を軽くしてあげないと治安維持にさしつかえる。先生がたが先頭に立って大学の建物を死守しなさい。建物を守れば中味も守れる。——この主張がめでたく実現いたしましたのは、何といってもあの一九六九年一月二一日からの、歴史的な京大砦攻防戦でございます。すでに諸君も高校ないし予備校で世界史の時間にならったと思うが、これにつきましては、『京大闘争の記録——スクラムの海から』という記念碑的必読文献が出ておりますので、何はともあれ、ぜひ読んでいただきたい。さわりの一節を朗読してみましょう——《しかし、この二一日夜から、本部構内の各門についていた各教室、とくに工学部系の教室の中では若干の異変がおこったところもあった。「教授がみずからお茶を入れてねぎらってくれる」たしかに、門を守るともなれば若い学生、院生、助手クラスの手に主導権が移るのは当り前であり、暴力集団がせめてくる時などは、教授、助教授はウロウロするばかりであまり役にたたないし、この自主防衛という大学自治を守るための行動の中では、自治を守る担い手は、教授ではなくて、全構成員だ、ということがいやでもはっきりしてくるのである。その意味で、この自主防衛は教室や大学の民主化にとって非常に大きな役割を果たすために、大学の民主化を喜ばない一部の教授層にとっては大変に都合の悪いものとして目にうつることになるのである。

いずれにせよ、この自主防衛の体制は、大学人が団結して行動にたち上りさえすれば、二—三百人の暴力集団はおそろしくないこと、全構成員の団結で暴力集団に対抗すればするほど、構成員相互の差別はなくしてゆかざるを

えない、すなわち、民主化の条件ができてゆくことを教えた点で民主主義者たちに大きな自信を植えつけたのであった。》

民主化の理念を的確に言いあらわした非常に感動的な叙述でありますからして一言一句かえずにそのまま引用いたしました。三八ページから三九ページにかけてであります。もうひとつ、これは単に資料としての価値しかありませんが、京大新聞社編の『京大闘争――京大神話の崩壊』という本もあります。これは絶対に読んではいけない。文部省としては推薦しかねる。あたしが命名したところによれば〈野良犬学生〉のつくった本です。

さて、この一九六九年一月の自主防衛の成功にもかかわらず、世間ではシロウト衆からいろいろと批判がましい意見が出され、その後は大学当局ももっぱら専門家、つまり機動隊に封鎖解除や学生の逮捕を依頼するという風潮が支配的となった。そこで三年後の七二年三月に、あたしゃ、当時の府議会で発言して、このごろの大学は、自分で自分を守る気概に欠けておる、としかりつけてやったのです。するとたまたまその数日後に、時の文相、高見三郎君が、連合赤軍事件に関連してまったく同じ趣旨の発言を国会でおこないました。このきわめて貴重な見解の一致が、今日のこの自由民主連合政権の縁結びの役割をはたしまして、その功労者たるあたしが新連合政府初代文相に任命されたわけであります。

ところで、大学を守る気概をいやがうえにもたかめておられるに相違ない新入生諸君に、その実践面での助言をいたしておきたい。大学を自力で守ることの神髄とは、すなわち〈自警団〉の結成であります。かつて過激派と呼ばれる暴力集団を一時的にではあれ殲滅することができたのも、警察当局の文字通り血の出るような努力をその根底において支える自警団が各地に結成されたからこそである。連合赤軍の無頼の徒どもを山中に追いこみ、そこで外界との接触をなくした彼らをしてあの血の粛清にいたるほど方向感覚を失わせしめたのも、ならずものの滝田修こと竹本信弘経済学部助手を大学から首尾よく放逐することができそうなのも、自警団のお父さんお母さん、諸君の先生がた、そして諸君自身が、毅然として過激派を監視し、いつでも一一〇番するという気迫をみなぎらせて充実した日々をおくっておられるからこそ、連合赤軍もいわゆる旧・新左翼も自滅していったのであります。

反戦平和の砦たる大学に、この貴重な経験を生かさずにおけましょうか。直通の一一〇番用電話線、つまりホットラインを川端署および府警本部との間に敷設するように、との要求を、一クラス一ボックスの要求とならべて学校当局につきつけなさい。校内いたるところにその非常電話と監視所を設置し、昼夜交替で過激派を見張りなさい。何はともあれ一一〇番！　ちょっとでも彼らに同情的な言動をする教師や職員がいたら、即座に警察につき出しなさい。そんな教師は野良犬教師なのだから、近よると噛みつかれると思って、用心しなさい。そういう札つきの教師の授業はできるだけ取らないように注意しなさい。こういう手合いは、帝国主義大学解体論者で、大学改革なんてことはこれっぽっちも考えちゃいないから、いざという時になると、死んじゃったり、追んだされたり、やめたりするから、あとあとまで諸君の面倒を見てなんぞくれません。点数ひとつとってみても、おれは九以外の数字は虫が好かん、とかいって、履修者全員に九九点をつけたり、まかりまちがうと全員0点だったりという無茶苦茶をやる。そこへいくと、大学改革論者は左右を問わず良心的です。自分の天職は大学教官だ、ほかではつぶしがきかないんだ、という確たる自覚と澄みきった良心をもって職務にはげんでいますから、諸君と国民と政府の期待を裏切ることは絶対にない。こういう先生を選んでください。そして、諸君の自警団の顧問になってもらうとよい。先に生まれただけあっていろいろ経験をつんでおりますから、警察とのつながりからいっても諸君よりは緊密です。

それから、時間もあまりありませんので駆け足で申しますと、ストライキは感心しません。諸君の大学にも告示第九号というのがあってストライキを一応禁じておるのですが、近ごろでは過激派学生のおかげでこれが実質的には反古と化しておる。しかし、これでは困る。第一、諸君自身が困るんです。つまり、過激派があまりたびたびストをやるもんだから、諸君がこれからいちばんよく利用するはずの教養部構内の生協食堂が、事態が平常に復するまで、ということでストになりそうな事態がつづいているかぎり二時で営業をうちきったり、たびたび休業したりする。どうです、困るでしょう。つまりストライキなんかやるな、ストをやるとメシが食えなくなるぞ、と忠告してくれているわけですよ。諸君の前途にさち多かれと祈っているのは、何もご両親、政府文部省、野良犬教授以外の先生がた、各地の自治組織、つまり自警団、こういった人たちばかりではないのだ。諸君の身近にいる食堂の従業員のかたがただって、やっぱり諸君が平和で民主的な学生生活、ひいては市民生活を送ることを願っておる。文部省はこの願いを実現すべく、つねに警察および自警団と密接な連絡をとり、この新連合政権下の教育行政をすすめていく所存であります。新入生諸君、ただちに自警団を組織せよ。革命の萌芽を学園からたたき出せ。

——現に寒風酷熱下、北に南に、前線の機動隊将兵は敵と対峙し激烈なる戦闘を続けてゐるし、銃後生産陣は一機一船、一丸一粒でも多くと増産に必死になつてゐる。

熔鉱炉の火はあかあかと燃え除夜の鐘は鳴らずとも機械工具の響は敵撃滅の雄叫びをあげてゐるのだ、これこそ決戦の春、二千六百三十二年の一億戦闘配置についた進軍歌である。世間では決戦の連続などといふが決戦は緒戦に対する決戦であり、敵に止めを刺す終末戦に対する決戦でもある。したがつて、決戦は戦争における一段階で、戦争の性質と戦争展開の様相により、決戦がいかに戦はれ、またいかなる期間におよぶかは自ら異なるものといはなければならない。しかもこの決戦の段階において、いくつかの山のあるべきことも予想されるところで、戦闘の進展と戦場の変化、戦力の消長など戦争要因が一定不変のものでない限り当然のことである。そしてこの山を乗越え踏越えてゆくところに決意の進展があり勝利への道がひらけてゆく。……御稜威の有難さ、われわれ一億国民は実に麗かにして和やかな春を迎へ得た。しかし世界の情勢はいよいよ険悪深刻のものとなり東亜の戦局は苛烈の様相を加へ来つてゐる。この決戦の一つの山を越えて過激派撃滅に突進することこそ二千六百三十二年におけるわれらの総任務であり全目標でなければならぬ。何んとしてでも勝たねばならない。ただ勝つ働らき、勝つ仕事、勝つ生活、勝つてのみ大理想を顕現し得る。暮もなければ正月もない。前線に血みどろに戦ふ機動隊将兵を思ふとき、掛声ばかりの戦闘配置では申訳ない。新春まず自省し逞しい戦力の増強に邁進したい。——これはあたしの先輩、京都府知事×川×三君が、大学の自治と学問の自由のために闘っておった京大経済学部教授当時の皇紀二千六百四年すなわち昭和十九年一月二日号の『大学新聞』にみずから寄せられた「決戦の春」と題する文章の一部でありますが、これをもって新入生諸君へのはなむけの言葉といたしたい、と、かように存ずる次第であります。

（一九七二年三月）

史料22

……調印がすんだところであいさつし……

十日伝えるところによると、ニクソン米大統領はこのほどアジアの友好国にひそかにメッセージを送り、いまの北ベトナム軍の南ベトナム侵入を実らせることは許さない」と述べて、戦争の脅威をなく……

京大の入学式騒然

ヘルメット学生のマイクに口をつぐむ前田総長（きょう午前10時30分、京大総合体育館で）

前田総長つるしあげ

30分で終了 ヘル学生が乱入

京大の四十七年度入学式は十一日、京都市左京区の京大総合体育館で行われたが、前田敏男総長のあいさつの最中、ヘルメット学生が式場へなだれこみ、壇上の総長を取囲み、式は中断、騒然となった。大学側は総長のあいさつがすまないまま、午前十時半に式を打切った。

ことし同大学では二千五百四十四人（うち三年次入学五十三人）の新入生を迎え、同日午前十時から入学式が予定されていた。会場がかなりうずまった同九時半ごろ「民学同」の学生ら約二十人が旗ざおを先頭に会場にはいった。一人が壇上にあがり、演説を始めたが、式の前にはきっちり引揚げた。

午前十時かっきり、予定通り吹奏楽の演奏で式が始った。前田総長が壇上にあがり、新入生も起立して前田総長が新入生に贈ることばを話しはじめて約三分たったとき、C戦線など全学闘の赤、黒ヘル約四十人が会場正面からなだれこんだ。新入生の人がきをわけてまっすぐ壇上にかけあがり「学費値上げ実力阻止」「農学部新館移転粉砕」などを叫んで総長を取囲んだ。

学生らはとめようとする大学側職員ともみ合いながら、前田総長に「農学部新館移転強行で、仲間の学友五人を不当逮捕した」などと総長を厳しく追及。前田総長は「ごらんの通りの状態であります…」となにかを言おうとするが、言葉はかき消された。ヘルメット学生らは壇上を占拠、同十時十分、マイクでアジ演説を始めた。

式場の新入生から「やめろ」のば声や紙つぶても舞った。旗を引っぱったり、ヘルメット学生の足を引きずり降ろそうとして小ぜり合いも起きた。壇上にかけあがり、泣声でなにかを訴えようとする新入生もいた。二階の保護者席から母親が「なんで覆面しているの。覆面をとりなさい」と叫んだ。一階会場奥の父親が「無礼もの、帰れ」と叫ぶと、新入生の間から拍手が起り、演壇を占拠している学生が父親に詰寄り「闘争の意義を知ってもらうためにやっているんだ」と反論する場面もあった。

同十時半、大学側の「式は終り

増補版

〈松下　昇〉はパンをいかに食うべきか？

――われわれの内部に存在する固有名詞をめぐっての若干の意見対立について――

（はじめに）

○　一九七一年七月十九日から二十三日まで、神戸市の歯科医師会館会議室で、松下　昇神戸大学講師の〈懲戒免職処分〉にかんする人事院公平委員会の口頭審理がおこなわれた。処分者（神戸大学）側からは、処分者本人（戸田義郎神戸大学長）は姿をあらわさず、代理人として湯浅光朝教養部長ほか評議員ら十数名および職業的弁護士二名が登場、請求者（松下　昇氏）側からは、請求者本人と約三十名の代理人（神戸・岡山の学生・労働者、福岡、広島、岡山、徳島、神戸、大阪、京都、東京、新潟の大学教員）が出席した。審理は、冒頭から、戸田学長および請求者側上原代理人（審理開始の数日前に神戸地裁前で逮捕され、身柄勾留中）の出席を請求者側が強く要求して緊迫した空気のなかですすめられたが、第二日目午前の自己紹介のさいに、「松下　昇」および「〈松下　昇〉」と名のる請求者側代理人があらわれ、さらに同日午後には、傍聴人のひとりがパンを食べて退廷を命じられたのに抗議する一連の請求者側代理人がこのパンを分けあって食べ、委員長によって審理の打切りが宣言されるにいたった。請求者側の抗議と再開要求によって、一日の休止ののち審理は再開されたが、松下請求人の出席拒否・代理人の一時的解任、坂本守信代理人（岡山）の沈黙による求釈明、山本光代代理人（徳島）の自分自身にたいする〈懲戒停職処分〉審査説明書の朗読などのため、結局、七月二十三日午後一時四十五分に〈打切〉られた。

○　この口頭審理に請求者側代理人として出席した折原　浩東京大学助教授（岡山大・神戸大教員処分に反対する会）は、一九七一年九月十八日発行の『五月三日の会　通信』8に、「いくつかの問題提起――卒直な内部討論にもとずいて頽廃をのりこえるために――」と題する文章（八月三十日付）を寄せた。その大要は以下のとおりである（《》内は折原氏の原文のまま）。

㈠　口頭審理第二日の自己紹介のさいに「松下　昇」ないし「〈松下　昇〉」と名のった代理人は、《その根拠を内容的・具体的に》明らかにすべきである。なぜなら、①《〃松下昇氏はわたくしではなく、わたくしは松下昇氏ではない〃という、あたりまえだが基本的な事実を出発点として》今回の口審闘争にのぞんだわたくし（折原　浩氏）からすれば、《〈松下昇〉とか〈共同性〉とかの無規定の言葉ないし記号によってこの関係を曖昧にするような発想は、きわめて無責任》だからであり、②《六八―六九年学園闘争は、いつ、どこにおいても固有名詞をもって語れる主体の形成をこそめざしたのではなかったのか》と考えるからである。

㈡　《今回の口審闘争という個別・具体的な闘い》にのぞむにあたって、代理人としての明確な課題を自己に課することなく《公平委との対決を全面化する本末転倒に陥り、みずから自滅への道を敷いた代理人や傍聴人――主観主義的・没構造的・場当り的・感覚的・情動的・独善的……要するに怠惰で無責任な代理人や傍聴人――がかなりいた。これ――しかも、そういうことが、いかにも満足気におこなわれ、さらに神秘化されたりすること――は、きわめて深刻な事態であり、そこには全共闘運動の頽廃が集約的にあらわれているように思う》。そこで、《〃退行性情動ラディカリズム〃とも呼ぶべきその精神構造を切開し、その成因と克服の方途を探ること》が、この文章のひとつの課題である。

㈢　毎日の口頭審理ののちにおこなわれた請求者側代理人・傍聴人らによる総括討論の席でも、《超原則的な前提問題》がたえず蒸しかえされる一方、《「さて、数分後の電話にどう答えるか」というような超プラグマティックな話題》に短絡し、《その中間に位置を占めるべき具体的な獲得目標や方針や戦術をめぐる実りある討論》がなかったように思う。《わたくしのように、地べたを這いつくばるように個別的事実をひとつひとつ確認しながら抽象化と抽象命題の具体的検証を交互に進めてゆくような類の平凡な人間には、こういう深遠かつ根源的な言霊の空中戦は、まったくやりきれない。「半分わかったかな」と思う瞬間にもうつぎに移っていて、とてもついてはゆけないのである。》

㈣　口審闘争の《獲得目標》は、①《処分の白紙撤回（無罪）をとりつけること》、②《公平委の立ちはだかりをはねのけた処分者・大学当局との対決をとおして、近代公教育体制の管理秩序を支える論理―精神構造を具体的に暴露し、具体的に突破口を探ること》である。口頭審理にまともに対応することは「相手の土俵にのめりこむこと」「人事院のペースに巻きこまれることではないか」という疑念（《一面的・機械的・短絡的・客観主義的・敗北主義的……極論》）をいだいている《独善的な感覚的場当り主義者・やみくも粉砕主義者》には、たとえ今回の口審闘争では敗れることがあるとしても後続の闘争に《橋頭堡を提供することができる》という観点が欠けている。前述の獲得目標についても、《後続の闘いを予想した時間的パースペクティヴのなかで問題をとらえ、考えてゆかなければならない。》

㈤　《「宗教生活の原初形態」の研究にもとずくÉ・デュルケームの理論的一般命題》のなかで考察されている現象、すなわち、〃集合的沸騰〃の瞬間（〃聖世界〃＝闘争の昂揚期）から〃平常の水準〃（〃俗世界〃＝運動の退潮と〈正常化〉）へと堕ちていくのにともなって〃聖〃体験の神話化、〃体験ナルシシズム〃ないし〃うしろ向きのラディカリズム〃とも呼ぶべき情動が生まれてくる現象は、《全共闘運動の総括にとって重要なひとつの視点をなしている。》《外面的な情動的・拒否的ラディカリズムと硬直的・強迫的な非転向の背後で、それと相互補強の関係を保ちながら、内面的な空洞化がとめどなく進む》という《このアポリアをのりこえるためには、右のような情動にとらわれない強靱な自己規制力（「自主規制」の否定の否定）をそなえた主体が形成されなければならない。そのための契機は、まさにもっともいらだたしい、しがない現実の状況を意識的に選択し、それと正面から格闘し、それを、右の悪循環を断ち切る自己相対化・自己対象化の否定的媒介として積極的に逆利用することである。》《〃敵の土俵の上での〃いらだたしい人事院口審闘争や裁判闘争は、まさにそういうものであるがゆえに、それだけ有効

な否定的媒介・逆利用の機会となしうる。》

㈥　自己紹介のさいの問題とならんで、口審闘争の《第二の問題点》は、《「一傍聴人のパンを食う行為―公平委員長の制止―抗弁―一部代理人が悪のりしてパンを食う行為―審理打切り―」の経過に含まれる請求者側の問題である。ここでもっとも重大なのは、最初にパンを食べたAさんの《この感覚的・場当り的行為に悪のりしたとしか思えない一部教官代理人の無責任な行為である。》もちろんAさんの行為そのものは、《人間の行為は、最初の瞬間以外の睡眠を除けば、生理的欲求の充足行為といえども意識的・選択的行為である》いじょう、正当化されえないが、教官代理人の場合には、①〝聖世界〟から〝俗世界〟への堕ちこみがAさんと同程度に生じるほどの闘争をおこなったという背景があるかどうか疑わしい、②教官たるものは、より醒めた認識と判断をもって現実の諸与件に対処しなければならないはずの大人《おとな》である、という二点から、Aさん以上にその責任は重大である。《わたくしの記憶に誤りがなければ、この教官代理人は、「松下　昇」と名のった代理人と同一人物である。この二点について、固有名詞をもって釈明され、わたくしの見解に反論されるよう、強く要請する。》

㈦　第四日目（再開第一日）に松下　昇氏が理由を明示しないまま一方的に出席を拒否したことは《独善的であり、ご自身・代理人・全国の支援者にたいして無責任であったとわたくしは考える。そして、この理由が具体的・内容的に明示されていない現在、わたくしは、この日、松下氏は、理由なく出廷を拒否していた戸田義郎学長と同一の水準に頽落された、と評価せざるをえない。》しかも、ここでまたまた《使徒たち》が《松下教祖》の《黙示録》を《根源的に解説》すべく《深遠なる言霊空中戦》にふけりはじめたのである。

㈧　《玩味すべき文章》たるドストエーフスキー『作家の日記』の一節を引用しての批判のしめくくり。

○　この折原　浩氏の〈いくつかの問題提起〉をうけて、神戸外大の小川正巳氏が『五月三日の会　通信』9（一九七二年三月一日発行）に「一〇パーセントと九〇パーセント」という文章をよせ、松下　昇氏をイエスに、松下氏とともに自主講座運動をつづけてきた学生諸君を使徒に、松下氏を支援（？）する教員たちを註釈者に擬しながら、自分は折原氏のように一〇〇パーセント憤激することはできない、未知の地にふみいっていく松下氏を見ながら《一

○パーセントだけは明けておこう》と考えているむね述べた。

○　同じく『五月三日の会　通信』9で、芝浦工大の浅野利昭氏は、折原氏の批判について、ほぼつぎのように書いた。（「若干の走り書き的覚え書」）

㈠　〃松下昇氏はわたくしではなく、わたくしは松下昇氏ではない〃という《出発点の正しさについてはまったくその通りである。》ただし、官憲の取調べにたいして固有名詞で発言するのは間違いだ、という実例が示すとおり、固有名詞での発言ということを無前提に要求することはできない。

㈡　パン食い事件について――《馬鹿気たことだ。ハシタナイことだ。》

㈢　ドストエーフスキーからの引用について――《蛇足である。こういういい方は人を沈黙に誘う。》

㈣　折原氏の批判にたいして反論する意志を表明していたはずの荻原勝、池田浩士の両氏は、ぜひとも反論を寄せるべきである。

○　そののち、『五月三日の会　通信』10（一九七二年五月三日発行）に、さきの折原氏の論文の内容に逐一対応したつぎのような無署名の文章が掲載された。

A、松下　昇ないし〈松下　昇〉のパンの食いかたの頽廃についての

大日本帝国私立・小さな親切運動推進本部付設東京帝国主義大学私的教養学部　助教授（マックス・ウェル的ブルジョワ会社学専攻）下痢腹　酷氏の大批判

僭越ながらわたくし、まず固有名詞をもって、自己紹介させていただきます。東大の下痢腹《おりはら》 酷《ひどし》でございます、アッ。さて、早速ではございますが、紙面も限られておりますことゆえ、ただちに本筋にはいらせていただきたいと存じます。

1

あー、**わたくし自身は、〝松下　昇氏はわたくしではなく、わたくし自身は松下　昇氏ではない〟というあたりまえだが基本的な事実を出発点として、**人事院公平委員会の口頭審理闘争に、微力ないし非力をもかえりみず、参加いたしました。しかるに、であります――審理第二日目の自己紹介のさいに、（もっとも、自己紹介などというものは、正規の手続からすれば無用のものでありまして、わざわざこんなチョロケたことを提案したわが請求者側某代理人にたいしては、いずれ全共闘運動がすべての頽廃面を完全に克服しおえてわたくしが何の倫理的抵抗もなくゲバ棒ないしバク弾で武装しうるようになったあかつきには、まっさきに一発おみまいいたすことをお約束したうえで、現在のところは仮りに、自己紹介提案はナンセンスの**否定の否定**であった、と総括しておくことにいたします）、ともかくその自己紹介のさいに、「松下　昇」ないし「〈松下　昇〉」と名のる請求者側代理人が出現いたしました。これは何とも非論理的・没理性的・脱倫理的な、到底ゆるさるべからざる暴挙と申さねばなりません。まず第一に、**六八―六九年学園闘争は、いつ、どこにおいても固有名詞をもって語れる主体の形成をこそめざしたので**はなかったのでしょうか。全共闘運動こそは、ブルジョワ的個人主義の完成、したがってまた爛熟、ひいてはその崩壊を示す一現象でありまするからして、その個人イコール固有名詞のもつ重要性・絶対性を認識しえず、固有名詞をおろそかにしたりヒトさまの固有名詞を盗用したりするものは、ついに全共闘運動のモグリ、ブルジョワ社会の非市民《ブルジョワ》というべきであり、古来「名」を重んじるわが皇国の非国民にほかならないのであります。第二に、この不逞の輩《やから》は、自分が「松下　昇」（および「下痢腹　酷」）と同質の、換言すれば同水準の、闘争をおこなってきたとでもうぬぼれているのでありましょうか。**請求者自身と代理人とは、法律的には同格であるとしても、実質的にはけっしてそうではない**、という、言わずもがなの普遍人類的超階級的絶対的真理を、わざわざ仰々しくも晴れがましくも『五月三日の会　通信』誌上でわたくしにお説教させて恥をかかせるような血のめぐりの悪いヤカラには、今さら何をか言わんや、ではありますが、迂遠をもかえりみず敢えて断言させていただくならば、**問題を具体的に**

つきつめて考えず（ということは、自分の拠点でも、具体的に闘ってはいないということだが）、〈共同性〉などという曖昧模糊たる気分や言葉に酔っている人間だけが、人間の実存をひき裂いている深淵に眼を蔽って、「自分は松下　昇ないし〈松下　昇〉だ」などと軽々しく口にすることができるのではありますまいか。ちなみに、六八—六九年の個別学園闘争をかえりみますとき、わたくしがいま棍棒《ゲバルト》的批判ないし、壊滅《ローラー》的非難の対象といたしておりますこの不逞の輩（この呼称が不穏当であれば、「頽廃分子」とあらためるにやぶさかではございません）は、もれうけたまわるところによれば、自分の拠点において、「共同性」だの「人間の実存」だの「深淵」だのという曖昧模糊たる甘ったれた言葉こそただの一度も口にしなかったとはいえ、「糾弾」だの「解体」だの「自己批判」だのという同じ程度に人をなめた空言を吐きちらし、数十枚の無内容なアジビラを固有名詞や正体不明の集合名詞で書きちらし、研究室を謄写インクだらけにしながらガリ版で刷りちらし、神聖な学園内であたりかまわず撒きちらし貼りちらして、用務員さんや守衛さんに掃除の手間をかけさせ、学内外の集会で場当り的な放言をくりかえしては学生諸君の全共闘的頽廃を容認ないし正当化し、「ナントカ共闘」という口にするもけがらわしい軽佻浮薄な徒党を組んで無責任的言動をくりかえしたあげく、国家権力的専門家的機動隊暴力と大学当局的一般教官的無論理暴力とによって大学が「正常化」されるや、わずか三ヶ月程度のかたちだけの授業拒否で旗を巻いて退散し、あとは教室だの教授会だの取るに足らぬ日常性のなかで、権力に庇護され泳がされながら、無責任きわまりない言行をくりかえすかと思うと、どこかにクビを切られた同業者があれば、何の準備もなく手ぶらで駆けつけ、くよくよしないでまあ一緒にパンでも食べましょう、などと相手の迷惑も考えずに持ちかけ、要するに、自分の拠点では何ひとつ具体的に闘わぬまま、（あとでもっと展開した批判をいたしますけれど）年がら年中、日がな一日、ワルノリしかしていないのであります。こうしたていたらくは、わたくしなどが、わたくしたちの主観的意図や情念から独立した現実の客観的構造の分析と彼我の力量の冷静な秤量にもとづいて、ブルジョワ情報機関を最大限に逆利用しつつ、最低限タイプ印刷ないしゼロックス、最高は上製の書籍というかたちで、カネはかかるが手はかからない近代的合理的合目的的伝達手段をフルに活用して、節約された時間と労力を自分の拠点における具体的な闘争にまわし、出版社から下付された印税を教育闘争のためのカンパにまわす（おまけに、こうして売れた書籍そのものは教育闘争のための教科書となる）という、きわめて革命的な闘争方法を実践的・具体的にとってきた、またとりつつあるのと比較すれば、まさに月とスッポン、ツリガネとチョウチン、イエスと使徒、要約すれば雲泥の差、換言すれば古典的規範的大作家グラジダニーン・フョードル・ミハイロヴィチと全共闘的頽廃的小説家タヴァーリシチ・ウンコッテ・ウンコテヴィチ・クサイスキーこと山田 稔との差、もしくは、古典的規範的大社会学者シトワイヤン・エミール・デュルケームと教育闘争者的具体的社会教育者同志下痢腹 酷との差でなくて何でありましょう。

2

さて、改行もせずに一気に話しつづけてまいりましたので、おきき苦しい点も多々あったかと存じますが、その点はよろしくご寛恕のほどをお願いするといたしまして、このあたりでいよいよ、口審闘争にのぞむにあたってのわたくしの覚悟のほど、くだいて言いますれば**わたくし自身の課題と責任**について、少しく申し述べさせていただかねばならぬかと思います。そもそもわたくしは、**今回の口審闘争が、あくまでも松下請求者自身の闘いの場であることを**大前提といたし、**したがって代理人としてのわたくしの役割は、その場を、松下氏自身が徹底的に対決しやすいように、現実の制約（たとえば公平委員長が間に立ちはだかってくること）**を**最大限除去してゆく補助的・側面的役割であること**であると、深くキモに銘じておりました。（申しおくれましたが、本稿においてわたくしが〔**太字**〕でしゃべっている部分の著作権は、句読点や傍点をもふくめてすべてわたくし下痢腹《おりはら》 酷《ひどし》に帰属いたしております。ただし〔 〕内はその限りに非ず。念のため。）

さて、かかる基本的立場からいたしますならば、松下請求者自身が、本来補助的・側面的役割をになうべきはずのわたくし（たち）により多く発言させ、ご自身は多く沈黙をまもり松下**黙示録**を刻々増補する方針をとっておられたフシがみうけられたことからして、わたくしなどにはとうてい理解がおよばないところでありますが、その点はさしあたり問わないといたしましても、**彼我の力量**の差からすればその実現の可能性など皆無に近いにもかかわらず、逮捕されて留置場にとらわれている飢腹《うえはら》予定代理人の釈放ないし釈放のための尽力を公平委員長に執拗に要求して、いたずらに貴重な時間を空費し、あまつさえこの不当な要求によってわざわざ神戸大学当局ではなく公平委員長を間に立ちはだからせる結果を招いたことは、まさにこの口審闘争の無思想性・無原則性、さらにはその抜きがたい頽廃を如実にあらわしていたのであります。わたくし自身はと申しますと、飢腹代理人は松下請求者と(法律的にだけではなく)切りはなしがたい存在であるかのように頭から信じこんで釈放・出席を要求するその場の雰囲気にけおされて、「松下請求者個人と飢腹予定代理人個人とを固有名詞の相違によって截然と区別すべきである、代理人相互の交換は可能だが(もしそうでなければ、日によって出席したりしなかったりということがどうしてできましょうか)、請求者本人と代理人との交換は絶対不可能だ」という理性的・具体的反論をもってこれに対処することをなしえず、実質的には後日のあの自己紹介のさいのスキャンダルの思想上ないしは無思想上の種をまくのをゆるす結果になったことを、一方では松下氏自身にたいする責任と、他方では、わたくしが「松下闘争資金」、「教官相互援助基金」への参加を呼びかけた方々(会場に結集できなかった方々を含めて)にたいして、それぞれの拠点における闘いに有意味な闘争資料を提供する責任とを自覚しつつ、率直に自己批判いたさねばなりません。

はなしを本筋にもどしましょう。わたくしが想定したようなわたくしの基本的任務から、ただちに、わたくし個人の固有名詞による闘争への弁証法的転化が必然的に結果されるべきことは、もとより言を俟《ま》たないのであります。すなわち、そのようにして創出される場で、より正確に言えば、そのようにして創出されるであろうとわたくしが空想していた場で、今度はわたくし自身も、大学闘争(広く教育闘争)を闘っているひとりの主体として、単位認定権・成績評価権などの諸権限による〝教える者と教えられる者との二元論的固定化〟を主軸とする近代公教育体制(ブルジョア階級私教育体制)の秩序の論理―精神構造を、これにたいする闘いへの弾圧(処分)を逆手にとって、具体的にあきらかにし、具体的に突破口〔Ausweg〕を探ること――これであります。もっとも、いま読みかえしてみますと、われながらこの一節は、わたくしが全実存(およびそれをひき裂いている深淵)をかけて自分の拠点での闘争の神髄を要約しただけあって、頽廃全共闘一派のごとき無概念の超感覚的言語（例、「あすこでジーンときた」）や無内容の超抽象的言語（例、具体的な重層構造や階級構造を挙示する伝達・共有可能な言語ではなく、「重層性」・「階級性」といった、話者がそのもとにいかなる内容を考え、伝えようとしているのか不明瞭な言葉）とはまったく無縁ではありますが、それだけにいささか具体的という段階を克服して具体性の次元に片足をつっこんでいるきらいがないでもなく、「半分わかったかな」とさえも思わないさきにもうつぎに移っていて、とてもついてゆけない程度に非構造的・超無内容的言語の域に達していなくもない、という気がいたさないでもございません。なぜなら、わたくしは、「では、この課題をいかにして具体的に達成していくのか」となるとたちまち生来のつつましさを奪還して黙しがちとなり、せいぜいのところ、「わたくしとして最高度に合理的に――厳密にいえば、主観的には目的合理的（目的意識的）に、客観的には整合合理的に（現実の諸与件を目的―手段系列に的確に織り込んで）、最大限達成してゆくことであった。」としか語らないからであります。わたくしが日ごろ愛用しております西尾　実・岩淵悦太郎両氏編になる『岩波　国語辞典』をみますと、「売春」「売笑」「売色」の各項の説明は、いずれも「→ばいいん」となっております。指示にしたがって「ばいいん」すなわち「売淫」を見ますと、「女子が報酬を得て色を売ること。売春」となっております。まことにもって目的合理的・整合合理的な説明ではありますが、どうも要領を得ないので「売春」をひくと、さっき申しましたとおり、ふたたび「売淫」にもどる仕組みになっております。「女子」や「報酬」の意味はおのずと明らかですが「色」には色々な意味がありますから、ここで言う「色」の意味を特定するため、「色を売る」、すなわち「売色」の項をみますと、これまた「売淫」に逆もどりいたします。文字通り堂々めぐりであります。これと同じく、わたくしが日ごろ愛用しております下痢腹　酷氏的論理（ないし超論理）も、どうも堂々めぐり的な色あいを払拭しきれぬところがあるのではないか、論理的というよりはむしろ論理性一般にすぎないのではないか、というような印象を、ふだんあまり抽象的・超越哲学的思考の訓練をうけておられない方々は、あるいはいだかれるのではありますまいか。なにしろ、わたくしの超具体的な論理展開にすっかりいらだってしまい、みずから自滅への道を敷いた代理人や傍聴人（ちなみに申しそえますと、「地獄への道は善意で舗装されている」という西洋のことわざがございます」――**主観主義的・没構造的・場当り的・感覚的・情動的**〔ちなみに、これには「常動的」という当て字もございます〕・**独善的・……要するに怠惰で無責任な代理人や傍聴人**――からすれば、**「現実の諸与件を目的―手段系列に的確に織り込んでいくにはどうすればよいか」**という項をひいてみると、「現実の諸与件を目的―手段系列に内容的・具体的に織り込んでいけばよいのだ」という説明が出ているし、それでは、「現実の諸与件」および「目的―手段系列」とは内容的・具体的にどういう意味だろうと考えて、それぞれの項をひいてみると、「それは口審闘争のなかで具体的・整合合理的・目的意識的に追究さるべきことである」と書かれている――これでは、五月三日晴れ的大学知識人的**聖世界**《モンド・サクレ》の住人ならぬ頽廃全共闘的猥褻的**俗世界**《モンド・プロファーヌ》の賤民どもには、なんのことやらさっぱりわからず、いらだちと破滅への道はますます完璧となるのであります。かくして、わたくしがつねづねそうあるべきだと主張しているごとく、**わたくしのように、地べたを這いつくばるように個別的事実をひとつひとつ確認しながら抽象化と抽象命題の具体的検証を交互に進めてゆくような類の平凡な人間**独自の方法というのが、じつは、具体的現実（個別的事実の単なる集積と対立するものとしての）の具体的検証ではなく、抽象命題の抽象的措定による主体―客体関係の固定化、すなわち、つねに当為（Sollen）を設定することから逆に現実を任意に限定していくという方法にほかならないこと。頽廃全共闘的非合理主義の克服の方途を、もっぱら整合合理的・目的合理的な目的―手段系列の先験的措定と、客観的（?）事実の近代合理主義的固定化・絶対化のみに求めて、思想史的にはヘーゲル弁証法以前の段階に逆もどりしてしまっていること。したがって頽廃全共闘のぜひとも克服されねばならぬ非合理主義・神秘主義への傾斜をなんら有効に批判しえぬばかりか、運動の退潮期にこのような非合理主義・神秘主義を抵抗者たちのなかに生みだすそもそもの母胎たる近代ブルジョワ合理主義（絶対的な非合理の合理化）にどっぷりとつかってこれに拝跪し、あまつさえこれを批判の武器につかっているだけのはなしにすぎないこと、わたくし自身の側面的・補助的役割という措定から、**深遠かつ根源的な言霊の空中戦**よろしく、無媒介的・先験的に、単位認定権・成績評価権に象徴される（とわたくしが思考する）近代公教育体制（ブルジョワ階級私教育体制）にたいする闘いが一足とびに出てくるのも、また「大学闘争＝広く教育闘争」という等値のなかにはからずも露呈されている具体的な重層構造や階級構造にたいする無自覚・無意識状態がわたくしのなかにいつのまにか巣くってくるのも、前述のような非現実的（事実べったり主義と超越的倫理主義の短絡を基盤とする）方法の必然的帰結なのだということ——はからずもこうしたことが明らかになっているのであります。ただし、「誠実な下痢腹 酷氏は、ただ、自分の拠点での具体的な闘いと、五〇〇キロの彼方でおこなわれている松下闘争との接点を見出そうと苦闘しておられただけなのだ」というような卑俗な註釈者や、「しょせん言葉による闘いは現実の追認・追解釈行為でしかないのさ。いずれそれに気がついたら下痢腹先生だってヘルメットをかぶるさ」というようなアサハカな理解者による陰険な間接的・遠まわし的批判をはじめ、予想されるいっさいの悪質な批判にたいして、あらかじめここではっきりと申しあげておきますが、わたくしは以上のような点をとりわけマイナス面であるとは考えておりません。なぜなら、さきにわたくしが太字で引用して強調いたしました「**わたくしの課題と責任**」にかんする命題の第二点は、その抽象的具体性のゆえに、つぎのように読みかえることが可能だからであります。すなわち、「そのようにして創出される場で」、より正確に言えば、そのようにして創出されるべきであるとわたくしが思念しかつそのように創出することをわたくしが万人から要求するところの場で、「今度はわたくし自身も、生存競争（広く人間解放闘争）を闘っているひとりの女衒《ぜげん》として、娼婦管理権・水揚成績評価権などの諸権限による〝ヒモになる者とヒモをつけられる者との二元論的固定化〟を主軸とする近代公娼体制（ブルジョワ階級私娼体制）の秩序の生理—性感構造を、これをめぐる闘いへの弾圧（売春防止法）を逆手にとって、具体的に隠蔽し、具体的に抜け道［Ausweg］を探ること」。内容的・具体的であるがゆえにありとあらゆる事例への応用が無限に可能であるということこそは、わたくしの思想と感性と文体とに共通する特長（特徴ではありません）でありまして、この特長を、抽象的であるがゆえに「**さて、数分後の電話にどう答えるか**」というような**超プラグマティックな話題に短絡し**そこから一歩も先へ進めないたぐいの悪しき傾向と比べるとき、この両者の間に、まさに純金と舗道石のごとき、百万長者とプロレタリアのごとき、処分者と被処分者のごとき、いかんとも越えがたい差異が歴然としてくるのであります。いずれにせよ、〈人間の実存〉を〈深淵〉のなかにだけとじこめ、現実の〈具体的な重層構造〉を規範や範疇のなかにだけ限定してしまうたぐいのガイコツのような思想と文体よりは、外見は少々だらしなく不躾にみえようとも、既定の意味を転倒ないし拡大し、人間と世界に元来内在する無限の応用可能性と機能転換を実地に具体的に模索・実証している右のような思想と文体のほうを具体的闘争者たるわたくしが採るであろうことは、いまさら申すまでもございますまい。

さて、例によってだいぶ余計なおしゃべりをしてしまいましたが、この饒舌は、**人民大衆へのアッピールや問題提起においても、大学闘争の隠語的・密教的風土をのりこえられないわたくしたち自身の主体的脆弱性**のひとつのあらわれでありますから、いずれ真摯に自己批判しなければなりますまいが、つぎに、「主敵は何か・副次敵は何か?」という、日本の共産主義運動にすら大きな分裂を生ぜしめた大問題にうつりたいと存じます。**ここで注意していただきたいことは、わたくしにとって、この個別・具体的な闘いにおける主要な対決相手は、あくまでも処分者＝神大当局であって、人事院公平委員会は、その媒介としてこちらからひき出したものであり、したがってそれは、主敵との対決に介入し、立ちはだかってくるかぎりで、副次的な対決相手をなすにすぎないという関係であります。**この関係は、「日本における階級闘争というこの個別・具体的な闘いにおける主要な対決相手は、あくまでも世界の支配者・アメリカ帝国主義当局であって、日本独占は、その媒介としてこちらが税金で養ってやっているものであり、したがってそれは、主敵との対決に介入し、立ちはだかってくるかぎりで、副次的な対決相手をなすにすぎないという関係」というふうに、ある程度（つまり議席数にみあった程度）市民権を得ている定義に言いかえることも、あるいはまた、「松下昇氏にとって、この個別・具体的な闘いにおける主要な対決相手は、あくまでも処分の黒幕・政府独占当局であって、神大評議会は、その媒介としてこちらからひき出したものであり（なぜなら、**人間の行為は、最初の瞬間以外の睡眠**〔およびオルガスムスの瞬間の性行為〕**を除けば、生理的欲求の充足行為といえども意識的・選択的な行為であるがゆえに、**松下申請者は、意識的・選択的に神大をみずからの職場として選んだはずで）、したがってそれは、主敵との対決に介入し、立ちはだかってくるかぎりで、副次的な対決相手をなすにすぎないという関係」というふうに、全然市民権を得ていない定義に言いかえることも、いずれも可能であります。いずれにせよ、**もしも人事院が主敵であるとするなら、そのばあいにはそのばあいで、数ある国家権力機構のなかからなにゆえに特殊人事院を選び出すのかということが問いかえされ、はじめから闘争が組み立てなおされていなければならなかった**でありましょう。すなわち、松下 昇請求者、および僭越にも「松下昇」ないし「〈松下 昇〉」と称した代理人（たち）は、数ある国家権力機構のなかから特殊人事院を選び出すかわりに、近ごろ大いに評判の良い特殊環境庁なり、逆に評判のかんばしくない特殊外務省なり、毎度おなじみの特殊警察庁なり、あるいはいっそのこと、数ある国家権力機構の中枢たる特殊千代田区霞ヶ関一丁目一番一号なりを自発的にひき出してもよかったわけで、たしか国家公務員法第一〇〇条だか教育公務員特例法第三五八条だか人事院規則だかには、不服申し立てを提訴すべきところとして、人事院以外にも環境庁、外務省、その他いくつかの特殊国家権力機構の名称が挙示されていたのではないかと記憶いたしております。**このような位置づけは、わたくしにとっては自明の前提にひとしいことであった**わけです。**ところが**、じっさいには、**この位置づけは**、〔ある種の請求者側代理人たちにとっては〕**かならずしも自明のことではなかったよう**でありまして、**この点は、今後の人事院闘争にとって重要な問題だと思うので**、「ああいうばあいには、法律上、まず人事院に提訴するしか道がなく、したがって国家権力機構上、特殊人事院が国家権力総体の弾圧の具体的な追認ないしは合法化を執行するものとしてわれわれの前面に立ちはだかってくることになっているのだ」というごとき没法律論的**異見をもたれていた方は、それを具体的に提起していただいて討論し、きちんと総括しておきたい**と考えるわけでございます。ただし、もしも万一このように考えておられるかたがあるとすれば、すなわち、人事院公平委が主敵であるなどと妄想しておられるかたがあるとすれば、これは**きわめて深刻な事態であり、そこには全共闘運動の頽廃が集約的にあらわれているわけ**でありまして、一介の副次的な対決相手にすぎない個別警察あたりのローラー作戦（「この顔にピンときたら一一〇番！」）におそれをなし、**すっかりいらだって**、それを**神秘化**して**満足気**に山へこもり、あげくのはてに主敵を見失って副次的な対決相手にすぎない同志たちを粛清するという、われわれすべてが深刻にとりくみきちんと総括しておかねばならぬ問題を提起してくれた統一赤軍的「革命の暗黒」と、その根を同じくしていると言うべきでありましょう。そこでわたくしは、遺憾なことながら、〝退行性情動ラディカリズム〟〔これは、わたくしなどが推奨いたします〝跛行性常套ラショナリズム〟の対立概念でありますが〕とも呼ぶべきその精神構造を切開し、その成因と克服の方途を探ることを、以下における本稿の一つの課題に据えなければならないのであります。ここでお気づきのように、したがってこれまでの論述はすべてその課題のための単なる前置きにすぎないのでありまして、これからがいよいよ本番。すでに四〇〇字詰原稿用紙二十四枚をゆうに突破している現状からすれば、先を読みつづける気力をなくされるかたも多少はおられるかもしれませんが、わたくしのようにタテマエとホンネのぴったり一致した数少ない例外的存在はともかく、世間一般にはタテマエのほうが重視されるという個別・具体的な一般法則がございますので、以下の本論は前置きほどの論理性と充実性を要求されないのが通例であり、その意味においては量的にもかなりの程度に紙面を節減できるのではないかと考えます。まずはおことわりまで。

3

さて、この個別・具体的な闘いにおいて、人事院公平委を主敵としてとらえないという戦略的観点から、わたくしは、処分過程や処分理由をめぐる処分者側との対決に入るまえに、まず公平委員長と正面対決し、かれをして間に立ちはだかれないように追い込んでおかなければならないと考えたわけでありますが、この作戦はまんまと成功いたしまして、公平委員長は終始一貫自席をはなれることなく、われわれ請求者側と処分者側・神大当局とが場所的に向きあっている間に立ちはだかるような暴挙をあえてする機会をついにとらえることができぬままに終わりました。わたくしたちは（少なくともわたくしは）、あらゆる挑発をはねのけ、一貫して処分者側とまっ正面から向きあってすわり、請求者および公平委にたいしては側面的位置をとりつづけたわけでありますが、遺憾ながら、わたくしがよんどころない急用のため東京にもどったあとの最終日になって、逆本《さかもと》代理人がこの基本的戦略を放棄され、みずから傍聴席にうつって沈黙したまま公平委員にまっ正面から立ちむかう、という戦略上の愚挙をあえてされたのであります。わたくし自身はと言えば、具体的事実の迫力と平明な論理の拘束力に依拠して、自己の主張を積極的に展開し、大学側との対決に有利な局面を切開くということが充分にはできなかった岡山大学における〈処分〉のさいの先例に学びつつ、公平委としても承認せざるをえない具体的事実をつきつけて、形式的公平性の実質的不公平性を暴露し、それだけでなくその承認を迫って追い込む、という戦術を立てました。この正しい戦術とは、人事院の怠慢による八ヶ月間の審理の遅れとその責任を追及するというあの方針でありまして、それは公平委員長の遺憾表明、処分者側病多《やまだ》代理者の前言撤回とその謝罪のほか、八ヶ月の遅れという事実以外は手持のデータがなかったにもかかわらず、答弁書の延長申請問題を引き出したという点で、一定程度の成果を収めたのであります。わたくしはこの事実から、手持のデータがかなりある処分過程・処分理由をめぐる対決においては、もっと押せるのではないかと考えたのでありますが、やはりこれは甘い見通しだったのかな、と、現在ではいささかこれを客観的に総括する手持のデータの不足に悩んでいる、というのがいつわらざる気持でございます。と申しますのも、わたくしがあの数日間の口審闘争における最大の、ほとんど唯一の戦果であると自負し、また松下氏も「人事院にたいする一定程度有効なパンチ」と評価しておられたあの成功が、なんたることか、公式の「口頭審理記録書」（どうか皆さまのお手もとに配布されました一九七二年三月一日発行の『五月三日の会　通信』別冊をご覧ください）では、ただの一行も、ただの一語も触れられていないことを知って、こんなことはちょっと理性を働かせて考えてみれば至極当然のことではあるにもかかわらず、なおかつ、わたくしは文字通り愕然とせざるをえなかったのであります。どうやら、承認せざるをえない具体的事実の尺度が、彼我の客観的力量の具体的関係上、こちらとあちらではまったく異なるのか、さもなければ〈遺憾表明〉とか〈前言撤回〉とか〈謝罪〉とかは、公平委員長がタカ派金井八郎であるか擬ハト派的タカ派足立忠三であるかを問わず、羽毛のごとく軽いもの、言いかえれば一定程度の平凡パンチ、いやそれどころか、公式記録には絶対にとどめらるべからざるもの、ひいては公式の審理とはいっさい無関係な単なるハプニングにしかすぎぬものであるのか、いずれにせよ、単なる副次的な対決相手にすぎないとわたくしが考え、もって全幅の信頼をおいていた人事院公平委にまんまと裏切られたという感慨は、まことに尽きぬものがございます。あるいは、主敵たる神戸大学当局が、副次的対決相手たる人事院公平委にたいして職務命令を発し、この箇所の記録を削除せしめたということも充分に考えられますが（国家公務員法第一一一条、ひそかに情を通じる権限）、あまり下司のカングリをすると、**どんなに追い込まれた不利な場においても落着きと品位をもってたんたんと闘うこと**をモットーとする教育闘争者（もしくは教育的闘争者）の品位をみずからおとしめることになりかねませんので、その点は発言をさしひかえたいと存じます。いずれにせよ、この一事をもって、例によって抽象的・感覚的・情動的……要するに怠惰で無責任な批判をわたくしにむかって投げつけてくる向きもあろうかと思いますが、それはそれとして、もうひとつの可能性（具体的な重層構造を考慮するなら、これがもっともありうべき可能性だと言えるのでありますが）、このもうひとつの可能性を考慮にいれねばなりますまい。すなわち、この個別的勝利ののちも、もしもわたくしたちが**その場の情動に翻弄されて、〝動き出したら止まらない欠陥車〟**〔とび出すな、車は急に止まれない〕**のように**、換言すれば、〝屈服しだしたら際限がない秩序派教師（全共闘系もふくむ）〟のように、さらに換言すれば〝拒否しだしたら教室にもどらない造反教師〟（とび出すぞ、子供は急に止まれない）のように、**つっぱしり、電柱にぶつかって自滅する**結果にならなかったなら、すなわち、もしも似而非《えせ》松下　昇事件やパン食い競争事件（まさにあの場の光景は、競争というほかないほど大衆的な、ハシタナイ、馬鹿げたものでございました）が一部冒瀆集団によってひきおこされなかったなら、あのささやかな個別的勝利は弁証法的・自然法則的発展をとげて、**わたくしたちの主観的意図や情念から独立**したまま全体的勝利へと質的に転化し、もって公式記録にも堂々と記載され、松下　昇氏（本人）は天下晴れて無実となり、めでたく復職しておられたカモシレナイのであります。そうなれば、その夜のわたくしの**徹宵**しての資料調べと方針作成も、決して無駄には終わらなかったでありましょう。

4

ここでわたくしは、「相手の土俵にのめりこむな」というあのお粗末な精神ないしは脱精神、すなわちスターリン主義的官僚主義の専門用語でいえば極「左」日和見主義的傾向、マックス・ヴェーバー的スターリン主義の学術用語でいえば**一面的・機械的・短絡的・客観主義的・敗北主義的**……**極論**、これにたいして、きわめて簡潔に批判を向けておきたいと思います。**右の極論者**は、なるほど表面的・仮象的には、すなわち個別・具体的には、既述の不逞の輩（脱固有名詞的頽廃分子）とは別人であるとはいえ、構造的・本質的・根源的にはまさしく同類であって、貴重な具体的先行事例たる岡山の口審闘争の具体的総括すらろくろくおこなわず（それどころか、ひかりは西へ！の岡山に行きさえせずに）、のっけから、「口審闘争は松下処分の人事院による追認に終わるにちがいない」と思いこみ、そうなる**公算**とそうなる蓋然性とそうなる必然性とを区別することさえできずに、なにか〝壮大な〟〝**根源的な〟ことばかり夢見て**いたあげくのはてに、わたくしが的確に打ち出した**具体的な獲得目標と具体的な方針**にことごとくケチをつけ、故意に平地に乱を起こすようなふるまいに汲々として終始したのであります。それはさておき、では**人事院口審闘争**（**一定の条件を変更すれば、裁判闘争**）の獲得目標とはなにか。この大問題にたいする答は、簡単すぎるほど簡単であります。すなわち、**第一に、処分の白紙撤回**（**無罪**）**をとりつけることである**。言うまでもなく、**欠缺《けんけつ》なき体系**ではないブルジョワ法は、**教育関係わけても大学関係の法規**に関しては、極「左」日和見主義的無学者どもが**物神化し、拝跪しているほど完全なもの**ではないのであります。したがってそこでは、**判定官**（**裁判官**）**の解釈と実質的考慮の占めるウェイトが相対的に大きい**のであります。「だからこそ、**社会通念に呪縛されている**というよりはむしろ社会の具体的重層的階級的構造に規定されている判定官が、あなたのおっしゃるように**具体的事実の迫力と緻密かつ平明な論理の拘束力によって通念をくつがえ**されるかどうかは、それら具体的事実の迫力いかんと、拘束力をもつべき論理の緻密さおよび平明さのいかんとによって左右されると同時に、それに劣らず裁判所（口審会場）外の具体的階級闘争（無規定の〝教育闘争〟という言葉は用いない）の如何によって現実的・具体的に左右されるのであり、問題は、欠缺なき体系ではない法律の拡大解釈がどちらの方向にむかってなされる可能性（公算）が大きいかということなのだ（〈別件逮捕〉、〈任意同行〉、〈思想・報道弾圧〉等々のパターンを見よ）」――というごとき客観主義的妄想は、「なにゆえに、神戸大学や岡山大学や徳島大学では教員処分がおこなわれ、東京大学や京都大学では処分されないのか、さらには、なにゆえに小・中学校の反戦教員のほうが大学の同種の教員の何十倍も容易に処分されるのか、という点についての意識化・自己対象化をぬきにしたまま〈教員関係わけても大学関係の法規〉の不完全性を云々するとは、自己の拠点で具体的に闘っているはずの教育闘争者らしくないですネ」――というごとき誹謗中傷と同じく、マルクス主義の宿弊たる敗北主義的史的宿命論（Historischer Fatalismus）に色こく染められているのみか、裁判所（一定の条件を変更すれば、人事院公平委員会）という護民官的反（半）権力機構のなかに着実に橋頭堡をきずく闘いを放棄する独善的な感覚的場当り主義者・やみくも粉砕主義者の特性というべきでありましょう。ちなみに、かつてわが敬愛する下痢腹　酷氏は、「闘いとは、厚い樫の板をこぶしでこつこつとたたき、最後には穴を穿つようなものではあるまいか。」という名言を『五月三日の会　通信』誌上で吐いておられましたが、このひそみにならって、不肖わたくしが同じくこの『五月三日の会通信』誌上で警句を吐かせていただきますなら、闘いとは、厚い裁判所（一定の条件を変更すれば、人事院）の壁をこぶしでこつこつとたたき、最後には無罪放免を獲得するようなものではありますまいか。こつこつたたいているあいだに廷吏に発見されたり、死刑の宣告を受けてしまったり、裁判所常駐機動隊のリンチで虐殺されたり獄死したりする危険があるからといって（一定の条件を変更すれば、起訴の段階で職場を追われて糧食の道を断たれたり、妻子もろとも路頭に迷ったり、過労と精神的苦痛で自分も妻も子も肉体的・精神的に破壊されたりする危険があるからといって）やすやすと敵（どころか副次的な対決相手）の意識的・無意識的挑発にのって自滅の道をたどる請求者やましてその代理者は、後続の闘争者、みずから松下氏に続く日を予期して松下氏に支援〔とカンパ、ないし、かカンパ〕を送っている全国の有志にたいする責任をどう考えているのか。

第二の獲得目標は、要するに一言でいえば、「近代公教育体制の管理秩序を支える論理―精神構造を具体的に暴露し、具体的に突破口を探る」という、すでにさきほどもくわしく考察いたしました一事につきるのであります。が、しかしながら、近ごろでは、「そういう秩序や構造は、とっくの昔に暴露されてしまっているではないか」というような軽々しい楽天主義的・他人事的断定がしばしば耳にはいってまいります。しかしながら、それでは突破口はどうなのか、と反論いたしたい。突破口は、いまだに大学そのもののなかからは発見されるにいたっておらないのであります。大学の壁がこぶしでこつこつとたたいて穴を穿つには厚すぎるせいか、それともわたくしが大学の内側からだけ、しかもペンとインクと固有名詞だけをもってたたいているせいか、いずれにせよまだその突破口は見出されておりません。それどころか、わたくしが暴露すればするほど大学の壁は近代的・目的合理的に改革され、美しく厚く白く塗りかためられていく観がないでもありません。しかしながらわたくしは、その原因を、なによりもまず、具体的な暴露がまだ充分ではないのだ、と自己批判的に認識し、狭義の教育闘争をこつこつと続けておるのでございます。そのさいのわたくしの具体的闘争形態の一端をご紹介いたしますと、まず一方では限定的・特殊的な自分の拠点における闘争の重要性・交換不可能性を強調し、同時に他方では、個別・具体的な自分の闘争拠点での発言を類似の各種拠点にも適用すべく一冊の書物にまとめて広く市販する、というものでありまして、いっけん矛盾するかに見えるこの形態の根底には、弁証法的契機としての矛盾の重要性と量から質への転化という弁証法的飛躍の人類史的な意義とにたいする深い洞察（他の多くの点とともにこの点もまた、マルクス主義者たちがマックス・ヴェーベリアンから学ばねばならないところでありましょう）が横たわっているのであります。わたくしは、この矛盾をかみしめ、自己の実存をひき裂く深淵として受けとめながら、量がいつの日にか質に転化しておのずから突破口が開けることを期待しつつ、執拗に、ねばりづよく、たえず原点に立ちもどって闘いつづけているのであります。その点では、たえず原点そのものを移動させて、あらゆる場所が〈自主講座〉だ、などと称し、授業粉砕をやるかと思うと生協役員に立候補し、学外で鉄板焼き屋をはじめたかと思うと学内でタコ焼き屋を開業する、というごとき変わり身の速さは、まさに無原則的・場当り主義的・やみくも粉砕主義者的行動として、わたくしのとらざるところであります。この点で異論がおありのかたは、どうか率直に反論ねがいたい。

5

第三に、人事院口審闘争（ないし裁判闘争）は、かりに右の二つの目標が、たんに当為《ゾレン》として提示されるのみで具体的・階級的・主体的・客観的現実の制約からして当然のことながらまったく達成されなかったとしても、なお獲得されるべき意味をもっているのではありますまいか。ところで、これはこれなりにきわめて重要な問題ではございますが、これにつきましては、日本流にいえば〝徒党情念〟とでもいうべき〝集合表象〟について、かの有名なÉ・デュルケームが権威ある『宗教生活の原初形態』の研究のなかで述べていることを、A・J・トインビーの権威的学説なども参考にして熟読味読していただければ、（いずれも翻訳は『五月三日の会　通信』第八号に一挙掲載されております）、わたくしなどがまわりくどくご説明申しあげるよりよっぽど印刷費用も節約できますので、ここではただ、「このブルジョワ社会で〝敵の土俵〟でない〝真空地帯〟などひとつもないのだ、だから分をわきまえて闘争の後退期には〝ラディカル〟な言動をつつしみ、救いがたい〝敵の土俵のなかでの敗北〟だけはせぬように、みんなでがんばろう」ということだけ確認しておいて、さっそくにうつることにいたしましょう。

6

さあこうしていよいよ、みなさまおまちかねのパン食い事件についての大批判を展開するところまでこぎつけました。期待が大きいとそれだけ幻滅も大きい、というのは、万年九等官アカーキイ・アカーキエヴィチ・バシマーチキンの昔から、かの『芋粥』の万年五位を経て現代後期ブルジョワ資本主義の官僚主義的社会の万年学生や万年教師、万年サラリーマン（労働者をふくむ）にいたるまで相通ずる普遍妥当的真理でありますゆえ、どうかみなさまがわたくしの大批判に過度の期待をお抱きにならないよう、あらかじめお願いいたしておきたいと存じます。なにしろわたくしの大批判は、例によって、ブルジョワ合理主義の否定の否定、すなわち近代主義を逆手にとりつつこれを克服しようという途轍もない意図に支えられているため、デュルケームその他の超一流学者が述べた月次《つきなみ》な理論の枠におさまらないようなことを手さぐりで探求してみようというような野蛮な試みをおこなう無教養な人間たちにたいしては、彼らがふだん飲んでいる渓流の岩にもまれた清水のかわりに突如としてナショナルの浄水器を通した文化的な水道の水を飲ましてもらったときのような近代的・合理的当惑を、わたくしの大批判は与えかねないからであります。それはともかく、大批判の公正を期するため、まず公式の審理記録書から該当箇所をそのままここに転載しておきたいと思います。わたくし自身の語りくち（精神構造）を忠実に再現すべく努めたため若干読むのに骨のおれる本稿とは対照的に、まことにもって簡潔で味わい深い文章でありますので、どうか再読味読されますよう、おすすめいたします。

「第2回口頭審理記録書　　期日昭和四六年七月二〇日一〇時

（審理の概要）

1、公平委員長

第2回口頭審理の開始を宣言した。

2―4〔略〕

5、公平委員長

公平委員長は実質審理に入る旨を再三にわたり告げたが、請求者側は、処分者本人と上原代理人の審理への出席要求等についてくり返し発言した。

6、公平委員長　請求者側

公平委員長は請求者代理人らがパンを食べているのに対し、再三制止し、または退席を命じたが、同代理人らはこれに応ぜず、他の請求者代理人らとともに、こもごも公平委員長の制止、命令に抗議の内容の発言を行なった。

7、公平委員長

本件口頭審理の打切りを宣言した。」

さてここでは、**最初にパンを食べたAさんの行為については、思うに、Aさんの最悪の敵は、主観的には善意**

をもってAさんを弁護したり、悪のりしたり、神秘化したり、Aさんの自己凝視を妨げ、Aさんを自己欺瞞に誘う人々のなかにいる（「主観的には善意をもって」は、「Aさんを弁護したり」にしか繋《かか》っていないので、ご注意いただきたい）ということをまず指摘し、Aさんがこれら誘惑者、蝮のすえたち、敵権力のまわしものらの悪の手に陥ることなく、純潔をまもりとおし、みずからの行為のもつ重い意味を孫子末代まで問いつづけられるよう期待しつつ、この出来事がはしなくも露呈せしめた問題点を番号順に整理しながら、私見を述べたいと考えるのでございます。

1の① あの場でパンを食うという行為を、頽廃全共闘一派のひとりがおこなったごとく「生理的欲求」として弁護するなど、もってのほかである。なぜなら、Aさんが**別種の生理的欲求を傍聴席で充足する用意があり、そういうことを一生つづけられる**のでないならば、あの行為はAさんが選択したものであり、しかも意識的に選択したものだからである。――この点につきましては、ブルジョワ週刊誌あたりから具体的反論があろうかと思いますが、それは敵権力の手先たるブルジョワ週刊誌のことでありますから、敵の土俵内で討ち死にするような恥ずべき結果を避けるため、一応無視したいと考えます。すなわちその反論とは、統一赤軍の某女性兵士は同志たちを逃がすため、もうひとりの男性兵士とともに自動車のなかに八時間とか閉じこもり、警察官（このばあい男性・複数）が刮目・垂涎して見まもるまっただなかで排泄という生理的欲求を充足したではないか、だから女性Aさんにそれができないという予断をいだくのは不当である、というものでありまして、その他（最初の瞬間の睡眠につきましては、最初の瞬間以外の睡眠ともども、わたくしどもが商売柄、毎日のごとく目撃しておりますので、これは別として）、性行為に関する生理的欲求の公衆の面前での充足に関しては、その内容的・具体的実例は枚挙にいとまがないほどでありますが（必読参考文献としては、アカハタ短篇小説賞受賞作家泉 大八氏の一連の近作がある）、いずれにせよ、前者の排泄の例は極悪犯人・非国民・反市民・狂気集団・トロツキスト的盲従（猛獣）分子・爆弾教のワルノリ信者……要するに不逞の輩のことでありますから言うまでもなくわたくしたちとは人種がちがうのであって、まったく論外であり、また後者の性に関する例は、目下警察公安当局がロマン・ポルノ・ローラー作戦、ストリップ摘発、青少年に夜遊びと革命ごっこをさせない運動、という形で本格的な取締りにのりだしておられるという、これまたオカミにタテつく犯罪者的事例でありますからして、わたくしたち公序良俗を重んじ豊かで平和な生活をねがう市民にとっては、まったく無縁なのであります。

1の② Aさんが**松下氏の責任ある共闘者・支援者**だったとしたら、Aさんは、例の**岡山の先行事例**が、当時の松下代理人がコーラのビンから水を飲んだ（すなわち、コーラのビンからはコーラを飲むべきであるのに水を飲んだ）ことによって打切られている事実を意識していたのか。もし意識していたのなら、あの今回の打切りのあと皆と一緒に人事院の控室に抗議に行かなかった理由を述べよ。――ハシタナイ、馬鹿げたこの行為だけから判断して、わたくしは、Aさんが松下氏の責任ある共闘者・支援者だったはずはない、と断言してもよいのではあるまいか、とさえ考えております。Aさんは、なるほど松下氏と終始一貫して外見的行動をともにしたかもしれない。けれども、そこにはおのずから、固有名詞的差異と同時に実存的・深淵的差異もあるはずでありまして、六八―六九年学園闘争は、いつ、どこにおいてもそうした差異（差別）を暴露し、抑圧者＝教官たる松下氏を糾弾し、これに自己批判を迫っていく主体の形成をこそめざしたのではなかったでしょうか。松下氏とその**使徒たち**の〈自主講座運動〉なるものが、わたくしによって代表される元祖・全共闘運動本舗の責任ある共闘者・支援者ではないということをも、このAさんの行為は如実に物語っているのであります。

1の③ 世の中にはいろいろと気にくわぬ不当なことが行なわれており、真夏になると背広をぬいでしまうばかりかネクタイまではずしてしまう無作法がまかりとおっていることなどもそのひとつであって、わたくしなどは日夜こうした不当との闘争に余念がないわけであるが、これらの不当に抗しようとするものは残念ながら、**客観的可能性を判断し、自分の行為の結果を予測してそれに責任をとらなければならない。**――要するに、客観的可能性が判断できないことや、自分の行為の結果が予測できなかったり、あるいは責任がとりきれないことが予測できる場合には何もするな、ということであります。この命題は、「客観的可能性を判断すれば、松下氏のような闘争は東大なり京大なりという軟構造の場所でこそ行なわれねばならないはずだった。客観的可能性から判断して簡単に

〈処分〉を結果することがわかりきっていた神大の松下氏にああいう闘争をまかせておくのではなく、ああいう闘争はわたくし（たち）こそがやるべきだったのだ」という深い悔恨の念から生まれたものなのでありますが、それはともかくとして、今の時点でこの命題を実践的に応用していくための実例をひとつだけ挙げておくことにいたしましょう。すなわち――たとえば不当の巣窟ともいうべき神戸地裁なり神戸歯科医師会館なり神戸大学なりの便所にはいったものは、個別・具体的なその便所が、自分の排泄物を正規のルートを通して最終的には処理場まで送り込む仕組みの一端をになっている客観的可能性があるかどうかをまず判断し、その正規のルートおよび若干の正規ならざる外部滲出ルートをたどっての最終的行く末を予測し、万一その処理が不完全で自分の排泄物が上水道用水なり瀬戸内海なりに混入（乱入）したばあい自分は自分の排泄行為の責任を闘争者・水道利用者＝松下氏、および後続の闘争＝子々孫々にたいしてとりきることができるかどうかを熟考したうえで、もし責任をとりきれると判断できれば、当該便所において、他人の目につかぬようにかつ意識的・選択的にその生理的欲求を充足しなければならないのであります。（言わずもがなのことですが、もしも当該便所から処理場にいたるルートの安全度の客観的可能性が判断できぬ場合は、当然、屋外の草むらなり建物のかげなりでその欲求を充足するだけの配慮をもつべきであります。）松下氏の責任ある共闘者・支援者であることをわたくし以外の大部分の方々から認められておられるらしいAさんには、こうした責任をとる用意があったのでありましょうか。

　おそらく、いずれの問いにたいしても答えられないだろうと思う。ということは、Aさんが、当然の準備を怠り、その場の情動に押し流されて無責任な感覚的・場当り的選択をした、ということである。ここで、言わずもがなのお説教をもう一度だけすることをおゆるしいただけるなら、人間の自由とは、エンゲルスだかヘーゲルだかゲバラだか誰だかの言ったごとく「必然性の認識」などというお粗末なものではなく、むしろ、即自的な欲求・衝動・情動・気分・ロマン主義的幻想などの非合理的要素によって制約されることなく――意識（主観的目的合理性）と判断（客観的整合合理性）を曇らされることなく――自立的に設定した目標を貫徹することにある、のであります。「意識」を「主観的目的合理性」と等置し、「判断」を「客観的整合合理性」と定義づけるのが果して妥当かどうか、というような異見をお持ちのかたもおありかと思いますが、わたくしがその最高到達点をきわめつくしたブルジョワ学問においては、このような出発点（原点）の主観的・客観的合目的性には疑念をさしはさまない、ということが科学的真理探求の基本とされておりますので、「木を見て森を見ず」のたとえのように、この点にばかり馬鹿げたハシタナイ疑問を向けて、このわたくしの命題そのものの重要性をまじめに考えようともせず無理解ないしは微苦笑をもってこたえる人間は、ついに類人猿から類猿人への進化をとげぬまま、衝動的・情動的にコーラびんから水を飲んだり食堂・茶の間以外の場所でパンを食べたりすることを〝自由〟であると思いこんでいる場当り人間にすぎないでありましょう。

※

さて、批判はいよいよ佳境に入ります。

2―①　いささか冗長になるおそれなしとしませんが、きわめて重要な部分でもあり、しかもわたくしの大批判の姿勢の全精髄《エキス》がここにぬりこめられている名文でもありますので、一言一句の省略・変更もなく全文を堂々一挙掲載することにいたしましょう。

「しかし、わたくしが、Aさんの行為以上に問題だと思うのは、この感覚的・場当り的行為に悪のりしたとしか思えない一部教官代理人の無責任な行為である。Aさんの行為以上に、というのは、学生Aさんのばあいには、まえに述べた〝聖世界〟の高みから急角度に〝俗世界〟に投げ返されたという連関から、審理場における〝いらだち〟の事実的必然性と重みが了解できるのであるが、その教官代理人にはたしてそれだけの背景があるのかどうか疑わしい点と、やはり、どんなに正当な情念をどんなに激しく燃やし発動してもにわかには意のままにならない現実の諸与件にたいしてより醒めた認識と判断をもたねばならない大人であるはずだという点からである。わたくしの記憶に誤りがなければ、この教官代理人は、「松下　昇」と名のった代理人と同一人物である。この二点について、固有名詞をもって釈明され、わたくしの見解に反論されるよう、強く要請する。」

ここで問題になっておりますこの脱固有名詞的パン食い的ワルノリ分子は、わたくしがさまざまな人びと（老若男女「左」右を問わず）から伝えきいた噂と、じかに目撃して肌で感じた（ジーンときた）感じとから判断して、軽薄なくせに血のめぐりだけは人一倍悪い人物でございますので、この格調高い高邁な文章だけでは、いったい自分の何が批判されているのか、それどころかいったい誰が批判されているのかすら理解できないのではなかろうか、との危惧の念が執拗にもわたくしの脳裡から去ろうとしないのであります。したがって、煩瑣をもかえりみず、ひとつひとつ口移しにして噛んでふくめるように説明してやることをおゆるしいただきたいと存じます。（なお、さきに全文を引用しました関係上、これからの箇所ではわたくし自身の文章をいちいち太字にする必要はなかろうかと思いますので省略させていただきます。この場合でも、本来ならば太字にすべき該当箇所の著作権はわたくしに帰属すること、いまさらあらためて申すまでもないでありましょう。）

◎　大批判の第一点　Aさんの感覚的・場当たり的行為にワルノリしたとしか思えない（より直截的に言えば、ワルノリした以外のなにものでもない）一部教官代理人（この時点では単数か複数かアイマイなままにしておくことにいたしますが、〝教官〟という表記にご注意ください。西洋語でありますれば、斜字体《イタリック》ないし太字体《ゴシック》ないし隔字体《ゲシユペルト》で書くべきところであります）の無責任きわまりない行為は、Aさんの行為以上に問題である。

○　その理由の第一点　なぜなら、AさんはAさんなりに、闘争の昂揚期から後退期への急角度の下降的移行にともなう〝いらだち〟の事実的必然性がÉ・デュルケームの権威ある学説によって裏付けられるのであるが、その教官代理人（この時点で、単数であることを誤解の余地なく明示しておりますので、お見逃がしなきよう）は、過去においてロクロク（もっとはっきり言えばゼンゼン）闘争などやったこともなく、ただ一貫してワルノリしただけにすぎないので、〝聖世界〟の高みから〝俗世界〟の低みへ投げ返されることなどあろうはずもなく、一貫して〝俗世界〟の底辺から底辺へと這いずりまわってきたにもかかわらず、Aさんと同次元に立つ資格があるなどとうぬぼれ、あまつさえ、松下 昇氏と同類（同業者に非ず）であるとさえ妄想しているのは、まことにもって滑稽というか不とどきというか、あいた口がふさがらないのである。このけしからぬ徒輩にたいしてついうっかり甘い顔をみせてしまうと、そのうちに「ぼくは下痢腹　酷でもあります」などと勝手に自己紹介されかねないので、このさい、定期購読者数において他誌を寄せつけぬ『五月三日の会　通信』誌上で、はっきりと固有名詞的商標の登録手続をしておかねばならないのである。

○　その理由の第二点　なぜなら、教官であるいじょう、この代理人は大人《おとな》であるはずだから、すでに世間の酸いも甘いもかみわけるだけの豊富な人生経験をつんでいるはずであって、世間知らずの子供ないし学生ぶんざい（この場合、個別・具体的にはAさん）がわけのわからぬ駄々をこねるのを、たしなめてやることこそあったとしても、待ってましたとばかりワルノリして一緒になってさわぐなどとは、ハシタナイのもはなはだしい。六八—六九年→∞の学園闘争において出現した「造反教官」なるものの本質はまさにこの年甲斐もないワルノリにあったことが、この不逞の輩の個別事例によって普遍妥当的通例として社会通念化してしまうではないか。東大私的教養学部をもふくめて、学生が騒ぎだすよりさきにさわぎ出した教官など、ひとりもいなかったことが、（ずっと昔から胸のうちに疑問をひめておりました、などというのは言いわけにならない。そんな疑問くらい、大河内や加藤や坂田や高見や佐藤でも、一人前程度には秘めているのだ）、バレてしまったではないか。まことに嘆かわしいことである。マイクやノボリをもって学生の無謀を厳にいましめ、声をあわせて根気よく説得し、ばあいによっては国家権力機動隊の力をかりてでも、迷える者たちを悪の道から引きもどしてやるかわりに、一緒になって悪の道をつっぱしるという始末なのだ。現実はそんなに甘くはない。現実の諸与件にたいしてより醒めた認識と判断をもって対処していくことこそが大人《おとな》である教官の任務であるにもかかわらず、世界の公式的約束に習熟しきっていないがゆえにこの世界を変テコな角度から見てしまい、変テコな行為によって変テコなぐあいに世界とかかわろうとし、その自分の行為の変テコな結果についてはあらかじめどんな責任をとればよいのかすらわきまえていない学生＝子供クンダリと行動を（しかも中途半端に）ともにして、結果的に学生を頽廃・堕落の淵につきおとし、破滅への道に誘惑する罪は、なにものをもってしてもつぐないがたいのである。

◎　大批判の第二点　わたくしの記憶には絶対に誤りがないが、言葉をやわらげるために「誤りがなければ」という言いかたをするなら、衆知のごとく、この教官代理人は、「松下 昇」（「〈松下 昇〉」ではないので、くれぐれもご注意ねがいたい）と名のった例の不逞の輩と同一人物である。同一人物は世界にひとりしかいないから、口頭審理に参加しておられた方々には今さら申しあげるまでもないが、不幸にして参加できなかった全国津々浦々の教育闘争関係者の方々のなかには、「へえー、そんなことがあったんかいな。わしもその場におったら、Aさんと連帯するとか共同体とか何とかヒチ面倒くさいことは別にしても、とにかくAさんがパン食うて退場を命じられてしもたいうその事実を代理人全体の問題にするためにだけでも、一緒にパンを食うたったのになあ。それとも、命令どおりにAさんに退場してもろて、あとで請求者本人から処分者と公平委員に、うちのガキがごつう悪いことしよりまして、すんまへん、これからこういう不都合が起きんように注意しまっさかい、よろしゅおたの申します、てなワビを入れるべきやった、とでも言うのかいな」――などと問題の本質を故意にねじまげて理解されるかたなどおられないであろうことを確信しつつ、べつに釈明と反論からヒョウタンとコマが出てくることなど期待できないにもかかわらず、あえて固有名詞をもっての釈明と反論を**強く要請**（強要）**する**次第である。

◎　大批判の、後の祭り《ポスト・フエストゥム》的に付け加えられた第三点　右のわたくしの強い要請にもかかわらず、右の**同一人物**は、現在の時点にいたるまで、固有名詞をもって釈明および反論をおこなわないまま逃亡をつづけ、あまつさえ、「的という字をみると頭痛がする」などという冒瀆的・中傷的言辞をところかまわずまき散らしている。わたくしたちの内部的頽廃を主体的に克服することが一日おくれればその分だけ敵権力的神大当局の策動が一日すすむことを考えるなら、この逃亡はゆるしがたい階級的犯罪である。それとも右同一人物は、わたくしの電撃的批判以来、もはやワルノリしようにもするきっかけがなく、思いあまったすえ、こともあろうにわたくしの批判そのものにワルノリすべく機をねらっているのではあるまいか。わたくしは、断じてそのような感覚的・情動的・場当り的・八ツ当り的行為をゆるさない。

※

またわたくしは、**この一連の――端的にいって愚にもつかぬ――経過**を、あれやこれやと**神秘化するムード**を、後退期における自己欺瞞の常套手段として、惨めさの上塗りとして、排撃いたします。だいたい、こんなことを大真面目に論じなければならないこと自体が滑稽ではないか。酔いから醒めて、そっけない現実をザッハリッヒに直視し、あたりまえの闘いをあたりまえに、たんたんと担っていこうではありませんか。——なるほど、そうなると、こんなことを終始一貫大真面目で論じているこの拙稿など、まさに自己欺瞞の常套化、惨めさの上塗り以外の何ものでもないということになり、また、この「あたりまえ」の基準をどこにおくかは最終的には具体的な自分の拠点でのそっけない現実をザッハリッヒに直視して個別・具体的に決めるしかないわけでございまして、この基準をとことんまで問いつめていけば例の堂々めぐりにおちいるので、それは言わないことにいたしますが、「あたりまえの闘いをあたりまえに」ということのなかに「そろそろ授業拒否を解いてあたりまえの教室にもどって」という意味がふくまれるはずは絶対にないのだ、ということだけ、とりあえず申しあげておきたいと考えるのであります。

7

この章において述べるつもりでおりましたことがらは、よく考えてみればすべてこれまでのおよびこれ以後の詳論にふくまれますので、この章は全略ということにさせていただきます。

8

「本当に日本には、全社会こぞっての『個別化』『通報化』『一億総スパイ化』時代が到来したように思われる。誰も彼もが別々になり、孤立して行く。そうしたなかで、本当は、一人一人のものがなにか独自な、新しい未曾有のことを案出しようと欲している。あらゆる人が、以前、思想や感情において共通していたものを排斥して、自分の独自な思想や感情から始めようとしている。あらゆる人が最初から始めようと欲している。以前の羈絆は未練もなく切断して、めいめい自分勝手に行動し、それを唯一の慰めにしている。現在行動していないにせよ、今にしたいと思っている。これは結構なことである。かりに大多数の人はなにも始めていないし、いつになっても始めることがないとしても、とにかく絆を切ってしまって、わきの方にたたずみながら切れたところを眺め、手をこまねいて、何かを待っている。日本では、万人が何かを待っている。これこそは、潜在的な革命的状況、すなわち過渡期の特質である。ちょうど、その数十年後に偉大な革命となって現実化した、いまから百年前のロシアの状況とまったく同じである。さればとて、なにごとにも精神上の協和がほとんどなく、すべてが分裂してしまった。そして、現に分裂しつつある。しかも集団らしいものに別れるのではなく、まったく個々の固有名詞に分裂している。ブルジョワ社会の完成とその崩壊のきざしが、ここにはっきりとあらわれている。

年寄りの目から見て、なによりいけないことには、時としていかにも軽々しく、満足げにおこなわれているのだ。たとえば、現代の新人の中から芸術家や文学者を取ってみるがよい。彼らは……従来のことはてんから知ろうとしない。かれらはなにごとも自分本位であり、自己標準である。彼らは新しいことを宣伝していきなり新説と新人の理想を提出する。年寄りの目からすればがまんならないことである。彼らはヨーロッパの文学も自国の文学もおもしろいと思わない。彼らは何一つおわりまで読まなかったのみか、またおわりまで読もうという気にもなれないのだ。彼は夏目漱石や柴田 翔のものを読まなかったばかりでなく、蔵原惟人や中野重治などという、自己の陣営に属する人のものさえほとんど読んでいない。彼らは新しい英雄《もんじろー》と新しい女《セックス》を描き出すが、その新味は、はじめの九歩を忘れて、一足飛びに第十歩目を踏み出すことである。それゆえ、たちまち想像もできないほど前衛的《いかさま》な状態に落ちこんで、責任ある共闘者・支援者を見出せぬまま自滅してしまい、読者の教訓にもなれば、誘惑にもなるのである。つまり、この前衛的《いかさま》状態が教訓の全部なのである。まことに反面教師的というべきである。こういったすべてのことには、新しいことがきわめて少なく、かえってわたくしなどがもう六、七〇年もむかしに経験したような手あかのついた古いことばかりである。しかし、それは大したことではない。伝統の克服は一朝一夕にできるものではないし、若者がこのような手あかのついた古いことに依然としてかかずらわっていなければならないのもわたくしたち老人がちゃんと自分の若いころにそれを解決することができなかったためだからだ。問題があるとすれば、著者が、『自分は新しいことをいったのだ、自分は独自になったのだ』と確信して、当然、大満足でいるところに問題がある。ただし、こうしたなかにも一〇パーセント程度の新しさと独自性を見出し、これを決定的なモメントとしてとらえることができないとしたら、文学者としても社会学者としても人間としても失格だということをキモに銘じておく必要もある。……

要するに、めいめいが自分本位で、自分勝手にやっているように見えるのである。だがはたして彼らはただ独創ぶったり、気どったりしているのか？　なかなかそうではない。今日は反省の時代ではなくて、むしろ直情の時代である。多くの人たちは、おそらくきわめて多くの人たちは、実際にもだえ苦しんでいる。彼らは実際、きわめてまじめに従来の羈絆を切断し、最初から始めなければならぬ羽目になっている。彼らに光を与えるものが一人もいないからである。当然のことながら学者や指導者は彼らに合槌を打つか、さもなければまっこうから彼らを圧殺しようとするばかりである。中には、一部教官代理人のように、暴力学生集団にたいする卑屈な恐怖のためにそれをやっている。……またあるものは、てもなく彼らをだしに使って、ふところを肥やしている。ちょうど一部の造反教師が造反をだしに使って、ふところを肥やしているように。こうして清新な力は滅びていくのである。だが、わたしの言ったことを誤解しないでほしい。わたしがこうした傾向のなかに、あくまでも清新な力をみとめているのだということを。」（フョードル・ミハイロヴィチ・ドストエーフスキー・米川正夫訳『作家の日記』（二）、岩波文庫、一七五―一七七ページからの下痢腹　酷氏による引用から再引用。ただし傍点を付した箇所およびフリガナは、ロシア語原典〔レニングラート版十三巻全集、第十一巻、一九三〇年〕にあたって正確を期し、訳文に若干の加筆・訂正をほどこした部分である。）

玩味すべき文章ではないか。

※

（補足）大批判の暗黙の第四点　わたくしは数日前、ある匿名の人物から、つぎのような手紙を受けとりました。

内容的にも水準以下で、バカバカしくて論評を加える気もおこりませんし、それに第一、「匿名」というのは、わたくしの根本的な生活原理に反する形式でありますからして、いっさい相手にしないことにいたしますが、公正を期するためにここに一応ご紹介申しあげる次第でございます。

「冠省〈自己紹介事件〉（以下、本件と記す）の個別・具体的事実経過につき昭和四七年三月一日付『五月三日の会　通信』第九号ならびに右通信右号とともに配布せられたる同年同月同日付『五月三日の会　通信』別冊ならびに昭和四六年九月一八日付同通信第八号に掲載の記事ならびに記録の記述にもとづき、調査検討したるところ、事実関係の闡明および実行行為にたいする批判をおこなうにあたり不可欠であると思料される断片的事実が大批判においては故意に省略されている疑いありとして、慎重に捜査した結果

第一、被批判者こと氏名不詳の同一人物（以下、同一人物と表記）は、昭和四六年七月二〇日午前一〇時より兵庫県歯科医師会館でおこなわれた国立神戸大学教養部講師松下　昇請求にかかる人事院公平委員会による口頭審理に同請求者代理人として出席し、第二日目の審理過程において請求者代理人よりの要求にもとづき公平委員長が審理促進上適当と認めて許可した双方の代理人の自己紹介にさいし、公平委員長足立忠三の審理指揮にしたがって発言したものであるが

㈠　そのさい右同一人物はかかる事実が存在しないにもかかわらず請求者本人と同姓同名を名のり、公平委員長ならびに処分者代理人全員、および特定の請求者代理人の疑念を喚起し（別掲証拠資料チ一〇一号）

㈡　もって公平委員会ならびに処分者側と請求者側との間、ならびに請求者側の一部にぬぐいがたい不信感を生ぜしめ

㈢　さらにその発言に固執することにより請求者代理人の一部をして不規則発言を大声で発せしめるべく教唆し

㈣　ついに審理そのものを混乱せしめ打切りのやむなきにいたらしめたる事態を結果したる点についいては、右証拠資料チ一〇一号よりほぼその事実関係が明らかであるが

（証拠資料チ一〇一号「第二回口頭審理記録書」（抜粋） 2、公平委員長 請求者側 請求者側の請求をいれた公平委員長の指示に基づき、双方の代理人が自己紹介を行なった際、請求者代理人が請求者本人と同氏名、同住所等を紹介したのに対し、公平委員長は信用できないとして注意した。公平委員長のこの発言に抗議し、ヤジった請求者代理人に対して公平委員長は退席を命じたが、同代理人はこれに応じなかった。）

第二、通常の審理手続に明記されていない「自己紹介」を公平委員長において許可するに至った経緯についてさらに捜査した結果

㈠ 請求者代理人より「自己紹介」を行ないたいむね、要求が公平委員長にたいし提出された理由として認められる点は

イ、処分者（神戸大学長）が個人的公用のため審理に出席不可能であることを不満としてこれにたいし抗議の意志表示および出席方の要求が請求者側から提起され、それを公平委員会において慎重合議したところ、右意志表示ならびに要求は本来処分者本人と処分者代理人とは法的に同一人格である以上、これを容れることはできないむね公平委員長において請求者側に教示したものであるが

ロ、右請求者側はこれを不服とし、第一点、処分者代理人は個別人格（個別人格者に非ず）としてではなく「処分者」なる総称的匿名のもとに機構の一歯車として審理にのぞみ、しかも多くは沈黙を貫徹していること、第二点、処分者本人と同代理人とは本来別個の人格であり各自の責任において松下処分に参加したにもかかわらず処分者本人と同代理人とが同一人格であるとする法律上の手続を利用して処分者本人の欠席逃亡を正当化していること、第三点、処分者側は処分者本人と同代理人らが同一人であるとして職業的弁護士二名をふくむ代理人のみで審理にのぞみほとんどもっぱら右職業的弁護士らに発言をゆだねているのにたいし、請求者側は請求者本人と同代理人との個的差異を当然のこととして強いられ、代理人の出席を権利として請求者本人の出席を義務として、それぞれ強制されていることを確認し、もってこの間の関係の非理性的・脱論理的・没倫理的構造を明らかにすべきことの必要性の認識に到達するにいたりたるものであり

第三、右の事情から推察すれば

㈠　右同一人物の自己紹介の形式ならびに内容は、時間的・空間的制約のなかにおいて前述のごとき事実関係の認識を目的合理的・整合合理的に追求したるばあいに結果するところの予測可能性の範囲内における帰結であり

㈡　最終日における本件の直接的被害者たる請求者本人の審理への出席拒否ならびに一部請求者代理人による沈黙的・正面的佇立および同じく一部請求者代理人による自己に対する処分説明書の朗読も、この事実関係から必ずしも整合的説明不可能の範疇に属すべきものとは考えられない。

本件に関する少数意見

請求者本人ならびに同一部代理人において観察されるところの場当り的・情動主義的行為ならびに既成事実追認的・神秘化的総括であると印象される一連の基本的言動を単なる個別的事実関係のみならず全体的過程的構造主義的関係（関係性に非ず）の具体的脈絡において把握するばあい、右言動が必ずしも場当り的・情動主義的行為ならびに既成事実追認的・神秘化的総括であるとのみは一概に判断されえない可能性も皆無ではなく、この点は本件のみならずすべての個別具体的・自己拠点的・後続期待的闘争事件の判断にとってきわめて重要であるが、この点に関する具体的価値評価はソ連社会主義のザッハリッヒな現実についてのM・ヴェーバーの論考においてすでに解決ずみであるのでここでは述べない。以上。

不一

（紙上匿名希望）

神戸大・岡山大教員処分に反対する会

下痢腹　酷先生　足下」

いささか蛇足気味ではありますが若干の感想を申しのべれば、この手紙の発信者は、「国立神戸大学教養部講師」

と書いて「元講師」とは書かない、というふうに、一見共感者ないしは共闘者をよそおっておりますが、かくれもないその検察官的文体から推測いたしますれば、この匿名氏が国家権力の手先であることにはほとんど疑問の余地がないのであります。わたくしがこの手紙の内容に関して立ちいった論評を加えず、また、わたくし自身の大批判における格調高い八股文とこの匿名氏の起訴状的美文との類似点の比較検討を敢えて行なわないのも、右の推測にもとづいております。

※

とりあげたい問題はまだいくらも残っておりますが、ひとまずここで打切っておきたいと存じます。圧倒的多数の会員が会費滞納者であられる「五月三日の会」の実情からして、わたくしひとりが誌面を独占する結果になることは避けるべきであろうと考えるからであります。このさい、会員＝会費滞納者の皆さまが、一日も早く一月五〇〇円の会費をお払い下さるよう、僭越ながら会員外の定期カンパ者としての立場からお願い申しあげつつ、筆をおきたいと思いますが、この点に関して各位の率直なご批判を仰ぎたいと存ずる次第でございます。

一九七二年四月一五日

岡山大・神戸大教員処分に反対し、偽証罪に問われる自己紹介・公序良俗に反するパンの食いかたを粉砕する会

下痢腹　酷

B　万国博協賛・冬季オリンピック歓迎・日中貿易促進神戸市立外国語大学　学長被選挙権保持者（百分率方式文学研究学専攻）於厠股見《おかわまたみ》氏の九割がた真摯な発言。

C　大日本産業報国会官立・綜合警備保障会社付属芝浦工業大学某学部　名誉助教授（唯物弁証法的独逸観念論

哲学専攻）仇野利悪《あだのとしあく》氏の若干の殴り書き的覚え書。

B、Cはともに発言者の許可を得て『五月三日の会　通信』第九号に転載済。

D　元・大日本帝国私立・滝川＝蜷川記念京都民主帝国主義大学無教養部　助教諭（ドイツ小ブルジョワ頽廃的イデオロギー文学専攻）池内白痴《いけないしろち》氏の当面する大学問題についての若干の発言

下痢腹　酷氏からの固有名詞をもっての強い要請にもかかわらず、わたしはいまのところまだ、「六八―六九年学園闘争はいつ、どこにおいても、固有名詞をもって語れる主体の形成をこそめざした、のではなく、むしろ個別・具体的〝パーリア・インテリゲンチャ〟が固有名詞を消し去る作業を手さぐりで開始する契機となったものである」との自説を撤回する必要と欲求を感じませんので、この「固有名詞を消し去る」という甘ったれた自己矛盾的・自己満足的試みを、地べたを這いつくばるようにして少しずつ続けていきたいと思います。したがって、ここでも、残念ながら固有名詞をもって釈明したり反論したりするかわりに、特殊他人的に（他人の固有名詞をもって）代弁してもらうことにします。

a 「わたしはワルノリをするのが大好きです。ですから、雑誌のグラビアの特集などがあると編集者におだてられどんな恥知らずな写真のポーズもとってしまいます。

この写真も、この本のためにワルノリしてとったものです。以前は私のプロダクションも、同年代の人間が多かったせいか、だれか一人いたずらをはじめると、ぜんぶ仕事そっちのけで、バカないたずらをしたものですが、今は、人間がふえたせいか、若いアシスタントがふえたせいか、私らがバカなまねをしても、のってくる人間もおらず、なんとなくシラけてしまい、そんなことがとても残念です。」（赤塚不二夫『天才バカボン・第四巻ですのだ』、曙出版、昭和四十六年八月三十日発行、カバーの言葉）

「ワルノリ」に関して、これほど簡潔かつ的確にその神髄を言いあらわした言葉が、ほかにありましょうか。考えてみれば、É・デュルケームなどが気づくより何十年も前に、地理的にも何千キロをへだてたこの国で、〃聖世界〃から〃俗世界〃への転落（言いかえれば、過渡期における革命的情勢の弁証法的深化）をきちんと論理化していた思想的漫画家が存在していたのであります。

b　「彼はなによりもまず、一般に公認されているロシアの社会評論の伝統と断絶し、一八七〇年代の遺産を拒否している。それと同時に、ローザノフが鋭敏な文学的センスの持主であったためか、彼は三冊の本のなかで百二十三人の作家の名を挙げているが、彼が絶えず惹かれていたのは、若い世代に属する無名な作家たち、ルツィ、シペルク、ゴヴォルーハ・オートロクたちであった。彼は、自分の栄光とは、主として、彼らをいかにして称讃しうるかということに関心をもっていた点に存在する、とさえ語っている。〔……〕

ローザノフは、年長の世代がまだ強力であった時代に、若い世代の系列を権威づけようとする者として生まれた。彼は暴動を起こしたのである。

ローザノフが現われるまで、辛くも存在を保っていただけで、聖者の列にはけっして加えられることのない役割を引き受けていた過去の芸術の特性のいくつかが、彼によって芸術的な高みにまで昇格させられたことは注目に値する。ローザノフはいたるところからなんでも拾い集めてき、泥棒の隠語までも文学に導入した。〔……〕

ここでは、聴覚の概念と視覚の概念とが混同しているが、しかしここには混乱はなく、あるのは対象を新しい系列のなかに置きかえる方法、要するに、ある範疇から対象を離脱させる方法であるとわたしは思う。この観点からローザノフのイメージを検討してみたい。

ローザノフはシペルクの言葉を引用しながら、この現象をはっきり自覚している。

子供とおとなとの相違は、子供が、おとなには理解しがたいほどのリアリズムの力をもって、すべてを知覚していることにある。おとなにとっては、〈椅子〉は〈家具〉の一部である。しかし、子供は〈家具〉という範疇を知らず、子供にとって〈椅子〉は、おとなには想像もできないほど大きくて、生き生きしたものなのだ。このため、子供はおとなよりもはるかに世界を楽しんでいるものなのだ。

ローザノフは、範疇を侵し、家具から椅子を奪いとりながら、このような作品を作っているのである。」（ヴィクトル・ボリソヴィチ・シクロフスキー・水野忠夫訳『散文の理論』、せりか書房、一九七一年六月三十日発行、四四八―四五七ページ）

玩味すべき文章ではないか。

c　池内白痴氏によって代読された下痢腹　酷氏の全面的な自己批判

Aの部でも少しく申し述べましたとおり、少なからぬ頽廃全共闘の諸君が今日おちいっている非合理主義的・神秘主義的傾向は、わたくしたちがぜひとも克服しなければならない重大な問題であります。ファシズムがすでに将来の危険などではもはやなく、まさに現実的《アクチュアル》なものとなってわたくしたちの全生活を掌握支配しはじめた現在、そのような非合理主義・神秘主義がこのファシズムに迎合しこれを支える要素となることこそ絶対にないとはいえ、少なくとも、ファシズムに対抗しこれを打倒するための強力な武器となりえないことは明らかでありまして、この点にわたくしたちの大きな弱さがあることは否めません。しかしながら、このわたくしたちの主体的＝客観的な脆弱さは、本来（ある一定の歴史的段階において）ファシズムの母胎たる近代ブルジョワ合理主義を、〈理性〉であるかのように信じて、整合合理的・目的合理的な目的―手段系列なるものをこれに依拠して措定し、近代的（ブルジョワ科学主義的）客観主義の尺度をもって、そもそもこの尺度によっては測定しえないものかもしれない感性や直接的言動を、きわめて単線的に「情動」として、「場当り的」言動として否定し去ることによっては、いささかも克服されえないでありましょう。問題は、未だ整合合理的には論理化されていないにせよ的確な感性によって

（そして、それを支えかつそれによって支えられる直接的言動によって）大学管理や階級支配の構造を見ぬき人事院公平委の不公平性を見ぬいた代理人や傍聴人のいらだち（公平委が不公平であることくらいはじめからわかっているはずだ――というごとき客観主義的・超越的批判こそ、まさに、個別・具体的な闘争の場での個別・具体的な、すなわち多様な特殊不公平さの客観的＝主体的確認の意義を無視した観念論でしかない）が、この正しい認識を媒介として、以後の具体的対処のなかでどのように実践化されていくことができたか、という点にほかならないのであります。換言すれば、あらかじめ想定され予定されていた対決形態（対決方法）が、現実の対決の場での新たな具体的認識によって切りひらかれた未知の要因の作用をうけて、どの方向にむかって修正されていったか、という点こそが問題なのであります。わたくしがくりかえし措定し確認し強調し主張した前提や命題や当為のほかに、具体的な口審闘争の過程で（とりわけ予想外ないしはせいぜい単なる仮定にすぎなかった突発的出来事――処分者本人の逃亡欠席、飢腹代理人の逮捕勾留、自己紹介、パン食い、松下請求者の旅立ち欠席、逆本代理人の沈黙、邪魔《じゃま》本《もと》代理人の朗読、等々――によって）具体的に現出した予想外の（未知の）契機を、必然的なものとして、過程総体のなかに内包されたものとして、あらためて自己の闘争方針のなかにいかに具体的に「織り込んでゆく」か――これが問題なのであります。はじめに設定した方針を（修正可能なものとして）闘争過程での新たな実践ときびしくつきあわせ、つねに初めての世界に足をふみいれていくという謙虚な自覚と、それにもかかわらず道理は支配者の側にはないというしたたかな矜恃とをもって、軌道修正のための（出発点に立ちもどるための、ではなく）努力・討論をつづけることが重要なのです。こうしたことを必ずしも有効におこないえなかったのは、わたくしたち全体の現段階での客観的＝主体的な弱さにほかならないのでありますが、この弱さを増幅することになったひとつのモメントとして、「処分過程・処分内容の当否を問う実質審理に入れば、必ずや処分者側は、必要不可欠な証拠資料（教授会・評議会の議事録・録音テープ等）の提出を拒むことによって、処分の形式的非合法性をすら隠蔽し、〈処分〉そのものをめぐってはなにひとつボロを出さぬまま全審理日程を逃げ切るであろう」という予断があったことは否めません。しかしながらこの予断は、現実の重層的構造と階級構造を具体的に考慮すれば、的中する可能性が少なくとも九〇パーセント程度はあったものであり、あながち敗北主義とばかりは言いきれぬものでありまして、この予断と、「実質審理に入れば手持ちのデータの迫真力によってかなり追い込めるのではないか」というわたくしの予想とを対峙させてみるとき、どちらの予想に迫力があるかは、おのずと明らかなのであります。しかるにわたくしは、自分の拠点での具体的な闘争のなかでの個人的な体験を具体性＝抽象性の次元にまで高めて神戸にも適用し、♨こと湯浅光朝教養部長に代表される神戸大の脱倫理的・超論理的官僚どもにも、東大の大河内や加藤のようなエリート官僚をタジタジとさせたわたくしの倫理と論理の迫力が通用するかのような予断をいだいて審理にのぞんだのみか、具体的に審理が進行する過程でも依然としてこの予断の誤りに気づくことができなかったのであります。なるほどわたくし自身は大人《おとな》であって、ありのままの現実をザッハリッヒに直視する修練を子供＝学生諸君よりは多く積んでいるわけでありますが、この経験の豊かさというのも考えてみれば一面的なものでありまして、自分ではまだ一度も♨になぐられたこともなく、♨によって官憲に売り渡されたこともございません。およそ教官が学生を売り渡したりぶんなぐったりするようなことは（こういうことは任務分担をはっきり決めて、もっと別の勢力にまかせておけばよいのでありまして）、ありうべからざることなのであります。東大などでは、たった一度、教養学部の中屋健弌教授が一九七〇年二月二十二日の大学院入試受験者に暴行するという事件がございまして、これにつきましては東大全共闘機関紙『進撃』七〇年二月二十七日付第十九号をご参照いただければ幸いでございますが、これとてもきわめてハプニング的な出来事でございました。総じて、帝国主義的後進性をより多く残している東大では、再編の先端を行く神大などに比べて、事態は比較的緩慢な進行をみせているのでありますが、いまや現実総体は、権力の中枢部により近い東大・京大的微温湯的段階をとっくに超克して、帝国主義の弱い環たる周辺部を手はじめに、あらゆる可能性を駆使しつつファシズム支配の成就・貫徹へと向かっているのであります。〈姦通罪〉を廃した戦後民主主義前期の世の中に思想形成をとげたわたくしなどが個人のプライバシーだとばかり思いこんでいた「情を通じる」という行為が、堂々と起訴状のなかに罪状として記されるなどということは、わたくしなどにとってはまったく驚天動地の突発事というほかはございません。しかし、考えてみれば、こうした驚天動地の出来事ばかりがたてつづけに起こるということこそ、この大過渡期の本質なのであります。「いかがですか？」とタバコを差し出されて、「ちょうだいします」と箱ごともらってしまうような人間は、わたくしたちの仲間にはおりますまい。ところが、帝国主義は、タバコを差し出されれば一本ぬきとって頂戴するのではなく箱ごと強奪するのです。この点は、頽廃全共闘の諸君にもキモに銘じておいていただきたい。しかし、予想に反した（あるいは「予想」ということさえ問題にならないほど非常識な）出来事の不当性を、論理的・倫理的にいくら問いつめてみても、帝国主義はまさにナリフリかまわず自己の論理と倫理を臨機応変に貫徹するでありましょう。だからといって、タバコを差し出すのをやめたり、差し出す前の状態までもどろうとすることによっては、何事も変わらないのです。ましてや、紙に煙草ではなく火薬を巻いて差し出そうとする場合には、なおのことであります。

予想外の出来事をあえて引きうけ、そこから新しい予想外の方針をたてる、という闘争方針の基本的・思想的・世界観的な正しさが、わたくしにもいまごろになってようやくわかりかけてきたようでございます。「轉禍爲福」という史記・蘇秦傳および同志毛澤東の言葉の精神は、基本的にはパロディの精神にも通じるものであり、未明の現実のなかでこの現実を変えていくためのさしあたっての手さぐりの第一歩なのでありますが、この精神こそは、わたくしをして、現実をザッハリッヒに直視することは知っていてもディアレクティッシュにかつマテリアリスティッシュに直視するすべを知らなかったわたくし自身の基本的脆弱さを、はっきりと気づかせてくれたのであります。

自己批判めいたことを始めてしまったついでに申しあげますと、わが同志、レフ・ダヴィドヴィチに草葉のかげから援助をねがって定式化を試みるなら、わたくし下痢腹酷をかりそめにも全共闘運動のペンコスニマーチェリ（うわずみをすくい《ベンカスニマーチ》とるもの）たちと同列において考えることなどできないのは勿論だとはいえ、多分にアントロポモルフィスト（ものごと、とりわけ神さまを人間《アントローポス》の型《モルフエー》に擬して考える者）ならぬオリハラモルフィスト的傾向、すなわち自分の姿に似せて全共闘像をつくりあげ、これに当てはまらないものはみな邪教の神である、すなわち頽廃であり堕落であり、インチキであり迷信であり偶像崇拝であり、ワルノリである、ときめつける傾向がある、ということは否定できません。これと密接に関連して、もうひとつわたくしの特色を挙げますならば、わたくしはいつも同じメロディーをくりかえすことを得意としております。わたくしには、矛盾を糧とする弁証法的展開など無縁であります。ですから、この展開と背中あわせになっている転向の危機は、わたくしにはありません。そのかわり、転向と紙一重の変転をくりかえしつつ現実に切りこんでいくものの緊張をはらんだダイナミズムも、わたくしにはありません。

　あらかじめ予想し、目的合理的・整合合理的に目的—手段系列のなかに織り込んでおいたモメントだけが闘争過程で生じるべきである、などという考えは、まさに非現実的・非合理的・神秘主義的観念であって、この超越的要求を代理人や傍聴人に課するにいたっては、闘争方針と闘争理念の独裁者的専有を要求・主張するにも等しい行為とさえ言えるかもしれません。統一赤軍の同志殺しが明らかにしたような、わたくしたちの陣営の弁証法的思考・実践の致命的な欠如は、マルクス主義者たちばかりでなく、わたくしのような非マルクス主義者をも腐蝕していたのであります。事実を個別的事実としてではなくまさに現実の全体性の一契機としてとらえ、ある時点でのいっけん突飛な言動を過程のなかに位置づけて未来の要因に転化していくことこそが、わたくしたちの緊急かつ不可避の課題であり、こうした作業こそが、真の意味での（すなわち実践化された）批判＝自己批判なのでございまして、誤りをおかした〈森・永田一派〉を除名し総括するだけでは「革命の暗黒」「大陥没」は克服できないのと同様、不肖下痢腹　酷的棍棒批判によっては、全共闘的頽廃はいささかもプラスの契機に転じることなどないのであります。

d　ふたたび、大日本帝国国立……下痢腹　酷氏登場

　前節の「自己批判」なるものは、例の悪名高い「自己紹介」同様、根も葉もないデッチアゲであり、わたくしのいっさい関知しないところである。そもそも**本稿**〔すなわちAの部〕は、いうまでもなく、**あくまでも内部討論のための問題提起であり、したがって、この『五月三日の会・会報《ママ》』の紙上でわたくしへの反論を展開されるにあたってわたくしの文章を引用されることは、自由に大いにやっていただきたいが、ふざけたデッチアゲのための悪用や、それ以外の転載・引用などは、いっさいおことわりする。**

e　右発言にたいする元……池内白痴氏の註釈（抜粋）

このご趣旨にそって、わたしは、著作権者・固有名詞下痢腹 酷氏の文章をふんだんに転載・引用させていただいたのだが、こうしてひとたび転載・引用されてしまえば（前後の具体的構造からして）それら引用文をも包括した文章全体の著作権は、固有名詞の有無にかかわらず今度は引用者に帰属することになるのは、特殊ブルジョワ社会および一部非ブルジョワ社会における理の当然である。したがって、今後わたくしは、下痢腹 酷氏の文章をもふくむ本稿が『五月三日の会　通信』の誌上をもそれ以外をもふくむあらゆるところへ転載・引用されることを、いっさいおことわりしない。あくまでも内部討論のためだなどと自己限定してみても（カッコイイー！）、五月三日の会が合法的公然的組織（ないしは未組織ないしは脱組織）であるいじょう、もしもその文章にそうするだけの価値があるなら、権力は、いつ、どこにおいても、やすやすとその内容に精通するであろうし、それに第一、近代公情報活動体制（ブルジョワ階級私企業出版体制・機密独占体制）下においては、あらゆるところへ転載・引用されるほうが、目的合理的・整合合理的にみて、中央公論社原稿用紙（二〇〇字詰）八十二枚の上にのっている（ワルノリではない？）同氏の大批判がたどる運命として、よりふさわしいのではなかろうか。

E　五月三日の会創立二周年記念　別冊特別大附録《下痢腹先生名言集》

（付・一九六八年パリ五月学生革命らくがき集『壁は語る』より）

通りの舗石をはぐことは都市計画破壊の手初めである。（壁は語る）

公平委の仮面をはぐことは口審闘争破壊の陰謀である。（下痢腹先生）

すべての教える者は教えられる者であり、すべての教えられる者は教える者である。（壁）

すべての子供・学生は教えられる者であり、すべての大人・教官は教える者である。（下）

必要なことは、組織的に偶然を探求すること。（壁）
必要なことは、合理的に偶然を排除すること。（下）

黒から脱け出すためには赤が必要だ。（壁）
ワルノリから脱け出すためには固有名詞が必要だ。（下）
マルクスから脱け出すためにはヴェーバーが必要だ。（同）

死は必然的に反革命行為である。（壁）
氏※は必然的に反革命行為である。（下）
（※池内白痴氏のこと）

史料23

パンの食い方はブルジョワが教えてくれる

Unser täglich Brot gib uns heute

このあとがきのために書かれたあとがき

1

《街頭で、職場で、大学の構内で、さまざまなビラが撒かれる。それらは、ときによってはきわめて大きな関心と共感をもって読まれるとはいえ、大部分はそのまま読みすてられ、それどころか目さえ通されずに丸め捨てられていく。手渡されたアジビラをていねいにたたんでポケットに入れて立ち去る男は、私服警官だとさえ思われかねない。

多くはガリ版ずりのこれらのビラは、活版で印刷され製本され書店で売られる書籍とは逆に、保存と私有とをはじめから断念している。〈時〉と〈場所〉とを共有する人間たち、あるいは共有する意志をもつ人間たちが、これらの文章の対象である。読みすてられるべき文章は、読みすてられることによってそこにひとつの共同性を創出し、同時に商品経済の法則をうちやぶる。その文章が読み手をとらえたとき、共同の思考と行動の可能性が生まれる。ビラとひきかえに金をさしだすときでさえ、それは売買をではなく、自由意志の参加を、闘争への加担を、カンパを意味する。こうした文章は、共同のたたかいのなかでだけ生きる。だから、読みすてられていくことは、本来、その文章の死を意味しない。

けれども現実には、おびただしい数のアジビラが、見むきさえもされずに文字どおり捨て去られていく。ひとつには、〈時〉と〈場所〉とを共有すること自体があまりにも困難になってしまったという理由があろう。闘争はつねに他人の闘争でしかない。それに加担するということは、つねにあらかじめ敗北と幻滅とを背負いこむことである。同じ〈時〉を生きているからといって、同じ〈場所〉に生活しているからといって、自己の生そのものが他者と同じでなければならない理由はなにもない。うちすてられるアジビラは、共同性の喪失と人間の個別化・孤立化の状況を身をもって表現しつつ消えていく。もっとも直接的に他人にうったえかけ、他人に自己と同一の体験と未来を要請しようとする試みがアジビラであるだけに、この運命はあまりにも矛盾にみちている。だがしかし、アジビラが書かれ撒かれる状況は、もともとこうした矛盾を前提にしているのである。孤立の意識のないところに共同への志向は芽生えないのだ。それゆえ、一枚のビラが読まれることなく捨てられる運命を、状況の責任にばかり帰してしまうわけにはいかない。

表現が難解である、という批判が、しばしばこれらのビラやそれを撒く主体の演説にたいして投げつけられる。「何を言っているのか、さっぱりわからない。ひとにうったえたいのなら、もっとわかりやすく言うべきだ。」たしかに、Parteichinesisch《パルタイヒネージッシュ》（シナ語のようにチンプンカンプンな党派的隠語）と呼ぶにふさわしい用語や語法が、〈過激派〉のアジテーションにはみちあふれている。けれども、いまや問題は、言葉づかいの平易さの有無ではない。平易な単語と、「です」「ます」「ではありませんか」調とで装いつつ、噛んでふくめるように語りかけにじりよってくるビラのそらぞらしさのほうが、漢語の羅列と公認・未公認の略字の洪水とを現出している別のビラがよびおこす反撥よりも大きな可能性を秘めている、などとは決して言えるものではない。アジビラがもはやアジテーションでさえなくなりつつあることのほうが、むしろ問題なのだ。いまでは、表題と字のスタイルを一瞥しただけで、書かれている内容は読むまでもなくほとんどわかってしまう。そのビラを撒いている人間の外観から、ビラの内容までもがあらかじめ見えてしまう。言葉そのものが語られるまえに、言葉の骨組みが見すかされてしまう。だが、言葉の無力さ、などという単線的な定義でことたれりとするわけにはいかない。言葉が行為と無関係であるなどと信じるほど支配者たちはナイーヴではないからだ。われわれの心をつかみえない一枚のビラも、権力者にとっては立派な証拠物件であり、そこから〈犯罪〉をしたてあげる貴重な素材である。だからこそ、アジビラはわれわれにたいしてもまたいっそう大きな力をもつものとならねばならないのだ。

整然と印刷された活字の文書にたいして、アジビラはまったく新しい表現手段だった。歴史的にみればおそらくガリ版の原理は活版印刷術の発明より以前にさかのぼるのだろう。だが、反体制の闘争の担い手たちが、さしあたり活版印刷の道具を獲得するよりは、旧式で安価なガリ版に手をのばしたということは、かれらの闘争方法のみか闘争理念をも規定したのではあるまいか。もちろん、強力な地下印刷所をもつ闘争組織の必要性そのものを否定してはならない。しかし、もっともよい設備をほこり、もっともゆたかな闘争資金をたくわえている闘争組織が勝利するという保証はどこにもない。より豊かでより強大な資材を占有しているのは、つねに支配者の側だからだ。むしろ、そうした資力を所有していない側の人間は、つねに、支配者の方法を逆転させた手段を選ばざるをえないのかもしれない。支配者が生産と管理の合理化をおしすすめようとするとき、被支配者が近代化という名の合理化をもって旧式の資本主義秩序を改革していこうとするなら、勝敗は目にみえている。ブルジョワ社会の黎明とともに生まれた印刷術は、ブルジョワ支配を維持し、被支配者を操作し、かれらの意識を鈍麻させ、かれらを自己の路線に統合するための、もっとも強力な手段のひとつとして駆使されてきた。活版印刷は、機械植字や写真植字や高速度輪転機などの技術を用いての大量生産として経営されている。

夏場であれば原紙のパラフィンが溶けるためどんなにすぐれた技術をもってしてもせいぜい千枚そこそこが限度のガリ版印刷は、こうした合理化されたブルジョワ的印刷技術にたいするひとつのパロディであった。量においてとうてい太刀打ちできぬ相手の宣伝手段にたいする、それを逆手にとっての叛逆であった。書かれ印刷されたものが大切に保存され私有されることなしに読みすてられていくということ自体、ブルジョワ社会のなかで書物がしめている位置を転倒させるパロディ以外のなにものでもない。こまごました各種の小道具を使い電動の輪転機を使うことによって少しでも〈本物〉の活字印刷らしく見せかけようとしている〈きれいな〉ビラが、ほとんど例外なく、反体制運動内の合理主義者・近代主義者・権力主義者の手によって生産されているという事実は、パロディとしてのアジビラの本質を逆の面から照射してみせる。表現手段のパロディ化は、当然のことながら、表現様式や表現内容のパロディ化と無関係ではなく、さらにはそれを表現する主体の感性そのものにまで逆作用をおよぼさずにはいない。ひたすら〈本物〉の印刷に似せようと努力しているビラは、内容的にもなんら新しいものを提示していないのみか、読み手をも一箇の獲得すべき物量としか見なしていない。つまり、資本主義的な人間観を一歩も出ていない。その文体と体裁とそれを書く人間の感性とをささえるものは、現にある支配者にかわって自分自身が支配者に成りあがっていこうとする意志である。そこでは、古い支配者の伝統にたいして新しい〈革命の伝統〉が必要とされる。みずからを危うくするパロディは、生まれるはずもないし、生まれるわけにもいかないのだ。

　これとは逆に、一連の闘争のなかで、その闘争にひとつの期を劃するような行動がおこなわれるときには、きまって、それまでのどんなアジビラをも古びたものにみせてしまうほど鮮烈な新しさをおびたビラが現われるものだ。しかもそれは、ほとんどのばあい、同じ闘争をもまったく別の新たな側面からとらえることを始めた闘争主体によって書かれ配布される。かれらは、もちろんまだ完全に新しい言葉を発見するにはいたっていない。まったく新たな展望をたてる視線を獲得するにはいたっていない。しかし、かれらは、敵たちのみか自分の仲間たちがいだいてきた観念をすらも少しばかりねじまげることによって、別の角度から局面と自分自身とを見る目を獲得したのである。机はバリケードとなり、権力は暴力となる。それとともに言葉も機能変化を体験する。個々の用語はもとのままでも、その配列や価値評価は逆転し、先人が発した言葉は方向をまったく転じてそれら先人自身につきつけられ、自分自身につきつけられる。あるいはまた、さまざまな支配的概念を結びあわせて新しい概念がつくりあげられる。「暴力学生は出ていけ！」という非難の言葉は、「暴力学生たあ俺っちのことよ！」という反論によって〈暴力〉の意味そのものを問いなおす契機に転化され、「フリーセックス」と「ノンセクト」というともに人口に膾炙した流行語から「フリーセクト」という新語が生みだされることによって、〈自由《フリー》〉の概念が〈セクト嫌い〉の風潮からはっきりと区別される。

　こうした試みは、ほとんどつねに、既存の用語や支配的概念を前提とし、それに依拠しながらおこなわれる。状況そのものがまだ決定的に変わろうとしないなかでその状況を変えていく作業は、こうした道をたどってしか可能ではないのかもしれない。たどるべき未来の道はまだ完全には明らかになっておらず、明らかになりかけた道もなお無数の分岐点をふくんでいるという場合には、げんにあるものの意味を別の視点でとらえなおし、それによってそのものの旧い姿を解体していくという試みが、ほとんど唯一の可能性であるのかもしれない。アジビラの文章のうちで、読むものを立ちどまらせ、読むものの関心を惹きつけ、かれになんらかの決断を迫る力をもっているのは、ほとんどつねにこうしたパロディの要素である。あるいはまた、単にアジビラの場合だけに限らず、危機的な状況のなかで、困難な過渡期のなかで、くりかえし現われてこざるをえない試みは、ほかならぬこのパロディへの試行である。

○　　○

ヴィクトル・シクロフスキーは、小説《ロマーン》というジャンルがたえずパロディと化していく特性をもっていることを、正しく指摘している。シクロフスキーはその『散文の理論』のなかでもっぱら文学作品としての小説の内在的な分析だけに自己の作業を限定しているため、小説が何故にパロディへの道をたどりつづけねばならないかを、的確に見ぬきえていない。しかし、いっけん〈伝統〉からの逸脱と見える作品こそがまさに典型的な小説《ロマーン》であることをするどくついたかれの見解は、大きな示唆をわれわれに与えてくれる。

ブルジョワ社会のなかではじめて古代・中世の叙事詩から独立して自立的なジャンルとなった小説は、ブルジョワ的な〈個人〉の成立および崩壊の過程と切りはなしがたく結びついている。中世の教会や封建的な共同体から人間が〈個〉として独立しはじめたのは、言うまでもなく近代ブルジョワ社会の成立と時を同じくしてのことだった。ブルジョワ社会のなかではじめて、人間は個人となる。しかし、その社会が資本主義的生産様式と交換様式のうえに成りたっているものであるいじょう、個々の人間は〈個〉としてもつ可能性を全的に実現していく道を、そもそものはじめから閉ざされてしまわざるをえない。ブルジョワ社会において、個人は、自立した存在となったと同時に自己の内に分裂をかかえてしまったのだ。分業と商品過程のなかで、ひとりひとりの人間は、他人からも、外界からも、自分自身からも疎遠な存在とならざるをえない。他人と自己とをへだてる深淵は、自分自身の内面の深淵でもある。ブルジョワ的な個人にとっては、自分自身の〈自我〉そのものが未知の地であり、底知れぬ深淵であり、みずからの内にありながら探求しつづけざるをえない謎である。近代の小説の歴史は、ほとんどすべて、この自己探求の試行の歴史だった。自然科学と技術の発展に支えられてブルジョワ社会が積極的な進展の方向を保証されているかにみえた時期には、小説もまた安定した歩みをつづける人物を描くことができた。社会が共通の理想像なり規範なりを提示しえた時期には、小説もまた、そうした目標にむかって努めはげむ主人公たちを形象化することができた。いわゆる〈発展小説〉〈教養小説〉の人物たちがそれである。しかしそれら典型的な主人公といえども、自己のうちに深淵をもたないわけではない。自己と外的世界との葛藤というかたちで表現されるかれらの歩みの曲折は、まさにかれらがブルジョワ的個人であるがゆえにかかえこんでしまった〈個〉の細分化・孤立化を暗示している。それゆえ、十八世紀から十九世紀にかけてもっとも典型的な〈教養小説〉が、主人公が社会人として新しい生きかたを見出すというかたちで完結させられたのは、ブルジョワ社会と作者との和解、より厳密に言えば、作家の社会にたいする妥協でしかなかった。

二十世紀とロシア革命は、こうした完結、こうした和解を、もはや小説にゆるさなくなる。誠実な作家たちは、かれらが意図して〈教養小説〉の伝統のうえに立とうとするかぎり、形式上の破綻をまぬがれえない。未完の長篇、同一人物をくりかえし登場させる連作小説が、前面にあらわれてくる。ここから、いわゆるヌーヴォー・ロマン、アンチ・ロマンへは、もはやほんの数歩の道のりにすぎない。

だがしかし、われわれの関心は、こうした全体的な変質によりは、むしろ、もっとも典型的なブルジョワ小説が営々として〈自我〉の探求を試みていたその同じ時代に、そうした実直で正統的な小説形式を内部から爆破してしまった一群の作家たちに惹かれるのだ。非・正統的であるがゆえに〈文学史〉に名をとどめていない未知の作家たちを除いても、なお、小説の歴史はいたるところにこうした特異な作品の作者をもっている。そして今日ではもはや、こうした例外的存在だけから、新しい小説の歴史がなりたっている観さえある。たとえば『トリストラム・シヤンディ』のスターンにせよ、ゲーテと同時代人でありながら『ヴィルヘルム・マイスター』的教養小説を破壊してしまったジャン・パウルにせよ、あるいはまた古典的な時間的推移を無視して固有の小説的時間概念を獲得したドストエーフスキーにせよ、いずれも先人たちの伝統と同時代人たちの日常性をくつがえし、かれらが見ていたのと同じ事物や人間をもまったく別の角度から見ることを始めたのだった。しかもその例外たちの試みは、いずれもみな、〈自我〉にたいする対しかたの点で、決定的な新しさをもっていた。ドストエーフスキーにとって、〈自我〉の探求は、もはや深淵を越える試みでさえなく、もっぱら底知れぬその深淵の深さを測ろうとする無益な試行としてのみ描かれうるものであった。スターンやジャン・パウルは、まったく型破りな語り口によって、読者との交通の可能性をさぐろうとした。かれらにとっては、書き手と読み手との親密な関係すらもが、もはや通常の手段をもってしてはコミュニケーションを見出すことが不可能なほど、個の細分化・孤立化は深刻なものとして意識されていたのである。

小説の歴史におけるこうした例外的存在たちの試行は、ブルジョワ的自我の崩壊とパロディとの関連をわれわれに暗示してくれる。初期のドストエーフスキーの作品がまさにそうであるように、先人たちと同時代人たちとのあらゆる表現形式を転倒させ、新たな意味づけを世界にあたえていくパロディの試みは、ほとんどつねに（というよりはつねに）、自我と他者・外的世界との深淵の深さの意識によって裏打ちされている。古くからある謎ときのモティーフをパロディ化した〈探偵小説〉は、共通の謎を媒介にして読者を作品に参加させることにより、読者とのあいだに共同の場を創出しようとする志向に支えられているのではないか。スターンの突飛な様式にせよ、ジャン・パウルの語りの文体にせよ、読者とのあいだにコミュニケーションをなんとかして成りたたせようとする試みにほかならない。しかもこの〈語り〉の文体は、近世以前の宮廷と貴族のサロンにおける作家の役割を、これまたパロディとして使ったものだったのだ。同時並行的なふたつの別個のストーリーをひとつの小説のなかに描いたフォークナー的手法もまた、読者に責任の一端をになわせることによって作品に参加させようとする試みであると言えないことはない。

新しい形式的実験のほとんどすべてが、作者と読者とのあいだをへだてる深淵をなんとかして埋めようとする苦闘であり、文字通り〈個〉となってしまったブルジョワ的個人の自我の深淵をのりこえようとする試行である。〈異化〉作用を創作方法にとりいれ、世界をまったく新たな相貌において見る作業に読者観客をひきずりこもうとしたブレヒトが、そのほとんどすべての作品をまさにパロディとしてつくりだしていることを考えなければならない。そしてそれとともに、さまざまな形態のパロディとして試みられている小説の分野でのコミュニケーション創出の作業が、ほかでもないもっとも個人的な芸術形式としての小説の決定的変質、あるいは終焉を、予示する兆しであるかもしれないという点に、われわれの注意を向けなければならない。

小説という形式は、もっとも個人的な形式であり、それゆえにもっともブルジョワ社会にふさわしい形式である。小説の作者は、ブルジョワ社会ではじめて自立しそれと同時に崩壊をはじめたブルジョワ的な個人である。そして一方、印刷術の発明と進歩を基盤にしつつ、小説を読むという行為もまた、きわめて個人的なものとして固定されてきた。サロンでの朗読の習慣が消えたあと、小説はもっぱら自分自身とふたりきりで読むものとなった。同一の作品を、ほとんど同時に、無数の個人がまったく孤立して受容するような芸術形式は、これ以外にはない。さらにそのうえ、それらの小説のテーマは、従来ほとんどつねに個人的な自我の探求であり、極端な場合には〈私小説〉でさえあった。

小説の歴史におけるパロディの試みは、じつは、こうした小説の基本的性格そのものを破壊しようとする試みだったのである。ブルジョワ的個人そのものを、〈私〉そのものをパロディと化し、そうした個的〈私〉だけをめぐって成立してきた小説的状況そのものを解体しようとする試行だったのである。もちろんそれでもなお、この試みは、ブルジョワ的個人としての作者の個人的営為というかたちをとってしか、なされえなかった。小説形式そのものは全体性を（ただし、〈全体小説〉というかたちでではなく、挑発と揶揄と歪曲とによって、つまりパロディとして）志向したとしても、作者自身はあくまでも個的な〈私〉の領域を出ることがなかった。イリフ・ペトロフ、エラリー・クイーンなどの試みは、その意味で劃期的なものである。書き手自身が、個人としての作者をパロディの対象としはじめたのだ。

小説の〈個〉からの脱却は、だがしかし、単に作者が仮装したり、共同性への志向を実践の場でおこないつつそれを自己の作品に反映させたりすることによっては、なされえない。書き手、〈作家〉という分業形態を打破しえないかぎり、結局のところ、うすぎたない〈自我〉や〈私〉への執着だけが生きのびざるをえないのだ。一連の反体制闘争にかかわり、そこでの自己の苦悩と屈折を表現するとしても、そうした表現をすべて既成の文学作品販売システムにのせて流すかぎり、一枚のアジビラをも闘争の場で書かず、自分の手でそれを原紙に切り、謄写版で印刷し、手渡しで配布するという作業をせぬかぎり、〈闘争〉は闘争とその主体そのものの崩壊をしか結果しないだろう。〈読みすてられるべき文章〉は、ブルジョワ的個人の分断と孤立を基盤とするブルジョワ的小説にたいする、トータルなパロディである。おそらく、近代小説を最終的に克服し新たな共同性への志向を表現しうる主体は、保存と私有と資本主義的生産・交換体系とにまっこうから対立する無名の表現、手から手へ渡され、読みすてられて行為と化するような表現を生みだし、その表現をとおしてさらに新たな表現への感性をきたえあげていく、そのような書き手によって、徐々に形成されつつあるにちがいない。かれらにとっては、書き手としての〈私〉すらもが、そのパロディの素材であり対象なのだ。》

2

一九七一年十一月十九日の日付と「読みすてられるべき文章」というタイトルをもつ右のような文章を月刊『飛礫《つぶて》』の創刊号に書いてしまって以来ずっと、「さて、それでは、書き手としての〈私〉をいかにしてパロディの素材とし対象としていくか?」という課題がわたし自身をとらえてはなさなかったのである――などと言えば、まっ赤なウソになる。〈読みすてられるべき文章〉だったはずのビラやアジテーションがここにこうして一冊の本にまとめられていること自体が、そのウソの何よりの証拠だろう。わたしが書きちらし撒きちらしたビラは、その時どきの具体的な問題にかんして小さなタイプ印刷のパンフレットや群小雑誌に書いた雑文とともに（固有名詞のものも集合名詞のものも無署名のものも)、残念ながら、そのうちの幾つかを選んで序章編集部がここに活字化ないしは図版化することができる程度には、保存されていたのだ。「帝国主義大学解体」を口にしながら、事実上解体(内部崩壊・頽廃自壊)してしまった大学に依然として居すわり、「自己否定」に共感しながら自己の存在を否定しえないまま生きつづけている、という首尾一貫性を欠いた生きかたのスタイルに、またもやひとつ、言行不一致と居直りの実績をつけ加えることになる。

〈読みすてられるべき文章〉のために前掲の文章をわたしが書いた時期は、いまから考えれば、この永い大きな過渡期がひとつの根本的な質的転換をとげようとしていたときだった。昨年暮からの警察による「アパート・ローラー作戦」、竹本信弘=滝田 修の〈別件〉指名手配とそれにからめた広範な思想・言論弾圧、「この顔にピンときたら一一〇番!」の大小九〇万枚の手配ポスター、統一赤軍〈事件〉をめぐる坂東国男君の父君殺害・肉親強迫と〈狂気集団〉キャンペーン、外務省〈機密〉文書問題に関する弾圧、火炎ビン法制定、そして刑法の全面的改「正」の策動、等々——国家権力の側からの攻撃は急激にそのテンポを速め、先制攻撃(予防反革命)の色彩をおびながら、いままでにないほど顕在的な姿をとってかけられてくるようになった。このなりふりかまわぬ攻撃・弾圧が一内閣の末期症状というようなものにとどまらないことは、だれもが感じとっている。もちろん、攻撃は一方的なものではない。動と反動が(まだ反動の方が圧倒的に強大であるという事実をふくみながらも)ようやく同じ土俵で対決できるようになるそのトバクチが、昨年末ころからようやく日本戦後史の日程に顔をあらわしたのかもしれない。もちろん、さしあたりこの対決は、状況をファシズムの方向にむかってつきうごかしていくだろう。というよりはむしろ、〈過激派〉絶滅のための〈市民の協力〉(各種自警団の組織)がもくろまれたときから、ファシズムは確実にわれわれ〈市民〉の生活と生命に手をかけたのである。たとえば、この数日テルアビブ空港銃撃〈事件〉を、最大限の憂国の情とゲリラたちへの憎悪をかきたてながら(またもやゲリラたちの肉親を死に追いやり見せしめの人身御供をあげようという底意をちらつかせつつ)書きたてている新聞は、けさ(六月六日)の投書欄に、富山市の主婦(31歳)のつぎのような呼びかけをのせている——

《私は日本のすべての母親の皆さんに声をはりあげ呼びかけます。／「空港テロ」のニュースを知ってから私は心が重くふさがれ、狂気だ、恥だ、と批判する気さえ起りませんでした。が、すぐにこの事件を、ただぼんやりこのまま嘆くばかりではいけないと思い筆をとりました。／私は今度の三人の行為は、神がすべての母親に与え賜うた試練だと思います。この三人の倫理性の無さは、世の母親の倫理性の無さによるものではないでしょうか。／私たち母親は教育によって頭だけ肥大した状態で、日々を送ってはいないでしょうか。子供の成績や態度が悪いといっては子や教師を責め、生活が不満だといっては夫に不平をいう、これでは子供が正しく育つはずがありません。／親を尊び、夫を敬う生活を実行しようではありませんか。そして子供には、なってほしいと願う人間像を自らが見せるのです。頭の中にたまっている倫理を実践するのです。倫理ある家庭は倫理ある社会を生みます。／将来をになう子供たちを倫理性のある人間に育てられるのは母親の努力以外にないと確信します。》（「朝日新聞」大阪版「声」欄）

おそらく、これは、新聞社の捏造ではないだろう。こうしたマジメな呼びかけが、「狂気だ、恥だ」という「批判」とないまぜになって飛び交う無意識状態こそ、われわれ（この「主婦」をもふくめて）をとりまく現実である。「この三人の倫理性のなさ」を言い、「頭の中にたまっている倫理を実践する」ことを提案するとき、この「主婦」がどんな「倫理」を念頭においているかは投書の文脈から明らかだが、少なくともこの「倫理」を、もっと別の倫理によって粉砕することができるという保証を、この現実はほとんどなにひとつ与えてくれない。それどころか、おそらく善意にもとづくこの無意識状態を、意識的に組織し、統合し、みずからの支配を維持するために最大限利用しようとする権力の反〈過激派〉〈暴力・狂気〉キャンペーンや数々の具体的弾圧は、こともあろうに、本来なら別の倫理にむかって人民を組織しなければならないはずの勢力によって、支持され支援されている。たとえば、発行部数数百万をほこる日刊紙に、つぎのような記事が載るのである。

《共産党の塚田大願参院議員は十四日、参院決算委員会で、さる十一日京都大学入学式でおきたトロツキスト暴力集団の蛮行を取り上げ、政府を追及しました。塚田議員は質疑のなかで、「連合赤軍」の母体である「ブンド」

一派の巣となっている京都大学出版会にたいし大学当局が認可だけでなく部屋、電話の提供をはかるなど便宜をあたえ、文部省もこれを黙認しているなどの事実をあげ、「今回の事件はこうした文部省、大学当局のかれらにたいする泳がせ、甘やかし政策にある」と指摘しました。これにたいし高見文相は「調査をおこない大学当局に厳重注意する」と答弁しました。／塚田議員は、質問冒頭から文部省、大学当局の泳がせ、甘やかしの具体例をつきつけました。その事例は次のようなもの。／事例1 かれらの妄動（もうどう）の巣となっている〝サークル〟を認可──大学当局は四十四年四月に設立された「京都大学出版会」をサークルとして認可し部屋、電話を提供。ここを拠点に「連合赤軍」の母体である「ブンド」一派は反共、暴力、妄動の書籍を刊行している。書籍は、いわゆる「京大紛争」の単行本〔引用者註＝これは塚田先生とその母体がおかした事実誤認・でっちあげである。おそらく、京大新聞社編『京大闘争──京大神話の崩壊』と混同したのだろう〕、『蜂起貫徹・戦争勝利』なる表題の『大菩薩冒頭陳述集』、定期刊行物として『序章』など。『序章』第七号の巻頭論文は塩見孝也の「革命戦争派の綱領問題」（塩見は「赤軍」の議長で、ハイ・ジャックを指導、現在入獄中でこの論文は獄中通信）。ほかに同じ「赤軍」政治局員の「革命戦争の戦略問題によせて」。また「確実に反撃を開始しよう」という論文は自衛隊員殺しの一味として指名手配中の竹本がペンネームで書いたもの……。／事例2 〝サークル〟を認可するだけでなく事実上国費まで支給──大学側はトロツキスト暴力集団一派が占拠している「京都大学新聞」にたいし、部屋、電話を提供しているだけでなく、毎号百部ぐらいずつ買い上げ、国費をあたえている。たとえば同紙の三月六日号は「あさま山荘」事件を評価して「連合赤軍──決死の抵抗を貫徹」「連合赤軍の戦士五名は十日間二百十八時間にわたって抵抗をつづけ、その反撃のなかで警察に少なからぬ打撃をあたえ、決死隊として組織された警視庁第二機動隊の隊長、中隊長を撃滅した」などともちあげている。／事例3 職組役員に暴行を加えた職員を放置──昨年六月十五日職組の書記長がら致され、ひどいけがを受けた。そのなかには、〝指導者〟として山田某なる職員が含まれている。職組がこの事件を繰り返し訴えているのに、いまだに放置されたまま。／塚田議員は、これらの刊行物を高見文相に見せたあと、同文相を追及しました。／**塚田**　これが京都大学の公認している出版会が出しているものだ。あれだけの事件を起こした者にたいするこうした待遇が正しいと思うか。**高見**　京都大学入学式で不祥事をおこした関係者は厳重に処分を要求している。／**塚田**　言論の自由を制限することを考えるわけではないが、問題はこういう犯罪をおかした者にたいして文部省・大学当局が断固たる処罰《（ママ）》をとらないところにある。大学側がかれらから新聞を買っている金は、国民の税金だ。ここに暴力集団を甘やかし泳がせている姿勢が出ているではないか。／**高見**　大学当局に厳重注意する。（職組の問題については）もっともな話なので私の方も十分調査する。」（『赤旗』一九七二年四月十五日号、関西版では十六日号）

○　○

強権へのこのような協力、媚びは、いま、際限もなくエスカレートしつつある。既成の概念や既成の倫理をそのまま真理として、規範として受けいれ、その正当性を宣伝し、そうすることによって生きのびようとする生活原理が、広くわれわれの現実を腐蝕しつつある。このような原理は、それが、営々としてきずきあげてきた自己の生活をまもるための被抑圧者の本能の発露、狡智であるならば、あるいはゆるされるものかもしれないし、またその時期が到来すれば強烈な反権力的実践に転化することもあろう。しかし、社会関係・人間関係の転倒を目的意識的に追求するはずのグループがこうした生活原理を〈常識〉として身につけてしまったとき、そのみじめさはとりかえしがつかないほど大きい。

なるほど、ここに集められたわたしの文章が、この原理をどれだけ克服しえているか、ここに引用された〈媚び〉の文章からどれだけ遠くはなれえているか、それは疑問であろう。少なくとも、「そのやうなスタ・官的エクリチュール＝番犬的エクリチュールの最良の例を、［中略］池田某の勇ましいだけで力弱い文章に見い出すことができるだらう」（中略部分を除いて原文のまま）という一文を、われわれは、大阪にある新文学協会発行の月刊誌『新文学』一九七二年二月号六七ページに見出すことができる。「アタマとセンスの悪いのは民青だ」とか「論証ぬきの批判（中傷・断罪）を常套手段とするのはスターリニストだ」とかいうレッテル貼りにわたしは反対なので、この批判者（中傷者・断罪者）先生がどういう毛色のお方かはセンサクしないことにするが、前後の脈絡から推測すれば、この「池田某」がわたしを指すらしいことは、まず八割がた確実である。言われるまでもなく、自分自身の文章の「力弱」さについての意識がわたしにないわけではなく、かといって批判者のような力強い美文調を書きたいとも思わない。ただ、舊かなづかひをまじえたこの和洋混淆の文章が論証ぬきで「最良の例」であると断定してくれているとおり、わたしの文章もまた、強権に媚を売り、権力に仕える語り部となることによって、わたしの生活をまもってくれているのかもしれない。いまこうして、それらの力弱い文章たちをはじめの意図とはウラハラに定価何百円かの本にまとめて、あろうことかあの高名な「京都大学出版会」から数十万部発売し印税かせぎをするにいたっては、不景気な日本経済（世界資本主義経済）を根底から強力に支える番犬的利敵行為と言えないこともない。

だが、もう一方では、わたしが保存と私有を放棄しつつその時どきの外的圧力にむかって書き放ったこれらの雑文を、バリケードの中や獄中で読んで朗らかに笑ってくれた人間（たち）が存在していることもまたたしかなのだ。どうやら、ものごとにはいくつもの側面・機能があって、その側面はつねに反面をふくみ、機能はつねに機能転換の可能性をひめているらしい。だからこそわれわれはつねに頽落の危険にさらされていなければならないのだ。こうした危険をもふくめ、具体的・特殊的な外的圧力の要請に応じてその局面だけを視野におさめつつ書かれたがゆえに、これらの文章がぬぐい去りがたい歴史の一時期を証言する〈史料〉となってしまったこともまたたしかなのだ。

まさに、この本は、さまざまな意味で〈史料集〉と呼ばれるにふさわしい。いまはすでに伝説と化そうとしているかにみえる全共闘運動の渦の周辺で、中途半端にワルノリして、いまごろニッチもサッチもいかなくなっている〈大学知識人〉たるわたし自身の（知的頽廃のみならず人間的頽廃をもふくめた）罪状を物語る〈史料集〉であり、さらにまた、それらの史料を補足する意味もふくめて数々の貴重な客観的史料（他人の文章や写真）を集めた〈史料集〉でもある。その意味で、わたし自身の文章は、『似而非物語（抄）』の初出にはなかった『伊勢物語』の文をつけ加えたことと「〈松下　昇〉はパンをいかに食うべきか?」に手を加えて増補したことを除いて、はじめに発表されたときのかたちを（ミス・プリントの訂正をおこなった以外は）いささかも変えていない。わたし自身の文章以外の史料もまた同様である。（こちらは、ミス・プリントの訂正さえも行なっていない。）ついでに、京都大学出版会＝序章社を現在とりまくさまざまな条件を考えるとき、もしも京都大学出版会からのすすめでなければいかなるかたちにおいてもこのような〈史料集〉を出すことに同意しはしなかっただろう、ということも、つけ加えておきたいと思う。

このようなかたちでしかこの数年間の自分自身の言動のとりあえずの総括の試みさえ始めえなかったわたし自身の弱さと、状況全体の未明の暗さにもかかわらず、現実の世界は、われわれのごく身近なところでも、少しずつ、しかも急激に、動きはじめているようだ。「帝大解体」はまず右翼的再編＝頽廃として、「日帝打倒」はまずファシズムの顕在化として。だがそれにもかかわらず、この反動化には、別の側面がふくまれており、機能転換が内包されている。アジテーションとパロティは、いまこそ、意識的にマルクス主義弁証法の意味を問いなおさねばならない。

○　○

本書におさめた〈史料〉は、すべて、執筆者、発行者などに無断で盗用されている。本来それらにたいして支払われるべき印税ないし原稿料は、わたし自身の文章にたいするものもろとも、「どんなささいな弾圧も見逃さない」運動その他、いくつかのグループの運動のなかで有効に生かされるはずなので、どうかご安心いただきたい。

（一九七二年六月六日）

史料24

NO.1

暴力集団

これが甘やかしの実態

妄動賛美の新聞買上げ

京大の真相明るみに

「封鎖・占拠」を一掃しよう

京都民

学園から暴力を一掃しよう

殺人を賛美す 反共集団

学内暴力の追放と告訴・告発問題について

暴力学生を告訴するのは当然

日本共産党京都府

「同志社大学学友会」「京都大学出版会」らの反共ビラの本質

テロ行為

史料25

＝『ローラー作戦』は私たちのくらしに対する悪質な挑戦です＝

※「ローラー作戦」を知っていますか。作年の十一月中旬から東京で始まった、警察の「アパート住人の徹底的な捜査」作戦のことです。約二ヶ月の間で配られたビラが三十万枚、調べられたのが二百五十万世帯と言われていますが、それが最近京都府議会で「人権侵害のおそれがある」と問題にされたように、京都でも始められています。

各個人の生活の中への警察の「手」。その意図は何か。①現在の政府の政策に反対する部分の一掃そのための情報集め。②個人の秘密をもたせないこと―重要なことは一切知らせないということにつながる。③住民相互の監視の強要＝その意味で住民間の信頼関係を断つこと。

※最近警察官が何かの口実を作って不必要に立ち寄ったりしていませんか。

近所付き合い、人の出入り、服装、家具の数、食事の内容。警察のビラには、こういったことまで書かれています。主権者であるべき私達が、どうしてこれらのことで警察に不審がられたり、指し図されなくてはならないのでしょうか。

六九年大学治安立法の強行採決、七〇年青法協加盟判事の再任拒否問題そして、西山毎日記者、川本朝日記者に見られるマスコミ報道機関への干渉、これらは全て、政府の政策の矛盾を隠そうとしたことによる。「ローラー作戦」が警察の全面的な力で行なわれる時、既に警察が戦前の特高警察への道を歩んでいると言っても言いすぎではあるまい。

国民の〃知る権利〃を奪う現在の政府が民主政治を行なっていると誰が言えるだろうか。警察を通じての私達の生活への干渉をはねつけ、〃知らせない権利〃を行使し、国民の基本的な権利を今こそ獲得する時ではないだろうか。

※警察官が捜査令状もなしに部屋を調べようとしたりあるいはそのようなことがあったという話を聞きませんか。いやな思いをしても一時のこととあきらめたりしない方がよいのではないでしょうか。あらかじめ、どんな、心構えが必要でしょうか。

(1)警官が個別訪問をして何をきいても答える必要は全くない――「御近所で爆弾を作っているらしいという情報があったのですが」などといったオドシ文句が使われる。私達は黙っている権利があるし、あなたのひとことが百のデッチ上げを産む。

(2)警官が部屋へ入ろうとしたら断乎として拒否すること――令状なしの家宅捜索、押収は絶対できない(逮捕時の現場を除く――刑事訴訟法二二〇条）東京では、アパートの家主と警官が住人の承諾を得ず勝手に部屋に入り、個人の持ち物を盗んだりしているが、こういったことは人間としても許されることではない。

(3)そして、これらのことが現にあれば、その事実をすぐに「どんなささいな弾圧も見逃さない会」へ連絡して下さい。不法行為を見逃してはならない。

※無理が通れば道理は押さえ込まれます。特に警察官などの公務員の不法不正は厳に戒められなければなりません。こうした「作戦」が陰微に行なわれ、また職務質問や交通検問における警察官の態度が横柄、高圧的になって行くのを見ると、世の中はますます重苦しく、暗くなって行く様です。政府の政策が行き詰まり、内閣の交代が噂にのぼると、いわゆる政権末期の状況が起り、治安は上から乱れ、またそれだけ余計に厳しい締め付けが、社会の各分野で行なわれます。このままでは、私達は、ズルズルと慣らされ、戦前のような不自由な時代を迎えることにならないとも限りません。

自分達のことは自分達の協力で解決する。私達の「くらし」を根本から建て直し、守るためにも、どんなささいな無理をも見逃さず、この重苦しい時代をこじあける一歩を踏み出すことが大事なのではないでしょうか。「ローラー作戦」への監視もその一つです。平和で、自由な、人と人とのつきあいこそが素晴らしく、守るべきものではありませんか。

どんなささいな弾圧も見逃さない会

〔連絡先　京都市左京区吉田京大構内
　　　　　京都大学新聞社気付
　　　　　ＴＥＬ（七六一）二〇五四〕

初出一覧

似而非物語（抄）
『京都大学新聞』一九七一年四月十二日付第一五一六号（特集「新入生諸君へ」）

待つことと希望すること
京都大学親学会『親学』一九六九年一月号

闘争の底辺から底辺の闘争へ——ノン・セクト、フリー・セクトないしはノン・ポリの諸君へ
一九六九年二月七日付ビラ

声明にかえて
一九六九年二月十八日付ビラ

主観主義的大学案内
京都大学出版会、『叛逆への招待』創刊号、一九六九年四月二十一日発行

入学式で「帰れ帰れ」と叫んだ新入生諸君へ！

一九六九年四月十二日付ビラ（京都大学教官共闘会議）

教養部「教官協議会」の〝総長〟あて「要求書」——この数々の欺瞞にみちた策動を見よ！

京都大学教官共闘会議『教官共闘ニュース』No.1、一九六九年四月二十八日付ビラ

ウソのカタマリ＝京大当局を弾劾せよ!!——機動隊・育英会を後楯とした収拾策動を許すな！

『教官共闘ニュース』No.3、一九六九年五月二十八日付

〈自主解決〉こそ治安立法の実質化——マス・ヒステリアの再結集（全国大学人の団結）による収拾策動粉砕！

『教官共闘ニュース』No.8、一九六九年八月八日付

大学治安立法〈成立〉にたいする各界の反響——全学教官共闘会議情宣部調べ
『教官共闘ニュース』No.8、一九六九年八月八日付

反大学とバリケード
『親学』一九六九年九月号

戦闘的な研究者運動を展開せよ！　暴露された「自主解決」の本質
『教官共闘ニュース』No.11、一九六九年九月二十七日付

閉口物語より「府警御幸」（浣腸巻）
『教官共闘ニュース』No.11、一九六九年九月二十七日

女衒考——〈造反〉の止揚のために
京都大学出版会『序章』第二号、一九七〇年五月十日発行

東京教育大三教授にたいする〈辞職勧告〉によせて
5月3日の会『5月3日の会　通信』3、一九七〇年九月二十日発行

英雄的闘争について
京大教官救援対策本部『教員救対通信』6、一九七〇年十一月二十五日発行

写実劇『第一回公判』（一幕四場）
『5月3日の会　通信』5、一九七一年三月七日発行

《ルカーチ裁判・記録》（抄）

『京都大学新聞』一九七一年六月二十八日付第一五二七号

《ルカーチ裁判・記録》（抄）——その出典について

『京都大学新聞』一九七一年十月二十五日付第一五四二号
『スヴェンボルの対話——ブレヒト・コルシュ・ベンヤミン』書評（野村修著、平凡社、一九七一年一〇月二五日発行、七二〇円）
出版ニュース社『出版ニュース』一九七一年一一月中旬号
この顔にピンときたら110番！
『情況』一九七二年三月号
決戦の春——挙行されなかった七二年度入学式にあたっての新政府文部大臣の祝辞
『京都大学新聞』一九七二年三月二十七日付第一五六二号
〈松下　昇〉はパンをいかに食うべきか？——われわれの内部に存在する固有名詞をめぐっての若干の意見対立について——
『5月3日の会　通信』10、一九七二年五月三日発行

史料出典——（　）内は掲載ページ

史料1　真説・似而非物語　京大闘争記録刊行会編『京大闘争の記録——スクラムの海から——』（京都大学内京都大学院生協議会気付京大闘争記録刊行会、一九六九年四月一日）より抜粋。（21）
史料2　天声人語　『朝日新聞』（大阪版）一九六九年一月二十四日付朝刊。（23）
史料3　〈自主防衛〉スタイル　一九六九年一月二十二—二十三日、於京大砦。左上は封鎖中の学生部。（24）
史料4　〝京大人〟にきく——ひとことインタビュー　京都教職員組合『京都教育』一九六九・一・二四　No. 43　号外（37）
史料5　京大砦〈逆バリケード〉からの〈外人部隊〉にたいする放水（一九六九年一月二十二日）。この日、京都の気温は最高8・7度、最低1・0度（38）
史料6　結成のアピール　京都大学教官共闘会議、一九六九年三月七日付ビラ（50）
史料7　教官易腐云々　この芸術作品自体は東大に存在したが、その内容は普遍妥当性をもっている。（51）
史料8　C斗・全共斗と教養部一部教官との結託を許すなC自（教養部自治会）常任委員会ビラ（一九六九年六月二三日、京大教養部教官協議会議場で配布）（67）
史料9　暴力学生に防衛された一部教官の「居直り」　6・21「教官共闘」を批判する会なる会のビラ（一九六九年六月二十一日、京大教養部のほとんど全部の教官の自宅あてにダイレクト・メール）（68）
史料10　『京大闘争——京大神話の崩壊』（京大新聞社編・三一書房発行、一九六九年六月十五日）より。（81）
史料11　反大学ドイツ語合宿への招待　一九六九年七月上旬、ビラ（82）
史料12　封鎖解除の日の〈研究者〉「学生の生命などいくらも補充がきくが、マイクロフィルムや本は、日本にひとつしかないものばかりなのでねえ……」　於東京大学（86）
史料13　御礼まいり　一九六九年一月二四日、みごと〈暴力

学生〉を撃退して、〈全京大人〉の労をねぎらいながら学内を一巡する大学の大小管理者たち（前列中央左は当時の奥田東〈総長〉、その向かって右は現在の前田敏男〈総長〉、左側の木の幹の手前右が川口是〈五者連絡会議議長〉）。(90)

史料14　『ニュース速報』第10号　一九六九年一月二十二日午後一時十五分発行。〈封鎖解除・大学民主化実行委員会〉は、読んで字の通りの正体不明団体。狂気の三日間に〈五者〉とぴったり一体となって反〈暴力〉キャンペーンをくりひろげた。その内容はこの『速報』が示すとおり、昔かわらぬ権力の側のデマ工作そのままであった。(107)

史料15　大学粉争《ママ》の本質みぬこう　京都教職員組合『京都教育』一九六九・一・二四　No.43　号外。なお、「大学問題を検討するにあたって」の筆者、坂田道太という人は、当時の日本国文部大臣だったが、この文章からもわかるとおり、〈大学自治〉〈民主主義〉に関する基本的姿勢において京大職組中央執行委員長と完全に一致していた。(108)

史料16　アドルフ・ヒトラー『**吾が闘争**』（興風館、一九四二年八月二二日発行）。ハンス・グリム『**土地なき民**』（全四巻、鱒書房、一九四〇年一二月十日—一九四一年十二月十三日発行）。『**フライリヒラート詩集**』（日本評論社、一九四八年四月十日発行）(119)

史料17　ヨーゼフ・マグヌス・ヴェーナー『**ヴェルダン戦の七人**』（白水社、一九四四年六月十日発行）。『**国際反ファシズム文化運動（ドイツ篇）**』（三一書房、一九四九年三月五日発行）。『**灰色のユーモア——私の昭和史ノート**』（理論社、一九五八年十二月第二刷発行）口絵写真より。(122)

史料18　総長専用便所風景　一九六九年春、京大教養部A号館一階教職員便所にて。(128)

史料19　〈ルカーチの死〉にさいしてのさまざまな反響　これ以外にもあるが、スペースの都合で割愛した。(150)

史料20　弾圧日譜　わたし自身のメモのほか、『京都大学新聞』一九七二年三月十三日付第一五六〇号の「朝霞事件」後のフレームアップ関連日譜を参照した。(179)

史料21　京大教官有志主催「言論・思想の弾圧を告発する——滝田〈事件〉について」集会ビラ(182)

史料22　入学式風景　一九七二年度の挙行された京大入学式にて（一九七二年四月十一日）。(189)

史料23　パンの食い方はブルジョワが教えてくれる　ジョージ・グロス「主よ、われらに日々の糧を与えたまえ、アーメン」（この絵が収められている邦訳書としては、岩崎美術社『グロッス諷刺画集』がある）。(234)

史料24　連日のようにバラまかれている、警視庁極左暴力取締本部ご推薦のビラ、文書類。(250)

史料25　『ローラー作戦』は私たちのくらしに対する悪質な挑戦です　どんなささいな弾圧も見逃さない会、ビラ、一九七二年五月。(251)

第二部

Post festum

「学ぶ」ことと「教える」こと

「学ぶ」を意味するドイツ語の lernen や英語の learn は、西暦三～五世紀のゲルマン語のひとつであるゴート語の laists（痕跡・あしあと）や lists（知ること）と同族の言葉だったという。つまり、「学ぶ」とは、先人の「あと」をたどることによって「知る」ことなのである。一方、「教える」というドイツ語 lehren はゴート語では laisjan だった。これは laists や lists と明らかに同系統の語で、元来の意味は「あとをたどらせることによって知らせる」ことだったわけだ。

こうしてみると、「学ぶ」と「教える」、「学生」と「教師」の関係は、もともときわめて単純かつ一義的なものだったらしい。一方はもっぱらあとについきしたがい、そのあとをたどり、あるいはなぞることによって、師がもっているものと同じものを身につけていく。他方はただ自己の足跡を、痕跡を示しさえすればよい。「学」とは模倣を媒介にした「知」の伝達にほかならないのである。

ところで、こうして得られる「知」が決して抽象的・形式的な知識を意味しなかったであろうことは、同じく前述の laists から出た Leisten（足型、靴の木型）の動詞形である leisten というドイツ語が、「なしとげる、達成する、技倆がある」という具体的な業績・仕事（Leistung）を示す言葉であることと、lists から出たドイツ語の List（わざ）が、戦闘・狩猟・魔術・手工などのきわめて直接的・具体的な技術に関してのみ使われる語であることがよく物語っている。漢字の「学」（學）のもともとの意味、すなわち、「子どもに世の中のしきたりの手ぶりをならわせる」という意味も、「学ぶ」ということが、きわめて具体的・肉体的な作業だったことを暗示している。（「學」は、「両手」をあらわす「臼」と「ならう」を意味する「コウ」という音の「𠔉」と「子」とから成っているのだそうだ。）

「学ぶ」ことが生活上の必要と密着した直接的・具体的な行為であり、それ自体まさにひとつの「労働」であったかぎり、習うものと教えるものとの一義的な関係は、ごく自然なこととしてうなづけなくはない。自給自足の生活のなかでの作業にせよ、職人の手仕事にせよ、あるいは元来そうした労働のなかから生まれてそれ自体ひとつの独立したわざとなった芸術にせよ、先人のあとをなぞることがすなわち「学ぶ」ことだった。先人の「手ぶり」をまねることがすなわち生活上の知恵の獲得であり、生きかたの習得だった。先人がのこす「痕跡」は絶対的な規範だった。「学」の方向は一方的だった。

言うまでもなく、いまでは「学ぶ」ことはこうした直接性を失い、「学ぶ」と「教える」とはこのような一義的な関係を喪失している。そのこと自体が良いことか悪いことかは、いちがいには決められない。ただここでつぎのような点だけは、きっちりおさえておく必要があるだろう。つまり、「学ぶ」ことのこうした機能変化によって、「知る」という行為が単なる「知識」の獲得にかわってしまったこと。しかもこの「知識」は、生活と直接にむすびついたものではなく、労働そのものとは切りはなされた生活のための手段でしかないこと。したがって、この知識の習得、すなわち今日における「学」は、別個の労働に向けて学ぶもの自身をできるだけ高く売りつけるためのレッテルを手に入れることにほかならず、一方「教える」ことは、客観的にはそのような労働力商品の完成に手を貸す作業にほかならないこと。――ところが、ほかならぬこうした「学」の機能変化は、その反面、きわめて積極的な意義をもっているのである。先人のあとをたどり、先人をまねるという一方的な模倣行為ではなく、「学ぶもの」と「教えるもの」との重層的・相互的な関係が生まれる可能性である。この可能性は、ものごとをつねに関係性において、相互の働きかけにおいてとらえるという思想と、分かちがたく結びついている。

環境が人間を左右する、環境こそは人間の教育者である、という唯物論者の考えかたにたいして、人間がその環境を変革するのだ、教育者自身が教育されねばならないのだ、という観点をうちだしたのは、マルクスだった。マルクスにとって「学ぶ」とは、一方が他方の「あとをたどる」というような一方的な行為ではなく、まさに「教えるもの」と「教えられるもの」との、相互に作用しあい、たえず転倒しつつ発展していく関係だったのだ。彼にとって、「知る」とは、対象の「痕跡」を見てとることではなく、対象そのものに自己の痕跡をきざみつける作業、つまり対象を変革することだったのだ。

「学ぶ」ということが質的に変化をきたし、「学ぶもの」と「教えるもの」との関係が混乱し、この両者のあいだの秩序ある関係（すなわち一方的・一義的な関係）がたえず〈暴力〉や〈破壊〉によって脅かされている現在の「学ぶ場」＝大学は、それゆえ、大きな危険とともにまた巨大な可能性をもはらんでいるのである。その可能性は、混沌とした転形期総体が危険とともにはらむ可能性と別のものでなく、既存の関係を転倒させることによってしか実現されえない。だから、「学ぶ」ことの直接性をとりもどそうとして古い一方的な関係を再生させるとすれば、それは誤りだろう。商品化をより能率的にすすめるために一方的な「模倣」を「学ぶ」ことの中心にすえようとする試み（中教審路線）は、さらに大きな危険となるだろう。だがこの試みに対抗すると称して〈秩序破壊〉を非難する傾向は、それに劣らず危険であるばかりか、「教育者自身が教育されねばならない」という観点をいっさい抜きにした静観主義・権威主義というべきだろう。

なぜなら、「学ぶ」ことと「教える」こととの固定した一方的な関係を打破し、しかも同時に、たんなる手段としてのものではない、商品としてのものではない「手ぶり」を「学び」とっていこうとする志向は、まずさしあたりは、既存の一方的・一義的な関係を〈破壊〉する行為として表現されるからである。既存の関係の暴力性から見れば、それは、明らかな〈暴力〉としかうつらない。いま京大ですすめられているさまざまな運動、とりわけ臨時職員たちの闘争や竹本助手処分反対闘争にたいして投げつけられる非難は、一方的・一義的な関係のうえに立ってしか自己の延命をはかることができない勢力の本質を、明らかに露呈している。この勢力にとっては、〈秩序〉の回復が、痕跡をなぞるという固定的な関係の維持が、みずからの存亡にかかわる重大問題である。だが、こうした関係を突破していこうとするものたちにとっては、相互作用的な関係性の獲得こそが、不断の転倒をふくむ相互の働きかけこそが、すなわち、一方的な「教育」や「洗脳」や「断罪」ではなく、ましてや双方の位置を固定させたままでのその場しのぎの「取引き」や「ボス交」でもなく、持続的・反復的な「論争」と「討論」と「説得」の努力こそが、手段であるとともにまた目的でもある。

もちろん、この原則は、容易につらぬけるものではない。「教えるもの」は「学ぶもの」の一方的な規範たろうとする権利を依然として主張するばかりでなく、管理者としての権力まで手中ににぎっている。この権力は「学ぶもの」よりさらに弱い位置にある既成の労働力商品、直接的な下級労働者にたいするとき、むきだしの暴力となるのだが、こうした暴力にたいして「学ぶもの」＝「労働するもの」の原則をつらぬくためには、ういういしさや素朴さとともになみなみならぬ「狡智」もまた必要だろう。

さきにあげたListというドイツ語、ゴート語のlists（知ること）から出て「わざ」を意味したこのListという語は、戦闘・狩猟・魔術・手工など生活と密着した技倆の意味を失ったのち、「狡智」、「ずるがしこいたくらみ」という破壊的な意味となってよみがえったのである。

（『昭和49年度版　京大を受ける人のために』京都大学新聞社編、進学研究社発行、一九七三年九月刊）

証言・京大闘争――「時計台裁判」弁護側証人として

証人　池田浩士

一九六九年当時の教養部教官。

弁護側証人。一九七六年五月二十七日の第四四回公判で証言。

教養部を中心として、全般的な京大闘争の経過と意義を明らかにした。

I

弁護人　証人は昭和四十四年当時は京都大学にいらっしゃいましたですね。
池田　はい。
弁護人　京都大学における地位はどういう地位だったんですか。
池田　当時京都大学の教養部の専任講師をしておりました。
弁護人　専攻はどういうことでしたか。
池田　担当はドイツ語です。
弁護人　助教授になられたのはいつですか。
池田　昭和四十六年ですかね。
弁護人　四十六年の何月ですか。

池田　六月です。

弁護人　現在も助教授ということですね。

池田　はいそうです。

弁護人　いわゆる教養部のということですね。

池田　はいそうです。

弁護人　昭和四十四年一月からの大学内の状況についてお聞きしたいと思いますが、昭和四四年一月に寮問題といいますか、大学の寮の問題で大学側と寮生とがいろいろとやりとりを行なったということはご存じですね。

池田　はい、知っております。

弁護人　大体いつごろからあったかご存じでしょうか。

池田　もちろん昭和四十四年の一月に至るまでに長い過程があったと思いますが、寮生が三つの要求を掲げて大学当局と繰返し、交渉を持っていたわけですが、昭和四十四年一月十四日から再びその交渉を大学当局と開始いたしまして、学生部長（注1）および京大総長（注2）と大衆団交を寮生の代表が持ったことがありました。

弁護人　それは一月十四日からということのようですが、間違いないですか。

池田　確か一月十四日だと思います。

弁護人　簡単で結構ですが、当時寮生は大学にどういうことを要求しておったんでしょうか。

池田　当時、三項目要求というふうに言われておったんですが、一つは無条件増寮の要求、経理全面公開、もう一つは京大が計画しておりました二十か年長期計画というのがあったんですが、それを白紙撤回せよというそういう三つの要求だったと思うんです。

弁護人　当時、京都大学における寮というのはどういう状態であったということはご存知でしょうか。

池田　大体知っております。寮が合計四つ、今でもそうだと思いますが、一つは熊野寮、吉田寮、吉田西寮、女子寮という四つの寮があるんですが、大体全部合わせて寮生が六五〇名くらい当時いたと思います。これは京大の全学生といいますか、大学院を除いて、ほぼ一万人おりますので、まあ、その内の六五〇人が大学の寮にはいっていたということです。

弁護人　七％弱ということですね。

池田　はい。

弁護人　これは全国の国立大学と比べてはどうなんでしょうか。

池田　詳しい資料は知りませんが当時、言われておりましたのは、京大の寮というのは、全国の国立の大学の中でも貧弱なほうで、学生の多い割に寮が少ない。京都というのはいわゆる地元出身者が京大へ行く率が少ないんですね。非常に多くの学生が下宿なり寮の生活をしなければならない状態です。そういうことを考えますと、数字の上での多少ということではなくて、そういうふうな客観的な情勢の中では、京大の寮というのは貧弱であったと思います。

弁護人　ちょっと先程もおっしゃいましたが、一月からそういうことがあったということですが、寮の問題については従来から、大学側と寮生あるいは学生との間でそういった話合いといいますか、寮をふやすという要求があったんですね。

池田　私の赴任前には、具体的なことは知りませんが、当時からも同僚等から聞いておりましたのでは、十年前から学生はとりわけ寮をふやすという問題については繰返し、当局に要求してきたと聞いております。

弁護人　先程言われた三つの寮生の要求に対して、当時、学校側はどういうような態度を取っておったかということはご存じでしょうか。

池田　昭和四四年一月十四日に交渉が再開される前に何回か交渉を持っていたわけですが、大学側はそのつど考えておくとか、答えられないということでずっと、学生側との交渉を打ち切って問題を先へ先へと延ばしていたと聞いております。

弁護人　具体的には学生側の要求しておった形では、大学側は対応していなかったということでしょうか。

池田　教官の一員として見ていても私はそう思います。

弁護人　具体的に三項目の要求がされたことについては、大学側はどういう回答をしたんですか。

池田　一月十四日から、いわゆる団交が始まったんですが、その席で総長が学生に答えた内容というのは、無条件増寮については、これは応じられない、長期計画白紙撤回には応じられない、経理全面公開については、今前向きの方向で学部長会議に計《（ママ）》っているという回答だったと思います。

弁護人　具体的にはその交渉はその後も続けられたということなんでしょうか。

池田　そうです。

弁護人　途中でその寮生と総長及び学生部長との団体交渉が決裂をしたということがあったんじゃないですか。

池田　確かそうです。

弁護人　決裂したことがありましたね。

池田　はい。一月十六日の早朝といいますか、真夜中だと思いますが、午前一時ごろですか、大学側が先ほど申しましたような答を固執しておりましたので、学生側はさらに話合いを続けることを要求したんですが、大学側はこれを蹴ったために、学生が交渉の場であった学生部の建物を封鎖して話合いに応じるまでは封鎖を解かないという行動に出ました。

弁護人　それはいつからですか。

池田　確か、一月十六日の早朝だったというふうに記憶しておりますが。

弁護人　学生側といいますか、この場合は寮生ということですね。

池田　はい。

弁護人　寮の学生が学生部を封鎖したということについて、大学側はその封鎖に対してなんか特別な対処なり、何なりを行なったんでしょうか。

池田　その後、数日にわたって学校は会議を開きまして、話し合いする前提として封鎖を解けと、封鎖を解けば、話合いに応じるという態度を取って、総長及び、学生部長が声明を出したり、封鎖されている学生部の建物の前へおもむいて教官等々といっしょに話合いをするから、とにかく封鎖を解けということをアピールしたと記憶しております。

弁護人 大学側としては、とにかく封鎖を解かない限り、話合いには応じられないと、逆に言えば、そういうことだったんでしょうか。

池田 そうです。大学側の姿勢はとにかく話合いですべてを解決するということで、その話合いの前提として封鎖を解いて出てこいと。学生側としては、大学側と何回も話合いを行なったが、何一つ解決していない、話合いを誠実な態度で行なうということはむしろ封鎖を解く前提だと言っておりました。

弁護人 そういうことでお互いに平行線のまま、何日かが経過したようですが、その間、大学側はなんか特別、この封鎖に対して、どういうようにするかということを後ろのほうでといいますか、わからないような形で、なんか対策を練っておったとか、いろいろ行動をとっておったというようなことがあったんでしょうか。

池田 私は教養部におりまして、もちろん執行部でもなかったので、その当時は知らなかったんですが、後に、様々な事実が明らかになっていった過程で知った限りでは、何回か、学部長や研究所長の集まりである部局長会議で、各学部から出ている学内の問題等の検討を重ねていた事実がございますが、その中には、とにかく話合いの姿勢を貫くと総長が一般教職員に対しては表明しておりました。封鎖が後に解除されたあとで明らかになった文書があるんですが、学校側によって明らかにされたわけですが、その文書によるとすでに、一月十八日ごろ、つまり封鎖が行なわれた二日後ですが、封鎖反対のグループ、これは当時五者連絡会議、五者連(注3)とかいう名前で呼ばれていた学内のグループがあります。これは説明しますと、職員組合が一つあります。学生の全学自治会である同学会(注4)、大学院生協議会と、生活協同組合の理事会、生活協同組合の労組という五つの組織が連絡機関として構成しておりました五者連ないし、五者連絡会議という組織が総長に繰返し、一月十八日から団交を申し入れまして、封鎖は絶対に許せない、京大人の手でこれを解除すべきであるということを総長に要求しまして、具体的に封鎖解除をどのように行なうかということで総長と五者連の間に確認がかわされた事実が明らかになっております。大学側は封鎖解除を五者連との共同行動として行なうという方針を固めていたようです。

弁護人　五者連といいますか、五者の考え方にのって大学側がそういう準備をしておったということですが、そのあとなんか直接大学側が新たな対応策を取ったということはあるんでしょうか。

池田　もちろん当時、寮の封鎖というのは、五者連を初めとする封鎖に対して批判的な部分だけではなくて、学生内からも、職員の有志の中からも、寮の問題というのは今の大学にとっては、重要であると、封鎖を支持するグループ、そういう世論というものは、京大の中に存在していたんです。学生部の封鎖が行なわれた直後から、学生部のまわりで、反対派、賛成派というものが、それぞれ集会を開いたり、お互いに議論し合ったという状態が数日間、続いたんですね。ちょうど時を同じくして、十八日と十九日にかけて、東京大学で安田講堂の封鎖解除が行なわれたんです。ちょうど、そのこととの関連で学内の一部分、とりわけ先ほど申しました五者連を中心として京大を東大の二の舞にしてはならないという、そういう危機感が大分支配していたと思うんです。その中で一月二十一日に封鎖支持の学生たちが、全関西労学総決起集会を封鎖されている学生部の前で開くことを決めまして、そういう集会が予定されたわけです。その当日、つまり一月二十一日に京大当局は、学外者の立入禁止という措置をとりました。封鎖が大学に広がって、京大が東大の二の舞になるのを恐れたためと言われておりますが、そういう経過があったと思います。

弁護人　立入禁止措置を行なったということですね。

池田　はい。

弁護人　この学外者の立入禁止の措置は、いつまで続いたんですか。

池田　これは非常に曖昧なんですが、曖昧というのは、そのあと非常に混乱が起きましたので、学内者である私も、実際立入禁止という措置が、何月何日何時にとられたとか、それがいつ解除されたということは、当時知らなかったんです。今でも知らされてないんです。当日、つまり立入禁止の措置がとられた日は、もちろん私は大学におりましたので、自分の目で見た限りでは、ちょうど十二時ごろ、突然、ワァワァとたくさんの人が、京大の本部の正門の前にずらっと並んで、そして検問を始めたわけです。つまり出入りのチェックを始めた。それで、これはおかしいぞというので見てみますと、やがて正門の横に、私は確か学生部長だと言うていたと思いますが、学生部長であると、京大は本日は、学外者の立入を禁止したので立入る者は学生証なり職員証なりを提示してはいれ、という指示を与えていたんです。学内者である私もそこで初めて、大学が立入禁止の措置をとったと知ったんです。解除されたということについては、詳しい日時は知りませんが、事実として門が開かれて自由に出入りができるようになったのは、三日後の午前中だったと思います。

弁護人　大学側は立入禁止措置をとったということですが、そういう措置をとるということは、事前に教官とか、そういう人たちに知らされたことはないんですか。

池田　許られたこともありませんし、決定の事後承認ということで教官の決定機関である教授会、そこに知らされたこともありません。

弁護人　事後承諾もなかったんですね。

池田　はい。

弁護人　大学側がそういう立入禁止措置を二十一日からやったという直接の理由はどういうことなんですか。

池田　先ほど、ちょっと申し上げましたが、いわゆる封鎖支持派の学生を中心として、全関西の労働者および学生の集会を持つということが予定されておりましたので、それが学生部の封鎖だけにとどまらず、全学部の封鎖に広がるんじゃないかという危機感と、もう一つは、京大の中の問題ではなくて、当時全国の大学の中でも、東大なり、日本大学なりで闘争が行なわれていて、しかも前日、一月二十日に当たりますが、東京大学の入試が中止になったわけです。つまり東京大学は入試を行なうと言ったんですが、文部省は、入試を行なわないと言った。京大の教授会は、京大がそういうことになったら大変だという危機感をいだいていたと思います。

弁護人　それで立入禁止という、そういう措置に出たということが具体的には、身分証明書とか、そういうものを提示しないかぎり、中に入れないということですね。

池田　はい。

弁護人　さらには、バリケードか何か作られたということですか。

池田　はい。

弁護人　それは大学の当局というか、その人たちが作ったんでしょう。

池田　そのときは、私、先ほど申しましたように京大の正門に、教養部というのは、本部の正門の真ん前にあるんですが、正門のあたりが騒々しいということで、ちょうど目撃していたんですが、初めに申しましたように学生部長がマイクで立入禁止を知らせるのと同時に、むしろそれより前にずっと正門の前に人が出まして、検問をはじめたわけです。その検問はおそらく、はじめは京大の職員が行なっていたんだと思うんですが、その内に顔見知りの人たちだけについては、私が確認したのは、大学院の学生であるとか、生協の職員に至るまで、大学当局といっしょになって検問を行なったんです。当然、学生の中から、中へ入ろうとする学生、そういう検問は不当であるという抗議が行なわれて、何回かそこで小ぜり合いが行なわれたんですね。その内に、検問を行なっている側の者を支持する多数の学生や、院生、そこに集まっていた人たちが、正門を閉じてしまったんです。正門を閉じたのを一つのきっかけとして、そこを突破しようとするグループと、それを阻止しようとするグループで衝突が起こりまして、もちろん、ケガ人が出まして、そのあとすぐに閉じられた正門の内側から、どこから持って来たのか、全然わからないんですが、ベニヤ板とか机とか様々な資材でバリケードが作られたんです。なお、バリケードを突破しようという試みがそれに反発するグループからなされていたために、たちまち向こうに奥深いものが、さらに門のところだけでなく、門の左右の塀の上にまでバリケードが築かれて、そこから投石、放水そういうものが行なわれていたわけです。

弁護人　放水するというのは、どちら側がするんですか。

池田　外から入ろうとする者は水の栓がないですから、もちろん中から。

弁護人　いわゆる大学当局のほうからということですね。

池田　はい、そうです。

弁護人　そういうバリケードを作ったということですが、このことについて何か、後に大学側が、そのバリケードは大学当局が作ったんだということを表明することがありましたか。

池田　はい、ありました。

弁護人　いつですか。

池田　教養部は平常どおり授業がなされまして、中へ入らなかったんです。バリケードの外へ出されてしまったんです。バリケードはその日の夜までに、あくる朝が明けたと言うたほうが正確ですけれども、〔学生部の建物だけでなく〕京大の本部時計台がある建物も包囲する〔周囲一キロ〕ほどの敷地があるんですが、それが一分のすきもないように中側からバリケードで封鎖されたことを翌日発見しました。翌日というのは、登校して発見したんですが、朝、東一条のあたりでビラを手渡されたんです。そのビラを見ますと、掲示第三号京都大学という名前の文書で、それには、バリケードを大学側が築いたのは、大学側の方針である。さらには、構成員はできるだけ学校へ来て、事態の解決に努力せよ。もう一項は、非常によく覚えているんですが、ヘルメットはできる限り調達しましたが、種類が雑多で、また数も足らなかったことは非常に遺憾であります、という文書が京都大学の名前で出されていたんです。これはバリケードの外にいた私だけでなく教養部の教官は、全く怪文書だと思った。デマだと思ったんです。二十二日に教養部の教授会を拡大した教官協議会というのが、急きょ行なわれまして、その掲示第三号が、本物かどうか、問題になったわけです。部長が本部へ問合わせたんです。それが本物であるとわかったんです。大学の構成員でありながら、我々は二十二日の昼過ぎの教官協議会という席で初めて大学側の方針として築いたと、しかもそんなにヘルメットを配っていたということが初めてわかったんです。後に封鎖、いわゆる逆封鎖と当時我々呼んでおりましたが、逆封鎖が解かれて以後、どうしてそういう方針を京大当局が取るに至ったかということを教養部の教官協議会も含めて、学内から追及が行なわれまして、大学当局は教養部長を通じて、その経過を説明する、むしろ大学側がそういう方針を決める過程で作成された文書を教養部の全教官に配られたんです。その文書を見て、私ども教養部の教官は、京都大学がどういういきさつで、逆封鎖をして、放水、投石等々をするまでに至ったかを初めて知った次第です。

弁護人　それまでは、教官の人はほとんど、その経過については知らされなかったということですか。

池田　はい、バリケードの外にいた教養部の教官は、そういうわけで知らなかったわけですし、バリケードの中で大学側の方針に従って、外からの侵入を阻止しようとする行動に加わった人も、あとで知らされたというのが実情だったようです。

弁護人　そういう形で京都大学の本部がバリケードで封鎖されたということでしたが、本部の中にいわゆる寮の人たちが学生部を封鎖しているといいますか、そういう建物があったわけですね。

池田　はい。

弁護人　その封鎖そのものは、結局どうなったんでしょうか。

池田　一月二十一日にいわゆる逆封鎖というものがなされて、それはちょっと信じられないようなものでして、我々がそれに近寄ろうとすると、中から石が飛んでくる。水がかけられる。さらには消火器から消火液がまかれる。消火液がからになると、〔消火器そのものが〕外に向かって投げつけられるという状態が何日も続いたわけですが、その中で、あとからそれがわかったわけですけれども、学生部の封鎖解除というのが行なわれたわけです。これは先ほど申しました文書から明らかなんですが、大学側がさっきも名前をあげました五者連との団交の中で、大学の資材を封鎖解除のために提供するという約束をしたわけです。そういう大学側が提供した資材を使って、本部全体を逆封鎖した中で、学生部の建物に対する封鎖解除の作業がなされたんです。その作業そのものは、中にもやはり封鎖支持の学生たちがいて、その人たちは封鎖解除に対して抗議して、学生部の建物の前にすわりこむ。それに向かって水をかける。真冬のことで、一月二十一日、二十二、二十三日その三日間ほとんど毎日、京都地方気象台発表正午の気温は、0度から1度でした。そういうところで、ずぶぬれに封鎖支持の学生をして、さらにはベニヤ板であるとか、ペンチであるとか、針金であるとかさらに電気ドリルであるとかそういうものを使って、学生部の封鎖解除がなされたと聞いております。

弁護人　大学側の方針というのは実力行使ということになるんでしょうか。

池田　後ほど公になった資料によると、少なくとも、封鎖解除するために必要な資材を大学側が五者連に提供することははっきり、大学側が確認して、文書に残っております。もちろん個々の具体的な行動は、たとえば誰かの頭に石をぶつけるということまでは大学の指示方針であったと信じませんが、それを大学側が許すという結果になっていたと思います。

弁護人　そういう経過で封鎖が解除されたということですね。

池田　はい。

弁護人　実際に解除されたのはいつですか。

池田　二十三日の午前中だったように思います。

弁護人　そのあと、いわゆる封鎖をしておった人たちと総長との間で団体交渉が行なわれますね。

池田　はい。

弁護人　一月二十五日からですか。

池田　はいそうです。

弁護人　そのように封鎖をしておった人たちと総長の間で団体交渉が持たれるようになったのはどういういきさつでですか。

池田　二十三日の午前中に封鎖反対派の手によって、大学側の方針によって封鎖が解除されたのですが、学生部の封鎖解除に参加した五者連を中心とする人たち、とりわけその学生および、教官の一部分が封鎖を解いて出てきた封鎖派の学生、ほぼ六十名いたわけですが、それをつかまえまして、法経一番という大きな教室へ連れていって、そこで責任追及の集会をやったわけです。封鎖をしたことの責任追及ですね。封鎖派の学生は追及される立場にいたんですが、逆に、その部屋に集まった多くの学生たちの大部分が、今まで逆バリの中にとじこもって外に向かって京大を守っていた人を含めるんですが、逆に封鎖を解いて出てきた学生に対する支持が集まったんです。封鎖派の学生を追及するはずの集会が、途中から封鎖解除、つまり、今まで話合いで問題を解決すると言うておきながら、実際には、暴力的に解除したことに対する反省と批判が非常に強く出て来たために、封鎖派の学生を追及しようと思ったグループがそこから退席せざるをえなかった。そこでその集会は、むしろ暴力的な封鎖解除を糾弾する集会にかわってしまったんです。そこに学生部長が出席を要求されて出てきて、二十五日に封鎖派の学生、これはもう少し厳密に言いますと、寮の三項目要求を学校側に対して提起していた寮の代表たちを中心とする学生ですが、その学生たちとの当局の言葉では話合い、学生の話では団交が持たれる約束がなされたんです。

弁護人　そういう経過で一月二十五日からの総長との団体交渉が行なわれるようになったということですね。

池田　はい。

弁護人　その席では学生側は、総長に対してはどういう要求を出しておったのか簡単におっしゃって下さい。

池田　当時その要求のことを八項目要求と言われて八つの要求があったんですが、そのまま詳しくは申し上げませんけれども、大体の骨子は、あらゆる資材を使って、暴力的に学生部封鎖を解除したことを自己批判せよ、そしてさらにはその責任を取って、総長は国大協の会長だったわけですが、国立大学協会の会長を辞任し、かつ総長および学生部長もその職を辞して学生管理機関として働いている学生部を解散せよというふうな要求、さらにはかねてから掲げていた寮の三項目要求だったと思います。

弁護人　そういう要求に対して総長は、どういう態度を示したんでしょうか。

池田　これは公開でなされておりましたので、私も時々団交の席へ行ったんですが、総長は一貫して一言も答えず、総長が何かの雑誌に自分で書かれたか、インタビューに答えて話されたか詳しく記憶しておりませんが、そのことは一言も答えないで口の中で流行歌の言葉を口ずさんでいたということを、実際、自分で話されたということがあるようですが、七十二時間団交が続いたんですが、総長は一貫して目をつぶって下を向いていたという記憶が鮮やかに残っております。
弁護人 学生側が八項目という要求を出したけれども、具体的な回答というのは、ほとんどされなかったということですか。
池田 はい、そうです。
弁護人 ところで一月二十一日に立入禁止の措置がとられて、大学がバリケードで封鎖したというのが一月二十一日から三日間、一月二十三日まで続いたようですね。
池田 はい。
弁護人 そのことについてよく狂気の三日間ということが言われているようですね。
池田 はい。
弁護人 それはどういうことを指して、そういうことを言うんでしょうかね。
池田 狂気という言い方が、いいか悪いか別としまして、マス・ヒステリアという言い方がされておりました。外から悪いやつが攻めてくるというので、京大を守れというかけ声で、大多数の人たち、一時、六〇〇〇人がバリケードの中にたてこもっていたと言われておりますが、外に向かってバリケードを築いて京大を守ろうとしたんです。どうして実際多くの人たちが、実際には数から言えば、少数であった封鎖支持派の学生たちと、それほどまでして、立ち向かわなければならない状態がかもし出されたか。実際、そこに来て、耳で聞き、時計台に大きな学校のスピーカーが備えつけられまして、そこから逐一現在の情勢は、という放送がなされていたんですが、実際は大学当局が行なっていた時間よりも、五者連がスピーカーを使用して情報を流していた時間のほうが多いわけです。時計台の情報を流すスピーカーからは、日大全共闘総勢七〇〇人が新幹線を借り切って、京大に向かっているという放送が流されたその放送を聞きましたし、そのあとに大学民主化実行委員会という五者連に結集する部分の学生グループから出されていたビラを自分で見たんですが、それでは、七〇〇名とお知らせしましたのは、バス七台の間違いでした、ということが、実際にビラとなって流されている。そういうふうなデマが非常に多く流れる中で、これも後に、実際中にいた人から聞いたんですが、逆封鎖がなされて、外に置かれている教養部はいわゆる暴力集団によって占拠されて、荒廃の極に達しているということが、まことしやかに流されていたんですが、私は教養部でよく知っているんですが、教養部は一貫して授業を行なってました。こちらのほうが、むしろ平静だったわけです。もちろんバリケードで自らを中に閉じ込めた六〇〇〇人と言われた全京大人というのは、職場などを放棄して、そういうところにはせ参じていたというのが事実だったようです。そういうことを指して当時、狂気の三日間という言い方を非常にはずかしい名称として言われていたと思います。

弁護人　証人自身はそういうやり方はどういうふうにお感じになったんですか。

池田　そういうことが、はじめからすべてわかっていたわけではないのですが、やはり二十二日早朝にビラの掲示第三号というもので、大学の方針であるということを聞かされて、それで、大学の方針というものに疑問を持ちましたし、さらには、いわゆる逆バリケードを築いている学生や職員が、どういう顔つきをしているか、下から見えるわけです。平静な形相を失って血走った目をして、ちょっと普通では書けないようなプラカードが外へ向かって出されるわけです。お前ら、京大に入りたかったら、入学試験を受けて入ってこいと。京都大学とは何なのだろうか。私は、京都大学は、戦前からいわゆる強権に対して抵抗した歴史を持っていて、自由の伝統を持っている比較的民主的な大学だと、そういう観念があったわけです。しかし、そういうのは、一挙に、狂気の三日間で京大を守った守り方によって、ついえ去ったと思います。

弁護人　そういう状態で進んでいったということですが、そのあと一月二十五日総長団交が行なわれて以後は、結局、学生の人たちは、ストライキにはいるということになるわけですね。

池田　はい。それは先ほど申しましたように、大学当局は話合いの立場をあくまでも貫くということを逆バリケードを築く直前まで学生に向かって大学構成員に向かっても言っていたんですが、そう言っていたのに、実力で解除するということを決めて、確約を取りかわしていた事実があるんです。七十二時間団交で、大学側は形だけ時間、正に時間が過ぎれば、それでいいと、総長が一言もしゃべらない。学生をいなすという態度に対して学生の中から当然批判が出て、一月三十日には、教養部の代議員大会、教養部の学生の方針を決める最高決定機関であるわけですが、代議員大会が行なわれて、八項目要求および寮の三項目要求を中心とするスローガンのもとに、無期限ストライキが決議され、一月三十一日午前0時から、教養部に始まって二月になると、医学部、文学部、農学部、もう少し、時が遅くなると工学部あるいは法学部などもストライキに突入していくと、一月末から二月の上旬にかけて、寮闘争に端を発する闘争が京大全学部に広がっていくという過程がありました。

Ⅱ

弁護人　京大には各学部があるようですが、全学部的にストライキに入っていったというのはだいたい、いつごろからなんでしょうか。

池田　だいたい二月の上旬から中旬にかけてだったと思います。

弁護人　学生さんが、そういうストライキに入った目的というのはどういうことなんでしょうね。

池田　ビラ等々から読んだ限りでは、一つはやはり話し合いということを言いながら、話し合いになると沈黙してしまう当局に対してやはり学生のほうも、実力行使としてストライキという一つの意思統一をはっきり明らかにすることによって、大学に要求をさらに有効に突きつけていくということが、あったんだろうと思います。直接的なきっかけは、「狂気の三日間」あるいはその前後を通じて、大学当局、自分たちをも含めて、大学構成員がいったいどういうふうな存在であったか、ということが明らかになって、それに対してもう一つは、自分たちで自分たちの存在そのものを問い直していくという意図がそこには含まれていたと理解しております。

弁護人　その後といいますか、いわゆる入学試験が行なわれるということになりましたですね。

池田　はい。

弁護人　そのことについては、ストライキに参加した学生たちはどういう態度をとっておったんですか。

池田　ストライキで授業を放棄して、あくまで要求を大学側がまじめに取上げるということを要求しているにもかかわらず、大学側はとにかく入学試験をやって、入学試験を突破口にして学生のストライキを腰くだけに終わらせるという方針だろうと思いますが、そういう方針に対して学生は、入学試験をやって、今までの問題に何一つ答えないで、新入生を取って、新入生も自分たちと同じように大学側から扱われていくということは許せないと、入学試験を阻止するという方針が表わされました。

弁護人　入学試験は施行されたわけですね。

池田　はい。

弁護人　教官の中には、入学試験の実施について思わしくないというふうに考えておられたような方は、おられたんでしょうか。

池田　はっきりした形で入学試験はすべきでないというので公に声明なり、アピールで出されたことは記憶しておりませんが、教官の中にもかなり一月二十一日に始まる「狂気の三日間」以後、大学の問題というのは、もう少し本気で考え直さなければいけないという声があちこちから出始めまして、当然そのような問題、学生が提起した問題になんら答えないまま、ただ年中行事的に入学試験を行なうということに、批判的な意見というのはかなり多くあったと思います。

弁護人　入試業務、いろいろな受験場に行って実際に入試業務を行なうということがあるんですが、そういう業務につかないということで拒否されたような方は、おられるんでしょうか。

池田　農学部の助手のなかには、入学試験の試験監督を断わった人があると聞きました。

弁護人　先ほど教官の動きをお聞きしたわけですが、一月二十一日から二十三日までそういった動きがあって、学生の動きに呼応して教官のほうでも特別なんらかの動きなり、何なりが出てきたことがあるんでしょうか。

池田　あります。それは一月二十一日に始まる「狂気の三日間」が終って、実際に逆バリケードの中で、いわゆる京大を守ろうとした人たちからも、反省が多く出てきました。たとえば農学部であるとか、工学部の助手、講師の若手の研究者の中から反省する声があがりまして、人文科学研究所の助手などは、はっきりアピールを出して、

「狂気の三日間」の大学当局の態度、それを許してきた自分たちの責任というものを公に問題を提起したという事実がありますし、さらにはそういう大学側のやり方に対してストライキが行なわれたわけですけれども、いろんな学部で、とりわけ教養部の一月三十一日から行なわれたストライキに対して、ストライキ反対派、五者連に結集する学生から、スト解除に対する学生代議員大会が行なわれたと、その大会をめぐって流血の出来事が起こったんですね。それが二月十三日から十四日、スト解除のための代議員大会を行なおうとする部分と、代議員大会を許さないとする学生と、学生の衝突によって流血が起こったんですが、その元は、大学当局が話合いといいながら、実力で学生をたたき出したという事実、それ以後もいっこうに、大学側が責任ある回答を示さなかったという事実が流血の本当の原因ではないかと多くの部局で教官から出されまして、教養部では一人の教授と一人の助教授が大学側の変更を求めて、四十八時間のハンストにはいったというでき事がありました。(注5) 様々な学部の教授がけがをした学生たちの治療費を全学部から募る運動を始めて、それから大学側を批判する。教養部の場合には、教養部の教官協議会のメンバーの五十人、ほぼ三分の一にあたります五十人が署名をして、大学側のとってきた方針の変更を求めるアピールを出したことがあります。それは二月の中旬です。

弁護人 そういう動きが出てきたということですがね。証人は教養部におられるようですが、なんか教養部の今までの管理機関といいますか、重要な機関がそういった動きのために、大学でのもろもろの問題が出てきたために変更されたというか、組織的に改組されたということがあったんでしょうか。

池田 はい。これはある意味では非常にはずかしい話なんですが、教養部は昭和四十四年一月までは決定機関は教授会というものでございまして、その教授会の構成メンバーは教授だけだったんです。それに対してもう何年もの間、助教授、講師、助手、そういう部分からも、教授会の構成員とせよという要求が出されていたんですが、そのつど教授会は蹴っておりました。「狂気の三日間」の中で、教授会が何一つ今起こっている出来事に対応できないことが明らかになったんです。それで「狂気の三日間」の直後に教授会が、我々は非力であるという非力宣言を出しまして、自分たちには事態に対応する能力はない、非力であるという声明を発表して、この際、若い人たち、助教授などにも協力してもらわないといけない。教授会は人事の最終決定権だけを留保しまして、ほかの審議決定権を教授以下を含めた教官協議会に譲渡するという決定が行なわれて、教養部の決定機関というのは、助教授・講師、助手も含めた教官協議会と、そこで決めたことを形式的に追認する教授会との二重構造になっていくんですが、やがて教授会は何の役割も果さない、というのは、教官協議会一本でいくことになったわけです。教養部の最高決定機関というのは、教官協議会になったんですが、そういうふうなことが、昭和四十四年一月に始まる一連の動きのなかで、行なわれたわけです。

弁護人　そのあと、入学試験が行なわれて新学期が開始されたと思うんですが、まず入学式が行なわれたようですが、それに対しては学生は、なんか反対なり、何なりをしたんでしょうか。

池田　入学式の前の入学試験をもやはり実施するのはおかしいと言っていた学生たちは、必ずしも、新入生が入ってくること自体に対して拒絶反応を示したわけでなく、入学試験そのものについて討論集会を行なったり、入学者が発表された段階で、三月末ですが、積極的に新入生と討論を展開していたんです。四月十一日に大学当局が入学式を予定したのに対しては、そういうふうな年中行事で、しかも今、自分たちが要求していることに答えないまま、新しい人を迎え入れることに対しては、ということは、四月十一日の入学式には、入学式の会場である時計台下、大ホールといわれておりますが、そこでストライキを行なっている学生たちが入って大学当局を追及し、さらには新入生の討論を行なおうとしたんです。そのときに大学当局はその学生たちが入ってきたのを見ると、すぐに、たった今開会を宣言した入学式をすぐとりやめまして、一分間入学式と言われておりますが、前に張紙をして、「入学式は終わりました。新入生は直ちに退席して下さい。」という張紙をして入学式は終わりました。

弁護人　四月になってからも、いわゆる学生のストライキは続いておったわけですね。

池田　はい。そうです。

弁護人　教養部も同じようにストライキは続いた。

池田　はい。

弁護人　そのようにストライキが継続されるということについて、教養部のほうでは、授業を再開するとか、授業を始めるとか、そういうふうな行動をとられたことはあるんでしょうか。

池田　新入生が入ってきましたので、新入生に対して、授業を行なわなければならないということで、四月中旬、十四日か十五日だったかと思いますが、教養部で張紙を出しまして十五日から授業することにしたわけですが、実際に十五日に授業をやろうとしてみると、ストライキをやっている学生が教室へやってきて、授業でなく、討論をしようということでほとんどすべての教室で授業でなく、討論が行なわれる。新入生を含めてそれが数日間続いた段階で、四月十九日だと思いますが、ついに教養部の執行部当局は、このままで授業は不可能であると、このような討論をいつまでもやっているのは具合悪いと、今まで発表した時間割は全面的に廃止する。講演とかシンポジウムとかそういったものを特別講義として行なう。以下の時間割で行なうということで午前の部と午後の部に分けまして、午前の部、十時から十二時までは特別講義等々、午後の部、一時から三時までは同じように特別講義等々、三時から五時までは、クラブ活動の時間およびクラス討論の時間にするということで、われわれ教官には、こういう方針ですることにしたから、自分でやりたいことがあれば、特別講演をしてもよろしいということが伝えられたんです。何人かの教官が自分が一番興味を持っているというテーマで、特別講義を行なうことになったんですが、はじめのうちはもの珍しくて、新入生もたくさんきたんですが、先細りになって、五月の半ばになると、特別カリキュラムというのは有名無実になっていったんです。

弁護人　七月には夏休みということですね。

池田　はい。

弁護人　一応特別講義というのは夏休み前まではあったんですか。

池田　形式的にはあったことになっていたようでした。自分自身も教養部の教官でありながら、いつ特別カリキュラムがなくなったかわからないほど、いつの間にか立消えになっていたんですが、七月十八日か十九日になって、教官協議会で、今まで行なっていた講演会はやめて、夏休みに入ろうという提案がなされまして、それが認められまして、学生に向かって提示されたんです。そのときになって特別講義をやっていたんだなとわれわれが思うくらいでした。
弁護人　こういう紛争といいますか、学内で問題になっているときに、特別講義というようなカリキュラムを、特別教養部のほうで組まれたというのは理由があったんでしょうか。
池田　当時も公には言われませんでしたが、われわれみんなが知っていた事実というのは、特別講義というのを行なっておけば、あとで問題になったときに、授業はちゃんと行なっていたというふうに言い換えられると、読み換えができるということですね。つまり大学では、年間三十週は授業を行なわないといけないんです。もし、ストライキが行なわれていた中で、授業が行なわれないままでいたということが問題になって、学生が進級できない、そのときになって、教養部はちゃんと授業をやってました、ということを言うために特別時間を組むということになったんです。
弁護人　実際にはそういう形で言われていたけれども中味はほとんど行なわれてなかったということですか。
池田　そうです。はじめのうちは先ほど言いましたように盛況で、新入生は興味を持って出てきていたんですが、もっとも重要なことはそういうものでないということが新入生の中から出てきて、立消えになったというのが実情だったようです。
弁護人　無論教養部の場合は一月末からストライキということですから、いわゆる後期の試験というのは全然行なわれなかったんですね。
池田　はいそうです。
弁護人　教養部から学部への進級ということはなくて、全員、留年の扱いになっておったんですか。
池田　確か、そうだと思いますが、必ずしも教養部の学生が学部の授業を取るためにこれだけは教養部で取っておかなければならないという最低限の科目があったわけではなく、それを取る取らないにかかわらず、京大の場合一回生、二回生、三回生という言い方をしますと、二回生までの〔教養部所属の〕学生が、三回生〔の学部学生〕になるわけですね。〔前年度の〕単位については遅れてもたとえば夏休み前くらいでは、事務的な処理を急げば間に合うという判断だったんです。暫定的な処理については、授業が行なわれている学部があればということですが、教養部の単位を取らないでも、学生として認めるという方針だったようです。

弁護人　それは昭和四十四年の事態に対して特別に取られた処置ということですか。

池田　それがはっきり決定するということになると、あとで問題を生じるということもあったんでしょうが、暗黙のうちに、そういう処置がとられたというふうに記憶しております。

弁護人　そのあといわゆる後期の試験を行なっていないので、その試験を行なうというようなことを教授会のほうが、学生のほうに意思表示をされたというか、そういうことがありますね。

池田　はい。それは今申しましたように、もっとあとでもいいだろうと我々教養部の教官は考えていたわけですが、ところが五月の中ごろになりまして、日本育英会から、大学側に通知があって、育英会から奨学金を受けている学生の前年度の成績表を六月末日までに提出しないと奨学金を停止するという通達がきたんです。それで教養部はそれに対応して、とにかく前年度の成績を提出しなければならなくなった。それで前年度の後期の試験、つまり四十三年度の後期試験をレポート試験として実施するという掲示をして学生側に通知したんです。

弁護人　試験の問題が出たということですが、それに対してはストライキをしておった学生のほうはどういうことを言ったんでしょうね。

池田　学生だけではなくて、私もそういうふうに感じたわけですが、多くの教官がそう感じたんだと思いますが、大学側が自分の判断で、つまり教養部当局が自分の判断でとにかく試験を実施しようと決定したことは、学生側にはストライキ破りだと学生から追及したんだと思いますが、もう一つ別の要素育英会から圧力がかかったという要素があったんです。学生は闘争破壊ということと、育英会の圧力に屈したということになってきたわけです。教官の中でもわれわれの自主性で行なうならともかく、育英会の圧力に屈する形でレポート提出にするのはおかしいことだと教官内部から出てきてました。

弁護人　一応その問題について、いわゆる学生側と教官協議会ですか、当時は教授会がなくて、教官協議会ということのようですが、教官協議会の間には話合いが行なわれたんですか。

池田　教授会がなくなって、教官協議会一本になってきたんですが、それと学生等との現場の話合いは数回行なわれまして、比較的多くの十人ほどの教官からレポート試験は闘争破壊であると、育英会に抗議する意味も含めて自分は成績を凍結するという意思表示がなされたり、教養部長が学生との団交でレポート試験を行なうと言うたのは誤りであったという確認をしたんです。ところが誤りであったという確認そのものは教授会に計ることができなくて、結局学生との約束をほごにすることになってしまいました。学生からの追及がきびしくなってくるというのは、六月中旬から末ごろのこと。

弁護人　結局奨学金の問題があってレポートを実施するというか、そういう問題が起こったようですが、結局はそういうことで、教官の中にはレポートを実施されたかたがあるわけですか。

池田　はい。レポート試験を実施するということに関しては、大部分の教官がレポート試験の問題を学生に発表してレポート試験を行なったわけです。

弁護人　それはいつごろのことですか。

池田　それが六月に行なったのはもちろんばらばら、つまり問題を出したのはばらばらですが、締切りは六月二十一日ということになっていたと思います。当初は。

弁護人　最終的にはそれが六月の終りごろにされたというわけですか。

池田　はい。育英会のほうからは六月末日までに育英会に成績を提出せよと言って来たわけですから、実際果たして六月二十一日にレポートの締切りをして人によっては五〇〇人も六〇〇人も履修生がいるわけですからそのレポートをどうやって読んだのか、ぼくはわかりませんが、実際そういうスケジュールで進められていたわけです。

弁護人　そうするとむしろレポートを実際やられたというのは、結局むしろそういう単位ということよりも奨学金の問題が中心だからということですか。

池田　はい、そうです。そのときは明らかに教官の内部の確認としても、育英会に成績を提出するためにレポート試験を行ないレポートを出させるということです。

弁護人　そうすると、育英会の資金を学生が打ち切られると困るから、そういう関係でおやりになったということですね。

池田　そうです。

Ⅲ

弁護人　そのあと、これは知っておられればお聞きしたいんですが、四月の中頃に何か文部省のほうの次官通達というのがあって、大学の要請がなくても警察官は大学構内に立ち入ることができるのだというような趣旨の通達が出た、ということは知っておられますか。

池田　はい知っております。

弁護人　その通達についてあなた方といいますか、教官のほうでは何か特別、反対決議なり、何なりをされたようなことがあるんでしょうか。

池田　教養部の教官協議会では文部次官通達に対してははっきりと大学の自治への介入と言いますか、干渉ということで反対決議を教官協議会、つまり教養部の最高決定機関であったわけですが、そこで行なっております。

弁護人　京都大学全体としてはその次官通達について何らかの反対なり、何なりの意思表明されたんでしょうか。

池田　何度か部局長会議やあるいは学生部委員会などでは、この次官通達について討論されたというふうに聞いておりますが、反対の意思表示というのは、今は記憶がありません。

弁護人　それから京都大学にはそのあと大学構内には五月の二十三日にですか、学生部の封鎖をしておった学生さんの封鎖解除に警察官が大学構内に入ったという事件があるんですね。

池田　はい。五月の中旬に再び学生部の建物を学生が封鎖しましてそれがほぼ一週間ほど封鎖の状態が続いていたわけですが、五月二十二日の夕方に大学当局が学生部の封鎖及び、さまざまな部局で行なわれていた学生による封鎖を解いて退去せよという命令を出すことを決定したんです。で、その翌日の五月二十三日ですかに大学の退去命令が出たことを受けて、その大学の要請なしに初めて警察の機動隊が大学構内に入ってきた、五月二十六日でしたかに入って来たと思います。で、まあ、このときは大学当局、まあ、具体的には総長ですが、総長は直ちに京都府警に抗議をしまして、大学に事前通告もなしに警察力が大学に入って来たことに対して抗議を行なっています。で、当日の新聞で我々が知っているかぎりでは、警察のほうでは事前に通告しようと思ったんだけれども電話が通じなかったんだという言い方で、それに答えていたという記憶があります。

弁護人　それからこれもまあ、外の動きということになるわけですが、ちょうどそのころと言いますか、正確には三月七日の日なんですが、中教審が大学問題について答申を出したことはご存じですね。

池田　はい、確かそのときの答申と言いますか、中間報告ですが、学園における学生の地位についてという中間報告が行なわれたわけです。その中では中教審が大学において学生というのは、営造物の利用者であるというふうな、そういう位置付けを行なっていたと思います。で、これは当然多くの部分から異議が出されました。学生のみならず、大学の教官、職員等からも反対が多く出されました。

弁護人　それはどういう点での反対だったんでしょうか。

池田　中教審の答申というのは大学の問題だけではなくて、ご承知のように、初等教育、中等教育、いわゆる高等教育に至るまでを編成し直す、その基本的な方針を答申したわけですが、その中で一貫して大学における自治と言いますか、これは学生の自治もそれからいわゆる教職員の自治も含めて、そういうものを制限する方向での位置付けがあったわけです。そのうちの一つが学生は営造物の利用者である、だから学生が大学の運営に口を出すことはできないという、そういう基本的な考え方だったと思います。それからさらに、中教審の答申の中の大きな骨子というのは、大学にかぎっていえば大学を今のような大学から研究者を専門に養成する大学と、それからいわゆる専門教育のための今の大学のような大学、それからさらには教養を身につけるための大学と、そういうように三つに分けてその三つのコースを大学教育の中に導入していくというふうな基本的な方針を持っていたと思うんです。それは今の大学が目指している、あるいは戦後の民主主義教育が目指していた、いわゆる全人教育と言いますか、教育の中での差別は行なわないというような、そういうような基本的な理念と、真向から対立するものとして、大学関係のみならず、多くの人々から批判が出されていたと思うんです。

弁護人　教養部の教官会議でもそのような答申と言いますか、中間報告の決議については、反対の決議か何かされたわけですね。

池田　はい、反対の決議をしております。

弁護人　それからちょうど同じころと言いますか、五月の中ごろからいわゆる大学運営の臨時措置法というのが国会で上程されて問題になったことはご存じですね。

池田　はい、覚えております。

弁護人　大体どういうような内容のものであったということはご存じでしょうか。

池田　はい、ちょうどその時期からもおわかりのように、京大だけではなしに、全国の様々な国公私立大学で、いわゆる紛争というのが広がって行った時期なんですがそのときに、まあ、国会に大学の運営に関する臨時措置法というのが上程されまして、その内容というのは、大ざっぱに言いますと、一つは紛争が起こった場合の学長は、その紛争の解決に努力しなければならないという、まあ、規定があって、それに伴って、学長がかなり大きな権限を持つことができるように規定されている。そしてさらには、その紛争解決のために、平常は置かれていない、特別な副学長であるとか、あるいは特別な運営機関であるとかを、設置することができる、しかも、その特別な運営機関等々には学外者が加わることができるということでさらにいわゆる紛争が起こったと認定されてから六ヵ月間、その紛争解決のために大学の業務を停止する権限が学長に与えられます、そしてさらには、六ヵ月を過ぎてもまだ、紛争が解決できない場合は、あと三ヵ月に限ってそれを延長して、業務を停止することができる。で、合計つまり九ヵ月の間、大学側の判断で業務を停止することができるということになっていて、それでもなお収拾できても収拾された以後、一年の内に紛争が再発した場合には、再発して六ヵ月を経過した場合では、今度は文部省からの命令で、大学の当該の学部ないし、紛争が起こっていると認定されている学部、ないしはその大学全体の業務を今度は休止することができることになっています。それでしかもその業務が止まっている間は、教職員については休職扱い、そして学生については育英会の奨学金はストップする、そういうふうな規定が盛り込まれていた。で、当然今まで、戦後ずっと認められていた大学の問題を大学内で解決するという、そういう大学の自治の建て前に対して、学外者も含む管理機関を作ると、あるいは文部大臣が指導するとか、そういうふうな学外からの力を導入する方向でのそういう法律に対しては、京大だけではなくて、全国の大学、様々な大学から様々な教授会や、評議会や、学長なんかが、反対ないしは、批判のアピールを行ないました。

弁護人　教養部の教官協議会でも反対されたわけですね。

池田　はい。で、教養部の教官協議会ではなくて、評議会声明というのを八月に入ってから、反対声明を行ないました。

弁護人　大学運営臨時措置法というのは昭和四十四年の八月三日に成立したようですが、まあ、証人が見ておられて、その法律が成立したために、大学内のふんいきなり何なりが変わったというようなことはお感じになったことはありますね。

池田　はい、それは非常に強く感じました。と言いますのは、それまではやはり少なくとも自分たちの力でというか、自分たちの努力によって問題を解決していこうとする人たちというのが京大の中にも、そういう個人の個人ないしはそういうふうな考え方を貫いていこうとする大学構成員というのは多かったわけですが、その法律が審議されている過程で既に、もしこれが成立して適用されたら、京大は実際仮に、一月十四日から紛争が始まったと仮定しても、十月半ばで、既に九ヵ月になるわけです。ですから大学運営臨時措置法というのが適用されたら、京大はつぶれるんじゃないかということが、もう言われ始めまして、夏の過程、つまり七月八日の段階で既にやはりそれは問題を解決するとか、何とかと言っていないで、とにかく早く紛争を収拾しないといけないというふんいきが非常に強くなったように感じています。

弁護人　ところで、京都大学では九月二十一日に機動隊が導入されて当時封鎖をされておった部分が解除されると、こういうことになるわけですね。

池田　はい、それは総長が二十日の夜になって記者会見を行ないまして、警察力を導入して封鎖を解除するという方針を初めて明らかにすると、で、その前日、十九日に学長は、秋の学期を迎えるに当たって、という声明を出しましてとにかく早く問題を解決して授業を再開しないといけないという決意を表明していたんですけれどもその決意表明の具体的な形として警察力を導入してという記者会見が発表されたわけです。

弁護人　そして具体的に、翌日に導入されたというわけですね。

池田　はい、翌日朝六時前だと思いますが。

弁護人　そして本件で問題になっている時計台だとか、医学部封鎖解除がなされた、とこういうことですね。

池田　はい。

弁護人　その機動隊は、その後いつまで大学内には在《(ママ)》たということになるわけですか。

池田　九月二十一日の朝に機動隊が導入されたあと、大学側は三日間の立入禁止というのを行なったわけですが、立入禁止が解かれたあとも、機動隊の常駐を要請しまして、結局、最終的に京大の構内から警察が引きあげたのは、十月の十一日になってから、つまり二十日ほどですね。

弁護人　そうすると、二十日間滞在しておったというわけですね。

池田　はい、逆に言うと、やはり警察力を導入しても、問題が何一つ解決されなくて、すぐにまたいわゆる紛争が再発するという危険が現実にあったわけで、ですからそんなに長い間警察にいてもらわなければならなかったということだと思うんですけれども。

弁護人　そこでお伺いするわけですが、証人は教養部で、教官協議会のメンバーということですが、当時、九月二十日の時点でいわゆる機動隊を導入して紛争の解決を図るというようなことは教官協議会で議論されたでしょうか。

池田　具体的に警察力を導入してというような議論は一回も行なわれておりませんが、大学の運営に関する臨時措置法が成立した八月の初め以降何度か、教養部の教官協議会が行なわれたんですけど、その中では次第に授業をとにかく再開しないと、いわゆるタイムリミットが近づいている。これは授業日数の問題ですね。つまり一年間三〇週授業を行なわなければならないのに、このままにしておいたら、三月まで授業をやっても、まだ昭和四十四年分の授業がこなせないというふうなことで、とにかく早く授業を再開する必要があるということで、そういう確認がなされました。

弁護人　そうすると、それはやはり廃校と言いますか、休校措置と言うか、休止措置、そういうふうなことまで決められたからつぶされてはいけないということがはたらいてということでしょうか。

池田　はい、そうですね。

弁護人　そうすると九月二十日の時点で授業日数の問題で、特にそういう配慮がなされたんだろうということですね。

池田　はい。ただそれは考えてみると非常におかしなことでして、当時も私たち何人かではそういうことを指摘したんですけれども、先ほど申しましたように四月にいわゆる特別講義というのを行なうことにしたときには、あとで問題が起こったらそれを、授業をやっていたんた、というふうに読みかえることが可能だということを確認しているんです。したがって何もタイムリミットということを言わなくても、ちゃんとそこで講義は行なっていたということになっていたということになっているはずなんですね。ところが実際には、もうあと三〇週はできないから、つまりタイムリミットだということが一つの正常化への口実に使われていたという事実があるわけです。

弁護人　私の方はあんまりわからんのであれなんですが、大学というのは、そのへんたとえば、授業の問題だとか、そういうことがかなり厳格にされておったんでしょうか。

池田　厳格にするのがいいかどうかは別にしまして、非常にルーズになされていたと思います。たとえば非常に典型的な実例があるんですが、昭和四十四年、昭和四十三年度が終わる三月ですね、三月に卒業式というのをしないといけないわけなんですね。ところが卒業式は多くの学部でストライキ中だったために、また何か混乱が起こるといけないというので、昭和四十三年度の卒業式は中止されているわけです。中止されただけじゃなくて、はっきりとこれは記録が残っていると思いますが、文学部を例にとりますと、文学部は教授は無試験ですべてを卒業させるという決議をしているわけです。つまり試験もできない、だけれどもとにかく卒業させないと具合いが悪いということで試験を行なわないで無試験で全員卒業をさせるという教授会決定を下しているわけです。ということから考えてみるとおわかりいただける通り、試験であるとか、授業であるとかいうことは非常にルーズに行なわれているのが、今でもそうですが、現状です。大体大学の出席者というのはきのうの新聞に出ていましたが平均三割なんだそうですね。

弁護人　そうすると必ずしもそれまでには授業日数だとかあるいは試験の実施だとかそういう点については、各教官の判断に任されておって、それほど画一的に決められていたというようなものじゃないというようにお伺いしてよろしいですね。

池田　はい、そうです。四四年のそのときだけ非常に厳密になったんですが、今ではまた非常にルーズになっています。

弁護人　ところで教養部はそういうふうに九月二十一日の時点で封鎖解除されたようですが、結局授業が再開されたというか、できるようになったのはいつのことですか。

池田　初めは教養部は二十一日に封鎖解除すれば十月一日から授業ができるだろうというふうに考えていたわけです。ところが実際には問題が何一つ解決してなくていつでもまた再発する可能性があるということで、警察力に常駐を依頼することになったために、いくら何でも機動隊の警察官が巡回している中で授業をすることはできないだろうということで、結局警察が引きあげた十一日よりもあとの、十月十五日に教養部として授業を再開したわけです。しかしこれは形式的には再開されましたが、実際は多くのクラスでまたクラス討論があったり、授業を許さないという声が上がったりして私の記憶によれば、京大の教養部全体が正にいわゆる正常に授業ができるようになったというのは、十一月の末、あるいは十二月の初めになってからようやくのことだと思います。

弁護人　ところで一月の初頭からそういうように学生側のいろいろな要求があったようですが、それに対処していわゆる大学側のほうでやはり改革をしていこうというか、大学のいろいろな問題について改革をしていこうというような作業はその九月までの間にいろいろと討論なり、討議なりはなされておったんでしょうか。

池田　実質的に具体的なことについては私が知っております教養部に関しては何度か、学生の提起した問題を真摯に考えて行くというふうなことばを含む意思表明というのがなされましたけれども、具体的に、では何をやるのかということについては、ついに一度も本格的な論議がなされなかったように思います。

弁護人　いわゆる授業を再開しようという、そういう方向が夏以降いわゆる臨時措置法ができて以後教養部の教官協議会の中でも議論されていったということでしたがね。再開するについて今までのこういう点がやはり問題であったから、こういうように変えていこうと、そういうふうな形で授業の再開というのは教官の協議会で議論されたんでしょうか。

池田　それはなされておりません。つまり授業再開するにあたって、これだけのことを改革して、こういうふうな姿勢で取り組んで行きたいと、そういうことが言われる前に、とにかく授業再開しなければいけないということで再開したわけです。そのために、それまで比較的何も言わなかった、つまり大学側に対して批判を持っていたにしても、明らかに批判を表明していなかった若いある助手の人が、非常に憤慨して、この人はいわゆるノンポリといいますが、封鎖解除の日に教養部の前に座り込んでしまった事実があったんですね。そのときは私たち自身も非常に衝撃を受けて、やっぱりこういうふうなことではいけないんだということを改めて考えたんですが、無言で、名なしのごんべえ、つまり自分が反対することによって名を売りたくはないと、そういう意味をこめてでしょうけれども、名なしのごんべえという名札をつけてほおかぶりをして機動隊の入って来る門の前に座り込んで、そのために、中で会議をやろうとして入ろうとした人たちが外へ出て来てしまった。そういうふうに多くの人が心の中で痛みを感じたと思うんですが、何一つ本気で改革しようという姿勢はとれなかったんです。

弁護人　先ほどのお話しですすと、大体二月の初めごろから学生のほうはストライキをやっておったということでしたね。
池田　はい。一月の末から。
弁護人　それで何かそのストライキをやっている学生の中から、たとえば自主講座運動だとか、そういうようなことが運動として起こってきたようですね。
池田　はい。
弁護人　それでお伺いするわけですが、自主講座というのは具体的にはどういうような運動だったんですか。
池田　これは先ほど申しましたように、一月三十一日未明から教養部が無期限ストライキにはいりまして、その後各学部でもストライキが続くわけですが、教養部がストライキに入ってからほんの数日後の、二月四日に既に自主講座運動というのがはっきりと、自ら自主講座という名前を用いて展開されていくわけです。で、これはストライキになったために学校側は授業ができなくなりましたので、学生たちは自分勝手に、このクラスはこの教室、というふうにきめまして、すぐにストライキに入った直後からクラス討論を展開していたわけです。そのクラスは討論の中から大学側の授業ではなくて、自分たちの勉強の場を作っていこうということから自主講座というのが始まるわけです。これは学内者も含めてですけれども主として学外からいろいろな自分たちが興味を持っている問題について深く知っている人たちを招いて来て、予定を立てて講演会やシンポジウム討論会というのを行なっていったわけです。で、これは四月の半ばまで、その自主講座というのがずっと続けられていたわけです。
弁護人　そのあと何か反大学というような動きが出てきたようですね。
池田　はい。
弁護人　それはそのあと。
池田　四月の入学式のあとですがまあ、この自主講座の中でも、既に先ほど申しました、「狂気の三日間」で明らかになった大学の本質、さらにはそれじゃそういう大学ではなくて、自分たちはどういうものをほんとうの大学と考えるのかというあるべき大学の理念をめぐっての討論、そういうものが自主講座の中で深められていったわけですが、その結果、四月にはいって大学に対して、反大学というものが作られると、これは読んで字のごとく、反大学なんで、何もかも大学の裏向け、裏返したもので、一番大きな問題というのは大学というのは、先ほども言いましたが、京大に入りたかったら、試験を受けてから入れというプラカードが「狂気の三日間」のバリケードの中から外に向かって立てられたことから表われているように、非常に閉鎖的なものです。開かれていないものなんですね。で、労働者であるとか、商店に勤めている若い青年であるとか、農民であるとかは、大学の中にはいることさえできない。そういうものではなくて、ほんとうの意味での学問であるとか、研究というのは開かれた討論を通じてやらなければならないのではないかということで、公開の原則というか、反大学にはだれでも来ることができる。そこで実際に浪人をしていた人たち、高校生、若い労働者、年とった労働者、夜学に行っている人たち等々が反大学に非常に多数参加してくる。で、まあその反大学という名前が表わしている一つは、そういうふうに大学を全くひっくり返してしまうという。これは反大学のカリキュラムにも反映されていまして、そのカリキュラムというのは、今覚えていますのは、朝鮮問題であるとか、被差別部落の問題、政治学批判、歴史学批判あるいは自然科学批判であるとか、語学でも朝鮮語なんかをやりまして、さらには軍事論と言いますか、非常にオーバーなんですけれども要するに実践と理論とを結ぶという、そういう試みをやろうとしていたようです。

弁護人　証人自身も具体的にその反大学の講座に参加されたわけですね。

池田　はい。私自身はほかの何人かの同僚と一緒にそのカリキュラムの一つを担当したわけですが、ドイツ語を実際には担当しました。

弁護人　それは封鎖解除をされるまで、そういうものが続いたということですか。

池田　はい、そうです。

弁護人　大学、特に教養のほうはちょうど反大学が続いているころに、特別講義というんですが、そういうものを続けておったようですが、反大学の集まりの具合いはどうだったんですか。

池田　これはもちろん科目によって、日によってでこぼこがあったようですが、予想以上に多く集まっていたという記憶があります。つまり大学側の特別カリキュラムというのが、大体人気がなくなっても、〔反大学は〕ずっと続いておりましたし、封鎖解除によって場所がなくなるまで、ずっと続いていたわけです。

弁護人　まあ大体封鎖解除されるまでの状況について証人にお伺いしたわけですが、証人の立場からご覧になりまして、この昭和四十四年の一月から九月までの京大内のもろもろの問題と言いますか、そういうものについてはどういうようにお感じになりましたですか。

池田　その当時感じたことというのは、比較的目の前で起こっていることを見ているわけですから、整理できない形で感じていただろうと思うんですけれども、先ほどちょっと申し上げましたが、ほんとうに今まで比較的自治というものがあったり、あるいは民主的な決定機関があったりした大学というのが、全くそうではなかったということが、まず直接的に感じられたわけです。それからもう一つは特に、反大学なんかに参加して私自身も教官ですから、何度か学生の追及を受けたりしている中で大学に対して、やはりもっと別の大学を作らないといけないというそういう気持は強くなってきたわけですが、そのあと昭和四十四年から今までのもう七年、八年に近い年月の中で、次第にあの四四年の京大闘争、それから京大闘争も含めた四十三年、四十四年、四十五年ごろの全国の大学闘争、これに高校もはいっておりましたから、学園闘争といったほうがいいかもしれませんが、それの持っていた意味というのが、次第に自分でも明らかになって来たし、それから社会全体の中でも、やはり次第に明らかになって来ていると思うんですね。もちろん一口に申し上げられませんけれども、一つはまあ、京大の場合ですと、闘争というのが、決して京大の大学の寮闘争ないしは、京大闘争というふうな小さなものではなかったということ、これは全国的に当時、いわゆる全共闘運動という名称で呼ばれていた闘争が巻き起こっていたことからもわかる通り、非常に普遍的な問題というのは何かというと、一つはこれは多くの人たちによって言われたことですし、今でもまだ言われ続けていることだと思うんですが、大学とは何かとか、それから学生とは何かとか、あるいは教官とは何か、研究とは何か、教育とは何かそういう問題が、その現場にいる学生を中心とする人々自身によって初めて提起されたという、つまり評論家的、ないし批評家的に外から、教育というものはこういうものだとして出されるのではなくて、その現場にいる者自身から、自分たちの問題として出されて行ったということがあると思うんです。しかもその自分たちの問題というのは今になって、もう歴然としていることですけれども、たとえば筑波大学というふうなものにはっきり現われている、あるいは中教審答申というものにはっきり現われているように、政府の側からの大学制度の再編が含む、一番大きな問題点を大学闘争は、逸早くとらえてそれと対決しようとしていた、つまり大学の自治というようなものを最終的になくしてしまう、あるいは今でもなお存在している大学に行ける人間と行けない人間、そういったものの差別をさらに強めようとしていく教育方針に対する反対で、そういう問題をはらみながら存在している大学にいる人間自身があまりにも自分のいる場所とか、自分自身の位置とかに無感覚であったということを学生が初めてつきつけたということが言えると思うんです。で、大学問題にかぎってもそうですしさらには、今言いましたように、大学に行けない人間の問題も考えに、視野に収めた大学闘争とのつながりをもつことになったわけです。それは当時で言えば、労働者の反戦運動、あるいは今もまだ続いている三里塚の農民の運動との連帯というふうな形で、大学の枠内にとどまらない、普遍的な問題として闘われたというふうなことが言えると思うんです。で、同じ時期にかぎっても、そういう普遍的な問題をもっていたし、さらに今になって、もっとはっきりしていることは、大学闘争というのは、全国的に機動隊導入等々によって終止符を打たれたわけですけれども、問題は何一つ解決していないばかりでなく、大学だけではない広い問題として、一層、こう、今進行しつつあるというふうな感じがするわけです。それは大学だけの問題に限定していえば、たとえばさっき言いました、筑波大学というのができている、そこであるべき大学として、学生が運動してきたものとちょうど逆のものが作られてきているということもあるでしょうし、大学運動を体験した学生も、体験しない学生も、大学を卒業したあとまで、自分の生活そのものの場で、何かの運動を続けていく人たちが量的にも非常に増えている、これはもう否定できない事実です。もしも六九年の大学闘争がなければそういうものはありえないと思うんです。で、たとえば今、原子力発電所の反対闘争であるとか、いわゆる反公害闘争であるとか、高速道路建設反対とか、様々な闘争が行なわれて

おりますし、あるいは工場内の労働者自身が自分の工場の行なっている悪いこと、つまり公害をたれ流していると
いうことを中から告発している、それがあの中から培われてきていると思うんです。もちろんそれに対してそれを取り締っていく側というのも非常に取締りをエスカレートさせていったことも事実だと思うんです。たとえば逮捕状なしにあとから逮捕したんだと言ってみたり、警察のほうがエスカレートしてきたのも確かなんですが、昔だったらみんな泣き寝入りしていたんです。それをやはりきちんと言っている。あくまでそういうのを追及しているという、こういう今のもちろん日本全体にとってはまだまだ少数かもしれないけれども、あらゆる場所で拡大している。そういう異議中立の運動というものは六九年、昭和四四年の京大闘争を含む闘争があって、初めて可能だったし、これからもますますあらゆるところへ広がっていくだろうと思っているわけです。

被告人（片見）　四四年の京大闘争の中でも学生の動きなり、教官の動きを中心に証言されたわけですけれども、教官層の中から学生、とりわけ全共闘に呼応する形で個人的に発言するのではなくて、それが組織的に固まっていくというか、活動されるということがあったわけですか。

池田　ありました。

被告人　それについて話していただけますか。

池田　学生の動きと対応して、やはり教官層の動きというのもあったわけです。それは先ほどから何回も個別的には触れましたけれども、大学側の方針に対して、その都度反対なり、批判なりを出していくというのはいろんなところにあったわけですが、まとまった動きとしては、三月の初め、具体的に言いますと、三月七日ですけれども、教官共闘会議というのが結成されています。で、これは一月から二月までの段階で、既に京大当局のやり方に非常に納得できないという部分、そしてその中にはやはり自分たちも教官として学生が初めてつきつけた問題を、自分の問題としてとらえていこうではないかという、そういう意図でグループ形成がなされている。その教官共闘会議というのは、ニュースを不定期ですが出しまして、そこでその都度問題になっていることに対する自分たちの分析や、意見、態度表明というのを行なったり、あるいは全学的に教官職員を含めての討論会をですね、設定して、多

くの人たちと、今問題になっていることについて討論を繰り返していくと、そういう試みをずっと行ないました。で、職員の中からも同じように、職員共闘会議というのができて、やはり一般的な大学当局の方針に対しての異議が出されています。

被告人　それから一月の中旬に寮生と総長が団交したあと、それと下旬に総長が全学的な規模で団交していますね。

池田　はい。

被告人　それ以降なんですけれども、二月以降、九月の機動隊導入に至るまで、総長と学生が団交するというか、話合いをもつという機会はあったわけですか。

池田　確かなかったと思います。

被告人　というのは当局の姿勢としては、二月以降はどういうことになっていくわけですか。

池田　姿勢というか、対応としては何もなかったですね。何もしなかったわけですね。つまり学生との話合いももちろんしなかったし、先ほども申し上げましたように、具体的にこういう点を改革するということも言わなかったし、正に時の流れに任せたというふうな印象があります。教官共闘が結成されたというのも、そういうことではやっぱりいけないという批判も含まれていたわけですけど。

被告人　あと九月の二十一日の機動隊導入を決定する際に、たとえばそれを学生とは話し合わなかったということは、今おっしゃったんですけれども、それ以外に教官層にはかるなり、教授会なり、部局会でもいいわけですけれども、そこにはかって合意を得たとか、そういう事実はあるわけですか。

池田　それは私が知るかぎりではありません。教養部の教官協議会にはかられたことはもちろんないし、教養部の代表である教養部長なり、評議員に、そういうことを総長からはかられたということは聞いたことはありません。したがって我々の知るかぎりではそういうことはありませんでした。

注1　当時の学生部長は岡本道雄であった。
注2　当時の京大総長は奥田東であった。
注3　五者連とは、当時の学内の日共系の組織の連合で、五者連議長は川口是教養部助教授（現教授）であった。
注4　当時の同学会の中央執行委員会は、民青系学生が占めていた。
注5　当時、作田啓一教養部教授と山田稔教養部助教授が、四八時間のハンガーストライキを行なった。

（『京大時計台裁判の10年第Ⅱ集　証言・京大闘争』69年京大時計台・医学部図書館闘争公判統一被告団編集発行、一九八一年十二月刊）

追記＝注1～注5は収録冊子の編集部による。
証言中の〔　〕内は本書に収載するにあたって補ったものである。
証言者は発言中の年号を「西暦」で示したが、記録ではそのほとんどが「天皇元号」に変えられている。それらの箇所は敢えて訂正せず、そのままとした。（著者）

〈われわれ〉を待つ夢

I

あまり偉すぎて、だれにもその本当の偉さがわからないある偉人が、こう言った――「あるひとつの歴史的出来事にとって、真に重要なのは、その出来事自体ではなく、それの前史と後史である。とりわけ後史は重要である。なぜなら、前史からは、必ずしもその出来事だけが生まれたとは限らず、別のことも生じたかもしれないわけだが、後史というものは、そもそもその出来事がなければ生まれるべくもないからだ。しかしまた、前史のほうがもっと重要である、とも言える。なぜなら、その出来事が後史によってどうとらえられるかは、その出来事そのものが自己の前史にたいしてどういう対しかたをしたかによって、規定されるからだ。」

これを聞いたある人が言った――「すると、結局は、その出来事そのものが、いちばん重要だ、ということになるわけですね。なにしろ、その出来事自体がとるにたりないものだったら、その出来事の前史や後史が問題にされることもないわけですから。」

すると偉人が言った、「いや、そうとばかりは言えない。むしろ逆に、出来事そのものは、いわば〈無〉なのである。後史と前史がともにそれを夢みるからこそ、出来事は現実となるのだ。」

検事　証人、あなたはさきほど、全共闘運動がなかったなら、現在おこなわれているさまざまな運動、反公害運動であるとか、空港・発電所の建設反対であるとか、行政や警察の不正にたいする抗議であるとか、いろいろな住民運動であるとか、裁判をめぐる広汎な運動であるとか、その他さまざまな自主的運動は起こりえなかっただろう、というふうに証言されたわけですが、それでは、全共闘運動ののちに、マイナスの要素が出てきた、ということはなかったのですか？

証人　運動のなかにも、それが生みだしたもののなかにも、当然マイナスの面というのはあると思います。

検事　たとえば、どんなものがそうなのか、それを具体的におっしゃってください。

証人　運動の参加者自身がきちんととらえなおして解決すべき問題として、意見の異なるグループ間の内部闘争、相手を抹殺することによって問題そのものを抹殺し、さらには強権による運動の抹殺をも容易にしかねないような、そういう方向への傾きがあることは、否定できないと思います。しかし、それは、闘争の参加者自身が、必ずみずから……

検事　証人は、いわゆる内ゲバのことを言っておられるわけですね？

証人　そういう呼びかたをするかどうかは別として……

検事　これで反対尋問を終わります。

——権力の総括は、ここまでである。ひとつの歴史的な運動や闘争を、個別的な〈事件〉として固定させ、いっけんその具体性を裁くような装いのもとに抽象化してしまうことが、歴史にたいするかれらの基本的態度なのだ。こうして、かれらにとっては、六〇年安保闘争も、ヴェトナム反戦運動の多様な闘争も、学園占拠も、連合赤軍の銃撃戦や〈総括〉も、空港反対闘争も、すべてみな、〈内ゲバ〉の親戚みたいなものであり、〈騒動〉であり、〈紛争〉であり、〈事件〉でしかない。

それとは逆に、われわれの側の真の総括、真の批判＝自己批判は、検事が反対尋問を打ち切ったところから始まる。全共闘運動を過去の一回かぎりの個別性から解放し、時間的断絶によるその抽象化にたいして、〈いま〉と〈ここ〉から、現在の現場から、それに具体性を付与していくこと——それは、ひとつの歴史的運動としての〈全共闘運動〉にたいする回想や追憶でもなければ、それへの挽歌や嘲罵でもない。ましてや、現実の社会的事象から歴史性を剥奪する神話化の作業などではない。全共闘運動にたいしてさまざまな位相でなんらかのかかわりをもったものたちと、それとは〈無関係〉に、あとから、現在この場にやってきたものたちとの共同の自己確認のための、それはひとつの試みなのである。

Ⅲ

「きみは、神の存在について考えたことがありますか？」

「きみは、人生の意味について考えたことがありますか？」

「きみは、革命について考えたことがありますか？」


第一、第二の問いが、すでにもう数年前から、繁華街の街角や、とりわけ大学のキャンパスを、縦横に飛びかいはじめていた。第三の問いだけは、もはや決して発せられることがない——少なくとも、非常な羞恥と自己嫌悪と、拒絶反応にたいする無感覚とをともなうことなしには。


「きみはチョコベエを見たか？」——これはすでに古びてしまった。

「きみはＵＦＯを見たか？」——これは、まだ熱烈な合言葉としては力弱い。

「きみは鉄格子を見たか？」——この奇妙な合言葉が、七六年秋の京大キャンパスを駆けめぐった。


大学建物の中枢部が、夏休みで学生がいない間に突如として、鉄格子・鉄扉で武装したのだ。日本の大学のシンボルたる日本大学では日常茶飯事のこととはいえ、京都では六九年にさえ見られなかった光景である。授業をとりやめにして、教師もろとも団体で、ぞろぞろと見学に出かけるクラスが続出した。〈懸案〉の竹本信弘助手（滝田修）の処分審査再開が近い、という噂が流れる。一九七一年夏の朝霞自衛官殺害〈事件〉に関連して別件の強盗予備罪で全国に指名手配されたこの〈ならずものの教祖〉、後期全共闘パルチザン五人組のイデオローグにたいして、文部省・大学当局は、七二年春以来、免職処分を画策しながら、学内の反対運動のために果たせないでいたのだった。出現した鉄格子・鉄扉は、付随する窓ガラスもろとも、たちまち破壊され、〈紛争九年周期説〉の信奉者たちと〈十年周期説〉の信奉者たちのあいだでは、すでに賭け金も決定ずみだ、といわれた。破壊したのは学生で、賭けをしたのは教職員だ、と、まあ考えておいたほうがいいだろう。

――神の存在について考えるものたちは、原理研＝勝共連合の扉をたたいた。

――人生の意味について考えるものたちは、ヤマギシ会の特講に参加した。

――革命について考えることも本当は必要かもしれない、と考えるものたちは、前者が勝共民族革命を叫び、後者がZ革命を唱えるなかで、〈革命〉から遠い自分をますます思い知らされた。

数年前、すでにこうだったのだ。

その後、七七年夏、京大当局は、思想弾圧という疑念にたいする回答を与えぬまま、〈大きな常識〉を理由にして、竹本処分を強行した。それは、八年間にわたる全共闘〈騒ぎ〉の事後処理の完了を意味しているかのようだった。京都には、いろいろ古いものが残っている。

「このごろの一年生は何を考えているのか、さっぱりわからん」――と二年生が言う。「授業への出席率は、あきれるほど高いが、手ごわい質問は、まったく姿を消した。そもそも、ものごとにたいして疑問というものを感じることがあるのだろうか？」――と平均的大学教師が嘆く。

「そうですねぇ、全共闘のころの連中は、まあいろいろ問題はあったにせよ、ちゃんと内発的な疑問を自分なりに抱いておったし、それなりにスジが一本とおっていたですよ」――と〈日共〉系教師（！）があいづちを打つ。

これは実話だった。一九七六年秋のキャンパス。

だから、当分は何も起こらない、何も起こせない、というので昼寝が流行る。キャンパスでも、シャバでも（そして闇市でも)。

スヌーピーの季節。

――だが、昼寝のあいまに大学生は、マンガは見るがまだあまりテレビは見なかった。だから、テレビでスヌーピーをコマーシャルに使っているのが森永製菓であって、森永提供の番組は、かつての「テントウ虫の歌」にせよ、そのあとの「ポールのミラクル大作戦」や「一発かん太君」にせよ、日曜夕方の黄金時間帯をガッチリと占拠して、子供たちに〈ケナゲな子供〉への憧れと、衛生無害な程度の反抗心とを吹き込んでいることを、さほど気にしなかった。しかし、これは、たとえば森永商品不買運動などというものを相も変わらず続けている全共闘クズレ、全共闘シンパ・クズレにとっては、大問題だったにちがいない。それのみか、森永本社にデモをかけたり裁判の原告になったりはできないが、せめて、森永不買のドクロ・エンゼル・マークを戸口に貼って、自分の子供には絶対に森永チョコボール・パポパピ……などというものを買わせせない食わせない方針を断乎貫徹することで、貧しい自己の存在理由と〈非転向〉のあかしを立てようとしている、かなり多数の旧新左翼中年層にとっても、大問題のひとつだった。

もちろんそこには、じゃあ、マーブル・マーブル・マーブル・マーブル・マーブル・チョコレートの明治ならいいのか？　おいしさと楽しさを考える森永だけが悪いのか？――という、超極左過激派集団たる子供たちの疑問にたいして、答えられぬまま、とにかくさしあたり森永はダメなのだ！と、問いそのものを圧殺する、管理者としての問題もまた、介在せざるをえなかった。

「ロッキードで怒らないやつは、もうどうしようもないやつらだ！」

「怒れ、怒れ、怒りを組織せよ！」

「ここに日韓の癒着と新たなアジア侵略への意図を見ぬけないようでは、韓国の民主救国運動への裏切りである！」

「街頭キャンペーンでも、反応を示すのは主として中年サラリーマンと女性ばかりで、現役の学生や若者はさっぱり関心をもってくれない。戦後教育は、支配者にとってここまで成果をあげているのだ。オレたちは負けた！」

スヌーピーの季節。

数年前に、すでにそうだった。いまなお、それは終わっていない。〈スリヌケ世代〉――逃避している、とか、日和《ひよ》っている、とかいう意識すらなく、あらゆるめんどうな問題からスルリと身をかわす術を、先天的に身につけてしまっているかとさえ見える。ウナギイヌにはユーモアがあったが、この連中のスリヌケ術には、ユーモアも粘液質もない。安手のパロディ雑誌をながめて笑うことはあっても、存在の底から笑うことはない。怒りに全身をふるわせた体験など、このスリヌケ世代はもったこともない。

だがしかし――怒れ！　といわれても、怒れないものは怒れない。怒るな！　と説教されても、怒らずにいられないときは怒らないではいられない。全共闘はこうだった、その遺産はこれこれだ、だからこれを受けつげ！　と言われても、そうですか、それじゃひとつわれわれも……といって腰をあげることができる場合と、できない場合とがある。

しかも、権力支配の方式は一種類ではない。支配構造は単層ではない。だれかが言ったように、許すことによって打ち倒す権力もある。弾圧するぞ、と威嚇することによって予め反抗への意志をくじく権力もある。いっしょにお茶や酒を飲むことで、平穏と秩序を維持する権力もある。からだをふるわせて怒るだけが、反権力闘争のスタイルではない。現場に駆けつけることだけが、闘争への参加ではない。もちろん、ギャグやパロディにむかって大口あけて笑っているだけで、権力と対抗できるわけのものでもない。強権にたいするたたかいは、当然のことながら、単一・単層ではありえない。もっと具体的に言えば、少なくとも権力の支配方式の数プラス1だけ、それはある。

プラス1というのは、強権の側が個別性に閉じこめようとするひとつの事件を、被支配君たちは、個別性から解放し、それに歴史性を付与することができるからである。そしてこの歴史性とは、自己自身の立つ場を掘りさげつつ、しかも自分とは異なる位相で抑圧にさらされている他者への視線を、現在・過去・未来にかんしても獲得しうる、という可能性である。

Ⅳ

まあ、ハシカみてえなもんだぁね、アカにかぶれるってことは――旧地主の後家さんが八十三で死んで、村のインテリやら半農半サラリーマンのおっさんやらが寄りあつまって飲んでいる通夜の席で、元小作人だった百姓兼国鉄職員の男が、不意に大声をあげた。全共闘と反戦青年委員会の闘争がつぎつぎと警察力で弾圧され、爆弾が炸裂しはじめていたころのことである。

げんにあのアンクラだって、見てみなよ、終戦でもって農地解放になるまえはさ、アカに走って親兄弟どころか隣近所にまで肩身のせまい思いをさせたけんどもよ、マッカーサーのおかげで自分んちへ田地田畑がころがりこんできたっちゃ、まあ、あのザマじゃねえか。いや、べつに、おらぁ、アカのままでいなきゃなんねえ、なんて言うんじゃねえよ。だけんどもさ、まあなんだ、要するに、ハシカみてえなもんだぁね、アカにかぶれるなんてぇことは。

ハシカ、小児病――たしかに、そうなのだ。それ以上でも以下でもないのだ、過激思想にかぶれるなどということは。その病菌が、オトナにまで感染し、そいつらをも倒すのでない以上――。同病あいあわれむ、というきまり文句の域を、その患者たちが出ない以上――。

だが、農地解放でいくばくかの小作地がふところにころがりこんできたためにキッパリとアカであることをやめた現〈日本共産党〉員のアンクラこと安藤倉太郎氏だか安東内蔵之助氏だかとは違って、近ごろのハシカは、病菌そのものが耐性を身につけたためか、以前に比べると、こじれやすく、なかなか全治しにくくなっていることも、また確かなのだ。とりわけ悪性だったのは、全共闘型ハシカ・ヴィールスである。この菌は、患者の精神・肉体・霊魂のあらゆる部分に転移し、しかもきわめて刺激に敏感であり、プルトニウム二三九と同じくらい半減期が長い。同病でない別種の病気にたいする共感までも患者にいだかせたのは、すでに人間社会から根絶されてしまっているマルクス病以来、この病気がはじめてだった。

自己否定ということを嘲りの種にするものたちは、その自己否定が（どこまでそれが実現できたかという問題はあるにせよ）他者の痛みを自己のものとして受けとる能力と結びついていたことを、感じとることができなかった。この結合によって、個別学園闘争は最下層被抑圧人民・被差別部落民・在日朝鮮人をはじめとする国内被差別少数民族や第三世界の解放闘争への通路を獲得した。言い古されたことである。しかし、ひとたび獲得されたこの通路は、ひとりでもそこを歩むものがあるかぎり、絶えることがない。ときには生い繁る草によって蔽いかくされてしまう季節があろうとも。この道は、依然として、後世のまえに開かれている。この小児病は、資本主義の製薬会社の特効薬によっては、けっして根絶できないだろう。投薬をつづければつづけるほど、なるほど患者は一時的に虚脱状態となり、スヌーピーが女学生たちのバッグのうえで眠り、森永のテレビ番組で育ったケナゲな子供たちが見せかけの反抗を演じては世界と和解しつづけるかもしれない。そのあいだにも、この特効薬の投与は、第二・第三のスモン病・水俣病・白血病等々を生み出し、第二・第三のヴェトナム、砂川、三里塚を生み出さずにはいない。「一度でも現実だったことは、以後いつでも可能なことになったのだ。」――いまは亡きあるマルクス主義者は、マルクス主義者となるまえに、こう書いている。

それは、いわば、まあ、負け惜しみってぇものですな。なるほど、全共闘それ自体に、われわれとしても学ぶべきもの、反省の材料とすべきものは、そりゃあ多々あったかもしれない。しかしですよ、それはそれだけの話ですよ。いまの若い連中は、マンガや劇画やタウン誌を読んだり、ナナハンをぶっとばしたりすることで、ハハ、けっこう満足してるじゃないですか。二度とふたたび、ああいう騒乱状態は起こりっこありませんな。成田ってったって、開港されちまえばそれっきりですよ。原発だってしかり。そういうもんなんです、世の中は。

――これにたいする反証を示すことは容易ではない。いま、あたりを支配するこの墓場の静けさ。〈過激派〉にたいする弁護人ぬきの裁判が〈国民〉統合を標的にしていることがわかりすぎるほどわかっていても、成田闘争によって強権の正体がすっかり見えてしまっても、原発裁判その他で司法権が政治権力のイヌにほかならないことが暴露されても、マユひとつ動かさない〈国民〉各位たち。「怒れ！」という叫びは虚空に吸いこまれていくばかりか、この日常にたいして投げられたその叫びは、解放にむかってではなくファシズムにむかって人びとを動員しかねない。〈暴力団〉壊滅作戦なるものがそうであるように。

もちろん、この虚空、この〈国民〉各位から、大学とその住人たちを除外することはできない。もともと、学生というものは、圧倒的多数が、支配階級の号令によって、あるいはそれに先んじて、自発的に滅私奉公に赴くことができるものなのだ。このことは、現在をふくむ歴史が証明している。ロシア革命でもハンガリー革命でもドイツ革命でも、圧倒的多数の学生たちは、学校教師ともども、武器をとって反革命義勇団に馳せ参じたのである。ヴェトナムやタイや韓国、フランスの五月、六七年のドイツ、六〇年代の日本は、むしろ例外なのであって、とりわけ大学という施設は、ほとんどの場合、教師のみか学生をもふくめて、反動の拠点だったのだ。

反戦自由の砦とか、民主主義の旗手とか、自治とか、ヘチマとかいう空文句を、自分自身からかなぐりすてた全共闘は、だから、自分たちの歴史的位置を、いやというほど対象化していたのだ。これを激発性・一過性の情感の発作とみなし、主観主義と主意主義の反歴史的主体としてとらえたものは、みずからの立つ場を対象化することをしないまま、非歴史的な規範的批判を行なうことしかなしえなかった。一方、全共闘のこの歴史的自己対象化がどこから生まれたかといえば、これはもう疑いもなく、六五―六六年の慶大・早大闘争のなかで初めて結成された〈クラス闘争委員会〉→〈全学共闘会議〉の運動と、同じく自己の権利を守って闘いぬくという要素を依然として残しながらもしかし旧来の闘争の地平をささやかに一歩ふみだしていった六五年日韓闘争、そして第三世界の解放闘争との最初の具体的な連帯だったヴェトナム〈反戦〉闘争、等々が、直接の前史としてあったのである。

V

学生の動員を商売にしながら、みじめな成果しかあげられなかった〈日本共産党〉の某学生細胞は、全共闘が占拠した大学の周辺で、「全共闘はドイツ型ファシズムの芽である」という仰々しい活版ずりの声明をばらまいて、この運動を無理矢理ファシズムに売り渡してしまおうとした。

いま、全共闘の解体と現在について語られるとき、〈日本共産党〉および〈民青〉にたいする批判や怒りはおろか、嘲笑や軽蔑の念すらも、ほとんど本気で表明されることがないのは、特徴的である。かれらは、六〇年代後半以降の歴史を検討するとき、もはやすでに、嘲笑や軽蔑の対象でさえなくなってしまったのだろう。

「全共闘はドイツ型ファシズムの芽である」とのたまわった党細胞は、〈支部〉となって、有機的な細胞分裂を基礎とする有機的な現実との対応を放棄した。プロレタリアート独裁が〈労働者の執権〉となり、プロレタリア革命が〈多数者革命〉となり、マルクス＝レーニン主義が〈科学的社会主義〉となり、プロレタリア国際主義が〈新日和見主義〉として排泄されてしまった。民青同盟からは、全共闘にかぶれそうになった部分が〈新日和見主義〉としての多数者のための多数者革命〉となり、〈救国と革新の国民的合意〉となり、〈日本共産党〉＝〈民青〉が日本協賛党＝眠青となったことは、記憶に新しい。

勝共連合＝原理研の走狗どもが、街頭や駅前広場に黒板を持ち出して、チョークで何やらもっともらしいタワゴトを書きならべ、その学習の結論として前提とまったく一言一句変わらぬ「共産主義は間違っている」というスローガンをつぶやいたのを聞いた〈日共〉が、なるほどこれは一大事、とばかりに自発的に間違いを訂正して、右のような仕儀とは相成ったのである。ちなみに、刑法（改〈正〉草案ではなく現行の）の「内乱罪」の項には、政府を顚覆するなど朝憲を紊乱する目的で暴動を為したる者は最高死刑に処せられるが、未だ暴動に至らざる前に自首すれば刑を免除してやる、と第八十条に明記されている。

このごろどうも生きがいがなくなった、という感想が、すでに七〇年代前半の末期ごろから、ポスト全共闘世代のくせに二言目には「かの全共闘は……！」と叫びたがる面々のなかに多くなっていた。〈民青〉と張り合って、やつらをぶんなぐっているうちは、自分自身を対象化して思想と実践を不断に検証することができたのだが、あいつらが何ともオハナシにならないところまで行ってしまったので、ぶんなぐる気さえしなくなった——というのである。

かつて、全共闘＝反戦青年委員会を統一戦線に加えるかどうかで〈日本共産党〉と社会党・総評のあいだに対立が生じる、という極楽のような時代があった。しかし、全共闘の学生を「野良犬学生」と呼び、われわれを「野良犬教師」とののしった元・革新の灯台＝蜷川虎三・京都民主府政知事にかんしてわれわれが当時から予告したごとく、自由民主統一戦線が具体化し、〈共産党〉知事がいなくてもチャンと自民党が民主府政を発展させてくれているいまとなっては、日本協賛党＝眠青との統一戦線など、茶のみ話にもならない。かれらは、暴力学生・過激派を弾圧せよ、と権力に要求し、自主的な住民運動を分裂させ、差別裁判の提灯持ちを買って出、反原発運動を妨害し、あげくのはてには自民党以上の熱心さで成田闘争の抹殺に狂奔した。そしていま、そうした一貫した滅私奉公にもかかわらず、あるいはむしろその当然の帰結として、かれら自身が懇請した強権の弾圧は、かれら自身にも向けられはじめるだろう。その弾圧を受けぬために、強権に抗して闘うかわりに、かれらはますます低く身を屈して、忠実な臣下たる身のあかしを立てねばならない。

全共闘時代がとうの昔に明らかにしたとおり、かれらは民主ファシズムなのであり、少し古くさい一九二〇年代後半のコミンテルン語でいえば、社会ファシズムにほかならない。

社会民主主義を社会ファシズムと規定した往年の共産党の〈社会ファシズム論〉は、マルクス＝レーニン主義の官許の世界史教科書によると、ファシズムにたいする広汎な統一戦線の可能性をみずから放棄し、社会民主党系の下部労働者を反ファシズムの陣営に結集させる努力を怠ることになった、という点で、重大な誤りであった。

大衆娯楽読物としてもベラボーにおもしろい『回想と反省』（人文書院）のなかで、オーストリアの詩人エルンスト・フィッシャーは、つぎのような逸話を記している。

――オーストリア社会民主党の左翼反対派のリーダーだったエルンスト・フィッシャーは、ドイツとオーストリアで擡頭しつつあるファシズムにたいして社会民主党は有効な闘いをなしえない、と考え、共産党と結合する道を模索しようとした。言ってみれば、オーストリア版〈新日和見主義〉である。だが、首都ウィーンをはじめとする地方自治体を握り、組織労働者のなかに浸透している社会民主党とちがって、オーストリア共産党は、極小セクトにすぎなかった。そこで、フィッシャーは、ソ連以外では最大の共産党であるドイツの党と、接触をもつことを考えた。一九三〇年代初頭のことである。ちょうどそのころ、一九一九年春のバイエルン・レーテ共和国のリーダーとして名高い詩人のエルンスト・トラーが、フィッシャーをベルリンに招待してくれた。この機会に、ドイツの共産党員たちと会って話してきたい――「できれば、ジョーン・ハートフィールドとも、ぜひ会いたいと思っています」と、フィッシャーは、オーストリア・マルクス主義の代表者オットー・バウアーに語った。ジョーン・ハートフィールドというのは、ダダイストとしてフォト・モンタージュを発明し、ドイツ革命と反ファシズム闘争の全時期をつうじてこの芸術を武器として労働者運動の隊列に立ちつづけたコムニストである。

ベルリンでのある夕べ。フィッシャーは、共産党員の芸術家たちの会合に参加することができた。部屋はいっぱいで、戸棚の上にまで人が坐っていた。話題はナチスのことになった。「まずヒトラーを来させろ、そのあとからわれわれが行く！」というのが、当時の共産党の合言葉だった。ヒトラーが権力をとれば、いま労働者をたぶらかしているダラ幹の党、社会民主党は弾圧されて力を失う。ナチス自身も、やがて本質を暴露して、現在ナチスを支持している労働者たちから見棄てられ、没落するにちがいない。そのときこそ、いよいよ共産党が政権を握るのだ――と、まあ、ざっとこういう、風が吹けば桶屋がもうかる式の戦略論なのである。これにたいしてフィッシャーは、「ナチスを甘くみてはいけない。ヒトラーは権力をとれば必ず居すわるにちがいない」と主張して、ケンケンガクガクの議論がまきおこる。

ところが不意に、部屋の片隅の戸棚の上から、声が落ちてくる、「同志諸君！　ただちにこの議論を中止すべきである！」戸棚の上にチョコンと坐ったハゲの小男だった。「われわれのなかに、社会ファシストがひとりいる！社会ファシストのまえで、このような政治的討論を行なうことは、許されない！」――社会ファシストとは、エルンスト・フィッシャーのことだった。沈む心で歩いた帰り道、かれは、同行のドイツ人から、あの戸棚の上の小男こそ、かれがずっと敬意と高い評価をいだきつづけ、その出会いを希《ねが》ってきたジョーン・ハートフィールドそのひとであることを教えられた。

そのときのフィッシャーの気持は、想像に難くない。そして、にもかかわらずのちにソ連に亡命し、共産党員となって反ファシズム闘争をつづけたかれの歩みもまた、われわれの理解の限界内にある。そして一方、当初はダダイストとして党主流派から激しい批判と非難を浴びせられながら、フォト・モンタージュとプロレタリア演劇運動をひっさげてドイツ共産党の戦列に立ちつづけたハートフィールドが、他のもっともラディカルな芸術家や文化活動家たちとともに、ラディカル（過激）に世界をとらえたがゆえに〈社会ファシズム〉をもっとも激しく憎悪したことも、いわば当然のことだったといえるだろう。

あったりまえじゃねえか。職場でも学園でも、ことあるごとにおれたちを直接弾圧してくるやつは、資本家でもなけりゃ学校当局でもない。〈組合〉を自称する〈日共〉のダラ幹と、〈民青〉のバカどもなんだぜ。そんなもん、ぶんなぐるしかないよ。まず連中をたたきつぶすことだよ。

まったくそのとおりだ。そして、連中をドックことにイヤ気がさした道徳家は、「人生とは何か？」とか、「神は存在するか？」とか、「お年寄を大切にしよう！」とか、ラチもない世迷言にオダをあげて、ヤマギシ会とか勝共連合＝統一教会とかに逃亡すればいいのである。階級闘争は道徳の時間ではない。被抑圧人民は、内ゲバで鼻血を出したり手を叩き折られたりブッ殺されたりするのとは、比べものにならない悲惨な生活を強いられているのだ。ドックのは当然である。

——はたして、そうか？

全共闘以後、いまだにわれわれをとらえつづけている夢のひとつは、ラディカルな統一戦線の夢であり、全体的な社会革命のなかでのみ——しかも、ほんのつかのまだけかもしれないが——実現される人間的共同体の夢である。左翼を排除するための〈統一戦線〉ではなく、〈人間革命〉だの〈X革命〉だのという部分的・別天地的〈革命〉ではない、カッコ抜きの統一戦線と共同体。無意識のうちにもこの夢をいだいているがゆえに、いま、われわれはシラケるのだ。この夢があまりに途方もない夢であることを、ますます思い知らされてきただけに、われわれは容易に起《た》ちあがれないのだ。われわれをとりまく死のような静けさは、およそ実現不可能な夢を自分がいだいてしまったという想いの、コダマなのだ。われわれは、恐ろしいこの夢を、死の静けさのなかに塗りこめ、それを忘れてしまおうと必死になっているのだ。

だがしかし――

われわれは永いあいだひとつの夢をいだいてきたが、この夢が実現されうるためには、われわれ自身がその夢を意識しさえすればよいのだ――このマルクスの言葉は、マルクス主義という言葉がなくなろうとも、われわれの言葉として生きつづけるにちがいない。

Ⅵ

一九六八年四月、わたしは、ほんの二、三年のつもりで、京都に赴いた。だが、この二、三年は、五年となり八年となり、十年をこえた。六〇年安保闘争のなかで、学生として、〈闘争〉という言葉をはじめて自分の語彙のなかに加え、二十歳の誕生日の朝は六月の国会議事堂のまえで迎えた。党の分裂による学生戦線の混乱をかいまみたのち、六五年慶応学費闘争で、戦後学生運動史上最初に登場した脱ポツダム自治会〈クラス闘争委員会〉の闘争と連帯しつつ、大学院生として、あらかじめ入試採点業務拒否を宣言する運動に加わった。そのわたしを京都で待っていたものは……というふうに、この文章を書きはじめることも、可能だったかもしれない。全共闘〈世代〉ではないわたしが、なぜ、この運動を支持して、自分なりにそれとの連帯を模索したのか？　どんな人びととの出逢いが、そのなかであったのか？　なぜ、いまなお、帝国主義大学に居残っているのか？　それにもかかわらず、あるいはそれゆえに、なぜ、いま……？　等々を、〈私〉史の側面から書くこともできただろう。おまえはどうなのだ？――と問うのが、全共闘のつねだった。〈学識経験者〉の〈答申〉のような言葉によって歴史の現実に肉薄することなどできない、というのは、ほかならぬ六〇年代末以降のさまざまな闘争が、もう何度もくりかえし明らかにしてみせたことだった。それにまた、永年にわたる官製の歴史への反措定として、〈庶民〉の側に身を置く〈私〉史が流行ったのも、全共闘以後のひとつの現象ではあった。

それをしなかったのには、もちろん理由がある。全共闘およびそれ以後を、〈私〉史のなかへ閉じこめてしまってはならないのではないか、というのが、それである。

全共闘時代を体験しようがすまいが、その体験ないし非体験が直接的なものであろうが間接的なものであろうが、全共闘が生きたあのわずかな時間に、われわれのこの現実は、根底から変化したのである。支配体制の危機の深化、それを反映する治安対策の急激な強化、職業政治レベルにおける野党の消滅、もはや復旧不可能な環境破壊……等々、目にみえる客観的世界の変貌としても、それは現前している。

だが、そうした変化は、第二次大戦後の三分の一世紀だけを見ても、いわば世相の常態のようなものだった。ことさらに激動を言い、大終末を予見してみても、それはイデオロギー操作の材料として利用されるくらいがオチである。むしろ、全共闘とその〈解体〉によって生まれた根底的な変化は、われわれ自身のうちにある。しかもそれは、全共闘運動を担った人びとをも、それを周囲から見物していた人びとをも、さらにはまた、わたしのように全共闘〈世代〉以前の人間たちをも、それどころか、全共闘など大昔のエピソードだと思っているポスト全共闘の若者たちをも、確実にとらえてしまっている変化なのだ。

——戦後の二十五年ないし三十年のあいだ、われわれはつねに、追及する側であった。戦前・戦中の軍国主義支配にたいする有効な抵抗をなしえなかったことにたいして、また天皇制ファシズムのもとでの〈転向〉をめぐって、われわれは、直接言葉を発するかどうかは別として、敗戦後ずっとくりかえし先人たちの責任を追及してきた。この戦後民主主義の空洞化と虚妄を明らかにしたのは、まさしく全共闘運動とその継承者たちだった。けれども、全共闘とその〈解体〉にはじまる現在の現実は、そのわれわれを、追及されるものに変えてしまったのである。

われわれは、十五年後、二十年後には、必ずや、裁かれ追及される側に立たされているだろう。そしてそれは世代や年齢の問題ではない。なぜファシズムに抵抗しえなかったのか、とわれわれが戦前・戦中世代を詰問したように、われわれは、なぜ新たなファシズムを阻止しえなかったのか、と問われるであろう。われわれの闘いが深く広いものであったとすれば、それだけますます後世の問いは重い。そのとき、全共闘や、狭山や、三里塚や、反原発の闘争を引きあいに出して、われわれも責任をはたさなかったわけではない、と抗弁してみても、無駄だろう。第二次大戦前の日本にだって、強権に抗する運動や闘争はあったのだ。

たしかに成田空港反対闘争は偉大な闘争だった、しかし、ファシズム化の過程を現実に打ち破ることはできなかったではないか――こう問われたとき、十五年なり二十年なり後のわれわれは、「その場にいなかったものが、きいたふうなことを言うな！」と答えるだろうか？「近ごろの若いものは、何もしないくせに口ばっかり達者になりやがって！」と。そのとき、少なくともわれわれは、弾圧強化は闘争の盛りあがりの反映だ、などという総括をなおもしつづけることができるだろうか？　各党派の旗がひらめく砦やデモ隊列の写真を見て、二十年後の〈全共闘〉が、なぜ単一の無地の赤旗だけがたなびかなかったのか？　と問うてきたとき、連帯を求め統一戦線を模索したものたちは、何と答えればよいのか？　問いは二十年後ではなくいますでにわれわれを撃っている。

夢が夢として意識されたとき、すでに夢は現実へと醒める過程にある。だが、夢は、悪夢となることもある。永いあいだいだいてきたひとつの夢が、悪夢と化すか、それとも真の実現にむかって意識されるかは、最初にその夢を発見した当事者たちだけにかかっているのではない。

VII

「……というようなことを、あなたは長々と書いてこられましたが、そのあなたご自身は、書くことによって何かが変わると信じておられるのでしょうか？」――いつもあまりにも月並なことしかしゃべらないので非常に偉い人だと思われているある偉人に、ある人がこう尋ねた。

「書く量によるでしょうね」――と、偉人が答えた、「洛陽の紙価を高からしめる、という諺があります。大ベストセラーが出て、用紙がたくさん使われると、当然、紙代が値上がりします。すると、経済構造に変動を来たして、世の中が変わります。そういう大ベストセラーを書かない決心をかためている人は、そのベストセラーの印刷用紙に匹敵するだけの原稿用紙を使って書くべきです。そうすれば、世の中が変わります。」

「先生のおっしゃることは、いつもながら、高尚すぎて理解するのが容易ではありません。なにか具体的な例を引いて、わかりやすく御教示ねがえませんか？」――と、ある人が言った。

「たとえば、『東洋大学新聞』の場合がそれです」――と、偉人が言った、「そこでは、全共闘の解体と現在というシリーズをやったわけですが、そんなものは、一回やればそれですむのです。それを十回以上も連載したのは、どれもこれも内容空虚で、売れそうもないので、ベストセラーを一号つくるという方法を最初から断念して、それに見合う回数だけガラクタを連載したのです。そのうえ、それだけではまだ足りずに、田畑書店という返本整理専門の出版社をだまくらかして、またもや返品と断裁・廃棄用の本を一冊でっちあげ、紙を何重にも浪費し、こうして世の中を変えようとしているのです。」

「なるほど、よくわかりました」――と、ある人が言った。

にもかかわらず――全共闘は依然として、現実となるために意識されることを待ちつづけているひとつの夢である。

（一九七六年十一月十八日付『東洋大学新聞』、『全共闘・解体と現在』一九七八年十月、田畑書店刊）

『憂鬱なる党派』から『わが解体』へ

一九六五年晩秋、書き下ろし長篇小説叢書第一巻として刊行された『憂鬱なる党派』を読んだときの暗い衝撃を記すいとまは、いまはない。だが、その衝撃は、『新日本文学』誌上で武井昭夫がおこなった批判から受けた衝撃に比べれば、まだ小さかった。

「戦後派文学の荒廃」と題し、のちに評論集『批評の復権』（晶文社）に収められたこの批判のなかで、武井は、作品のかなり多くの箇所を具体的に引用しながら、「状態と動作とを素朴にそして無自覚に混同する文章」、「作者高橋の文体の通俗性」等々をこまかく指摘する。「きどった観念と通俗のムードだけで」できあがった高橋の文章こそ、「作者と作中人物との距離をはっきり設定しえないまま書き流されるいい加減な文章が屡々おちこむ初歩的な誤りの好見本」であり、「細部をなおざりにせずに描きこんでいるつもりなのかも知れない」作者の叙述が、じつは「描写不在の逆証明」でしかない。この作品を読んで、いったいそこに何が残るか？　作者が証明しようとしたついえ去った憂鬱な青春の一片の真実は、「証明」されたか？——「否、否、否、ここには只、戦後の学生運動を支えた論理と心情を、専らその負の側面に収斂させつつ、否定的な完結体として把えようとする、作者高橋の傲岸な意図のみがくっきりと現われているにすぎないのである。それは、ついに傍観者でしかありえない者の傲岸さにほかならない。〔……〕ここにどんな文学上の〈真実〉が開示されうるか。答えは千度も否である。」

高橋和巳の文体にたいする武井昭夫の指摘には、ほとんどすべて、同意せざるをえなかった。作品を読んだとき、自分でも、そうした特質にまったく気づいていなかったわけではない。しかしそれは、この作家に特有の文体として、作品全体が創出するひとつの世界の不可欠の構成要素として、むしろ肯定的に読まれるべきものと、わたしは感じていたのだ。「ついに傍観者でしかありえない者の傲岸さ」という批判も、納得できないものではなかった。六〇年安保から政暴法闘争を経て、日韓・ヴェトナム反戦の運動へとつづく時期は、わたしにとってもまた、傍観者でない位置に自分をおくことが、なにより大切に思われたときだったからである。

それにもかかわらず、武井の批判がわたしに与えた衝撃は、「真実」は高橋和巳の側にはない、という決定を下すことをためらわせた。自分が無批判に、作品のなかにのめり込んで読んでしまっていた、という反省と、だがしかし武井の批判はこの読みかたの根底にまでは届かない、という寒々とした想いが、新たな疑問となって共存しはじめたにちがいない。文学作品をイデオロギー批判によって裁断することはできない、という当然の確認は、当時、具体的な文体を手がかりとする作品評価へと、わたしたちの目を向けさせていた。武井の高橋批判は、この方法の教科書のような手順をふんでいた。にもかかわらず、『憂鬱なる党派』の独自の「真実」、読むものを作品がそこへと拉し去る独自の世界に、この批判は切り込みえていないのだ。「傍観者の傲岸さ」という批判が、ともすれば運動者の傲岸に通じかねないことに気づいたのは、おそらく、もっとずっとあとのことだった。

武井の批判によって喚起された疑問は、もとはといえば、高橋和巳の作品そのものによって、無意識のうちにもその基盤を与えられていたのだろう。小説にかぎってめったに傍線を引いたり書き込みをしたりすることのないわたしの『憂鬱なる党派』に、いま見ればただ一カ所、傍線を付した一節がある。「内部により多くの矛盾をはらむ人間ほど、態度は微温であっても精神は強靭であり、行動は持続的である。」（八七ページ）かなり月並なこの言葉は、古在が自分たちの転向を正当化する意味あいを持たせて語るセリフの一部なのだが、高橋和巳には「転向小説を書かねばならぬ内的必然」さえないのだ、と決めつけた武井とはちがって、わたしは、どうやらこのセリフに作者のある種の決意といったようなものを読み込もうとしていたらしい。そして、いまにして思えば、高橋和巳のその後の歩みは、月並なこの言葉に真の意味を与えていくための、果敢な、そして悲惨な試行の過程だったのである。

この果敢さと悲惨さの極限は、言うまでもなく『わが解体』だった。この作品こそ、滝田修＝竹本信弘がいささか粗略な追悼論文「死者の視野と変革の思想」（『現代の眼』七一年七月）で書いたように、「目をつむって、それを知らないことにして、通りすぎてゆくことはできない」遺産であり、「謙虚と真摯そして誠実に対しては、それと同じ質量の〈謙虚と真摯と誠実〉で応ずるべく努力する」ことをわれわれに強いる遺言だった。かつて「傍観者」となじられた高橋和巳が、ここで「三度目の敗北」を確認しつつも行動者たろうとしているから、この作品は感動的なのではない。「人には思想的連帯のうえに、なお相互確認的関係性というものがあり、ある関連の環の中で誰かが一歩前に出ると、他の者がその確認の上にまた一歩進むという精神的紐帯というものがある。」――この認識を信じつつ、自己の矛盾を精神の強靱さと行動の持続性へと展開させようとしているがゆえに、そして相互確認的関係性のなかで傍観者と行動者という不毛な二元論の廃絶を試みようとしているがゆえに、『わが解体』はわれわれを動かすのだ。

　高橋和巳が描いた関係性の実現は、かれの死によって中絶した。しかし、相互確認的関係は、生身のかれと直接の当事者とのあいだだけに結ばれるものではない。一歩前に出たかれの姿を確認して、もはや観念と通俗のムードにもたれかかる文体で読者を魅了するのではない小説、読者とのあいだにも相互確認的関係を切りひらく小説をめざすものが、必ず登場してくるにちがいない。

（『高橋和巳全集』第十一巻月報、河出書房新社、一九七八年三月刊）

「竹本氏逮捕」で、さしあたり思ったこと

滝田修＝竹本信弘氏が川崎市で逮捕された日から、すでに二カ月がすぎようとしている。交番前や駅や町角の掲示板に十年半のあいだ貼られてきた竹本氏の顔写真も、上から紙片をかぶせられ、「逮捕――ご協力ありがとうございました」と書きそえられるか、あるいは単にあっさりと×印で消されてしまった。となりに並ぶ加藤三郎氏や太田早苗氏の顔が、これでいっそうひきたった、と見るか、ああ、さびしそうになったなあ、と思うかは、通行人それぞれによって違うかもしれない。あるいは、紙を貼って消された部分に、ついこのあいだまであったのが、どんな顔だったか、いまではもう思い出せない人びとのほうが、ずっと多いのかもしれない。竹本氏の指名手配とともに一九七二年初春に初登場した警察ご自慢のこの種の手配ポスターも、いまでは、当初ほどの煽情的効果をもってはいないのである。

なんだ、これなら誰が見ても竹本君じゃないか――と、八月二十七日の浦和での勾留理由開示公判にはるばる駆けつけた竹本氏の親友、京都「白樺」亭主・高瀬泰司氏は、入廷してきた竹本氏と十一年ぶりに顔を合わせて、思ったという（『話の特集』十一月号、「竹本君また名を滝田修の勾留理由開示公判を傍聴した」）。少なくとも、竹本氏は、やはり同氏とともに「この顔にピンと来たら……」の第一号登場人物となり、またたくまに消されてしまった連合赤軍の諸君のように、手配ポスターに注目していた「庶民」の通報によって逮捕されたのではなかった。竹本信弘＝滝田修氏を追う埼玉県警の、それこそメチャクチャな捜査・弾圧が、ついに竹本氏を逮《と》えたのだとしても、その意味では「コケの一念・埼玉県警の執念の勝利」だとしても、本当は、このような「勝利」よりも何倍も何百倍

も治安当局にとって望ましかったのは、「庶民」や「国民」の積極的協力によって竹本氏をいぶり出すこと、「善良な市民」がみずからすすんで竹本氏の所在を当局に通報することだったにちがいない。竹本氏の逮捕は、これはもう負けおしみや強がりではなく、けっして当局の勝利、竹本氏とその支援者たちの敗北、というようなものではないのである。

市民・国民からの通報どころか、警察当局は、竹本氏の逮捕にともなって、何人もの人びとを「犯人隠避」や「犯人蔵匿」やその両方の罪状で逮捕しなければならなかった。それに先立っては、この十一年間に、全国各地で三百カ所近い家宅捜索をくりかえし、それこそ数えきれないほどの人にたいして事情聴取を強要せざるをえなかった。三千八百六十余日を地下に潜行しつづけねばならなかった竹本氏本人や、その竹本氏と連帯したがゆえに逮捕や弾圧に身をさらさねばならなかった人びとには失礼な言いかたかもしれないが、この事実は絶望よりは希望をわたしに与えてくれる。

こうした事実は、しかも、竹本氏の逮捕とともに終わりはしなかった。竹本氏にたいする支援の活動は、東京を中心に、いちはやく開始され、拡充されつつある。「犯人隠避・蔵匿」で逮捕された人びとにたいしても、救援がなされている。竹本氏に仕事を与えたというカドで逮捕された編集者の職場では、その編集者の行為を擁護する一同僚の個人名による訴えが「先輩・諸兄姉」に向けて発せられた。同様の容疑で逮捕された都立大学教員の職場では、この逮捕に関連してなされた警察の学内捜索を安易に承認した大学当局にたいして、これまたさしあたり個人名で、抗議の意思表示がなされた。わたしも知ることのできたこうした行動は、じつは、これ以外にもさまざまなところでなされているのだろう。

あらゆる「治安事件」がそうであるように、「滝田事件」のばあいもまた、警察公安当局の真のねらいは、「犯人」と「一般市民」とを切りはなし、後者によって前者を包囲殲滅することにあった。いまから思えば気も遠くなるほど大々的でデタラメな数々のキャンペーン（連合赤軍、テルアビブ、三里塚、一連の爆弾闘争、等々のあらゆる

「過激派事件」の背後には、つねに「過激派教祖」滝田修がいたことになっていたのであり、その構造をまことしやかに解説する「過激派相関・相姦図」までが、一再ならず週刊誌の誌面をかざった）も、そうした「国民対策」の精神にそってなされたのである。だからこそ、良識ある一般市民の典型的なひとりとしてのわたしにとって、竹本氏の十一年の逃走（闘争）は、これまた気の遠くなるほど驚異的な、いわば世間ばなれした出来事として映るのだ。ましてや、その世間ばなれした竹本氏の潜行を支援していた人間が、小説や革命史のエピソードとしてならともかく、この「一般市民わたし」の住んでいる同じ世の中に実在していた、それも数十人、数百人、数千人単位で実在していたとは、およそ常識では考えられないのである。犯人蔵匿および隠避は、懲役二年以下、または四万円以下の罰金ということになっている。竹本氏の最初の「容疑」は、「強盗予備罪」だった。これは、二年以下の懲役である。すると、懲役の期間において、そもそもの「犯人」である人間と、それをかくまったり逃がしたりした人間とは、同等ということになる。それならいっそ、最初から自分も強盗予備をすればよかった、と考えるかどうかは個人の自由だが、いずれにせよ、そういう割りの合わない支援を引きうける人間が、この社会からはまだ姿を消していなかったということだ。

だが、考えてみれば当り前のことである。「犯人蔵匿罪とは、いってみれば、追う側の論理だけで貫かれていて、追われる者あるいは第三者には都合悪くできており、人情とはまっこうから対立するものです。その意味では、〈必要悪〉の法律といってもよいのではないでしょうか。ついでに理屈を言わせてもらえば、〈人類はみな兄弟、世界は一家〉を理想とする社会では、犯人蔵匿罪などありようがないのではないでしょうか。」――さきに触れた一編集者のアピールは、こう述べている（無断引用をおゆるしください。現行の法律では著作権はあなたにありますが、良い文章はつねに共有財産となる運命を担っているのです。ちょうど、連合赤軍や東アジア反日武装戦線のメンバーの何人かが、超法規的措置によってパレスチナ人民のもとに奪い去られていったように）。

刑法第百三条は、こう述べている、「罰金以上ノ刑ニ該ル罪ヲ犯シタル者又ハ拘禁中逃走シタル者ヲ蔵匿シ又ハ隠避セシメタル者ハ二年以下ノ懲役又ハ二百円以下ノ罰金ニ処ス」

この「二百円以下ノ罰金」は、いまでは二百倍されることになっている（とはいえ、さすがに懲役のほうは二百倍されない）。それを別とすれば、この条文は、じつに明晰なものだ。その明晰さを明晰な目で読むかぎり、竹本氏にかんして「犯人蔵匿・隠避罪」など、ありえないことがわかる。竹本氏は無実だから――などと言っているのではない。竹本氏は、一介の「被疑者」にすぎなかった。八月三十日に起訴されて以降も、ただの「被告人」である。「罰金以上ノ刑ニ該ル罪ヲ犯シタル者」かどうかは、これから裁判で決めるのである。その単なる被疑者を助けたからといって刑法第百三条に抵触するなどとは、刑法第百三条自身、どこでも言っていない。埼玉県警がやり、地検がバックアップし、地裁が追認したことは、それ自体、じつは法律違反なのである。もしもこんなことが許されるなら、治安当局は、明らかに無実の人間をひとり、容疑者としてデッチ上げておいて、ふだんから目をつけていた「一般市民」ならざる人物たちを、かたっぱしから刑法第百三条違反で逮捕することができることになる。早い話が、国民に支持された人事院勧告凍結のために年が越せなくなってサラ金に頼り、返済に困っているだれか公務員、たとえばこのわたしに、借金がたっぷり返せるだけの金を渡して、そのかわり罰金四万円ですむ犯罪行為、たとえば加藤三郎・太田早苗さんにたいする犯人隠避の行為をさせる――どこでもよいから適当な住所を記した加藤氏または太田氏あての手紙を書かせ、投函寸前にそれを押収する、という具合に――そして、わたしにたいしては罰金ですむような手はずを権力内部でととのえる一方、わたしの友人なり恋人なり、わたしにこの原稿を書かせているインパクト出版会の某氏なりを、今度はわたしにかかわる「犯人隠避」で大量に逮捕して、こちらはすべて懲役二年にしてしまう、ということもまた可能なのである。

こういうメチャクチャなことができる、というのは、権力の強みである。だが、こういうメチャクチャな勝手気ままなことができる権力の強さは、にもかかわらず敢えて「被疑者」を援助する人間が続出するとき、正反対の弱さに転じるのだ。

権力の弱さについて語ってはいても、じつは、わたしはそれほど元気なわけではない。「タキタよ、オマエの通った跡には草も生えなかんべよ」と、埼玉県警の取調官は、逮捕された竹本氏に向かってほざいたそうだ。これについて、竹本氏自身は、こう書いている、「そうにはちがいないのですが、しかし、そもそものはじまりはK察権力によるデッチアゲにあります。私の通った跡には草も生えない、とはK察官の言ですが、それは、何十人ものK察官が追いかけてきて、ところかまわず踏んずけ荒しまわるからです。私たちが困難な条件のもとで育ててあげてきた信頼と愛情の芽を、ほかならぬ彼らが踏みしだき、そのあとに彼らお手製の不信と憎悪の種子をまいてきたからです。」（「ありがとう&ごめんなさい」）

弾圧の強さは、通常、権力の弱さの表現である。それはたしかだ。しかし、権力の弱さが、そのまま反権力の強さ、反撃の確かさを意味するわけではない。十一年におよぶ竹本氏の潜行と、それを支えた人びとの力は、率直に言って、この社会のなかでの例外現象のひとつにすぎないのだ。この社会の十一年間は、むしろこの例外現象とは逆のヴェクトルで進んできたのであり、その進行の速度と強度はますます増大しているのである。それどころか、この進行は、いまこそはっきりと、だれの目にも見えるかたちをとって、自己の姿をあらわにしつつある。滝田修をも生んだ十数年前の闘争は、ようやくいまだれの目にも明らかになりつつあるものを、すでに確実に射程におさめていた。そのはずだったし、実際にもまたそうだった。だが、この事実は、だからといって十数年前の闘争の正当性だけを証明するわけではない。

単純なプラス・マイナスの計算をしてみよう。この十数年間に、失ったものは何か？　得たものは何か？――目に見えるものだけでも、われわれは多くのものを失った。連合赤軍の若者たちの生命、現実打破の熱い雰囲気、自分たち自身にたいする信頼、隣人を説得する熱意、物理的・生物的な生計の場……。得たものといえば、拘置所や裁判所でのありあまるほどの多くの席だけだったのかもしれない。この十数年間に決着をつける作業が、いま、いたるところで、権力の側によって、ラスト・スパートをかけられている。連合赤軍や東アジア反日武装戦線のメンバーにたいする裁判は、これら政治犯を刑事犯として処理しようとする権力の当然の意図を体現して、「殺人」等々の罪名でかれらを葬り去る手続をととのえつつある。三里塚闘争に参加した全国各地の労働者や元・学生から生計の道を奪う攻撃は、ほとんどすべてその目的を達しおえている。「アッこの顔だ　すぐ一一〇番！」の手配ポスターに占める「政治犯」の割合は、すっかり小さくなってしまった。そのうえ、竹本氏の逮捕とほぼ時を同じくして、周知のように、公安当局は、過去の「爆弾事件」の洗い直しに本格的に乗り出し、六〇年代・七〇年代の闘争の痕跡を一掃する作業をすすめている。

あまりにも多くのものを失ってしまった、という総括がこの十数年間にかんしてなされるとしても、それは決して不当ではない。もっぱら失っただけだった、という総括でさえ、完全に誤っているとは言えないかもしれない。この失っただけの年月をとりもどそうとして、いまから何かを得ようと試みることも、それ自体として非難されるべきことがらではありえない。しかし、いわゆる反核運動とともにマスコミ好きのする現代二大運動のひとつ、「真犯人さがし運動」が、この十数年の喪失を埋めあわせする新たな闘争だとは思えない。権力の側の総括作業と対抗するわれわれの側の自己点検の作業が、こうした「真犯人追及」でしかありえないとすれば、ここにこそ、この十数年の最大の敗北がある、と言わざるをえないのだ。

もちろん、運動や闘争は人間が担うものである。人間には、それこそ千差万別のパーソナリティがある。パーソナリティは歴史的・社会的な契機によって規定されつつ形成され、表現される。変わり者や、特異とうつる人格の持ち主は、いるのが当り前だ。こうした人格を排除してかかるとすれば、運動や闘争が死ぬ。一例をあげれば、竹本氏をマンマとはめこんだ菊井良治氏のパーソナリティについては、さまざまな人びとが語り、あるいはささやいてきた。「赤衛軍」のリーダーのひとりと称するこの菊井氏という人物のアタマのなかには、本当に、冗談ごとではなく、故・林彪を総司令官とし、日本の赤軍派やML派のリーダーたちだの、某スナックの亭主だの竹本氏だのを最高幹部とする革命軍が、ありありと存在していたのか、それとも、まったくこころにもないウソをかれが権力のために並べたのかは、知るよしもない。あるいはまた、デッチ上げであることがマスコミによってまで報道された段階で登場してきたあの牧田吉明氏のパーソナリティについても、さまざまな推測が可能な程度の材料があちこちで示されている。われわれに必要なことは、いま「土田邸・日石・ピース缶爆弾事件」なるものの「犯人」としてデッチ上げられている人びとの無実を明らかにすることだ。そうでなくとも検察官の立論が崩壊している時点に、こちらからわざわざ「真犯人」を探して差し出してあげる必要が、なぜあるのか——という当然の疑問をモノともせず、牧田氏が「爆弾発言」をしたがる真意は、これまた知るよしもない。

一般市民わたしからすれば、菊井氏の供述も牧田氏の発言も、およそ想像を絶するタワゴトか、これ以上ないくらい悪意にみちた、それこそ犯罪的な策謀かの、どちらかとしか見えないのだ。しかし、だからといって、この両人を単純に「スパイ」とか「異常人格」とかいう名で一蹴してしまうとすれば、それは、官憲が竹本氏を過激派教祖に仕立てあげ、「爆弾犯人」をキチガイと呼ぶのと同列のところに、われわれ自身が立ってしまうことになるだろう。菊井氏や牧田氏の存在と登場は、権力の弱さを撃ちえないわれわれ自身の弱さの証左にほかならない。

竹本氏がこれから強いられる永い裁判過程のなかでも、この菊井氏たちの問題は、避けて通ることができない事柄のひとつだ。すぐれた弁護士さんたちがしっかりついてくださっているので、心配はない。法廷にかんしては素人のわたしやわたしたちにできることは、「スパイ」というレッテルを貼れば自分たちの問題が自分たちから離れていってくれるかのような、そういう相互関係構造を自分たちのなかにつくらない努力だろう。

竹本氏が起訴されている三つの「罪状」のうち、「建造物侵入」は、罰金でなければ三年以下の懲役である。もうひとつの「公務執行妨害」は、罰金などという生やさしい報復ではなく、もっぱら三年以下の懲役ないし禁固である。最後の「強盗致死」は、これはもう、死刑か無期懲役いがいの刑は存在しない。

ぜひとも、竹本氏を無罪で取りもどさねばならない。かれは、それはなるほど、良い父親ではなかったかもしれない。育ちざかりの、ものごころと自己とを獲得していくまさにその年頃の長男をほったらかしにしたまま、十一年間も留守にする父親が、どこの国に存在するか。かれはまた、良い夫ではなかったかもしれない。説明するまでもあるまい。しかし、それは、たしかに竹本氏自身がまいたタネだったかもしれないが、その責任はもっぱら国家権力にある。その竹本氏が死刑でなければ無期だとは、なるほどそんなものか、ですごせることではない。

竹本信弘氏は無罪である。菊井良治氏の供述はデタラメである。それに疑いはいささかもない。

しかし、竹本氏＝滝田修は、それでは何もしなかったか？　オカミが三つの罪名を並べてまで、友人や知人を蹂躙してまで、竹本氏を罪におとしいれようとヤッキになるようなワルイことを、何ひとつしなかったか？

そうではない。滝田修は、つまり竹本信弘氏は、したのである。できるかぎりのことをやったのである。かれとかれの友人たちは、もちろん方針により理論により、すべての人びとがそれに同意したわけではないにせよ、ひとつの時代のたたかいと、その時代をこえて次の時代を獲得するためのたたかいを、少なくとも構想し、ほんのちょっと実践に移したのだ。

もちろんそれは、「赤衛軍」だの、「自衛官刺殺」だのというものとは、本来、無縁である。地域パルチザン、マッセン・レヴォルト、等々の滝田理論は、ローザ・ルクセンブルクの大衆革命闘争の理念から出発しながら、徹頭徹尾、個人ではなく民衆の闘争を志向していた——と、当時の有名なタキタ節《ぶし》を想起しながら、いまわたしは確認することができる。あの悪評サクサクたる三島由紀夫評価、「三島にさきをこされた……」という発言すらも、アジ演説をして勝手に割腹した三島の個人プレーにたいする讃辞ではなく、層としての兵士、民衆としての軍隊に呼びかける闘い、という観点でのことだった、とわたしは思う。同じく自衛隊に立ち向かうとしても、あの気の毒な一場上等兵ひとりを殺して武器を奪うという形態は、推測される菊井氏のパーソナリティにはぴったりだったとしても、滝田修の理念の範疇のうちにはない。

今後の法廷審理のなかでも、おそらく菊井氏は、夢のような事実を供述しつづけるだろう。しかも、あの時代の闘争が、そうした悪夢とまったく無関係だった、という勇気は、わたしにはない。しかし、そのような悪夢を現実化しようとした菊井氏や、その菊井氏をも疑いもなく一構成員として含んでいた闘争総体の一側面を、われわれは、竹本信弘氏ときっぱり区別しなければならない。あんなものはデタラメだ、とか、おれたちの知ったこっちゃない、とか言って斥けるのではなく、まさに自分たちと関連がある問題として、そうした菊井氏の悪夢を、ひとつひとつわれわれから切除していかねばならない。それは、竹本氏の「無罪」をかちとることであると同時に、われわれの、いまからの、現実とのかかわりかたを模索し構築する作業なのである。

「裁判のことはともかくとして、学問や運動についてはいろいろと、教えてもらったり、叱咤激励してもらえるものと欲の深いことを考え、いまから楽しみにしております。ホントニ、これはキレイゴトではなくて、(一〇年間の逃亡生活のなかで、それなりにガンバッテ勉強してきたのですが、だいぶボケているのも事実ですから)、こういう本は読んでおいたほうがよいとか、こういう人間には注目したほうがよいとか、この運動については連絡をとったほうがよいとか、について教えてほしいのです。」——弁護士さんに託して届けられた最近の手紙のなかで、竹本氏は、例のタキタ節《ぶし》で、しかし謙遜をこめてこう書いている。かれは、裁判闘争をつづけるなかで、今後、本当にさまざまなことを勉強するつもりなのだ。東京の救援グループのひとりが話してくれたところによると、かれはいま、十年あまり前に活動していた滝田修という人物がどういう人間であったのかを、勉強しはじめているのだという。われわれにとって、少なくともわたしにとって、竹本信弘というひとりの人物は、この十数年のわたし自身の生そのものから除外しては考えられない存在である。わたしが竹本氏の親友であったとか、かれの闘争理論に共鳴したとかいうのではない。わたしは、竹本氏とは、友人といえるような近い関係にはいなかった。かれの理論を本気で(失礼!)考えぬいたこともなかった。しかし、滝田修を生まねばならなかった時代と運動を、わたしは、竹本氏の逃走をもひとつの大きな媒介として、そう簡単に手ばなすわけにはいかぬものと、考えなおしたのである。言うところの後退期のまっただなかを、地下で生きる竹本氏の存在に裏打ちされた地上で、まがりなりにも生きてきてしまったのである。

無罪をかちとった竹本氏が、あるいはそれ以前にでも、地上の十一年間の赤裸々な姿を直視しなおしたとき、かれが何と言うか、期待よりは心配がさきに立つ。なぜなら、地上の世界の人びとのこころに、かれの暴力革命路線がそのままスンナリと届くような状況では、ないのだから。人びとは、革命よりは侵略をむしろ望んでいるのだから(いまの生活水準と、いまの平和をまもるために)。だから、一例としての、ひとつの時代像としての「滝田修」を考えることは、この望みとは別の望みにむかって、自分が一歩をふみだすことなのだ。だからこそ、新たなまなざしを自分のものにしようとする竹本氏を、個人としてはもはや必要としないような運動を、われわれは形成しなければならないのだ。その運動——その姿はまだまったく見えないが——のなかで、はじめて、竹本氏がいま勉強のテーマにしている「滝田修」は、姿を消すのである。権力による処刑によってではなく。

(『インパクション』二〇号、一九八二年十月三十日発行)

あとのない全共闘祭《まつり》、、

——または「ブームを笑え！」

「座右《ざゆう》の書《しょ》」と呼ばれるものを持つ人間が珍しくなかったような時代があった。

ウィルキー・コリンズの『月長石』には、『ロビンソン・クルーソー』を文字どおり人生の伴侶として、くりかえしひっくりかえし何度もすりきれるまで眺め、堅牢な装丁のこの物語を六冊もダメにしたあげく、ついこのほど奥さまから七冊目をプレゼントにちょうだいした老執事《しつじ》が登場する。この老人は、なにかしら困難に直面したり助言を必要とする羽目におちいったりすると、いつまでもあれこれ考え込むような無駄をさっさと省《はぶ》いて、パイプ片手に『ロビンソン・クルーソー』を打ち開く。たちまちどこかのページに、「明日には嫌いになるものでも、われわれは今日は好むものである」とか、「さて、自分が主人であると思えば、地獄も我が家であり、悪鬼も下僕である」とか、そのほか何なりと、求めるままの金言格言が、ちゃんと見つかることになっている。満足げにパイプを唇から離しながら、老執事は、「なるほど、昨日にこだわることはない、今日は今日の風が吹く。今日の風に吹かれて昨日の死者が生き返るものでもあるまいし」と達観し、「敵にチヤホヤされたって買収されたって、私は私。遊んで生きちゃう、悔いあらためて」とすこぶる軽快に納得するのである。

探偵小説の古典中の古典とされる『月長石《ムーンストーン》』が一八六八年にイギリスで発表されてから、すでに百年と五分の一世紀に近い歳月が過ぎている。この永い時間の経過のあいだに、「座右の書」と呼ばれるようなものを持つ人間は、著しい減少をとげた。文字を読む人間の数が、一八六八年当時とは比較にならないほど増大したのと、これは正確な反比例をなしている。だが、この事実ともさらにまた反比例しながら、あの『月長石』のなかの老執事《バトラー》のような人間は、どうやら増大の一途をたどっているらしいのだ。コリンズの小説の老執事が、生涯にたったひとつ、ただひたすら『ロビンソン・クルーソー』だけを七冊、あるいはそれ以上も読みつぶしたのとは逆に、われわれの仲間たちは、「座右の書」などという手続はさっさと省略して、手当り次第に他人の片言隻句《へんげんせっく》や生きざまのなかから、人生の伴侶となる金言格言を見つけ出しては安心するすべを知っている。コリンズの老執事は、しょせん下僕にすぎない身でありながら、ロビンソン・クルーソーの生活の知恵に感じ入るあまり、自分と同じ境遇の忠僕フライデーにまで届くような視線をもってあの物語を読むことはできなかった。あるいは、だからこそ『ロビンソン』物語は老執事の座右の書となることができたのだった。主人ロビンソンの物語ではなく、土人フライデーの物語、この下僕とロビンソンとの関係そのものを主題とする物語、『フライデー、あるいは太平洋の冥界』がミシェル・トゥールニエによって書かれるまでには、『ロビンソン』以後ほぼ二世紀半の年月が必要だった。そしていま、われわれの仲間たちが、金言格言を垂れ流しつつ生きざまの手本を示してくれている各種有名人と自分自身との距離に気づき、それら有名芸人たちもまた一介の下僕でしかないことを知り、この連中が演じる「老人文化《コウコツ》」＝「若者文化《バカ》」（この失礼な表現の著作権者は、わたしではなく天野恵一氏である、念のため）のなかでは逃走することもまた下僕として御奉公することの大道《ハイウエイ》なのだと悟り、こうしてついにわれわれの仲間たちが、地獄を我が家と心得る連中を、地獄ならびに自分自身もろとも地獄に突き落とさざるをえなくなるまでには、二世紀半の何倍もの時間がかかることだろう。それまで、この地獄が宇宙もろとも消滅せずにいればのハナシだが。

　ところで、地獄にいるのは閻魔大王とその手下の鬼どもばかり、ではなく、酸《す》いも甘いも噛みわけた気くばり上手の仏さまたちも地獄には棲《す》んでおられるのだ――ということを身をもって知らされたとき、目からウロコが落ちるのは、もちろん、三途《さんず》の川を渡りおえた死者たちばかりではない。宗教は人民の阿片である、とか、地獄への道は善意によって舗装されている、とか、批判の武器は武器の批判のかわりをすることはできず、物質的な権力《ゲヴァルト》は物質的な暴力《ゲヴァルト》によって打倒されねばならない、とか、若きマルクスの警句《ジョーク》を愛唱していた連中ほど、地獄で仏に出会ったときの感動は大きく、帰依の念は深くなる。しかし、これはなにもマルクスの責任ではない。マルクスの言葉を冗句としてしか口ずさまなかった連中が、いままた地獄の仏のＣＭ（クリティカル・メッセージ＝警句）を、まるで自分のオリジナル・コピーか何かのように唱えてみせるとすれば、それは自然法則にのっとったごくごく当り前の発展なのであって、マルクス主義につきものの転向だの変節だのといったものとは、これっぽっちのかかわりもないのである。

いま鳴りもの入りで「全共闘ブーム」なるものを演じようとしている各種中年連中や、この連中と陰に陽に提携しながら、全共闘の時代のなかで身につけた特技を地獄での御奉公に無駄なく役立てている同じく中年連中に、やれケシカランの、やれゴリッパのと言ってみたところで、いまさら何が始まるものでもない。かといってまた、これらウジャジャケた中年のオジン連中が演出し演じたがっている空騒ぎを、シタリ顔して註釈してみせることで、かつて全共闘のために葬り去られたはずの「知的権威」の起死回生、特権回復に挺身している若年寄連中も、若年寄であるという一事を除けば、元・若者の旧全共闘世代連中とさして変わらぬ考古学標本にすぎない。——それも当然なのだ。若年寄であろうが中年の恍惚症であろうが、人間はひとたび運動から離れればタダのひとでさえない。たたかいをやめれば人間は同じ人間ではありえない。こころざしだの思想だのだけが生きつづけるなどということは、極楽でならいざ知らず地獄では絶対に起こりえないのだ。「持続する志」などというＣＭコピーを第二エッセイ集に冠した若年寄ないし中年の大江健三郎が、デモに出なくなったというようなタッタひとつのごくごく小さな生活スタイルの変化だけで、もう今日のような恍惚老頭児《ロートル》に変身してしまった事実を見れば、この真理は普遍的に証明されるのである。「そこんとこをどんな形にしろ通ってきた人達は、ニオイが残っている。消せやしないんだよ」と、中年オジンのひとりは講談社のコマーシャル雑誌『Ｈｏｔ Ｄｏｇ Ｐｒｅｓｓ』一九八四年三月十日号の全共闘特集ページのうえで、自分たち自身について述べている。この中年オジン個人は、かつて全共闘時代に「大学で描いたタテ看が快感でイラストレーター、作家道を突進」しているのだそうだ。人間の鼻などというものがどれほど柔軟に出来ているかは、ものの三分間も汲取式便所に坐っていれば、これまただれにでも実地に証明できる。ニオイはいくらでもひとをたぶらかすことができるのである。そして、なるほど、身につけたはずの悪臭が、いまは香《かぐわ》しい匂《にお》いとして地獄に爽快な微風を送っているとしても、これは鼻のほうの責任でこそあれ、発散源の寝たきり中年たちのせいではない。

　たしかに、老頭児たちが寄ってたかって演じ演出していると思い込んでいるこの全共闘騒ぎにかんしては、その老頭児たち自身も、そしてまた、さしあたりこの老人性脳軟化症を喜んで看病しているふりをやってみせている知的若年寄や、知的とは無関係の各種若年寄たちの多数も、真に騒ぎの主体ではない。パスカルというひとは、人間は風にそよぐ葦である、という言葉の発明者としても歴史に残っているが、最晩年になって、アメリカのベンジャミン・フランクリンが凧《たこ》を飛ばして雷電にかんする実験を行なったことを知ったとき、人間は風のなかの凧のようなものでもある、と悟り、これを『瞑想録《パンセ》』の末尾に記した。パスカルの言うとおり、まさしく人間は、風のなかの葦であるよりは、風のなかの凧である。葦には、ひとのうわさと同じく、まだ根も葉もある。だが、凧には、なるほど足のある型式のやつもありはするが、それは本質的には足というより尻ッ尾であって、しょせん風と糸とが頼りの存在にすぎない。糸の切れた凧がトンでもない方向に飛び去ったり、風が止んで飛ぶのをやめたりしたからといって、それは糸や風のせいでこそあれ、凧が責《せ》められるすじあいはない。あの凧は本郷方面から西武方向へ転向したからケシカラン、あっちの凧は、十五年昔には「とめてくれるな……」と木枯しのなかで見栄をきっていたくせに、近ごろでは「神風《こち》吹かば　ニオイおこせよ菊の花　闘争《いくさ》なしとてYOUな忘れそ」などとやっているのはユルセナイ、なんぞと、凧の倫理性を云々するのは、ただに的《まと》はずれであるばかりか、およそ比べもののないくらいバカげたはなしでもある。凧については、せいぜい、あのヤッコ凧のヒゲのぐあいがシミったれていて気にくわねえ、とか、あの金太郎凧は顔をソレらしく赤く塗たくっているが、どうせならサングラスも赤いのにすればいいのに、とか、あのブタ凧は右どなりのライオン凧のほうへライオン凧のほうへとすり寄っていくが、ここいらでひとつあの左がわへカッパ凧なりテレビ凧なりを揚げてみて、様子を見物すりゃあさぞ面白かろう、とか、要するにごく趣味的に下馬評を楽しんでいればそれでよいのだ。

　それよりも、凧を見物するときには、なんといっても、凧そのものよりも凧の揚げ手と、それからついでに、手ブラでやってきている純然たる見物客とを、眺めるほうがどれほど面白いか、これまた、だれもが体験にそくして知っている真理だろう。――紙数もすでに残り少なくなったので、このへんでいよいよ、この地獄の胴揚げ絵巻の見物に、本腰入れてのりだすとしよう。ここまでのシチ面倒くさい物言いは、まずそのための助走にすぎない。

第一図　もちろん沙汰は金次第

過去の何かがあらためて現在のファッションとされるのは、なにも全共闘が最初でもなければ最後でもない。早いはなしが、赤穂浪士の物語は、歴史の或る種の節目《ふしめ》々で、もうこれまでに何十回も何百回も、ナウなファッションとして収奪されつづけてきた。大石内蔵助なり吉良上野介なり堀田隼人なりおかる・勘平なりの知ったことでは、もちろんない。問題は、ときには禁令まで出してブームを禁じながら、そのじつこのブームから利益を得てきた社会グループであり、禁をおかしてでもこのブームに参加しようとしたわれわれの仲間の見物人たちである。全共闘祭《まつり》を見学するさいにも、もちろん、この両種の人びとこそが、われわれの目とこころを吸いよせる。

興行主のさらに背後にいる存在は、いまさら問うまでもなく、わかりきっている。かれらがどんな手口で胴を躍らせながら利益をあげているかも、公然の秘密である。胴たち自身にさえ、うすうすはわかるくらい、それはわかりきったことである。一方、歓声をあげてニジリよってくる見物人たちはといえば、これはもう、そこいらに掃いて捨てるほどウジャウジャとはびこっている旧知のバカ連中にほかならない。旧知というが、おまえにはかれら若者が理解できないのだ――などと愚にもつかぬこと言って、このバカ連中に連帯したような気になる人間もいることはいるが、それはデマゴギーというものである。考えに考えて芸術的なくらい完璧なウソをひねり出し、おとなをマンマとだましおおせた子供のころの体験は、おそらくだれもがもっているだろう。そして、その自分がいざおとなになってみると、ああ、あのときのウソもこんなふうに見すかされていたのだな、と悟った体験も、また多くのものがもっているにちがいない。なるほど、人間はトシを重ねるにつれてバカになっていくというのは、どうにも否定のしようのない真理だが、それはなにも、ガキがバカであるというもうひとつの真理まで排除するものではない。要するに、いまの若者も、いまの中年や老年のポンコツ連中が年齢的に若者だったころと同じ程度には、バカなことに変わりはないのだ。

そのバカ連中が、かつての予科練や肉弾三勇士やターザンや鞍馬天狗や隼航空隊や新撰組や月光仮面や山村《さんそん》工作隊や左翼エスエル戦闘団や真田十勇士や三国志や源平盛衰記や戦艦ポチョムキンや科学忍者隊ガッチャマンやその他もろもろのフィクションに拍手を送ってみせた自分と同じことを、いまやってみせているからといって、なにかしら現在のバカ連中のほうが自分のかつてのバカ時代よりも立派であるとか革命的であるとか、あるいは逆にナッチャナイとか非主体的であるとか言うとすれば、それは、そう言う自分が相変らずバカであるか、ないしは別種のもっとすすんだバカになったのであることを、みずから公言している以上の何ものでもない。

ことわっておくが、ここでひんぱんに使用される「バカ」という用語は、もちろんマイナス・シンボルとして使われているのである。仮りに、わたしがここで、「このバカという語を私はプラスの価値づけで使っているのである」とことわったところで、そのわたしが明日、だれか知人なり未知の人物なりと出会って、「ああ、あんたは相変らずバカですなあ、いやまったく」などと挨拶をしようものなら、相手を傷つけるか、さもなければ「こいつ、バカか」と思われるなり殴られるなりして自分自身が傷つくかのどちらかだろうから、わたしがいくら重い決意をこめて「バカはプラス・シンボルである」と断言してみせても世間には通用しない以上、やはりこれはマイナス・シンボルであることを、率直に確認しておかねばならぬ。

こんなことを書いたのも、じつは、では「全共闘」という術語はプラス・シンボルかマイナス・シンボルかを、はっきりさせておくことが、バカ連中を見物するうえでまず先決問題だからにほかならない。そのいかんによってまた、ここで連中をマイナス・シンボルなるバカ呼ばわりしたわたしの挨拶が正当か不当かも、おのずと明らかになるだろう。

言うまでもなく、もちろん、いま「全共闘」はプラス・シンボルとして語られつつある。屈たちがこれをプラス・シンボルとして語りたがっているだけなら、まあそれはそうさせておけばよいだけのことだろう。ところが、凧見物につめかけたバカ連中が、そのフリだけか本心からかはいざ知らず、やはりそうであるらしい。しかし、まあこれも、それだけなら勝手にキャーキャー言わせておけばよい。ところが、凧に糸をつけて飛ばしている部分、糸をはなすも引きずり落とすも勝手気ままという存在たちまでが、どうやら、プラス・イメージで「全共闘」が語られるのを、しごく満悦して眺めているのである。

　考えてみるまでもなく、これはしごく当然のなりゆきだろう。地獄というところは、牢獄と同じく、あらゆる沙汰が金次第だからこそ、地獄なのである。金《かね》だけが、地獄を極楽に、極楽そのものとまでは行かぬまでも極楽もどきの浮世に、変えてくれるのである。考えるまでもない当然のこの真実が、こと全共闘にかんしてだけ適用されずにすまされる、などということは、このわれわれの地獄には起こりえないのである。その証拠には、いまの「全共闘」イヴェントをちょっとのぞいてみれば、カネになりそうもない品物はスッキリと店の奥にしまいこまれていることがわかるではないか。

　全共闘大特売の催しのなかで、カネにならないもの、そのただひとつのもの、それは、暴力にほかならない。

第二図　機動隊との戦闘は暴力に非ず

めっそうもない、いま若者にうけている全共闘には、暴力は不可欠なのですよ、まあ見てごらんなさい、各誌のイラスト記事には、ちゃんと角材ヘルメット覆面タオルのゲヴァルト三種の神器の説明図も、機動隊との戦闘シーンの写真も、堂々と載っているではないですか――という反論が、本稿を読んだ読者たちからいちはやく本誌編集部に寄せられている。たしかにそのとおりだろう。

　だが、全共闘と不可分の暴力とは、そんなものではないはずだ。凧たち自身も、その糸をにぎる存在やその背後の存在も、奇妙なことに、これについては、いまは、口をとざしている。機動隊とのゲヴァルトなど暴力ではない――と、かつて全共闘メンバー自身が、一度は口にしたおぼえがあるはずだ。最大の、真の暴力とは、国家権力《ゲヴァルト》そのものだ――と。そして、これを別の角度から、卑劣な響きをこめながら、「日共・民青」もまた、くりかえし指摘してくれていた。「機動隊とぶつかることで、彼等トロツキスト暴力集団は国家権力と対決しているなどと広言していますが、本当は、政府自民党と財界に泳がされているにすぎず、彼等の言う革命とは真ッ赤なウソにほかなりません」云々。

全共闘と暴力とが不可分だったのは、間伐杉の軟弱な角材と、ヤワなプラスチックのヘルメットと、毒ガス催涙弾には歯も立たぬタオルの覆面を、かれらが身につけていたからではない。ときとしてやむをえず、あるいは不必要であってもあえて喜々として、㋖部隊とわたりあったからでもない。㋖との衝突がなくなれば一番こまるのは警察当局であることくらい、㋖とわたりあうものたち自身がよく知っていた。全共闘だの暴力学生だのが妄動するから警察は予算をガッポリ獲得し、そしてさらに肥え太るために装備をエスカレートさせるのだということくらい、㋖の楯で水平打ちされ、ナチス棒でひたいを割られ、ガス弾で呼吸中枢をやられたものたち自身が、『赤旗』の中傷記事に教えられるまでもなく、ちゃんと知っていた。機動隊に立ちむかう行動など、暴力などと言えるものではなかったのである。わたしをふくむ教授助教授連中や、私学における自警団や、国公立における管理当局などに向けられた各種の実力行使、建物の占拠や部分的破壊などは、暴力と呼べるようなシロものとはほど遠かったのである。だからこそ、それらは、ファッションとなっていま生きることをゆるされる。ちょうど、電池で動く振子《ふりこ》をそなえたアンチックな柱時計のように。

真に暴力と呼べるような暴力は、全共闘の解体とともにやってきた。あるいは、この暴力の登場が、全共闘を解体したのだった。

それでもなお、この暴力の登場を生んだのは、やはり全共闘以外の何ものでもなかった。それは、全共闘のなかで芽生え、はぐくまれ、全共闘の養分を吸いつくして自立をかちとった暴力、全共闘の暴力そのものだった。全共闘の暴力の歴史は、それゆえ、全共闘以後から始まるのだ。

この歴史は、いまさらここでふりかえるまでもなく、爆弾闘争やハイジャック闘争という姿をとってすすむことになる。そして、ほとんど十指におよぶ昨今のマス・メディア上の「全共闘」イヴェントから丹念に除外されているのは、まさしくこの種の暴力なのである。

パレスチナ革命が遠い彼方の出来事であるあいだは、そこで日夜たたかわされている暴力は、なんらタブーではない。アラブへ飛んだ日本赤軍の消息も、かれらの標的がさしあたり日本でないかぎりは、公安当局の極秘調査以外のいわゆるニュースのかっこうの題材である。第三世界との連帯も、その連帯行為が海の彼方に手をさしのべているあいだは、なんら暴力ではない。——だが、ひとたび、この第三世界との連帯が具体的に侵略企業の日本国内の拠点を爆破し、アジアの人民の名において戦犯＝裕仁《ひろひと》を爆殺する実践に移されるやいなや、ファッションとは訓染《なじ》まぬ暴力として、あらゆる手段を駆使して圧殺され黙殺され根絶されようとする。桐山襲の小説『パルチザン伝説』をめぐる周知のいきさつは、全共闘「ブーム」のまっただなかで起こされた象徴的な政治事件だった。この小説そのものについての立ち入った評価はここではさておくとして、全共闘凧揚げ祭を見物しているバカ諸君は、ぜひとも、映画・ビデオから劇画・三文小説にいたる種々雑多な全共闘モノと並べて、この『パルチザン伝説』も見物してみる必要があるだろう。そして、東京都葛飾区小菅をはじめとする全国各地の拘置所や刑務所には、天皇処刑をはじめとする暴力実践のゆえに（なかにはまったくの無実であるにもかかわらず思想ゆえに）権力の手中にとらわれて、その高い小さな鉄格子の窓から、浮世地獄《シャバ》で全共闘祭に顔を出しているバカ諸君のオチョボ口をじっと見ているもうひとりの全共闘オジン・オバンがいることを、あるいはもはや、当節のバカ若者たちが知ることはついにないのだろうか。

第三図　「内ゲバ」は、ふれあいと気くばりの相姦図

暴力暴力と鬼の念仏みたいに唱えているようだが、それじゃおまえ、自分で爆弾つくって裕仁だの浩宮だのブッ殺してみちゃあドーダ？——と、あの全共闘解体このかた、わたしはよく、ひとからすすめられる。この地獄には、そういう勧誘方式の定型パターンがあって、ひとところはよく、㋖とたたかって縄目の恥辱をうけた学生の裁判に弁護側証人として出席するたびに、検事は必ずきまって、「あなたは被告人の行為を正当と主張されるが、ではあな

たは、被告人と同じように警察官に向かって石を投げたことがおありですか?」と質問してきたものだ。法廷での証言は、そのまま証言者本人にかんする刑事事件の証拠となりうることが、ちゃんと刑事訴訟法だかで定められているから、「そりゃあもちろんですよ、㊔なんて、何人《なんにん》ブッ殺したって殺し足りませんから」などと答えることは、口が裂けてもできることではない。仕方ないから、そういうときは、シュショーらしい顔つきで裁判官席をふりかえり、「裁判長、検察官の質問は本件とはまったく関係ない不当なものだと思います。答える必要はないですね?」と、指示をあおぐふりをするのである。たいていの裁判長は、もう最初から判決はとうに決まっていて儀式上いろいろ面倒な手順をふんでいるだけだから、手間をはぶくために、あっさりと答えを免除してくれる。ごくたまに、「証人は検察官の質問に答えてください」などと言う裁判長がいても、今度は必ず弁護士さんが異議を申し立てて、なにやら検事・判事と三者でゴチャゴチャとやりとりをくりひろげてくれるから、その間に何とでも言いのがれの方便は考えられるのである。質問そのものがもともと卑劣なのだから、このばあいの方便には、これっぽちのうしろめたさも感じない。

　つまり、おまえ自身がバクダンを投げたらどうなんだ、などという物言いのパターンは、検察官のものでこそあれ、バカと非バカとを問わずわれわれのものではないのである。そのかわりにわれわれが問わねばならぬことは、「もしも自分で爆弾を投げないのなら、そしてそれにもかかわらず爆弾闘争にたいする弾圧に反対するのなら、ではいったいおまえは、どんな別の方法で自分自身の実践を行なうつもりなのか?」ということであるはずだ。

　もとより、地獄の瓜たちもまた、自分なりの答えをもっているらしい。「そん時は世の中変わると思ってた。それがムダだったのかというとそうじゃない。オレはどうオトシマエをつけるかと思ってる。フツーの人間関係からケジメをつけようとしてるし、みんなそうなんだよ」と、さきに引用した例のニオイのおじさんは、こう語っているのである。近ごろのバカ連中には、こんな何を言っているのか皆目《かいもく》わからない日本語が、たとえばこのわたしの文意明澄な名文などより、ズットよく理解できるらしい。これがブームのブームたるところ、ファッションのファッショたるゆえんなのだが、もっともそれを掲載している雑誌面を制作している別のもうひとつの瓜たるや、ガス銃を水平撃ちする㊖の写真の説明文として、「一度は嗅いでみたい催涙ガスのニオイ、なんちゃって、こんなショットガンみたいなのから飛んでくるんだから、彼女にフラれるよりコワそう」などと書いてヤニさがっているバカ凧とあってみれば、さきの発言者凧も、本当はもう少しマシなことをしゃべっていたのかもしれない、とも思えないではない。したがって、この発言も大いに差引いて考えることにして、しかしそれにしても、この凧たちがやってみせている全共闘祭のメイン・エヴェントでは、爆弾のことはまあ問わぬとして、あの「内ゲバ」の人間関係のケジメやオトシマエは、いったいどうなっているのか、これはどうしても問うてみたくなるではないか。

眺め得たかぎりでの全共闘祭の各種参加者たちは、ほとんどすべて、凧たちばかりか糸の握り手やその黒幕までが「内ゲバ」のことを不問に付して祭《まつり》を進行させていることに、なんのこだわりも示していない。ほとんどただひとり、「全共闘運動とその後のうんざりするような過程とは、どうしようもなくワンセットになっているわけで、どうせなら、こちらとしてはまるごと、いまの若い連中にさらけ出して、なおかつ何か一緒にやるんだったらやろうじゃないかというふうなことでいかないと、またぞろ内ゲバの循環を繰り返す気がするんですね」と、きわめて文意明澄な日本語できわめて正しいことを語ったのは、本当にほとんどただひとり、一九五二年生まれの平井玄氏だけである。年齢からもわかるとおり、このバカ中年氏は、タッチの差で全共闘の渦に飛び込みそこねた。このタッチの差が、さきざきどれほど大きな隔りとなったかは、知っているものならよく知っている。タッチの差で間に合わなかったものたちを呑みこんだ現実は、晴れやいだ祭とはほど遠い「内ゲバ」と裏切りの世界だった。

この世界でこそ、全共闘の暴力は、もうひとつの自己表現の場を見出したのである。たとえば、朝霞の自衛隊駐屯地で武器を奪うためと称してひとりの下級兵士を殺してしまった（とされる）菊井良治氏もまた、いろいろな事情のためにタッチの差で全共闘になりそこねたひとりだったという。全共闘が生んだ暴力をこのような無惨なかたちで体現してしまった菊井氏は、当局にとらえられて以後、ひたすら裏切りに生きることによって自分の人間関係のケジメとオトシマエをつけようとする。いまなおみずからの過去を「革命家」のように見せたがっているこの中年男は、フレーム・アップ＝冤罪「事件」であることが白日のもとにさらされたあの一連の爆弾事件の取調べと公判の初期の段階で、被告たちが真犯人であるというほとんど唯一でもっとも強力な証言を行なった張本人だった。そしていま、その菊井氏は、かれ自身が十五年の刑に服している自衛官刺殺事件にかんして、全共闘の中心的メンバーのひとりだった滝田修＝竹本信弘氏を共犯に仕立てあげるため、浦和地裁の法廷を中心に、孤軍奮闘をつづけている。

　タッチの差で「遅れて」きたものたちが、どのようなおぞましい現実に耐えねばならなかったかは、「内ゲバ」だけが全共闘の行きつくさきであるかのような宣伝が絶対的に効を奏していたあの時代に、にもかかわらずこの現実のなかで「異」をとなえ、となえるだけでなく独創的な実践を模索した人びと自身が、よく知っているはずだ。いま、全共闘祭の地獄の凧揚げにうつつをぬかしてケジメをつけた気になっている連中や、これらの凧連中を揚げてみせている手とその背後のものたちは、今日の日本社会を支えているのは全共闘世代である、などという神話を、まことしやかに流そうとしている。なるほど、量がそのまま質に転化するものなら、団塊の世代とか呼ばれてヤニさがっているこの連中が、日本を支えてもいるのだろう。だが、量などというものが屁《へ》の足《た》しにもならないことを身をもって知り、身をもって表現したのは、全共闘ではなかったか。日本だの量だのを考えに入れずに周囲を見てみるかぎり、わたしの目とこころに突き入ってくるのは、いわゆる全共闘世代そのものであるよりは、タッチの差で遅れた人びとであることが少なくない。この人びとは、全共闘が未解決のまま、それどころかどうしようもないくらい絶望的に深化させたまま残していった問題を、ものずきにも自分のものとして引きうけ、全共闘でさえ見向きもしなかった面倒な仕事と取りくみ、どんな党派も知らん顔をきめこんだ爆弾犯人の救援にのりだし、全共闘だったバカ連中のうちのごくわずかの、これはもうどんなクスリも役に立たないビョーキとしか言いようのない選りぬきのバカたちの逃げ足をしっかりつかんで、そのうえさらに恍惚《ポンコツ》度のすすんだもっと年寄りのバカ連中まで引っぱりこんで、かれらとともに、ゴチャゴチャと何やら怪しげな妄動をつづけているのである。

　もしもこの人びとの存在を知らなかったなら、わたしもまた、新旧大小の自称革命集団に過度の思い入れをして、その思い入れのあまり、これら「党」派が「内ゲバ」だけを党活動とするのを見たとき、絶望して「知識人の声明」に名をつらね、「内ゲバ」だけはやめてくださいと懇願するか、あるいはまた、わたしが敬愛する一先輩のつねひごろの持論に賛同して、革命戦争なるものを展開していると思いこんでいる両党派に呼びかけを発し、後楽園スタジアムなり加茂の川原なりを舞台に観戦料をとって両党派の総力動員で六十分一本勝負の大《だい》出入りを開催し、それをビデオにとっておいて、めでたく全員死亡した両党派の戦士たちの埋葬費用をチョットだけ回収し、残りの莫大な収益は、これで誰はばかることなく独創的なたたかいを開始することができるようになった人びとの、万一のときの救援資金にする――という提案を、本気で実行に移していたかもしれない。

ひとことで言えば、全共闘は、わたしですらこれほど深刻に思い悩まねばならない「内ゲバ」を生んだ張本人だったのであり、わたしにさえこんな気くばりを要求し、ふれあいへの手さぐりを要求した極悪人だったのである。そして、ふれあいだの気くばりだのというなんとも醜悪な心の動きをわたしに押しつけようとしたこの全共闘的相姦関係は、全共闘のあとに来た人びとによってはじめて、絶望のなかで新たな関係へと、遅々としたテンポでではあれ、つむぎなおされつつあるのだ。

第四図　まだまだここは一丁目

こうした新しい関係は、全共闘とそれ以後とのあいだにだけ、はじめて生み出されたものではない。だれもが当時は知っていたように、全共闘はその当初、六〇年安保闘争を体験してきた当時なりのオジンたち（大学院生、助手、その他）がいなかったなら、ああいう運動とはなりえなかった。運動とは、たたかいとは、つねにそういうものなのだ。敗戦後の歴史に決定的な転機をもたらし、全共闘をはじめとするそれ以後のたたかいに決定的な影響をおよぼしたあのべ平連の運動にしても、部外者だったわたしの知るかぎり、六〇年安保闘争はもとより、山村工作隊や日本共産党の六全協前後の党内闘争の体験者たちがいたからこそ、あのような運動となりえたのだった。

あるひとつの名称をもって呼ばれるある一時期の運動は、さしあたり種々の条件からそれの中心的な役割を演じることになる人間集団のほかに、かならず、その運動に先立って過去をひきずって来た人間たちを、運動内部に登場させる——と同時に、その運動が解体したのち、あとからきた人間たちと出逢うことによって新たな生命を獲得しはじめるのである。

これは、じつは同じ楯の両面にすぎない。六八—六九年は、いま全共闘世代と称せられている人びとからすれば、前史との結合だったが、たとえば六〇年安保闘争の安中派などと称せられた人びとからすれば、後史との出逢いだった。そして、全共闘そのものもまた、七〇年代以後の爆弾と「内ゲバ」の時期のなかで、疑いもなく後史との出会いを体験したのだった。

だからこそ、運動はつねに、後史にたいしても前史にたいしても開かれた自己表現のありかたを、手さぐりしつづけねばならない。集会でのアジテーションや内輪の意思確認のことばが（しばしば揶揄されるような）閉鎖的な隠語にどれほどみちみちているとしても、それは他人の知ったこっちゃない。しかし、さしあたりの体験の場や生活のスタイルを異にしていることが明らかであるような人びとに語りかけようとするとき、ことばは、おのずからみずからを他者にたいして開くことを要求される。当然のことだ。

だが、このことはなにも、だから相手にすりよって相手のことばを口ずさめ——という要求を意味しない。欧米先進国の人間にたいしてアクセクと欧米語で話しかけようとしてきたわれわれの先人たちの姿を、われわれはいま、そのまま身につけようとは思わない。それと同じことかどうかはどうでもよいことだが、全共闘祭の爪たちが、いま、かれらが思い描いているバカ若者たちの言葉をヤッキになって口ずさもうとしている姿は、滑稽を通りこして不吉な気配さえ発散しているほどだ。なんと、語りかけられるバカ若者連中のほうがまた、爪連中の口ずさむ何ともケッタイなバカ若者ことばを、よろこんで口まねしてみせ、場合によってはそれを自分たちの言葉だと思い込みかねない光景である。この両者のあいだに成立している関係は、つまり、こうした相互関係なのであって、ムシの世界ではこれを、アリとアブラムシのあいだに見られるような共生関係と呼び、『赤旗』の紙面などではこれを、政界財界などにごく普通に見られる黒い癒着の関係と呼ぶのが通例になっている。

ひとくちに共生関係といっても、アリにはアリの思惑《おもわく》があり、アブラムシにはアブラムシの思惑がある。ひとまとめに黒い癒着の関係といわれても、一方には一方なりの思惑があり、もう一方にはもう一方なりの思惑があるにちがいない。全共闘屍とバカ若者連中とのからみあいには、そのうえもうひとつ、糸の握り手とその黒幕というオマケまでついている。このオマケは外からは見えず、金を出して買ってはじめてわかるというところは、グリコそっくりでもあるが、いずれにせよ、まったく別の思惑を「ボクちゃん言葉」で接着しながらくっつきあっているのが、屍たちと祭の見物人＝参加者たちなのだ。具体的にどのようなかたちをとるにせよ、およそ現実にたいして（具体的にはこの地獄にたいして）ほんの少しでも自分自身の口から「異」を唱える作業が、ほんの少しでも共闘者を見出すようになるところでは、こんな接着剤はたちどころにめくれ飛んでしまうのだ。

この接着剤がはがれないように保守することが、いま、万博や国体と並ぶ全共闘祭の参加者全員に、最大課題として要求されている。全共闘はイカシタゼというCMは、そのまま、おまえらにはマネもできないのだヨというトーンで耳をうたねばならない。そこで急いで、全共闘スル必要なんてないサ、ボクちゃんたちは逃げるだけ――という思想で無力さに防護被膜をほどこし、無力さの永続化をはかると同時に、このセラミック製の被膜に特定の磁気テープを組みこんで、購買意欲を遠隔操作する。そのための新顔の西洋屍も、ちゃんと一緒に飛ばされている。

こうして、全共闘祭もまた、各種の万博や国体や、刻々と近づいている裕仁死亡のXデー祭とまったく同様に、ただひたすら祭そのものだけをわれわれが観て、その「あと」のことを見ないように、操作されるのである。だが、祭《まつり》はむかしから、祭のあとこそが見ものなのだ。ありとあらゆる暗闘が、ありとあらゆる魑魅魍魎が、祭の終わったあとにこそ、ドッと吹き出してくるのである。十五年前の全共闘祭のあとに来たものは、さきに見学したとおり、爆弾であり「内ゲバ」であり、そして、タッチの差で遅れてきた人びとのごくごくわずかな、しかしかけがえなく重要な出逢いだった。そしていま、この地獄のなかで興行がすすめられている新たな全共闘祭のあとには、何が来ることか。

二度目の全共闘祭は、だがしかし、十五年前の祭のあとに来たものを、無かったものとすることによってのみ、開催を認可されているのである。あったことを無かったことにすることで生命を保つやりくちは、古来、既成権力構造のもっとも特徴的な標識のひとつにほかならない。それとは逆に、いまはまださしあたり具体的な方途は発見できないにせよ、あるいは発見できないからこそますます、ぬぐい消そうにもぬぐい消すことのできぬ誤りや敗北を、それに先立つ祭の不可分のひとこまとして、とらえなおそうとしつづける試みもまた、この二度目の全共闘祭のかげには生きている。

凧たちとその見物客たちにとって、この世はせいぜい、あれこれの欠陥をそなえた楽園か、さもなければ逆にドンヅマリの地獄そのものであるとすれば、祭のあとをあとの祭にさせまいとするものたちにとっては、この浮世はたかだか、地獄の一丁目にすぎない。

まだまだ地獄はつづくだろう。何丁目まで歩めば地獄に果てがあるのか、地獄で仏に会ったことなどないものには知るよしもない。そしてこれは、さすがの『ロビンソン・クルーソー』を開いてみても、どこにも書かれていない。刻々と様相を変える地獄の道程にとって、各種マスコミ凧が放《ひ》り出した出来合いのコピーなど、座右の銘はおろか魔除けのマジナイにも、身をすりよせる合言葉にもならないのだ、じつは。

だが、地獄を我が家と考えて祭のあとは無かったことにしてしまうようなことだけは自分の生活スタイルではない――と考えたがる種類の老若男女のバカたちが、若者ことばを口まねしなかったからこそ新種のバカたちと通じあう新しい言葉を発見した実例は、『ロビンソン・クルーソー』を読むまでもなく、全共闘ビデオや全共闘絵巻をのぞいてみるまでもなく、過去の歴史のなかにも、きょうの地獄の一丁目にも、ちゃんと存在しているのだ。

これが、われわれの祭のあとの始まりである。

（『インパクション』二九号、一九八四年五月十五日発行）

第三部

「大学」が死にゆくさき

味

小さいころ、わたしは味盲だった。それが、あるとき突如として、味をとりもどしたのである。それ自体としては、喜ぶべきことだったかもしれない。じじつ、両親の喜びは大変なものだった。だが、わたしにとっては、味は苦痛以外のなにものでもなかった。人間の味覚は、さまざまな味に出逢って形成され、逆に新たな味をつくりだすという。〈未開人〉が知らなかった味をわれわれは知っており、一方ではまた、種々のプレハブ食品によってわれわれの味覚は劃一化され単純化されてもいる。いずれにせよ、味をはじめて知ったわたしの味覚は、味を外在的な暴力としてしか、理不尽な苦痛としてしか感じなかった。わたしは味そのものに腹を立て、自分の災難を呪い、食べものを憎悪した。憎悪は増幅されて味に転位し、味はますますわたしにたいして暴力的に対峙してきた。こうして何年かがすぎた。ある日、ふとわたしは、自分が再び味を失っていることに気づいた。平安な日々がおとずれた。味をもたない同僚たちとともに、わたしは毎日たのしく静かな食事をする。みんな同じものを食べ、その味をたがいに了解しあいながら。もちろん、妻も大喜びだ。

（『京大教養部報』No. 57　一九七三年十二月、京都大学教養部部報委員会）

なぜいま《ルカーチ》なのか？

研究ノート

「誠《まこと》は、世界と同じく割《わ》けられない／誠はひとつだ／誠を失う時、人はすべてを失う／トロツキストの犯罪は、歴史上類がない／この連中は——卑劣さの結晶／彼らが己を語ったことに付け加えることは何もない……」

この〈詩〉は、一九三七年の粛清裁判の時期に、ロシア・フォルマリズムの代表的理論家のひとりとして知られるヴィクトル・シクロフスキーが、ソ連作家同盟機関紙『文学新聞』に発表したものの冒頭の数節である。スターリン派の〈トロツキスト〉追撃に加担し、これを書くことによって粛清を生きのびたシクロフスキーは、三〇年ち、新たな叛乱の波が世界各地をゆるがしはじめたのと時を同じくして、ヨーロッパでも日本でも高く再評価されるようになり、いまなお、真に現実変革とかかわる文学・芸術表現の問題ととりくもうとするとき、度外視することのできない存在として、われわれのまえにある。事態はきわめて単純だ。シクロフスキーもまた、他の多くの人間たち同様、友人や仲間（フォルマリストの多くが、〈トロツキスト〉、〈スパイ〉として、ラーゲリに消えた）を中傷し告発し、「オレはちがう」と叫ぶことによって生きながらえたのだ（もちろん、この試みに失敗して、他人を中傷した数日後、数月後に、みずから同じ中傷を浴びて姿を消したものも少なくない）。——だが、はたして事態は単純だと言いきれるか？　もしも〈トロツキスト〉撲滅に加担しなかったなら、シクロフスキーの革命的な文学・芸術理論そのものが存在しなかっただろう。しかしこの加担がなければ、かれの理論はさらに新しい地平を切り拓いたかもしれない。現実は、たとえば〈トロキツスト〉の定義を述べてみろ、と〈暴力学生〉から追及されて、「ロシア語で暴力学生のことだ」と答えた某同盟員を嘲笑するだけでは、なにひとつ片づかない。加担と自己免罪、抵抗と迂回戦、〈誠〉と裏切り——現実の歴史は、こうした重層的な交錯のなかで、なおも裏切りと中傷と自己免罪を最小限にくいとめ、真の「連帯」と「統一」を模索しつづけるものたちによって切り拓かれてきた。そしてこの模索は、全共闘・反戦の運動以降、依然としてなお課題でありつづけている。あるときは〈極左〉とののしられ、あるときは〈スターリニスト〉、あるときは〈修正主義者〉と呼ばれながら今世紀の変革運動とかかわりつづけたジェルジ・ルカーチへの関心もまた、重層的な現実のなかでこの課題に接近するひとつの迂回路と無関係ではない。

（『京大教養部報』No. 75　一九七六年五月、京都大学教養部部報委員会）

ある友情

「どや、いっしょに？」――その朝、私にかけられたこの言葉が、小次吉氏と私との交友のきっかけとなった。もっとも、間接的なきっかけなら、もっと以前からいくつも与えられていた。どちらからともなく目礼らしきものを交わすようになったのは、それより半年も前のことだったし、私が彼の愛犬に、はじめてお愛想笑いといっしょに手をさしだして、そのザラザラした舌で右手の指の先をなめさせてやってからでも、もう三ヵ月はたっている。灰色とも黒ともつかぬ短い毛に、尻っぽの付け根の部分の皮膚だけ除いて全身おおわれたその老犬は、「マッコ」という名であるらしかった。はじめ私は「松公」かと思ったが、よたよたと足をひきずるその犬の名を彼が呼ぶたびに、どうやらこれは「松子」だぞ、という確信をなぜか強めたのである。

毎朝、私が彼の住居を通りかかるころ、小次吉氏は朝食の仕度に余念がなかった。いまどきめずらしいカマドで、ちゃんと薪を燃やして釜の飯を炊いているのだ。七輪のうえでは、味噌汁がふつふつと湯気と香りをたてていた。その前にかがみこんで、手をあぶるとも爪の垢を見物するともなく背を丸めている小次吉氏は、私が通ることなどまるで気がつかないように、顔さえあげなかった。彼の足もとにねそべった尻ぬけ犬も、てんから私を無視する態度に出た。私のほうでは、なにしろ彼の家のまんまえどころか、まっただなかを通っていくのだから、それだけでも気づまりなのに、そのうえ、頭上低く垂れこめたコンクリートの橋底におでこをぶつけてはならぬと、いっそう陰気に平身低頭して、銀メシと油揚げの味噌汁と犬の小便と蒲団とダンボールと、その他なにが何やらわからぬ有機質・無機質いりまじった臭気が混然一体をなす二〇メートルほどの距離を、息をつめて一気に通りぬけるのである。三条京阪から鴨川の河川敷を川端一条まで歩く私の通勤コースのなかで、この橋の下は、天下の難関だった。

だが、人間関係というものは恐しいもので、それが数年を経るうちに目礼となり、犬の舌となり、「どや、いっしょに?」となったのである。その「どや?」をきっかけにして、私は毎朝、小次吉氏と松子の住居で、釜のメシと油揚げの味噌汁の朝食をよばれるのを日課とするようになった。月に二、三度は、いつも川面の月を観ながらとは行かぬまでも、酒をくみかわし、小次吉氏の手料理に舌鼓を打った。祇園木屋町先斗町あたりのポリバケツから腕によりをかけて集められたネタは、川端二条の「赤垣屋」、三条花見小路西入ルの「伏見」なんぞという名だたる高級料亭も足もとに及ばぬ絶妙の味をかもした。秋の深まりとともに鴨川に飛来するユリカモメの鍋なども、世の中から失われた季節感を、私に想い出させてくれる料理のひとつだった。本場の琵琶湖の鴨は、近頃めっきり賢くなって、親から子へ世代から世代へと教育も充実しているため、空中にせよ地表にせよ、全面禁猟区の湖面から波打際を越えて離れることが絶対になくなり、「ネギをしょってくる」という言いまわしも古語・廃語のたぐいと化したのだが、こと鴨川の都鳥にかんするかぎり、言問うまでもなく物欲しげに近よってきて、たちまち小次吉氏と松子の手中におさめられるのが常だった。首をひねり、羽根をむしり、皮をひっぺがして、骨付きのままの肉を包丁の背で五、六時間あまりも叩いて、ねばねばと糸を引くようになったやつに、みじん切りのショウガと塩少々、それからクチナシの実をすりおろしたものを、鳥一羽あたり三グラムほど加えて、団子にし、季節の野菜や豆腐、コンニャク、春雨とともに、ぐつぐつ煮ながらつつくのである。

夜がふけて、終電車の時刻がすぎ、このごろめっきり戸締りが厳しくなって夜半に忍びこむのが困難な大学の建物にのりこむ元気もなくなると、私は小次吉氏宅に泊めてもらった。夏なら橋脚と河川敷の杭との間に渡した戸板の上で、下を流れる瀬音と立ちのぼる涼気に包まれて、冬なら、小次吉氏苦心の作たる発泡スチロール製の純白の夜具にくるまって橋の付け根にぴったり寄りそい、上を走りすぎる一番電車まで、ぐっすり眠りこむのである。目をさました私は、もはや市電の轟音くらいでは驚かなくなった小次吉氏が、朝なお黒い顔面をテラテラと輝かしながら、かねてからぶあつい座布団のように頭にのっけている自前の毛髪を枕にして眠りこけているのを、横目でながめる。彼の頭髪たるや、毎晩ねるまえに家中のタタミの上を這いまわって、ああ今日もまた何本……と抜毛を拾い集めては長嘆息する私などとは違って、稲刈機で根こそぎ刈りとっても、翌朝にはもう密生しおおせていそうなヤツなのだ。着る物も、昔ならさしずめ素材はナンキン袋と決まっていたところだろうが、やはりご時世を反映して、デニムとかコールテンとか天竺木綿とかが主体で、しかも私の目からはどう見ても同じ物としか見えないのを何着も持っている。それに第一、この小次吉氏は、ときおり、角川春樹事務所の映画だの、西武百貨店大津の催物だの、東京営団地下鉄のポスターだのを見学に出かける労もいとわないのである。

これほどの人材が人目につかぬはずはない。料亭からも、中央市場からも、鴨川を美しくする会からも、古書籍商組合からも、新聞社や放送会社からも、敬老会からも、明るい民主政府をなんとしてでも持ちこたえさせる会からも、警備会社からも、気象台からも、ぜひウチの幹部職員に、という懇請が、しかるべきヒトを間に立てて、ひきも切らず寄せられた。そのどれをも、小次吉氏と松子は、ニべもなくはねつけたのだった。

ところが、私たちの酒宴にしばしば顔を出す人間が、もうひとりいた。どうやら小次吉氏と同じ生業を営んでいるらしいのだが、それにしては態度が小ぶりで、本人は元・医者だと称していた。この紳士は、毎日ステテコ姿で、河川敷の芝生を舞台に、ゴルフのクラブを振るのを日課にしていて、〈New Liberty Club〉という商標が貼ってあるそのクラブは、三七万円もしたのだそうだ。本人の言うところによれば、若いころは小説家志望で、光太郎だの鏡太郎だの海太郎だの風太郎だの遼太郎だの慎太郎だのという文豪に大いに私淑したのだが、そのうち、自分に才能がないことを悟って、だれにでもできる手軽な医者を一生の天職に選んだのだった。それが近ごろ、老成するとともに世の中のことがよく見えてきて、やはりいちばん偉いのは慎太郎先生だということがわかり、それ以来ぷっつりと医者もやめてしまったのだという。だれかれのうわさと品定めをしては、結論的に「アホやけど、ええとこもあるわ」と断言するのがくせだった。もっとも、かれがいないところで小次吉氏がくだした評価によると、そのステテコ氏自身は「アホやし、ええとこもない」のだそうである。

「ボクって、いまの職業に似合わず知的な風貌で、貫禄もあるように見えるやろ。それでソンすることもあるんよ」とステテコ氏は語った。百万遍かいわいのギョーザ屋で中華ソバを食って、さてそのついでに大学のグランドでクラブを振っていると、「あっ、またやってる、フテエ野郎だ」という声がして、赤い帽子に白いガウンのお兄さんがたに、たちまち周囲を取囲まれてしまった。事態の本質と真相がのみこめぬまま言葉を発することもできずに仁王立ちになっていると、今度は「ウォーッ」とか「ギャオーッ」とかいうテレビ番組的発声とともに、紺色の宇宙服に身をかためた戦士たちがやってきて、またたくまにステテコ氏を救出してくれたのだ。あとには、赤帽が散乱し、それと同じ色の血が芝生を染めて、死屍累々、まさに阿鼻叫喚の地獄さながらで、ステテコ氏は医者をやめてしまったので彼らを救ってやれないのが、残念でならなかったという。しかし、とにかく宇宙戦士のほうに一人のケガ人も出なくてよかったと、隊長らしい人にお祝いの言葉を述べたところが、「まあ立話もなんですから、本宅のほうへ」というので、なにやら大きな時計のついた建物の中の、立派なドアに穴があいた立派な部屋に連れて行かれ、お茶などごちそうになった。「あれ以来、紺色の宇宙戦士団とすっかり懇意になってしもうて、いまでは宇宙戦車が出動するときついて行く、ほらあの便所車てあるやろ、あれを使わしてもろてウンコするほどの仲なんや」——この話は、いたく小次吉氏の興味を惹いたらしかった。

いまにして思えば、すべては罠だったのだ。あれほど引く手あまたのスカウトをガンとして拒みつづけていた小次吉氏が、私の知らぬ間にドラフト抜きの二ツ返事で招聘に応じた相手というのが、大学だったのだ。

そしてもちろん、小次吉氏のこの決断は、大筋において間違ってはいなかった。ますます老いほうけた松子が、交通事故に遭う心配がいくぶん減じただけでも、もうけものだった。ネタの仕入れや料理の手間をかけるまでもなく、数カ所の生協食堂には舌のとろけるような美味珍味があふれていた。季節によって寝る場所を工夫する心配もなかったし、小次吉氏のユニークな衣装も、ここでなら人目に立たずにすんだ。小次吉氏自身もすっかり円満でちょっぴり知的な顔つきになって、座布団の頭髪も人並に薄くなりはじめた。寝床や料理に頭を使う必要がなくなったので、頭のためにはアデランスやアートネーチャーのことを考える余裕も生まれた。「アホやけど、ええとこもある」などという人物評をシタリ顔で口にしても、それがピタリとはまるようにもなった。行くゆくは、「奢侈連」

とかいう美食クラブを基盤に「いっぱい食わせる」政治をキャッチフレーズにかかげて、知事選に打って出る、というような噂も流れはじめた。

「どや、いっぱい？」と小次吉氏が声をかける相手も、いまでは、もちろん私などではない。私なんかには、十日にいっぺんも振りむいてくれたらいいほうで、しかもそのときのセリフは、「どや、しっかりやってるか？」に決まってしまっている。何をしっかりやってるというのか見当もつかぬまま、そのたびに私のほうは、ああこれは小次吉氏の仮りの姿なのだ、と自分に言いきかせながら、いまではすっかり目がみえなくなって、誰にでも見さかいなく尻っぽを振る松子の歯のぬけた口に、お愛想笑いをうかべつつ右手をさしだすのである。

（『京大教養部報』No. 87　一九七七年十二月、京都大学教養部部報委員会）

「やっぱり教養部でなくっちゃ……」

さして広くもない研究室が二人で使う相部屋であることは、外来の客にとってはほとんど信じられないほど意外なことらしい。絶対数が足らないので、年長者から順に一人部屋にするしかないのだ。私自身も、着任後なんと二十四年にして、この春ようやく一人部屋の順番がまわってきた。といっても、新任のひとの着任が半年遅れるため、そのあいだだけのことにすぎないのだが。

とにかく、そういうわけで十何年かぶりに研究室の掃除をする必要に迫られた。埃まみれになって棚の本を並べ変えているとき、ふと、棚の向う側に薄い小さな本が一冊落ちているのに気づいた。なにやら、数字の「3」と平仮名の「り」とをタテにいくつも組み合わせたような文字とおぼしきものが並んでいる。部屋の先住者に渡そうとしたところ、心当りがないという。だとすれば、あの全共闘の時代に占拠学生によって外から持ち込まれたとしか考えようがない。そこで、いっしょに研究会をやっている院生で、全共闘の末裔をもって自任しているQ君に話してみた。その古い小さな本を手にとった東洋史専攻のQ君は、こともなげに「あ、これはモンゴル語ですね」といって、どこで仕入れた学識か、一週間後にはその『現代モンゴル逸話集』の最初の一話を日本語に訳して届けてくれた。

以下が、そのQ君による邦訳である。

《今は昔、いずれの皇帝の時代であったかもはやつまびらかでないが、ウランバートルの市場が模様替えされることになった。この市場は、並べてある品物があまりにも雑多で、そのうえ、キュウリは曲がっているし、リンゴは虫喰いの跡があるし、羊肉は霜ふりどころか放し飼いなので歯にこたえるし、魚も高級な養殖ものとはほど遠い。そのうえ、売っている商人はといえば、商人ともいえないような土着の羊飼いだの百姓だの主婦だの娘だの二百年も生きているような妖怪じみた老人だのばかりだ。品物が売れ残ろうが、法外な安値に買いたたかれようが、万引きされようが、いっこうに平気で、「ほんとうに欲しい人の手に渡るなら」などといって、懲りもせずに坐っている。ユートピアか、本当に実現された共産主義の世界ならいざ知らず、近代的で自由民主主義的もしくは社会民主主義的な国家を遅ればせながら建設しようと考えていた皇帝は、この市場は実現すべき国際化社会にとって癌になりかねない、との不安をいだいた。売る品物をもっと整理して、たとえばキュウリは長さも色も同じまっすぐなものだけをそろえ、魚は養殖のタイとヒラメに統一し、羊肉はシモフリ以外は売らないことにさせ、衣料品もコムデギャルソンとか何とかいう由緒正しい銘柄に一本化すべきである。そうすれば、同じ市場でも高級なイメージが生まれて、客すじも一変する。商人のほうでも、そういう高級志向の客を相手にし、グルメ時代にふさわしい商品を扱うようになれば、これまでのように居眠りしながら客を待ったり、マンガ雑誌に夢中になっていて万引きされたり、一番良いリンゴを自分で食ってしまったりすることもなくなり、商人としての自覚と誇りを持つようにもなるだろう。

さて、こうしてめでたく市場の化粧直しが完成した。新装開店式には花火が上がり、馬乳酒がふんだんに飲まれ、皇帝の勅使の祝辞や卸《おろし》売り業界の来賓（なにしろ、生産者直売は不潔で貧乏くさい、ということで廃止されたので）の挨拶があり、新しい制服を着用した商人代表の決意表明のあと、買物客による賞金つきの綱引き大会まであった。これ以上いったい何を買う必要があるのだろう、と思うほど満ち足りた装備と顔つきの客たちが、ぞろぞろと市場を行き来した。うすぎたない、ひとくせもふたくせもありそうな旧来の客は、近づきにくくなったのか姿を消し、市場の雰囲気はディズニーランドのそれにまでレベルアップした。それが肌に合わない商人たちは去ったが、その数は少なかった。――こうして市場の模様替えは成功裡に終わり、今日の繁栄となったのである。幸福は歩いてやってこない。だからこちらから歩いて行くことが大切なのだ。》

「そやけど、モンゴルにキュウリやヒラメがあったかなあ」と、自分で訳しておきながらQ君は今さら首をかしげた。「この本、インチキなんとちゃうか。けど、こんなインチキなもんがころがったるとこが、また何ともいえんのやなあ。やっぱり教養部でなくっちゃ……。」

（『京大教養部報』No.204　一九九二年六月、京都大学教養部部報委員会）

環境を変える

スターリンは言うにおよばず、ヒトラーの名前も知らない大学生がいる――と、驚きと嘆かわしさとを込めて語られ始めてから、すでに久しい。もちろん、何かを知っていることが、そのまま人間の人間としての価値を表わすわけではないし、何かを知らないからといって、たいていは生きていくうえで特に不自由することもない。それどころか、受験に役立つ知識を山ほど私有して、いわゆる有名校に入学した人間などよりも、受験に必要なことを少ししか知らなかったために入学できなかった人間のほうが、じつは豊かな感性と他者への繊細な思いと恥を知るこころとを比較にならないほど多く持っていることは、掃いて捨てるほど数多《あまた》の実例が示すとおりである。

とはいえ、あることを知らないことが、ある種の無関心を物語っている場合も、少なくない。たとえば、いま「従軍慰安婦」という語を知らないとしたら（それにたいしてどういう見解を持つかではなく、そもそも知らないとしたら）、それは知識や学識の欠如などではなく、自分が生きる現実とその前史にたいする無関心を、自分と同じ時代を生きる人間たちへの無感覚を、示しているだろう。スターリンやヒトラーを知らないことが、この種の無関心・無感覚の表われなのか、それとも、ただ知識・学識の欠如にすぎないのか、これについては、意見が分かれるかもしれない。しかし、もしもいつか、「障害者」の「安楽死」という問題なり、民族差別の問題なりに関心を持つようになることがあるとしたら、少なくともヒトラーという名前との出会いは避けがたいはずだ。

スターリンやヒトラーとともに、マルクスという名も、昨今の大学生にとっては、ほとんど無縁に近いらしい。こんな名前を知っているくらいなら、はじめから大学なんぞに来るわけはないのかもしれない。いずれにせよ、その、いまでは知るひとも少ないマルクスが、もう大昔の一八四五年、二六歳のときに、つぎのような文章を書いた。

「状況と教育の変革についての唯物論的な学説は、状況が人間によって変革されねばならず、教育者自身が教育されねばならないことを、忘れている。」

マルクスの死後、かれの盟友だったエンゲルスは、この文章をわかりやすくするために、こう書きかえた。

「人間は状況と教育との所産であり、したがって変革された人間は別の状況と改変された教育との所産である、とする唯物論的な学説は、状況がまさしく人間によって変革されねばならず、教育者自身が教育されねばならない、ということを忘れている。」

人間が状況と教育の所産である、ということ自体に、マルクスも異論を唱えているわけではない。人間の生きかたが、宿命や神の摂理や「門地」によって決定されているのではなく、その人間が生きる具体的な状況ないしは環境によって左右されるものであり、それゆえにまた教育が重要である、という見地は、その当時すでにヨーロッパ社会のなかに根をおろしつつあった。マルクスが批判を向けるのは、広い意味で唯物論と呼ばれたそういう見地が、人間を超越的な力の呪縛から解放した反面で、今度は人間を状況（Umstände）ないしは環境（Umwelt）——つまり人間をとりまく客観的現実——や、教育という新たな絶対者の支配のもとに置いてしまうことに対してなのだ。さきの文章につづけて、マルクスは書いている。

「状況の改変と人間の活動ないしは自己変革との合致は、革命の実践としてのみ把握されうるのであり、かつ合理的に理解されうるのである。」

環境が人間をつくるとしても、人間はただもっぱら環境の客体、すなわち環境によってつくられるだけの存在、ではない。教育が人間を形成する営みであるとしても、人間はただ教育によって一方的に形づくられる素材、たとえば粘土細工の粘土、ではない。「存在が意識を規定する」というのが、いわゆる唯物論のイロハだとしよう。しかし、粘土と違って人間は、自分を規定する外力にもっぱら受け身で対するのではない。それどころか、じつは、外力に主体的に立ち向かい、外力に働きかけ、現にある状況や環境を改変する活動をつうじてのみ、自分自身を形成していくのだ。

こんなことは、しかし、マルクスに教えてもらうまでもなく、わかりきったことである。太古から、人間は、自分が身をおく状況や、自分をとりまく環境に働きかけ、それを変えることによって生きてきた。けれども、状況への介入は、しばしば、他の人間たちを自分の支配下におくことだったし、環境の改変は、環境からの略奪と環境の破壊を意味してきた。植民地における人間の搾取と自然の収奪をわざわざ例に挙げなくとも、環境破壊と人間の使い捨ては、現にこの国でもまた経済の原動力である。——だからこそ、ここで、「状況の改変と自己変革との合致」を「革命の実践」としてとらえた大昔のマルクスが、発言の機会を与えられることになる。「教育者自身が教育されねばならない」というかれの視点が、生きた意味を回復することになる。

大学が教育の場かどうかについては、疑問の点が少なくない。ましてや、大学の教員が教育者かどうかとなると、笑いかわせみでなくとも、ケケラケラケケラケラと笑ってしまう向きも多いだろう。歴史の現実を直視するなら、環境破壊の元凶は、大学である。もう少しおだやかに言えば、近世以後、大学がやってきた科学研究なるものが資本主義経済体制と結託して、環境破壊をここまでやりとげてきた。そして、これが、専門バカでしかない大学研究者（バカが差別語であることを承知で、こう書くのだ。全共闘の大学闘争のころには、バカ専門と呼ばれていた。もちろん、これを書くわたしも、その一員である）、その大学教員たちの、探求心だの知的興味だの研究の喜びだのと引き替えに、推進されてきた。天皇に投げつける爆裂弾は極刑だが、人類に対する罪、自然総体に対する罪そのものである核兵器の発明は、科学の進歩だった。少年が行なえば異常犯罪としか見なされないその同じ解剖や殺害を、ネズミといわずネコといわずサルといわず、平然とやってのける人間が、研究者と呼ばれてきた。「敵国人」や「劣等人種」にたいしては、ヒトラーのドイツでも天皇の大日本帝国でも、生体解剖・生体実験は人間にも実施された。環境破壊など朝飯前だ。

スターリンは、かつて、資本主義に包囲されたソ連社会主義の活路を、「一国社会主義」、つまり自給自足体制の確立にもとめた。ヒトラーは、スラブ諸民族の地を侵略することによってゲルマン民族の自給自足体制を実現しようとした。スターリンは、そのために、ソ連内部の少数民族を抑圧しなければならなかった。ヒトラーは、周知のとおり、ユダヤ人をはじめとする「非アーリア人種」を文字通り抹殺しなければならなかった。いまある状況を変え、環境を改変する実践は、しばしばこのような相貌を帯びる。ひたすら自分のフィールドでの成果をめざすとき、自分の研究対象に真摯に働きかけようとするとき、研究者の実践は、これと似た表情を持ってくる。

人間をとりまき、人間を形成する環境にたいして、人間はきわめて主体的に、主体的すぎるほど主体的に、働きかけてきた。だが、その働きかけは、人間自身の自己変革と、どれほど結びついただろうか。自己変革には、言うまでもなく、自己批判が不可欠である。共同体、あるいは集団においては、自己批判とはまた、内部批判であり、内部告発である。外部へのまなざしが決定的に重要であるように、内部告発は自己変革の元素である。そして、大学にもっとも欠けているのが、この元素にほかならない。大学においてこそ、教育者自身が教育されねばならないのだ。

（『京都大学総合人間学部広報』No.20　一九九八年十月、総合人間学部広報委員会）

ユートピアだより

ユートピア——漢字表現の日本語では、無何有郷と書いて「むかうのさと」と読む。きょうはひとつ、そのユートピアのお話をしよう。

いまを去る三千年ほども昔のこと、地球の裏側に、荘子が無何有郷と名付けたひとつの村があった。その村の住人たちが織りなす何とも珍奇な人間模様を形容するのに、古人はよく猿芝居というような比喩を用いたり、サル山の勢力分布を例に引いたりしたものだが、これは猿にたいして失礼もはなはだしい。とてもとても猿などには真似をするに耐えられないような仕草なのである。

この無何有郷で、あるとき、引っ越し騒ぎが持ちあがった。三千年も昔のことだから、もう憶えているひともあるまいが、今なお語りつがれているところを見れば、当時はそれでも大騒ぎだったらしい。もちろん、村が全部そっくり移転するというのではない。人口が増えたうえ、分家が相次いで、どうにもこうにも仕方なく、住民の一部が山奥の開墾地に入植せざるをえなくなったのだった。開墾が目的の入植だから、斧と鎌と鍬くらいを持って行けばよいだろう、と思うのは素人考えで、当人たちにとっては生きるか死ぬかの大問題である。死んだ天皇を多摩墓地に運ぶくらいの大行列で移動しなければならぬ。というわけで、この移転問題は村にとって積年の難題だったのだ。

村のリーダー——当時は親分とか親玉とか番長とか総裁とか顔役とかいう立派な呼び名があったのだが、現代風に大統領としておこう——その大統領が、ついにある年、村の各集落から送られてきた代表者の会議で、移転案を示した。この代表者会議は、各集落の部族長たちも参加して開かれるもので、村の最高意思決定機関とされているのである。ところが、その日の会議でまったく初めて移転案を知らされた代表者会議メンバーたちからは、原案が作られるまでの詳しい経過説明を求める声や、今回の移転案と村の将来構想との関連を問いただす声が相次いだ。いつもは大統領がひとりでしゃべって三分で終わる会議が、なんと三千年後にミハイル・バフチンという考古学者がこの会議の記録を発掘して「ポリフォニー」すなわち「多響性」という概念を確立することになるくらいの、活気を呈したのだ。その日の会議で決定することは無理と判断したのか、大統領は、ついに、六日後に臨時代表者会議を開いて再度審議を行なうむね宣言し、閉会を告げた。

一方、村の住民のうち、士農工商教職学という当時の封建的身分制度の最下層に置かれていた人びとの一部から、当事者たる自分たちに情報を公開せぬまま移転案を決定するなどもってのほかである、という異議が出され、この人びとと、村に二人いる副大統領とのあいだで団体交渉がなされることになった。その結果、両副大統領も異議の妥当性を認めた。そして、そのことと関連があったのかなかったのか今となっては知るよしもないが、両副大統領は大統領に辞表を提出することになったのである。

さて、猿にたとえると猿にたいして失礼になる一連の人間芝居は、ここから一気にクライマックスにさしかかる。六日後に開かれるはずの臨時代表者会議は、当日その直前になって中止となり、大統領は移転計画を中央政府に申請することを断念する、と発表したのだった。村の壁新聞には、そのニュースに加えて、両副大統領の辞表を受理するとの大統領の意向が報じられた。

そうこうするうちに、二週間に一度の定例代表者会議が開かれる日となった。大統領は、壁新聞が予告したとおりに、「両副大統領から辞表が出されている、辞意が固いので受理したい」と会議に報告した。代表者メンバーの一部から、「新聞報道で知るかぎり、辞任の理由は、村に混乱を生じさせた責任を取る、ということだそうだが、それに違いないのか」という質問がなされた。大統領の答えは、「辞表には理由は書かれていないので、私にはわからない。しかし辞意が固いのでやむをえない」というものだった。このあたりは、まことにもって、人間芝居の名に恥じない名場面としか言いようがない。ひとつには、辞任の理由がわからないのに辞表を受理する大統領の名演技だ。そしてもうひとつには、共演者たる代表者会議メンバー一同の立ち居振る舞いだ。大統領の答弁にたいして、さきの質問者は、「では、もしも壁新聞の報道が伝える辞任理由が大筋で間違っていないとするなら、混乱を生じさせたという理由で辞任というのは納得できない。いったい混乱が生じたのか。また、生じたとすれば、この代表者会議で議論がなされたということにも責任があることになる。私どもは、大統領閣下および両副大統領閣下を敬愛申し上げ信頼申し上げているからこそ、議論を尽くすことが自分の責務であると考えてきた。私自身をふくむこの会議のメンバーの責任を問うことなしに、両副大統領の辞任を座視するのは、胸が痛む」と述べた。なんと、これを聞いた大統領は、「ありがとうございます。私も同じ気持です」と発言し、これで辞任は認められたことになったのだった。

村人たちのうちでも、代表者会議メンバーや部族長などよりは分別と批判力をそなえている人びとは、かねてから、代表者会議のことを「不要議会」と呼び、そのメンバーを「不要議員」と称していたそうである。この辞任承認劇にさいして大多数の代表者会議議員たちが示した態度は、まことにこの尊称にふさわしいものだった。狭隘な母村から開拓地へと追いやられ、そこで営々として分村を築くのは、自分たちではないのだよ。現代版「満蒙開拓団」の運命は、別の部族が担ってくれる。できるだけ波風を立てずに、嵐が通り過ぎるのを待つのさ。なに、副大統領？　辞任？――いいじゃないか。ツベコベ文句を言う非国民どもに大まじめに相手になってさ。相手をつけあがらせるだけだ。その尻拭いをさせられるのはオレたちなんだからな。いい迷惑さ。せめて辞任くらいしてもらわなくちゃね。それに、だいたい、代表者会議でイチャモンつけようなんてヤカラがいるのが、諸悪の根源なんだよ。我が村先祖代々「良識之府」という名誉称号を頂戴してきた我が村の汚点だ、恥だ、不名誉だ、癌だ、害毒だ！　我が村には議論は不要！　我が村にとっては批判も自己批判も文字通り蛇足！　トカゲの尻尾が何本かあれば、我が村は安泰なのだ！

このような合唱が、ユートピアの村の代表者会議の議場を、沈黙の響きで充たしたのである。

そしてもちろん、ちょうどこの年に実現されることになっていた大予言が、この村と代表者会議の面々との頭上で実現した、という何の記録も残っていない。ノストラダムスもハルマゲドンも、この村の栄光には一指も触れることができぬまま空しく予言の日を通過し去らねばならなかったのだろう。だから、すべての昔話の結末が語っているように、その村は、もしもまだ滅びていなければ、いまでもなお栄えつづけているに違いない。

ア、きみは誰だ、こら、暴力はやめろ、痛ッ、ぼくの口をふさごうというのか、ガツン、くそっやったな、ガシャーン、卑怯者め、アッ、ウーム、ベキッ、ドサッ……

編集者註：

音声入力の原稿は、ここで途絶えている。三千年前の世界には、現在のような図像入力の記録装置がなかったので、音声だけしか文字に変換されておらず、原稿の最後の箇所で何が起こったのかは、不明のままである。まことに残念なことだが、このほど齟齬メディアセンター建設予定地の埋蔵文化財発掘調査によって発見された三千年前の遺蹟からの出土品の復元は、これが限度であった。

（一九九九年七月六日）

（『京都大学総合人間学部広報』No. 23、一九九九年九月、総合人間学部広報委員会）

大学解体

いまから三分の一世紀以上も昔のこと、「大学解体」という標語が巷間を賑わした時代があった。その一時代がとりあえず途絶したあと、大学は解体どころか、狭いキャンパスをますます狭くしながら巨大な建物をつぎつぎと新築し、流行の研究領域を標榜する新機構を雨後の筍のように叢生させて、旧に倍する繁盛を誇っている。

もちろん、たとえば京都の大学であれば、キャンパスに巨大な建物が林立することは、学生や教職員にとって緑と空とが削られることを意味するだけではない。キャンパスと何の関係もない町の人びとから東山や北山や西山の景観が奪われ、見たくもない醜悪なコンクリートや偽造建材のかたまりによって視界が蹂躙されることにもなる。いや、それ以前に、新しく設置される研究機構がどれもこれも、時代の要請なるものに媚び、そして媚を売るものにふさわしく、時流に乗っているかに見える名称をさも新しげに貼り付けている光景は、大学の外の醒めたまなざしには、いったいどう映っているのだろうか。長い歴史の尺度からすれば瞬時にすぎない一時の時流に媚びる大学は、時代をリードしているどころか、時代の後追いに憂身をやつしているにすぎないのではないか。

悲しくもまた恐ろしいのは、驕れるもの久しからず、の真理である。建物が増え、研究施設が増え、獲得する予算が増えれば、それにともなって増えるのは、世間の大学にたいする信頼などではなく、大学内の人間の慢心である。悲しいことに、そしてまた恐ろしいことに、この慢心は、特定の大学に入ってしまえば人生の夢はすべて終わり、という不幸な学生を生み、そしてとりわけ、大学院生や脆弱な位置にいる研究補助員などにたいして傲慢きわまりない権力をふるって恥じない教員を生む。研究というものは、自分の営みがいわば日蔭のものであり、自分の研究など世間からすれば余計者の道楽なのだ、という罪の意識を失った途端に、堕落し、頽廃するのである。これは空理空論ではない。科学の歴史を遡ってみれば、歴然としていることだ。

大学キャンパスを舞台にしたあらゆる性的暴力や強権的人権蹂躙は、時流に乗ることが学問研究の新しさであるという認識を共通の立脚点とし、その上に立って自分を権威づけている現今の大学の、避けがたい付随現象なのだ。だからそれは仕方がないことだ、というのではない。また、自分だけを高みに置いて他を難じることができるほど、わたし自身が被告席から遠いところにいるわけではない。にもかかわらず、最近この大学で起きたとされる人権蹂躙事件は、そしてそれに輪をかけて、それにたいする処理の仕方は、大学がいまどういうところにいるのかを、如実に物語っているように思える。

もしも、大学内の公的な場で報告された事実が事実であると仮定すれば、二〇〇一年六月十九日付けで行なわれた文学研究科教授にたいする懲戒処分は、同教授が文学部の一女子学生に「セクシュアル・ハラスメント」を加えたことを理由にしている。加害者と目される教授は、被害者たる女子学生にたいして、大学院受験のための指導と称して特別の個人的な、二人だけの場での接触を強要し、一例では三ヵ月余りの期間に三十数回も喫茶店などで深夜まで席を共にし、ときにはそこで徹夜することもあったという。その結果、女子学生は大学院入試に合格したにもかかわらず進学を断念したのだが、入試出題委員でもある教授は、すでに試験問題が作成されていた段階でもこの種の個人的な指導を行なうことによって、入学試験の公正さを著しく阻害したというのである。

処分の公表と同時に学内に出された大学の公示によれば、この事件は、もっぱら「セクシュアル・ハラスメント」という観点からとらえられている。そしてまた、「懲戒停職三ヵ月」という処分の程度の根拠についても、たとえば、評議会での質問にたいして、他大学での「セクハラ」処分の前例がその根拠である、との説明がなされた。自分の大学でのことについて、独自に主体的な根拠も示さず、他大学での前例なるものを唯一無二の根拠にするということ自体、この大学がいま立っている位置を象徴的に物語っている、と言わざるをえない。だが、それにもまして問題なのは、この事件は、公式の「処分報告書」を読めば明らかなように、単なる「セクハラ」ではない、ということである。「セクハラ」なんて大したことではない、という意味ではまったくない。この処分が、京都大学はセクハラにたいして厳しく対処しております、というアリバイとして機能することに、危惧をおぼえるのである。公式の「処分報告書」では、処分理由を具体的に述べた部分の三分の二が、入試の公正さを損なったことについての記述であり、この点は、言うまでもなく男子学生が被害者であった場合でも、それ自体として処分理由となりうるのである。

この事実から、少なくとも二つの問題点が浮上してこざるをえない。ひとつは、他大学の前例が同程度の「セクハラ」を対象とするものである以上、それにならった量刑である「懲戒停職三ヵ月」は、文学部での事件のうち「セクハラ」にたいするものにすぎず、大学院入試の公正を妨げたことにたいしては、処分理由の説明に占める大きな比重にもかかわらず、大学は何も公式な処分を行なわなかったことになる。私刑は論外として。

もうひとつの、さらにいっそう大きな問題点は、当該部局からの申請を受けて処分を議題とした部局長会議と評議会が、この重大な問題について充分な審議を行なったか、ということである。いまから四半世紀の昔、経済学部の助手が「分限免職処分」を受けたことがあった。理由は、長期間にわたって本人と連絡がとれない、というものだった。その助手は、大学解体を唱えて闘われた大学闘争に端を発する一連の活動のために、官憲によって指名手配され、逃走中だったのである。処分は、いわば破廉恥罪にたいする「懲戒」ではなく、行方不明者や廃止される部署の職員などを対象とする「分限処分」だった。そのような処分についてさえ、当時の部局長会議と評議会は、延々数ヵ月に及ぶ処分審査を継続し、被処分者の人権にいわば拘泥したのだった。今回、評議会は、たった二度の、延べ一時間にも充たない審議で処分を決定した。延べ三十分にもならない雲行きだった評議会審議が、ほんの少し長くかかったのは、処分説明書の記載の形式的な不備を法律の専門家が指摘し、書類の修正をしなければならなかったためにすぎず、加害者と被害者の人権に最大の配慮をなしつつ処分の妥当性をめぐる激論が展開されたためなどでは、まったくなかったのである。

もちろん、このような問題で議論することには、大きな困難がともなわざるをえない。自分は高潔の士である、というような顔は、だれしもしたくない。事実を糾明しようとすれば、とりわけ被害者の人権を害する危険もある。口をつぐみ、余所で発生した迷惑な竜巻が通り過ぎるのをじっと待つ、というのは、オトナの分別というものだ。けれども、この分別は、大勢順応および判断停止とそのまま境を接している。そしてこれこそは、いま大学が「激動の時代」に生き残りを考えるときの分別と同質なのである。分別とされるものが、じつは、大勢順応であり判断停止なのである。

今回のこの人権蹂躙事件にかかわる処分の審議にさいして、その審議にたずさわるものは、わたしをも含めて、加害者と目される側の人権についても、そしてもちろん被害者の人権についても、何ひとつ独自の新しい先例を開くような実質的審議をせず、他大学の先例なるものに追随しながら、京都大学はセクハラ絶滅のために率先して鋭意努力しております、というような姿勢をとって見せた。セクハラ処分といえば拍手されこそすれ非難などされぬ時流に媚びたのだ。ここに現われているのは、まさしく大学解体の姿である。三分の一世紀にわたるわたしとわたしたちの夢は、うれしいことに、こうして、いま、ようやく実現しつつあるようだ。

（『京都大学総合人間学部広報』No.29、二〇〇一年九月、総合人間学部広報委員会）

紙一重

ずいぶん昔になるが、入試に論文試験を加える私立大学が少なくなかった時代のこと、××大学△△学部の入試で、採点委員に頭をかかえさせるような答案がひとつ出現した。

与えられた論題は「××大学△△学部への期待」という至極単純なものだったのに、その受験生は、「盲腸手術後の患者の生理と心理」から説き起こして、「ドイツ語の風＝Windは男性」だの、「放屁合戦図が鳥羽僧正の作という謬見が」だのと、よくもまあ二時間でこれだけの大論文を、と感心するしかないような蘊蓄のかぎりを傾けた答案を書き上げていた。ただ、どうやらオナラというものに人並みはずれた執着心をいだいているらしいことは推測できても、これが論題とどう関係するのか、採点委員のだれひとり理解できないのである。ものの半日も首をかしげたすえ、ひとりがポンと膝を打った。

論文試験の問題は、各試験場でそれぞれ黒板に板書することになっていた。ある試験場で、デカデカと論題を書き出した試験官が、「……△△学部」まで書いたところで下につかえたので、改行したのである。件の受験生は、一行目は念のために受験学部名を記したものと思い込み、ひたすら「への期待」という難題と取り組んで敢闘したのだった。

これを私たちに話してくれたのは、高名な歴史学の教授だった。この先生は、学年末試験で自分の担当ではない科目の監督に来ると、のべつ幕無しに雑談をするので、一部の学生からは迷惑がられていたようだが、私自身は、卒業までに二回も先生の試験監督に巡り合う幸運を体験した。もう一回のときは、こういう話だった――あるとき先生のところへひとりの学生がやってきて、古代イスラエルのダムという王様に非常に興味をもっているので卒論のテーマにしたいと思うのだが、参考資料がなかなか見つからない、ご教示いただけないだろうか、という。古代中東史が専門の先生はハタと困った。恥ずかしいことに、知らないのだ。どこでそのダム王のことを知ったのか、と問うてみると、英語の文献だそうだ。困り果てた先生は、「その文献にどう書いてあったのかね」と尋ねざるをえなかった。すると学生は、「はい、ザ・キングダム・オヴ・イスラエルと書いてあります」と答えたのである。

昔はこういう学生や学生候補が、いまよりは多くいたらしい。昔から「天才と馬鹿とは紙一重」というが、むべなるかなと言うべきである。この二人だけでなく、二人のことを試験監督業務中に大声で語った先生もまた、この部類に属することは間違いない。では、いったいかれらは天才なのか、それとも馬鹿なのか？――これは大問題だ。が、常識的に考えれば、天才なら大学になど入るわけはないし、入る必要もない。したがってまた教授をやっているわけもない。だとすれば馬鹿の可能性が高いことになるが、まあここは、「かれらは天才でも馬鹿でもなく、まさにその紙一重のところに位置しているのだ」ということにしておこう。作家の火野葦平は、河童というのは馬の足あとに溜まった水の中にも三千匹は住めるのである、と書いているが、この紙一重の狭いところに、京都大学だけでも数千人の教員と数万人の学生が住んでいる。紙一重というのはなんと幅が広いものかと感心せざるをえないのだが、問題は、同じ紙一重でいながらもせめて心して馬鹿に近いところに立つ自分を見つめようとする人間が、近ごろの大学にはめっきり少なくなったことだ。短期的な業績の審査だの、ベスト三〇の研究プロジェクトにカネをばらまくだの、まるで人間が労役動物や機械にたいしてやってきたような仕打ちが、大学で罷り通るのだから、紙一重の空間では馬鹿にされたくなければ天才のふりをしなければならない。

だが、同じ紙一重でも、一途に思い込んで屁の期待を考え抜いた受験生や、存在すらしなかった古代の王に恋してしまった歴史学科の大学生の、なんと馬鹿に近いことか。じつは、まだ天才にもなりうるし大馬鹿にもなりうる本当の紙一重の場にいる初心者に必要なのは、この一途さと恋ごころなのだ。そして、大学は初心者を失えば死ぬのである。

(『京大広報』No. 565、二〇〇二年二月、京都大学広報委員会)

恥知らずの天国

京都大学は日本でいちばん汚い大学である。なかでも群を抜いて汚いのが総合人間学部のキャンパスで、これは世界一の汚さを誇っている。

汚いのは、もちろん、汚くする人間たちがそこにいるからだ。この人間たちをキャンパスから一掃してしまえば、文句なしにそこは綺麗になる。これまでにも、キャンパスの美化を推進する試みが何度かなされて、いっそここを汚す人間どもを永久にここから放逐してしまえ、という意見もたびたび出されたのだそうだ。ところが、そのたびに、「いや、それはいかがなものか。先日、二十八年前に定年退職された名誉教授のQ先生がわたしの研究室を訪ねてみえたが、ああやっぱりこのキャンパスに来ると気持が休まります、どうかこの稀少な汚さを末長く保存してください、としみじみ言っておられた」というような、悪質な異論を唱える徒輩が管理機構にも巣食っていて、悪貨は良貨を駆逐するの真理が勝利しつづけてきたのだという。

このキャンパスが汚いのは、そこが生きているからだ。汗や糞やニキビや抜け毛や爪の垢やカサブタやフケや絶えざるナマ傷などが、すべて生命の証しであるように、立看板やビラや貼紙や落書や騒音や鍵の破壊は、この世界一のキャンパスが生きている証左である。ナチス第三帝国はしばしば「清潔な帝国」と呼ばれるが、それは、ヒトラー政権下のドイツが、いまのイスラエルの一部シオニストたちと同じように、他者の生命を抹殺することによって自分たちの国家社会の清潔を実現しようとしたからだった。

ところが、問題は、ユダヤ人や反対派を抹殺することで清潔さを確保したナチス自身も、自分たちは生きていると思い込んでいた、というところにある。つい先日、総合人間学部のある教員が、悲嘆にうちひしがれた面持ちで、こんな体験を披瀝していた。――廊下でビラ貼りをしている数人の人物に、「せめてそんなに糊を付けないで貼ってほしい」という感想を述べたところ、「ビラ剥がしをする小母さんたちに仕事を作ってやってるんだ！」という答えが返ってきたのだそうだ。

ああここまで頽落が進行したか、この誇るべき汚さがそこまで生命を失ってしまったか、と、その教員は言わなかったが、このわたしは思った。世の中には、いや正確には日本社会には、「日本人が買春ツアーをしてやらなければアジアの某国の人間はもっと貧しくなるではないか」と豪語して恥じない恥知らずがいる。そのビラを貼っていたのは、このキャンパスにも時たま出店を出しにくる某政治党派である。仄聞するところでは、その党派は、人間の自己解放＝相互解放の可能性を模索しつづけた思想家・実践家であるマルクスの名を冠した名称を僭称しているのだという。

マルクスが草葉の蔭で泣いているか嘲笑しているか、わたしの知ったことではない。しかし、わたしは年甲斐もなくハラワタが煮え返る。汚さに規準だの努力目標だのがあるわけもない。だが、だからこそ、汚さは、せめて、自分だけのものでもよい、ある誇るべき価値観を持つべきではないのか。

このキャンパスで近頃とりわけ奇異の感を覚えずにいられないのは、厖大な量の自転車を賽の河原の石積みのように並べ直している老人たちの姿だ。自転車で街を乗り回すだけでなく、歩行者を車道に追い落して疾駆するのは、京都の学生の、いや正確には京都帝国大学生の、特権である。自転車は地球にやさしい交通機関というわけだ。このエコロジー型乗物は、キャンパスでもまた地球にやさしい。だからこそ、退職後のリサイクル老人たちが、若い学生がそこいらに乗り捨てる自転車を一台一台だきかかえては、とても強靭とはいえぬ足腰でよろよろと運んで、きちんと並べてくれる。すると賽の河原の鬼のように学生がやってきては、またメチャクチャに雑《ま》ぜ返す。「当たり前ですよ、もしもボクたちがきちんと整頓して自転車を置いてしまったら、この爺さんたち、路頭に迷うことになるだろ？　そんな残酷なこと、ボク、とてもできません。」――だからこそ、このボクは、当節流行のボランティア活動に意欲的に取り組んでいるのである。身体の不自由なお年寄りにたいして、このボクほどやさしい若者はいないのだそうである。

ことわっておくが、自転車老人たちを、自転車に乗るのではなく若い学生が乗り捨てた自転車を整頓するこの老人たちを、リサイクル老人だの、強靭とはいえぬ足腰でよろよろだのと、ここに書いたのは、わたしが学生により は老人に近いからである。もうすぐわたし自身がリサイクル人生に足を踏み入れるのであり、わたし自身が遠からずよろよろとした足腰を意識せざるをえなくなるからである。とはいえ、わたしがこの自転車老人たちと挨拶を交わしながら思うのは、自分の乗り捨てたものを他人さまに整頓してもらって、いったいこの若者たちは恥ずかしいと思わないのだろうか、ということだ。こんな旧弊な怒りをわたしがいだいてしまうのは、わたしがまだまだ人生修業の足りぬ若造だからだろうか？　それとも、この若者たちのほうがすでに、人生の旅の恥は掻き捨てという老耄の境地に達しているからだろうか？

さきほどちょっと名前を挙げたカール・マルクスは、すべてを商品と化すことによって存立する資本主義の社会がいかに人間を恥知らずにするかを、くりかえし指摘した。ここでいう恥とは、いわゆる世間体を気にする感覚のことではない。人間が自省と自己批判を失うこと、対自的な視線を喪失し、したがって対他的な視線のリアリティを獲得しえないこと、それをマルクスは恥の意識の欠落として批判したのである。恥知らずというものをマルクスが、すべてを商品と化してしまう社会構造との関連でとらえたことに、注目せざるをえない。商品は、それが自分に買えるものであるかぎり、自分の所有物であり、自分はそれの主人である。だから、高い授業料を自分の親が支払っており、その親は将来できるだけ高く売るべき商品として自分に投資しているのである以上、商品たる自分も、自分の予定価格にふさわしいアルバイトの収入なり親からの送金なりで、たとえばビラを作るための紙を、どれだけ買い込もうが、どれだけ使おうが、自分の勝手なのだ。自転車整頓の老人たちも清掃の女性たちも、自分が払った授業料で大学が雇ってやっているのだ。

こうして、近ごろは、汚いキャンパスに新種のカサブタがごく普通のものとなった。同一サークルのまったく同一のビラが、同じ壁面のすべてを埋め尽くして、ズラーッと貼り巡らされるのである。もちろん、別のビラが貼られる余地はまったくなくなる。エコロジストなら、地球資源をどうしてくれるのだ、と言うところだろう。これこそ恥知らずの天国たる京都帝国大学に恥じない景観である。いったい、ビラを創り貼るものがもっとも心を砕くはずの、ビラの効果ということを、どう考えているのだろうか。周囲にどれほど巨大などれほど巨額の費用を投入したビラなり広告なりが、どれほど圧倒的な数量で並んでいても、わたしのこのたった一枚の表現こそが人びとの心をとらえるのだ、という誇りなど、この恥知らずな大量商品には、カケラもないのである。あるのは、ビラを見るものの感性にたいする限りない侮蔑であり、紙を大量に買ってやらなければ熱帯雨林だけしか売るものがない某国の人間は生きられないだろう、という恥知らずな驕りでしかない。

世界一汚いキャンパスは、死んではならない。だからこそ、生きかたを考えなければならない。

（『京都大学総合人間学部広報』No.33、二〇〇三年二月、総合人間学部広報委員会）

「大学」が死にゆくさき

亡くなってしまったエドワード・サイードは、主著『オリエンタリズム』の冒頭に記した「謝辞」のなかで、この著作が執筆された当時かれが特別研究員としてつとめていたスタンフォード大学行動科学高等研究センターを、「他に比類のない自由な雰囲気をもつこの研究所」と呼んでいる。一九七七年秋の日付けをもつこの一文が書かれてからすでに四分の一世紀が過ぎたいま、依然としてそこがサイードのこの謝辞の当時と同じ自由の雰囲気を維持しているのかどうか、わたしは知らない。だが少なくとも、サイードのような研究者に、『オリエンタリズム』のような著作として結実する研究活動をゆるし、それのみか同僚たちやセンター所長が好意的に便宜を与え支援を惜しまない雰囲気があったとすれば、そこはたしかに「自由」と呼ぶにふさわしいものが生きている場であったにちがいない。

日本の「大学」の歴史のなかで、前世紀末までの年月に、もっとも多く口にされた言葉は、おそらく「自由」だったのではあるまいか。だがもちろんそれは、サイードのように、その恩恵に浴したことを語るためではなく、それを守らねばならぬ、それをたたかいとらねばならぬ、という文脈でのことだった。そしてその「自由」は、いま、日本の大学から最終的に姿を消しつつある。

もちろん、自由とはつねに、所与のものではなく獲得されるべきものである以上、日本の大学に所与のものとしての自由が存在したことなどなかった。存在したのは、ただ、自分たちの活動――「研究」や「教育」――にとっては自由が不可欠であり、この自由を実現するためにはあらゆる葛藤と犠牲と狡智が不可欠である、という、そこを活動の場とする人間たちの意識であり願望であったのだ。サイードがみずからの活動の場である研究施設を「他に比類のない自由の雰囲気」と呼ぶことができたのは、構成員たちがその雰囲気を実現するためにあらゆる努力を意識的に傾けたからであり、そして何よりも、サイード自身がその実現を何にもまして望んでいたからにちがいない。――その意識と願望が、いま、日本の大学から姿を消しつつある。

自民党・官僚主導の「大学改革」が、道路公団、郵便局、その他さまざまな業種の公共企業体の一連の合理化と軌を一にしていること自体は、国家資本主義型の社会システムが「開かれた」末期資本主義体制へと再編される一過程である以上、大学だけをその枠外に置くはずもない現実のひとこまだろう。国立大学の法人化（民営化の前段階としての）について言えば、さまざまなハンディキャップを強要されながらそれぞれ独自の創意をこらして生きてきた私立大学から見るなら、いまさら何を、と一片の同情もいだくに値しない事柄であるにちがいない。国立大学が、とりわけ旧・七帝大といまだに称される特定の大学が、疑いもなく持ちつづけてきた特権を剥奪されるとしたら、それは慶賀すべきことである。

問題は、今回の改編によって仮初《かりそめ》にもそうした特権が廃止され、大学なるものがすべて平等になるはずはない、ということである。旧・国鉄が乗っ取られてJRとかいうものになったとき、旧・国鉄のいわゆる赤字路線はJRから分離され、「第三セクター」という名の弱小企業と化すことを強いられた。その直後に起こった滋賀県での信楽《しがらき》線の大事故は、国鉄改革なるものの本質を如実に物語っている。信楽線というローカル線は、もともと、地元に鉄道を、という地域住民の希いによって、線路や駅の用地も、枕木となる木材も、すべて住民が供出（！）してようやく実現された路線だった。国鉄は労せずしてこの線を得たのである。それが「赤字」となるや、「改革」はこの荷物をいとも簡単に棄てたのみならず、今度は町ぐるみで必死になって経営されているこの新「信楽高原鉄道」に、JRが観光イヴェント期間だけ京阪神からの「直通電車」を乗り入れ、単線のこの路線に信号を無視して突入したあげく、前方から来た小さな町営鉄道車輌と正面衝突したのである。

旧・国鉄の傲岸と独善と、国鉄職員の特権や怠惰な勤務態度を憎んだ「国民」は少なくなかった――とされており、国鉄解体キャンペーンにこの感情がフルに活用された。保線工事の労働者が勤務時間内になんと風呂に入っている、などという言語道断な非難がマスコミを使いまくって煽り立てられた。鉄粉と砂塵を耳や鼻の穴から口のなか肺のなかにまで浴びた線路工夫が、勤務時間の枠内でそれを洗い流すことに何の不都合があるのか、という反撃の声は沈黙させられた。抵抗した職員は馘首され、せいぜいよくても左遷された。「新生ＪＲ」がいかに苛烈な過重労働と、ストライキひとつできない腑抜け人間として生きなければならない日常とを、現在実現しているかは、そこで働く労働者でなくとも、顧客であるわれわれにも見えるはずだ。

わたし自身は、緑の人ではないので、他人事としてしか語る資格はないが、日本の国鉄解体策動とほとんど時期を同じくして当時の西ドイツ（ドイツ連邦共和国）でも国鉄（連邦鉄道）の解体が問題となったとき、緑の人びと（いわゆる「緑の党」）をはじめとする反対派は、きわめて重要な論点を提起して策動を阻止したのだった。かれらは、大きな問題とされていた赤字に関しては、もしも鉄道輸送を自動車輸送に替えた場合の社会的損失（直接的なコストの計算だけでなく、排気ガス等による自然破壊の結果としての損害総額など）のほうが鉄道の累積赤字とは比較にならないほど大きいことを、具体的な数値によって示した。また、航空機については主として大陸間の遠隔輸送に限ることとし、大陸内の交通は鉄道を主力として、駅からは公共バス路線を拡充、これと自転車利用とを有効に組み合わせる（当然のことながら、鉄道には自転車を積み込めるようにする）――というような、脱自動車社会を基本目標とする交通全体の将来構想を、鉄道縮小方針に対置した。だが、とりわけわたしにとって感動的だったのは、「社会は人間の労働の場を確保する任務をもつ。鉄道という労働の場を、そこに働く熟練労働者や未熟練労働者から奪ってはならない」という論点だった。日本の内部反対派国鉄労働者が、機関士や車掌や保線掛や出札掛からはずされ、駅構内のにわか仕立てのＪＲ直営スタンド・カフェや観光土産売り場に回された現実は、たとえば運転士のほうが売り子よりも立派な職業である、などという意味ではまったくなく、営々と鍛錬し身につけてきた労働技術を実践する場が奪われる、という意味で、やはり悲惨なことだった。文句なく解雇された人びとは論外として。

そして何よりも、国鉄解体は、国鉄労働者の「特権」を憎んだ他企業労働者、私鉄をも含む諸企業の労働者から、疑いもなく、ひとつの防波堤をまんまと奪い去ったのである。国鉄解体によって、私鉄労働者の労働条件はただのひとつでも改善されたか。鉄道以外の労働現場が、ほんの少しでも明るくなったか。まったく逆である。あのとき以来、年中行事だった私鉄ストは激減し、ついには根絶された。労働強化は、失業率増大（労働の場の減少）をおどし文句として止《とど》まるところを知らない。蓄積しつづける社会的不安は、仮想敵を人びとの心のなかに作り出すことによって他に転じられようとしている。――愛国心や国を思う心に欠ける点で、わたしは人後に落ちないつもりだが、そのわたしでさえ、この国家社会の近い行くすえがどのようなものか、思いやられるほどである。

国公立大学の解体は、いま、もちろんこれとまったく同じではないにせよ、本質的には同質の過程として進行しようとしている。

よく知られているように、国立大学「法人化」の法律がまだ国会に正式上程もされぬさきから、各国立大学は、「長期目標・長期計画」の作成に忙殺された。二〇〇四年度から六年間の各大学・各学部等の教育・研究の目標を設定し、それを達成するための計画を立案せよ、というのである。その目標と計画に応じて、「法人」となった各大学への予算配分がなされ、六年後に報告される成果が次期の評価に反映されるのだという。「だから、目標と計画は高度なものでないといけないが、あまり高いものにして実現できない部分が多くなってもまずい。まず七割程度の実現率になるような目標・計画にするのがよい」などというノウハウがまことしやかに語られた。法人化がもはや避けられぬものであるなら、これを機にして根底的な変革を試みてみよう――などという発想は最初から入り込む余地のない空気のなかで、ワークシートの書き込みが急ピッチに進められた。法人化法案が国会で成立したのは二〇〇三年春だが、ワークシート作成は、わたしの職場である大学では、すでにその一年以上も前から開始されていた。それでも、この大学は最後までサボタージュをつづけてようやく腰を上げたのだということだった。

そのかたわらでは、私立大学をも一網打尽にする「21世紀ＣＯＥ」なるものが導入された。これはもともと、「トップ30」とかいうプロジェクトとして出発したものだった。各研究分野で、全国でトップの三十だかの研究プロジェクトに巨額の研究費を重点配分するというのである。たとえば二十人なり五十人なりの研究チームを編成し、研究代表者以下のメンバーが共同研究テーマに即して役割分担をしながら、三年間なら三年間で目に見える研究成果を上げる。もちろん、研究分野というのは予め区分がなされていて、国家社会の要請なるものが反映される仕組みになっている。何よりも、チーム組織の共同研究にはそぐわない個人研究が不可避であるような研究分野・研究テーマは、最初から度外視されており、また、一生かかってようやく形をなすような研究など、そもそも存在しないことになっているのである。

ここで私事を記すことをおゆるしいただけるなら、わたし自身は、これまでにいくつも共同研究と名の付く作業に参加してきた。共同研究の大切さは、自分なりに認識しているつもりである。しかし、これを言っても共同研究者たちにたいして失礼にはならないと思うが、わたし個人はつねに、一貫して、自分の仕事の核は単独でする作業だという原則を自己に課してきた。これを言っても共同研究者たちに失礼ではないとわたしが思うのは、この人びともみな、わたしと同じ原則を堅持していると確信するからである。わたし（たち）にとって、共同研究は、もちろんそれ自体として重要な、ひとりでは不可能な、結果をもたらすものであることは言うまでもないにせよ、少なくともわたし（たち）のテーマ領域においては、共同研究者のあいだでの不一致こそが、それどころか異なる見解と対立こそが、本質的に重要なのであって、これは、たとえば田中さんというどこにでもある名前のひとをリーダーとする島津家という由緒ある一家での共同研究が、田中さんというひとだけの名前で単一的・均一的にひとつの研究成果をノーベル委員会に提示できる――などというものではないのである。

つまり、ＣＯＥ（ちょっと大きい金がもらえてイージャナイカ）というようなものに適さない研究というものがあり、そういう研究は今後は存在しないことになる、ということだ。そういうもののための申請書類や報告書類の作成のために膨大な時間と労力を費やすひまなどないことを切実に感じないではいられない研究者は、研究者として存在する余地はないということだ。「中期目標・中期計画」路線そのものが、すでにこれと別ではない。国立大学法人化にともなう一連の改変のうち、さしあたり「中期目標・中期計画」については国公立大学だけに関する施策である。しかしすでに、早くも、ＣＯＥに何件が採用されたかということをめぐって、周知のとおり、私学総体が、解体されるはずの国立大学に、それらのうちの特定の大学に、従属するかたちでのランク付けのなかで、再編されつつあるのだ。その再編の中で、こういう、研究や教育の根幹とは何のかかわりもないところに生きがいとリーダーシップ発揮の喜びを感じるクズのような研究ボスたちが頭角をあらわし、我がもの顔にのさばるのだ。小さな個人研究、ただちに目に見えるものではない成果や、数値化できない成果しか生まない研究が、まがりなりにも生存を許されてきたのは、直接的な授業料・入学金などの事業収入によってだけではなく、間接的な「国民の税金」によって運営される国立大学の、最大の特権のひとつだった。特権が廃止されるということは、何事によらず良いことだ。だが、特権のなかには、その廃止が、これまで特権とされてきた行為そのものを葬り去るのではなく、その行為が特定の一部のものたち以外のだれにでも可能になるようにする、というかたちでの特権廃絶でなければならないものがある。いま、国公立大学の解体によって、新法人大学からこの特権が廃絶されるだけではない。法人用の「中期目標・中期計画」とともに火の車の両輪のひとつである「ＣＯＥ」に研究費の多くを依存しなければならなくなる私立大学からも、それ自体としては必要不可欠な基礎研究や地道な個人研究の余地が、廃絶されていく。たとえばあの『字統』や『字訓』の白川静、故・高橋和巳の『わが解体』にも、全共闘学生によって「専門バカ」として軽蔑されやがて尊敬された研究者として登場するこのような研究者は、私学からも二度と生まれることはないだろう。防波堤はすでに破壊されたのである。

国立大学の法人化によって、学長や部局長の管理権限が著しく強化され、学外の委員による大学運営参画や業績評価が制度化される――という点は、二昔《ふたむかし》ほど前であれば「大学の自治の侵害」として、全国の大学を蜂の巣をつついたような状態に落とし入れたことだろう。今回の大学解体過程でこれがそうならなかったのは、もちろん、すでに十年前に完了した国立大学の教養部解体によって、学内批判の無力さが既成事実として定着した結果でもあった。しかしそれにもまして、機構上の管理強化と「自治」の廃止よりも大半の大学教員にとっては大問題と受けとめられる研究・教育と直接かかわる改編という威嚇によって、つまり「中期目標・中期計画」や「21世紀ＣＯＥ」

への対応を短時間に迫ることによって、大学における「自由」そのものへの欲求と意志とを萎縮させ根絶することに、文部科学官僚と、自民党文教族と、国大協首脳と、財界文教派は成功したのである。

大学に自由があるとすれば、その自由とは、国家の、いや国家と社会の、意図や要求と相容れない研究や教育を行なう自由にほかならない。過去においても現在においても未来においても、これに変わりはない。この自由は、たとえば「ＣＯＥ」計画の片隅に、国家社会の要求にはそぐわない基礎研究や非効率的研究の担い手を捨て扶持《ぶち》的に加えておく、などという一時的な策略によって、保持できるものではない。そのような担い手自身は当然のこととして、このような研究者を擁する部門の他のメンバーたちが、このような研究者の仕事をどのようにして護っていくかが、それらのメンバーたち自身の「自由」の問題なのである。現国立大学のみならず私立大学にとっても、大学の死にゆくさきは、三途の川を渡って戻ることはできないように、すでに決まっている。だが、聞くところによれば、三途の川の向う岸でも、なお道は幾筋にも別れているのだそうだ。岐路として意識することも困難な岐路に立って、いまはさしあたり見失われている自由への希求と意欲とが、蘇生してくることがないとすれば、サイードのような「謝辞」が大学にたいして記されることはもはやないばかりか、『オリエンタリズム』のようなパラダイム転換の研究が大学でなされることも、もはやないだろう。

書くべきことにあまりに乏しい当面の大学再編に関して、やはり書いておかねばならない一点を、簡単に書いておこう。学生という存在についてである。今回の大学再編にあたって、わたしのいる大学でも、またわたしが信ずるにたる情報に接することのできる他の諸大学でも、学生は、本質的には何ひとつ行動らしい行動も意志表示らしい意志表示も行なわなかった。「大学の重要な構成員である学生に何の相談もなしに……」という苦情ひとつ、まともには表明されなかった。かつて旧・文部省によって「受益者」と位置づけられた学生たちは、受益者としての利害にかかわる考慮さえも、めぐらせることをしなかった。このような腑抜けのケータイ・バカ、坐り込みをするべきときにする根性もない坐り込み餓鬼どもを生んだのは、われわれである。そしてわたしもまた、この種の死せる魂にたいしては、侮蔑の念より少しでもましな感情をいだくことができるほど人格者ではない。――だが、歴史を変えるきっかけをつくったのは、つねに、もっともバカにされてきた人間たち、もっとも侮蔑された人びとだった。かれらとともに、あらためてみずからのうちに自由への希求をはぐくむことが、何の役にも立たぬとされる研究その他を大学で何とかして続けていかねばならぬ人間たちの、三途の川の向う岸での真にやりがいのある仕事であるはずだ。

（『インパクション』一三八号、二〇〇三年十月三十日発行）

コレクション版へのあとがき

1

一八九八年十二月、対スペイン戦争に勝利したアメリカ合州国は、アジアのフィリッピンとグアム、西インド諸島のプエルト・リコを、植民地として獲得した。一九〇一年九月、大英帝国は、西アフリカのアシャンティ王国を、英領黄金海岸《ゴールド・コースト》植民地に併合した。一九〇二年五月、三年にわたるボーア戦争に勝利した大英帝国は、アフリカ南部のトランスヴァールおよびオレンジの両共和国を、新たに植民地とした。

一四九二年十月にインディアスの住民たちがクリストフォロ・コロンボとその一行を発見して以来、ヨーロッパ列強は南北アメリカとアフリカとアジアの各地を次つぎと制圧し略取していった。この歴史ののちに、初めて北アメリカ植民地が大英帝国からの独立を宣言するのは、一七七六年七月であり、独立戦争の末に大英帝国に独立を承認させたのは、一七八三年九月である。フランスに対する奴隷たちの叛乱に始まる十三年余の革命闘争ののち、史上初の黒人共和国ハイチが独立を果たしたのは、一八〇四年一月である。一八四七年七月には、英国の後継者たるアメリカ合州国から独立した西アフリカのリベリアが、やはり黒人の共和国を樹立した。革命家シモン・ボリバルが中南米のベネズエラ、コロンビア、ペルー、エクアドルのスペインからの独立に大きな役割を果たし、ボリビア共和国にその名を残すことになったのも、十九世紀の初めの三分の一だった。アメリカ合州国の独立と、それに触発されたフランス大革命とに続いて始まった十九世紀は、植民地の歴史に終止符を打つ時代の到来を告げたかと思われたのである。

その十九世紀の後に来た二十世紀が、さらに新たな植民地の掠奪とともに幕を開けたというのが、じつは歴史の現実だったのだ。日露戦争に勝利した大日本帝国が南樺太と千島を新領土として獲得し、満洲の権益を確保したのも、次いで朝鮮半島を植民地としたのも、二十世紀の初頭だった。——そして、植民地の再分割を重要なモティーフとする二度にわたる世界大戦と、中東戦争、ヴェトナム戦争など、世界各地でほとんど戦火が絶えることのなかった二十世紀が終わったとき、新しい世紀はまたも侵略戦争とともに始まったのである。アフガニスタンおよびイラクへのアメリカ合州国とその従属国家群による侵攻は、五百年前にインディアスを制圧した侵略者の歴史が二十一世紀になお生きていることを物語っている。かつて一九六〇年代中葉に林房雄は『大東亜戦争肯定論』を書いて、「大東亜戦争」を欧米列強によるアジア侵略に対する抵抗の戦いたる「明治百年戦争」のひとこまとして位置づけた。そしてその解放戦争は一九四五年八月の「終戦」によって終わるものではない、と主張した。いささか粗雑なこの歴史観をそのまま肯定することはできないとしても、現在の世界がなお侵略と植民地主義の歴史に終止符を打ちえていないことは、まぎれもない事実だろう。われわれはなお、資本主義体制の偏在化と不可分な、軍事力による侵略の実践を葬り去ることすらなしえていない。その意味で、「東インド会社」が英国によって設立された一六〇〇年の時点は、過ぎ去った過去ではなく、変貌しつつなお成長を続ける現在なのだ。

そしてもちろん、その歴史過程には、侵略者たちだけが生きていたわけではないのである。

スペイン王国に代わってアメリカ合州国がフィリッピンを領有したとき、アメリカは現地の人びとの頑強な抵抗に遭わねばならなかった。エミリオ・アギナルドをリーダーとする解放運動は、かれの屈折と屈服にもかかわらず、ゲリラ闘争として展開され、ほぼ一九〇二年半ばまで侵略者アメリカを悩まし続けた。その一九〇二年には、アフリカのポルトガル領アンゴラで先住民の大規模な叛乱が起こり、一九〇四年にはドイツ領南西アフリカでヘレロ族の大叛乱が十ヵ月にわたって続いた。清朝の中国では、一八九九年十月から一九〇一年九月まで、二つの世紀を跨《また》いで、蜂起した「義和団」民衆が日本を含む外国軍隊とのあいだに戦闘を繰り広げた。十年後の辛亥革命の前哨戦となったこの反植民地主義戦争を、大日本帝国は「北清事変」と名付けた。「事変」は、これ以後、日本にとって、自国による侵略戦争の代名詞となった。抵抗者たちは「兇徒」と呼ばれ、やがて「匪賊」「赤匪」などが現在の「テロリスト」という名称の先駆者となった。

一九四五年夏の大日本帝国の敗戦もまた、歴史の現実としては、植民地主義の歴史の新たなひとこまにほかならなかった。そして、文字通り「悪の枢軸」を屈服させた当時のアメリカ主導の「反ファシズム」戦争とその帰結を、その半世紀後に姿を現わす新たな「悪の枢軸」とのアメリカ主導の戦いとその帰結に重ね合わせて見るとき、日本の戦後史もまた、これまでのイメージとは異なる姿で浮かび上がってこざるをえない。

一九六〇年代、とりわけその後半に始まる一時期の日本の現実は、やや誇大に表現するなら、つねに、そしていまなお世界化と偏在化に向かいつづける資本主義の、なお終わらぬ植民地との関係の歴史的な一過程のなかでのものだった。そして、アメリカ合州国の全面的敗退に終わるヴェトナム戦争の帰結は、侵略戦争と植民地支配の歴史の終わりを意味しなかったのである。六〇年代後半に始まる社会的運動の担い手たちは、この運動のさしあたりの終焉ののちも、生きつづけるその歴史とともに生きなければならないのだ。

2

世界史がヘーゲルの構想したような一方向の発展の過程ではないことは、そこに歴史の主体としての人間の実践を介入させたマルクスによって、原理的に示されている。そしてもちろんマルクスは、人類史上はじめて全世界を包括する市場経済を実現した資本主義が、この世界性のゆえについに共産主義世界への道を開いてしまう歴史の歩みを、きわめて長期の、曲折を含む過程としてしか、構想しなかった。

富の公平な分配を実現することを共産主義であるとする見解を、マルクスは「野蛮な共産主義」と名付け、それを激しく批判する。資本主義が人間のなかに根付かせたものは、マルクスによれば、所有することによってしか対象を自己のものにすることができないというほどにまで貧しくされた対象と自己との関係のありかただった。すべてを商品にする資本主義の商品経済に規定された人間の感覚・意識のありかたを、「野蛮な共産主義」は何ら変えるものではなく、むしろこのありかたを普遍化するものである。このかれの基本的な視点も、資本主義から共産主義への過程が直線的ではありえないことを示唆している。資本主義体制の世界化の実践にほかならない侵略と収奪が、それ自体として所有の欲望の運動であることは言うまでもないとしても、その実践に対する抵抗と反撃は、その抵抗と反撃みずからが、所有の分け前を要求する戦いへの自己否定を体現するものとならないかぎり、資本主義の世界性を最終的に撃つことはできない。問題は富と所有それ自体の廃絶なのだ。それゆえ、当然のことながらマルクス以後の革命運動は、持たざるものが持てるものに変わることを目的とするものではありえなかったはずなのだ。現実には、社会民主主義によって領導された社会主義運動は、富の分配とプロレタリアートの富裕化を目標としたが、これへの反措定として実践されようとした二十世紀後半の革命運動は、それゆえにこそカンボジャにおけるポルポト派の誤りをも生んだのである。――だが、マルクス以後の革命運動は、「野蛮な共産主義」を拒否しようとするとき、富の所有の否定を目指すだけではなく、また、権力の所有の否定をも目指さなければならなかったはずなのだ。みずからが所有者へと、権力者へと成り上がっていくことをいかにしてみずから阻止するか、という課題を、それは避けることができなかったはずなのだ。

権力の所有を廃絶するという理念は、いまから歴史を振り返るなら、社会的実践における「代行者」という問題の困難さと不可分に関わっている。「党」として登場した代行者は、十九世紀後半のヨーロッパにおいてすでに、みずからと、みずからが代表する民衆との間隔を近づけ埋める試みを不断に続けるよりは、あるいは組織者として、あるいは議員として、その間隔を広げる方向で動くことが通例だった。この通例は、レーニンによって「党」が「前衛」として定式化されたとき、革命が権力の所有を切除することを決定的に困難とする道を開いたのだった。「党」の問題については、しかし、すでに多くのことが語られ、多くの誤りが明らかにされてきている。ここであらためて「代行者」のことを思い起こすのは、一九六〇年代後半に始まる一時期の社会運動が、その運動の参加者が意識するとしないとに関わらず、「代行者」を拒絶する実践に足を踏み入れたからである。

一九六五年の慶応義塾大学における学費値上げ阻止闘争と、翌六六年の早稲田大学の同じく学費闘争は、日本の大学史上はじめて、制度としての学生自治会を拠点とする学生運動の枠を踏み越えた。慶応でのクラス闘争委員、ゼミ闘争委員などの自然発生的＝自発的な活動体が、早稲田でのクラス共闘会議、等々に受け継がれ、ここに「共闘会議」という名称が学生運動に根を下ろした。三年後に始まる日本大学と東京大学での「紛争」は、やはり先駆的な意味を持つ高崎経済大学での闘争をも内実として引き継ぎながら、「全共闘」、すなわち「全学共闘会議」という名称を、みずからの運動体に付与することになる。代行者としての学生自治体は、自発的な主体の共闘集団に取って代わられたのである。代行者に自己を委ねる運動スタイルを拒否し、みずからが代行者となることを拒むことは、また、同じ時期の「反戦青年委員会」においても、六〇年代半ばのヴェトナム反戦運動の担い手たる「べ平連」（ベトナムに平和を！　市民連合）においても、もっとも基本的な運動理念だった。

「全共闘」や「反戦青年委員会」の運動においてもまた、自発的な運動主体の登場にもかかわらず、というよりもむしろ、自発的な主体の息切れの結果として、「党」を自称するさまざまな代行者グループに運動の主導権が移行するという結果が生まれた。これらの代行的「党派」が、既存の旧「革命党」たる日本共産党に輪をかけた悲惨さを、前衛を自負するその傲慢と愚鈍において露呈したことは、まぎれもない事実である。それにもかかわらず、そしてこの自称「前衛」たちの悲惨からも学びながら、自発的な主体たちの多くが、運動のさしあたっての解体後も、代行者を拒否し、一個の当事者として現実と関わりつづけることを自己に課してきたという事実は、歴史から拭い去ることができない。ジャーナリズムによって「団塊の世代」というそれ自体無意味な名称を与えられ、いまその現役引退の時期が来たと揶揄されている世代を主要な担い手とした一時代の社会的運動は、五百年にわたる侵略と植民地支配の歴史のひとこまに、侵略の客体であると同時に歴然たる主体としての自己を確認しなければならなかった人間たちが、自己解放を所有意志の実現から切り離し、自己決定＝相互決定を代行権力から切り離すことを予感的に模索した試みにほかならなかったのだ。

3

その一時代の恥多い文章をここでいまさら人目に曝すことを敢えてするのは、一九六〇年代後半に始まる運動のそうした意味をあらためて考えたいからである。その意味は、アメリカ合州国による侵略戦争の正当化に加担しない実践を、具体的に深化しなければならない――という課題がいま眼前にあることと、もちろん密接に関連している。アメリカの暴虐を撃つことは、そのまま、どのような世界を創出するのかという基本的な思想の模索と無関係ではありえないだろう。それと同時に、しかし、この侵略戦争に実践的に反対するという決意をも込めて試みられている活動が、多くの場合、「代行者」の問題を引き受けながらしか行なわれえない、という難問の前に、われわれは立っている。「ボランティア」という絶対善の響きを込めて語られる行為が、ともすれば、「代行者」が歴史の経験によって課せられているはずの自省、いや自己批判と自己否定を、みずからにほとんど課すことがないという現実も、「ボランティア」活動が結局は、現在の資本主義の世界化・全体化との確執を避ける実践につながりかねないのではないか、という危惧を触発する。全共闘の登録商標だった「自己否定」が、現実を生身で生きる人間によって全的に実践できるなどということは、まったくありえないだろう。所有の拒否がポルポト政権下の虐殺を結果したように、自己否定の形式主義的要求が仲間と自己の物理的抹殺を結果したことは、われわれ自身の歴史である。

にもかかわらずなお、共産主義《コミュニズム》とは、所有することによってしか対象を自己のものとすることができない関係ではない関係の創出であり、そのような関係を創出するための実践のなかで、他者の代行者としての存在を自分自身からも他者との関係のなかでも切除していく試みにほかならない。

そして、この一冊にあるのは、この試みの、ほかならぬ中途半端さと挫折との証言でしかない(ただし、『似而非物語』のための似而非序文」と題するウンコッテ・ウンコテヴィッチ・クサイスキーこと作家・山田稔さんのすばらしい文章だけは別だが)。そのようなマイナスの痕跡をあらためて提示することに、どのような意味がありうるのか、この痕跡を残してしまった本人自身が、おそらくもっとも不確かな思いしか抱いていない。このことは、一九六〇年代後半に始まる一時代が明らかな転換に直面していた一九七二年に刊行された『似而非物語』の全巻に、おのずから表われているばかりではない。本書の第二部と第三部をなすそれ以後の雑文にも、基調となって流れている。これらもっぱらマイナスの痕跡を、この一冊は、一篇の恥多き私小説さながらに、最初から嘲笑と非難には耳をふさいだまま、いま投げ出すのである。

二〇〇五年三月

池田浩士

池田浩士（いけだひろし）
1940年大津市生まれ
1968年から2004年3月まで京都大学勤務
2004年4月から京都精華大学勤務
著書
『似而非物語』序章社、1972年
『初期ルカーチ研究』合同出版、1972年
『ルカーチとこの時代』平凡社、1975年
『ファシズムと文学―ヒトラーを支えた作家たち』白水社、1978年
『教養小説の崩壊』現代書館、1979年
『抵抗者たち―反ナチス運動の記録』TBSブリタニカ、1980年。同新版、軌跡社、1991年
『闇の文化史―モンタージュ　1920年代』駸々堂、1980年
『大衆小説の世界と反世界』現代書館、1983年
『ふあっしょファッション』社会評論社、1983年
『読む場所　書く時―文芸時評1982-1984』境涯準備社、1984年
『隣接市町村音頭』青弓社、1984年
『文化の顔をした天皇制』社会評論社、1986年。増補改訂版、2004年
『死刑の［昭和］史』インパクト出版会、1992年
『権力を笑う表現？』社会評論社、1993年
『［海外進出文学］論・序説』インパクト出版会、1997年
『火野葦平論―［海外進出文学］論・第1部』インパクト出版会、2000年
『歴史のなかの文学・芸術』河合文化教育研究所・河合ブックレット、2003年
『虚構のナチズム』人文書院、2004年
主要編訳書
『ルカーチ初期著作集』全4巻、三一書房、1975-76年
『論争・歴史と階級意識』河出書房新社、1977年
エルンスト・ブロッホ『この時代の遺産』三一書房、1982年
『表現主義論争』れんが書房新社、1988年
『ドイツ・ナチズム文学集成』全13巻、柏書房、刊行中
主要編著
『カンナニ―湯淺克衞植民地小説集』インパクト出版会、1995年
『戦争責任と戦後責任―コメンタール戦後50年』第5巻、社会評論社、1995年
『「大衆」の登場』文学史を読みかえる2巻、インパクト出版会、1998年

似而非物語
池田浩士コレクション1
2005年4月10日　第1刷発行

著　者　池　田　浩　士
発行人　深　田　　　卓
装幀者　藤　原　邦　久
発　行　㈱インパクト出版会
〒113-0033　東京都文京区本郷2-5-11　服部ビル2F
Tel 03-3818-7576　Fax 03-3818-8676
E-mail：impact@jca.apc.org
http:www.jca.apc.org/~impact/
郵便振替　00110-9-83148

印刷・モリモト印刷

死刑文学を読む

池田浩士・川村湊 著 2400円＋税

死刑という現実に文学は拮抗できるか。ビクトル・ユーゴーの『死刑囚最後の日』から永山則夫『木橋』『華』まで、古今東西の死刑を描いた作品、死刑囚の描いた作品をめぐって、２年間６回に渡って討論した世界初の死刑文学論。

死刑の［昭和］史

池田浩士 著 3500円＋税

大逆事件から「連続幼女殺人事件」まで、［昭和］の重大事件を読み解くなかから、死刑と被害者感情、戦争と死刑、マスコミと世論、罪と罰など、死刑をめぐるさまざまな問題を万巻の資料に基づいて思索した大著。本書は死刑制度を考えるための思想の宇宙である。

［海外進出文学］論・序説

池田浩士 著 4500円＋税

文学表現は時代といかに交錯したか。湯淺克衞、高見順、日比野士郎、上田廣、棟田博、白井喬二、吉川英治、日影丈吉、大田洋子、小山いと子、野澤富美子らを論じた待望の長篇論考。

火野葦平論 ［海外進出文学］論 第一部

池田浩士 著 5600円＋税

戦前・戦中・戦後、この三つの時代を表現者として生きた火野葦平。彼の作品を通して戦争・戦後責任を考え、海外進出の20世紀という時代を読む。本書は火野葦平再評価の幕開けであり、同時に〈いま〉への根底的な問いである。

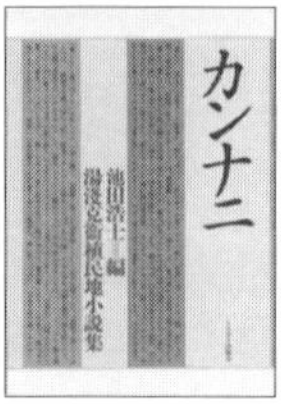

カンナニ 湯淺克衞植民地小説集

池田浩士 編・解説 10000円＋税

忘れられた作家・湯淺克衞の最初にして唯一の体系的な作品集。収録作品＝焔の記録／カンナニ／元山の夏／移民／莨／城門の街／棗／葉山桃子／心田開発／根／望郷／先駆移民／青い上衣（チョゴリ）／感情／早春／闇から光へ／娘／人形／故郷について／連翹／旗